COLLECTION ESSAIS LITTÉRAIRES

L'écriture de l'essai de Robert Vigneault
est le dix-neuvième titre de cette collection
dirigée par Marie-Andrée Beaudet.

DU MÊME AUTEUR

L'univers féminin dans l'œuvre de Charles Péguy. Essai sur l'imagination créatrice d'un poète, Bruges/Paris, Montréal/Desclée de Brouwer, 1968.

Avec ou sans amour, de Claire Martin, présenté et annoté par Robert Vigneault, Éditions du Renouveau pédagogique inc., coll. «Lecture Québec», 1969.

Saint-Denys Garneau à travers «Regards et jeux dans l'espace», Montréal, Presses de l'Université de Montréal, coll. «Lignes québécoises», 1973.

Claire Martin, son œuvre, les réactions de la critique, Montréal, Éditions Pierre Tisseyre, 1976.

Langue, littérature, culture au Canada français (en collaboration), Ottawa, Éditions de l'Université d'Ottawa, coll. «Cahiers du CRCCF» (n° 12), 1977.

Le roman contemporain au Québec (1960-1985) (en collaboration avec François Gallays et Sylvain Simard), Montréal, Fides, coll. «Archives des lettres canadiennes» (tome VIII), 1992.

Cet ouvrage a été publié grâce à une subvention de la Fédération canadienne des études humaines, dont les fonds proviennent du Conseil de recherches en sciences humaines du Canada.

ROBERT VIGNEAULT

L’écriture de l’essai

Essais

l’HEXAGONE

Éditions de l'HEXAGONE
Une division du groupe Ville-Marie littérature
1010, rue de la Gauchetière Est
Montréal, Québec, H2L 2N5
Téléphone: (514) 523-1182
Télécopieur: (514) 282-7530

Maquette de la couverture: Gaétan Venne

DISTRIBUTEURS EXCLUSIFS:

• Pour le Québec, le Canada et les États-Unis:
LES MESSAGERIES ADP*
955, rue Amherst, Montréal H2L 3K4
Tél.: (514) 523-1182
Télécopieur: (514) 939-0406
* Filiale de Sogides ltée

• Pour la Belgique et le Luxembourg:
PRESSES DE BELGIQUE S.A.
Boulevard de l'Europe 117, B-1301 Wavre
Tél.: (10) 41-59-66
(10) 41-78-50
Télécopieur: (10) 41-20-24

• Pour la Suisse:
TRANSAT S.A.
Route des Jeunes, 4 Ter, C.P. 125, 1211 Genève 26
Tél.: (41-22) 342-77-40
Télécopieur: (41-22) 343-46-46

• Pour la France et les autres pays:
INTER FORUM
Immeuble ORSUD, 3-5, avenue Galliéni, 94251 Gentilly Cédex
Tél.: (1) 47.40.66.07
Télécopieur: (1) 47.40.63.66
Commandes: Tél.: (16) 38.32.71.00
Télécopieur: (16) 38.32.71.28
Télex: 780372

Dépôt légal — 1er trimestre 1994
Bibliothèque nationale du Québec
Bibliothèque nationale du Canada

ISBN 2-89006-507-3

À Alberte,
à Joëlle,
à Stéphane.

Introduction

L'essai est resté le parent pauvre de la littérature, et cela en grande partie parce que, faute de critères théoriques assez précis, on l'a relégué dans le magma de ce qu'on appelle la «littérature d'idées», et, du même coup, presque exclu du domaine littéraire proprement dit. Cette affirmation doit certes être nuancée selon les traditions nationales dont il s'agit: Anglais, Français, Espagnols, Américains, Latino-Américains, Allemands, Québécois, Canadiens français et anglais n'ont pas fait le même sort à l'essai. Pourtant, même si, en certains pays, les écrits sur l'essai ne manquent pas, il reste encore beaucoup à faire pour cerner la spécificité de cette forme d'écriture par l'établissement de critères formels précis et rigoureux et par la mise au point d'une typologie qui permette de tracer des jalons dans le foisonnement discursif des textes. Ce constat vaut tout particulièrement pour la francophonie: il n'y a à peu près pas de livres, en français, sur l'essai comme genre littéraire.

Pour expliquer cet état de choses, on invoquera non sans raison la difficulté de cette forme d'art. Mais l'étude d'un roman ou même d'une simple (!) nouvelle est-elle si «facile»? En fait, toutes les recherches génériques sont semées d'embûches. On aurait peut-être avantage à s'interroger aussi sur un certain blocage institutionnel, autrement dit sur la situation faite à l'essai dans la recherche littéraire et, conséquemment, dans l'évaluation courante. Il existe une hiérarchie traditionnelle des genres littéraires en vertu de laquelle certaines œuvres sont d'emblée perçues et reçues comme canoniques, relevant de l'institution prestigieuse que constitue la Littérature. Font partie de cette élite littéraire: le roman, la poésie, le théâtre. On accepte aussi, au titre de genres *mineurs*, d'autres types d'écrits, par exemple la nouvelle, le conte, le journal intime, la critique, surtout lorsqu'ils émanent d'écrivains chevronnés. C'est l'essai qui a le plus à souffrir de cette classification sommaire: d'une part, en effet, il se trouve rangé en vrac, dans les bibliothèques, avec les thèses et les études de toute nature, sous la rubrique «essai» (c'est ainsi qu'on traduit en français — pauvre Montaigne! — le *non-Fiction* anglais!). Et, d'autre part, l'essai est évalué par la majorité des lecteurs et nombre de critiques à partir de critères qui s'appliquent aussi à la masse des autres ouvrages de prose d'idées avec lesquels on est tenté de le confondre — quitte à le soupçonner de manquer d'objectivité... Situation inconfortable de l'essai: déporté en marge de la Littérature (quand il n'en est pas exclu), il se retrouve aussi en marge de la Science, à cause de son manque de rigueur!

Pourtant qu'y a-t-il de commun entre des *études* (si valables soient-elles) sur l'histoire du cinéma ou sur les fleurs sauvages du Québec ou sur la croissance démographique des pays du Tiers-Monde, et les *essais* d'écrivains comme Montaigne, Lamb, Bacon, T. S. Eliot, Lukács, Adorno, Musil, Ortega y Gasset, Starobinski, Barthes, Péguy, Alain, Bachelard, Stephen Leacock, André Belleau, Pierre Vadeboncœur? En s'exprimant de façon très générale, on pourrait dire qu'*études* et *essais* appartiennent tous deux à la prose d'idées puisqu'ils ont tous deux recours à des procédés d'argumentation, soit d'analyse et de synthèse. Mais ce qu'ils ont en commun ne saurait faire oublier ce qui les distingue radicalement: les *Essais* de Montaigne, *L'âme et les formes* de Lukács, les *Essays of Elia* de Lamb, *Les deux royaumes* de Pierre Vadeboncœur, le *Dictionnaire de moi-même* de Jean Éthier-Blais relèvent de la littérature (ou de l'écriture, comme on dit depuis Barthes), et, cela dit, il est essentiel de les considérer à part sous peine de tout confondre. Cette distinction vaut d'ailleurs pour la production courante dans le domaine de la prose d'idées où l'on trouve un grand nombre d'ouvrages utiles, convenablement rédigés, mais qui ne révèlent pas une écriture, et donc qui ne relèvent pas du genre littéraire de l'essai. On peut se demander pourquoi tant de lecteurs et souvent même des critiques (les feuilletonistes, en tout cas) font si peu état du caractère essentiellement littéraire de l'essai. Redisons-le: la recherche sur ce point est relativement peu avancée, particulièrement dans le monde francophone; et celle qui a été faite ailleurs, au sein d'autres traditions littéraires, ne nous est devenue que tardivement accessible en français, ou même attend encore d'être traduite.

Au seuil d'une réflexion sur l'écriture de l'essai, qui met naturellement l'accent sur la théorie littéraire, il sera éclairant, je crois, de proposer une brève perspective diachronique sur la situation de l'essai dans certaines littératures qui lui ont accordé une place importante, et surtout, pour ce qui nous occupe, sur l'état de la réflexion critique consacrée à ce genre littéraire. (Afin de ne pas alourdir la présente introduction, je renvoie le lecteur aux indications bibliographiques à la fin de l'ouvrage pour les références complètes aux études théoriques mentionnées ici.) Je m'inspire, tout en le complétant en ce qui concerne la littérature québécoise, du suggestif tableau comparatif de Richard M. Chadbourne, «A Puzzling Literary Genre: Comparative Views of the Essay[1]». Évoquons d'abord la longue et riche tradition *anglaise* des Bacon, Steele et Addison, Lamb, Aldous Huxley, Macaulay, Ruskin, Virginia Woolf, etc., laquelle a inauguré, bien sûr, le célèbre *familiar essay*, mais sans exclure, en fait, des tonalités plus graves. Perçu depuis toujours en Angleterre comme un genre littéraire distinct, l'essai a donné lieu à de nombreux textes de réflexions diverses, mais qui n'ont pas abouti, d'après le critique Charles Whitmore, à l'établissement de critères théoriques et typologiques rigoureux. Sur ce point, certains philosophes et critiques *américains* comme Kenneth Burke, Suzanne Langer, et surtout Scholes et Klaus ont fait des rapprochements éclairants entre l'essai et d'autres genres. Le *Canada anglais* compte plusieurs essayistes reconnus comme Stephen Leacock, Hugh MacLennan, Marshall McLuhan, ainsi que l'éminent théoricien Northrop Frye qui a eu l'intuition du caractère fictif de l'essai. Nous rattachons à la pensée *allemande*, qu'elle a d'ailleurs influencée, la substantielle réflexion de l'esthéticien hongrois Georges Lukács dans *L'âme et les formes*: dans la «Lettre à Léo

Popper» sur la nature et la forme de l'essai — un essai sur l'essai — qui sert d'introduction à *L'âme et les formes*, Lukács définit, avec l'enthousiasme d'un prophète, la mission philosophique de l'essayiste. Et effectivement, dans le sillage d'écrivains comme Schopenhauer (l'auteur des *Parerga*, auquel se réfère Lukács), Thomas Mann, Musil, Hugo Friedrich, les Allemands, plus que tous les autres, ont conféré à l'essai la dimension d'une quête métaphysique, tout en poursuivant, comme Bruno Berger et Gerhard Haas, une importante réflexion théorique sur maints aspects de cette forme d'art. Maniée par eux, l'écriture de l'essai s'est enrichie d'une profonde intellectualité, d'intonations beaucoup plus graves, sans toutefois exclure l'ironie et le paradoxe consubstantiels à l'essai, d'après Lukács: vif contraste avec l'aimable familiarité de certains essayistes anglais!

La tradition *espagnole* de l'essai, presque aussi féconde que l'anglaise et la française, et qui compte, par exemple, Quevedo y Villegas, Azorén, Ortega y Gasset, Unamuno, constitue, comme l'a bien montré Jean-Marcel Paquette, dans la revue *Études littéraires*[2], un instrument vital de réflexion sur «l'hispanique condition». De plus, les ouvrages historiques et théoriques de Juan Marichal et Donald Bleznick fournissent des notations utiles sur l'essai comme genre littéraire; mais l'accent est décidément mis sur la place de ces écrits dans l'histoire des idées en Espagne. À la lumière d'un recueil de textes édités par Kurt Levy et Keith Ellis, on constate que les écrivains *latino-américains*, à l'instar des Espagnols, ont recours à l'essai pour scruter le problème de leur identité nationale — sans trop s'interroger sur la nature de cette forme d'art. Mentionnons, par exemple, *Le labyrinthe de la solitude*, d'Octavio Paz, passionnément en quête de «l'essentiel mexicain». En revanche, Jorge Luis Borges va de plus en plus se dégager de l'«argentinité» pour s'orienter vers un humanisme ouvert rappelant celui de Montaigne.

Et nous arrivons à la contribution *francophone* qui nous intéresse plus immédiatement. Elle est paradoxale: la France compte des essayistes majeurs (à chacun son palmarès; un échantillon du mien: Montaigne, Pascal, Péguy, Alain, Malraux, Barthes, Richard, Bachelard, Starobinski, etc.), et pourtant la réflexion critique sur le genre ne fait que commencer (le primat intellectualiste de l'idée claire et distincte et le positivisme fin-de-siècle auraient-ils contribué à jeter le discrédit sur cette libre prose d'art?). Il reste que Roland Barthes, Robert Champigny, ainsi que les Québécois d'origine belge Jean Terrasse et Marc Angenot ont exploré ce domaine. À cet égard, Chadbourne est beaucoup plus sévère que moi:

> *The French essay presents the unparalleled example of an extraordinarily rich production — second only to the English and perhaps equal to it — coexisting with an almost complete critical unawareness of the essay as a distinct genre*[3].

On peut se demander si la réflexion *québécoise* sur l'essai n'est pas plus structurée déjà, plus spontanément accueillante en tout cas que la française, même si, s'agissant d'une jeune littérature, nos essayistes, forcément, n'ont pas la stature des grands essayistes français. Mais, d'une part, les Vadeboncœur, Godbout, de Nevers, Buies, Aquin, Fournier, Le Moyne, Brault, Ouellette, Belleau, Marcotte, Brochu sont des essayistes importants. Et il existe déjà un certain nombre de prospections fort valables du côté de la théorie, qu'il importe de signaler ici afin de situer mon propre propos. Il revient à Jean Terrasse d'avoir, le premier au Québec, publié un livre sur l'essai, *Rhétorique de l'essai littéraire* (Les Presses de l'Université du Québec, 1977) au terme d'études consciencieuses sur Montaigne, Pascal, Diderot, Michelet, les manifestes surréalistes, Borduas, il présente un chapitre de synthèse («L'essai ou le pouvoir des mythes», p. 123-141) qui a éclairé ma propre démarche, en particulier la question du type d'argumentation pratiquée dans l'essai. Déjà le numéro d'*Études littéraires* sur l'essai (vol. V, nº 1, avril 1972) avait offert une précieuse contribution théorique en même temps qu'une traduction (enfin!) de la «Lettre à Léo Popper» de Lukács sur l'essai, ainsi que d'extraits du *El Espectador* d'Ortega y Gasset. Un autre numéro spécial d'*Études littéraires* (vol. XI, nº 2, août 1978), sous la direction de Marc Angenot, porte sur le pamphlet, forme affiliée mais que je tiens, pour ma part, à distinguer de l'essai[4]. Marc Angenot a prolongé cette réflexion dans une étude admirablement fouillée, *La parole pamphlétaire. Typologie des discours modernes* (Payot, 1982), consacrée essentiellement aux pamphlétaires français (quelques écrivains québécois sont cités[5]). Fasciné par la théorie, le regretté André Belleau a publié, entre autres, deux recueils d'excellents essais qu'anime une vive conscience de la fonction heuristique de cette écriture. Joseph Bonenfant a aussi de fort pertinentes réflexions sur la «pensée inachevée» de l'essai, sur Péguy essayiste, ainsi qu'un bilan de la production québécoise en ce domaine dans *Stanford French and Italian Studies* (vol. XIX, 1980), qu'accompagnent de pénétrantes remarques génériques dont j'ai fait mon profit dans le «Projet de typologie» qui figure dans le présent ouvrage. À signaler aussi, dans *Études françaises* (vol. XIII, nos 3-4, octobre 1977), un autre bilan, fort suggestif, de François Ricard, inspiré par une très juste perception théorique de l'essai, comme l'a d'ailleurs remarqué Richard M. Chadbourne dans l'article auquel je me suis déjà référé dans la présente introduction. Laurent Mailhot a fait bénéficier la recherche sur l'essai de son impressionnante connaissance du corpus québécois, même celui du XIXe siècle, relativement inexploré, dans un article publié à *La Nouvelle Barre du Jour* (no 63, février 1978), dans un chapitre de l'ouvrage édité par René Dionne sur *Le Québécois et sa littérature*, dans une *Anthologie littéraire* des *Essais québécois 1837-1983*, publiée en 1984, chez Hurtubise HMH, avec la collaboration de Benoît Melançon, et qui comporte en introduction des observations théoriques. Enfin, axé aussi plutôt sur l'étude du corpus que sur les aspects formels de l'écriture de l'essai, le volumineux tome VI de la collection Archives des lettres canadiennes (Fides), *L'essai et la prose d'idées au Québec*, préparé sous la direction de Paul Wyczynski, François Gallays, Sylvain Simard, n'en offre pas moins, disséminées dans certains textes, un bon nombre d'intuitions susceptibles d'éclairer la réflexion théorique sur l'essai.

❑

Faisons maintenant une importante observation sur l'ordre de présentation des matières de ce livre en vue de rendre manifeste l'organisation de l'ouvrage. La première partie s'intitule «Réflexion théorique». Le mot *réflexion* est certes pris dans son sens courant et abstrait de retour de la pensée sur elle-même. Mais j'ai tenu aussi à lui conserver son sens propre, relevant du domaine optique. Cela n'est pas vaine subtilité mais voudrait souligner fortement la dépendance étroite de cette «réflexion théorique» par rapport à la deuxième partie du livre, intitulée «Essais spéculaires» pour cette raison même qu'elle comprend ces analyses textuelles fondamentales dont la partie théorique n'est, en fait, que la «réflexion» (ou le «reflet»).

En effet, il est essentiel d'insister sur la nature de ma démarche méthodologique. Je n'ai pas procédé *a priori*, c'est-à-dire à partir d'une sorte de modèle construit de l'essai, que j'aurais ensuite appliqué comme une grille aux textes. Au fond, je me méfie de la pure spéculation «théorétique», si on peut dire, qui se gonfle et se travaille et jouit de son abstraite rigueur en survolant de très haut les caprices impurs de la pratique littéraire. Tout au contraire, j'ai voulu procéder inductivement vers une «théorie» qui ne fût pas autre chose que la «réflexion» des observations consignées dans les essais critiques de la deuxième partie. En fait, c'est à partir de telles lectures-écritures que j'ai tenté une formalisation, maintes fois remaniée à la lumière des réalisations textuelles concrètes. On s'en rendra compte, par exemple, en lisant les deux premiers essais sur Vadeboncœur, qui ont joué un rôle fondateur à cet égard. C'est pourquoi j'ai qualifié ces essais types de *spéculaires*, véritables miroirs dotés d'un pouvoir *réfléchissant*.

❑

Pour finir, une note bibliographique sur les textes de cet ouvrage.

«L'introduction» et la première partie, «Réflexion théorique», sont inédits. Une exception: «L'essai. Synthèse théorique» a connu une première version sous le titre de «L'essai québécois: préalables théoriques», publiée dans *Voix et images* (vol. VIII, nº 2, hiver 1983, p. 311-329). Mais ce premier état du texte est périmé, ayant été substantiellement remanié après avoir servi de notes de cours pendant plusieurs années.

Les textes contenus dans la deuxième partie, «Essais spéculaires», sont souvent des reprises — parfois retravaillées — d'essais critiques déjà parus. Mais le recueil ainsi constitué est tout autre chose qu'une somme de textes épars; il acquiert une densité, une identité nouvelles, qui sont le fruit de la convergence recherchée de ces textes vers la «Réflexion théorique» de la première partie.

Des cinq essais sur Pierre Vadeboncœur, les deux derniers, «Il y a le corps aussi!» et «Mots d'amour ou amour des mots?», qui portent sur les dernières publications de cet auteur, sont inédits. «Pierre Vadeboncœur: la promotion littéraire du dualisme» a été publié dans le tome VI de la collection Archives des lettres canadiennes: *L'essai et la prose d'idées au Québec* (Montréal, Fides, 1985, p. 761-781); «Pierre Vadeboncœur: l'énonciation dans l'écriture de l'essai», dans *Voix et images* (vol. VII, nº 3, printemps 1982, p. 531-552); «L'essai, cette passion du sens», dans *Lettres québécoises* (nº 31, automne 1983, p. 65-68). Ces cinq essais couvrent l'ensemble de la production de Vadeboncœur, à l'exception d'*Essais inactuels* (1987), recueil composite, étranger à la problématique adoptée dans mes essais critiques inédits, «Il y a le corps aussi!» et «Mots d'amour ou amour des mots?»

«Dans la mouvance d'André Belleau: *Cité libre* et *Liberté*» comprend d'abord une reprise de «Homme d'écriture jusqu'au bout des ongles», paru dans *Lettres québécoises* (nº 36, hiver 1984-1985, p. 72-74). «Essayistes d'une cité (plus inquiète que) libre» ainsi que «*Cité libre* et *Liberté*» sont le fruit du remaniement de deux articles pareillement intitulés «Essayistes d'une cité (plus inquiète que) libre», dans *Voix et images* (vol. V, nº 3, printemps 1980, p. 525-535); «*Cité libre* et *Liberté*», dans *Cultures du Canada français* (Les Presses de l'Université d'Ottawa, n° 7, automne 1990, p. 51-56).

«Essais critiques sur l'écriture» comprend un choix d'articles déjà parus: «Jean-Louis Major et l'exigence d'écriture», dans *Voix et images* (vol. X, nº 3, printemps 1985, p. 188-196); «Une étude magistrale sur l'essayistique», dans *Lettres québécoi-*

ses (nº 30, été 1983, p. 66-68); «Écrire pour entendre enfin sa voix», dans *Lettres québécoises* (nº 38, été 1985, p. 60-62); «L'ironie radicale de la prose», dans *Lettres québécoises* (nº 41, printemps 1986, p. 60-62); «Une lucidité aux lueurs aveuglantes», dans *Lettres québécoises* (nº 37, printemps 1985, p. 66-68); «La perversion des maîtres à penser», dans *Lettres québécoises* (nº 40, hiver 1985-1986, p. 63-65); «Le manifeste *Refus global* répercuté par François Charron», dans *Lettres québécoises* (nº 26, été 1982, p. 71-75); «De la philosophie comme écriture», dans *Lettres québécoises* (nº 42, été 1986, p. 62-64); «Une anthologie de l'essai au crible de la théorie», dans *Lettres québécoises* (nº 39, automne 1985, p. 68-71).

Une note liminaire précède chacun de ces ensembles d'essais critiques: mise en situation éclairante, voire indispensable, de ces textes.

Enfin, la conclusion «L'essai, texte moderne. Vie et mort de la littérature» ainsi que les indications bibliographiques sont inédites.

L'épilogue fantaisiste (inédit) ou «Petit essai autobiographique» n'est pas qu'un caprice d'auteur. Il parle d'essai (encore), mais il évoque surtout un problème troublant: la situation faite, dans nos universités, à l'enseignement de la littérature. Il permet aussi au lecteur de tant d'essais critiques et de discussions théoriques de finir sur une note moins austère, plus intime, et, en particulier, de faire connaissance avec le superbe Labrador de l'auteur.

PREMIÈRE PARTIE

Réflexion théorique

CHAPITRE PREMIER

L'essai. Synthèse théorique

Vue d'ensemble

Commençons par un énoncé très général, susceptible d'intégrer autant que possible les éléments essentiels dont il sera question tout au long de ce texte théorique. Je considère l'essai comme *discours argumenté d'un SUJET énonciateur qui interroge et s'approprie le vécu par et dans le langage.* Cet énoncé a l'avantage de poser dès le départ les principaux jalons de l'exposé qui suivra; mais il importe de souligner qu'il ne prendra sa pleine signification que lorsque auront été élucidées, dans le présent chapitre, les questions relatives au *texte* et à la *fiction* de l'essai, et même celles qui se rapportent aux divers *registres* de l'essai, lesquelles ne seront abordées que dans le chapitre III intitulé «Projet de typologie».

Toutefois, avant d'examiner en détail les termes clés de cet énoncé, et pour m'assurer que la démarche imposée par ce dernier à mon propos est bien entendue, j'aimerais faire tout de suite quelques observations générales. Discours *argumenté* dis-je pour qualifier l'essai: il s'agit d'indiquer ainsi la spécificité de l'essai, littérature d'*idées*, au sens le plus littéral du mot: *littérature faite avec des idées* (on y reviendra). De plus, *argumenté* me paraît exprimer, mieux que l'abstrait *argumentatif,* le mouvement, le dynamisme inhérents à ce type de texte.

D'autre part, l'accent est mis, de toute évidence, sur une subjectivité, une individualité; il y aura à dire sur l'inscription *littéraire* de cette subjectivité pour qu'on n'aille pas malencontreusement s'imaginer l'essai comme l'écriture d'un *je* hors texte, comme la propre confidence d'un auteur: nous posons, dans un sens tout autre, que la situation d'énonciation établit d'emblée le texte de l'essai comme un *JE de l'écriture* (et non une écriture du *je*[1]). Par *énonciation*, j'entends ici, pour me référer à une formulation lumineuse d'André Belleau, «l'ensemble des marques qui signale celui qui parle dans ce dont il parle, l'ÉNONCIATEUR dans l'ÉNONCÉ, une DICTION dans un DIT[2]». L'énonciation, de toute manière, désigne, dans l'énoncé, les traits caractéristiques d'une individualité; ce que je tiens, au surplus, à préciser, c'est que l'individualité, dans le cas qui nous occupe, relève du texte, autrement dit qu'elle est langagière, littéraire et même, on le verra, fictive[3].

Du reste, la formulation de l'énoncé initial exprime en toutes lettres la causalité matérielle et formelle du *langage* dans la constitution de l'essai: l'essai est fabriqué avec des matériaux langagiers («dans le langage»); c'est une certaine structure du langage qui lui donne forme («par le langage»). Et même du point de vue de la causalité efficiente, on s'aperçoit que le langage joue également un rôle majeur: le gestateur, si je puis dire, de l'essai, c'est l'instance écrivaine du moi, ou plus simplement le *moi écrivain* par opposition au *moi-je* de l'auteur; Proust, on s'en souvient, opposait le «moi profond» ou le «moi véritable» au moi «extérieur» ou «social»; ce *moi écrivain* inscrit littérairement un JE de l'écriture ou un énonciateur SUJET qui est un être de langage, un sujet linguistique (et non un sujet psychologique).

Enfin, le *vécu* dont il est question voudrait désigner un trait distinctif de l'essai comparé aux genres littéraires canoniques: il ne s'agit pas de construire un monde autour des médiations symboliques auxquelles nous a habitués la littérature instituée (roman, conte, théâtre, poésie), mais d'*inventer* littérairement la vie pensée de l'homme; chez l'essayiste, le réel n'existe que comme expérience: c'est le «vécu». En fait, le JE de l'écriture (ou ses avatars), avec l'univers qu'il tisse autour de lui, pourrait être considéré comme la médiation *sui generis* de l'essai.

Bénéfice immédiat et, en l'occurrence, fort opportun: l'énoncé proposé plus haut — sur lequel j'ai tenu à faire quelques remarques préliminaires — a l'avantage d'établir une délimitation de cette forme d'écriture. On s'est longtemps contenté, en effet — c'est trop souvent encore le cas — de classer dans la catégorie des essais tout ce qui n'appartient pas au domaine de la *fiction*, censément réservé à certains types privilégiés d'écriture: roman, conte, nouvelle, poésie, théâtre. L'étiquette «essai» a ainsi servi à coiffer le tiroir fourre-tout de la *prose d'idées*, où, perdus dans la masse érudite des thèses, études, monographies, traités[4], relevant pour la plupart des sciences humaines, se trouvaient sans doute d'authentiques essais. Mais le corpus étant énorme, et la fiche signalétique imprécise à souhait, le mythe (ou le cliché) voulait qu'il fût impossible de s'y retrouver[5]. Il y avait plus grave encore car nous verrons que l'essai relève à sa manière de la *fiction*: c'est en remuant des idées que l'essayiste *modèle* son monde (étymologie de *modeler* [«fingere»]: *fingo-is-fingere-fictum*, d'où *fiction*). C'est donc la norme même de l'institution littéraire qu'il faut mettre en question en posant d'abord un principe lourd de conséquence, à savoir que l'essayiste est bel et bien un *écrivain*, tout autant que le poète et le romancier, ce qui permet d'exclure de la famille des essayistes l'importante masse des *écrivants*, pour reprendre la célèbre distinction de Barthes. Ainsi, et pour y aller d'un premier coup de scalpel, la famille en question se trouve amputée d'une énorme quantité d'écrits qui sont valables, sans doute — là n'est pas la question —, mais qui sont étrangers à notre propos; autrement dit, les traités ou études portant sur l'histoire, la philosophie, la sociologie, la littérature, etc., ne sont pas des essais. Ce qui ne veut pas dire que l'essayiste n'ait rien à dire sur ces questions ou sur d'autres; en fait, aucun sujet n'est exclu *a priori* du domaine de l'essai, fût-ce une méditation sur le temps qu'il fait; c'est une question de *forme* (et de *ton*) et non de *contenu*. Mais l'essayiste *comme tel* n'accouchera jamais de ces savantes machines actionnées par des appareils critiques que sont les thèses et les monographies. Le sujet qu'on traite à fond, systématiquement, de manière exhaustive, jusqu'à son *épuisement* complet, représente la façon d'écrire la plus parfaitement opposée à celle de l'essayiste. Celui-ci, du reste, a fréquemment des problèmes avec ses *tables des matiè-*

res, qui n'ont d'ordinaire rien de didactique quand elles ne sont pas carrément imprévisibles, déroutantes.

En fait, cette distinction entre l'*écrivant* (celui qui écrit pour communiquer un savoir, ou qui, selon Sartre, *se sert du* langage) et l'*écrivain* (celui qui écrit pour écrire, pour travailler le langage, y imprimer ses fantasmes, ses désirs, ses angoisses, ou qui *sert* le langage), cette distinction donc me paraît ici opératoire, comme on dit, voire chirurgicale. Certes, un tel clivage n'est pas toujours pur: croyant écrire quelque chose, voilà qu'on se met à *écrire* tout court, avait déjà remarqué Barthes. Mais, en principe du moins, ce qui relève du discours scientifique serait étranger à l'essai, y compris même une certaine forme d'écrit portant sur la littérature, et qui tend à constituer en *objet* l'écriture littéraire. Au contraire, dans le cas de l'*essai critique*, il se passe quelque chose entre l'œuvre première et l'essayiste; et c'est cette *aventure* même que l'essayiste organise en cohérence significative. Fascinée par la traversée d'une autre écriture sur laquelle elle pratique des opérations de découpage et de citation qui produisent une nouvelle intelligibilité, la critique se fait elle-même écriture. Il semble donc légitime de distinguer de l'écriture propre à l'essai tout ce qui porte sur la théorie ou la sémiotique telle qu'on la pratique aujourd'hui, puisque le but avoué de ces disciplines est une systématisation de la littérarité. Un signe qui ne trompe pas: chaque fois qu'un auteur se cache derrière l'autorité d'un *nous* impersonnel et envahissant («à notre femme», portait la dédicace d'une certaine thèse), c'est qu'il est monté dans la chaire de vérité et qu'il préside à l'avancement de la science[6]. Nous sommes loin alors de l'essai, de son dynamisme fondamental, celui d'une recherche passionnée (parfois angoissée) du Sens, menée par un SUJET aux accents parfois catégoriques, voire suffisants, mais en apparence seulement, l'affirmation de soi masquant ici le plus souvent l'incertitude, l'hésitation, le risque de l'interprétation toujours *à suivre*... «Je n'ai pas de réponse mais j'ai cette interrogation[7]...»: ce propos de Pierre Vadeboncœur est typique d'une écriture adéquate à l'inquiétude humaine.

Discours et glissement de sens

Discours du SUJET: premiers mots de l'énoncé initial. Or j'avoue avoir (encore) du mal à m'accommoder du mot *discours*, à cause d'un glissement de sens qui aboutit à un véritable renversement sémantique. Il pourrait sembler vain de s'arrêter à de capricieux jeux avec les mots: mais, à bien y penser, n'est-ce pas ce que, littéraires fascinés par les mots, nous faisons quotidiennement? Mais aussi le flottement de la terminologie, chez les théoriciens de la littérature, est une source permanente de confusion, un savant écran de fumée. (Fasse le ciel que je ne l'épaississe!) En revanche, on constatera que les avatars du mot *discours* nous conduisent au cœur même de la problématique de l'essai.

Pris dans son sens *philosophique* (épistémologique), le discours implique la successivité logique d'un ordre rationnel. C'est le *raisonnement* qui caractérise la pensée dite discursive, laquelle tire une proposition d'une autre par une série de raisonnements rigoureusement articulés. Il suffit — et il importe — à mon propos de souligner qu'un tel procès logique et rationnel de la connaissance, ou *discours*, s'oppose radicalement à la démarche intuitive qui, en littérature, commande toute l'activité psychologique. Dès lors, n'est-il pas paradoxal d'évoquer la discursivité de l'essai, s'agissant d'une «pensée» dont on sera amené à constater l'aspect concret, vécu, expérimental — non conceptuel, justement, mais intuitif?

Mais la philosophie, dira-t-on, rend trop sensible aux antinomies. Si possible (mais notre passé nous suit), mettons-la entre parenthèses, revenons aux surfaces textuelles et retenons le sens *linguistique* du mot *discours*.

> Il faut entendre discours dans sa plus large extension: toute énonciation supposant un locuteur et un auditeur, et chez le premier l'intention d'influencer l'autre en quelque manière[8].

Cette conception du *discours*, centrée sur la situation d'énonciation, ou sur la langue en tant qu'elle est assumée par l'énonciateur, est évidemment tout à fait pertinente à l'étude de l'essai où l'accent est justement mis sur la fonction et l'implication du

SUJET énonciateur. Écoutons encore, sur ce point, ce Benveniste dont l'écriture faisait l'admiration de Barthes[9], avec son alliage de rigueur scientifique et de «frémissement» artistique (de discursivité et d'intuition, au fait):

> La langue fournit l'instrument d'un discours où la personnalité du sujet se délivre et se crée, atteint l'autre et se fait reconnaître de lui. Or la langue est structure socialisée, que la parole asservit à des fins individuelles et intersubjectives, lui ajoutant ainsi un dessin nouveau et strictement personnel. La langue est système commun à tous; le discours est à la fois porteur d'un message et instrument d'action. En ce sens, les configurations de la parole sont chaque fois uniques, bien qu'elles se réalisent à l'intérieur et par l'intermédiaire du langage. Il y a donc antinomie chez le sujet entre le discours et la langue[10].

À cette description précise de l'activité discursive, entendue au sens linguistique du mot, je souscris entièrement, quitte à rappeler, dans le sens de mes observations du début, que le sujet dont il est question dans l'essai est le SUJET de l'énonciation, le JE de l'écriture, et non pas le *moi-je* d'un auteur.

Pour être complet, on doit reconnaître une autre acception du mot *discours*, soit un sens *typologique* qui me paraît correspondre à une extension du sens linguistique. Le mot ne sert pas alors à désigner la situation d'énonciation, ou l'activité énonciatrice, dans toute sa généralité, mais tel ensemble spécifique d'énoncés.

> Le mot discours [...] désigne justement tout ensemble de réalisations de la langue circonscrit et défini selon des règles[11].

Les ensembles discursifs en question sont déterminés, selon Marc Angenot, «par leur fonction sociale, leur projet idéologique, leur écriture[12]». Déterminés, et davantage encore régis par des codes plus ou moins contraignants. On peut ainsi distinguer plusieurs espèces de *discours*: littéraire certes, mais aussi scientifique, historique, philosophique, politique, journalistique, publicitaire; en somme, tout ensemble d'énoncés pouvant revendiquer une certaine spécificité. Telle espèce, le discours *littéraire*, celui qui nous intéresse au premier chef, peut même subsumer des sous-ensembles discursifs, obéissant eux aussi à des sous-codes: il existe évidemment un discours poétique, un discours narratif, un discours théâtral, un discours critique, mais aussi, moins étudié jusqu'ici (à cause de sa complexité? ou des normes trop rigides de l'institution littéraire?), et plus ou moins à la remorque des discours reçus[13], un discours de l'essai.

Ainsi formulée, une telle classification des divers *discours* peut sembler lointaine, abstraite, mais quand on poursuit ces sèches notions jusque dans les retranchements des réalisations quotidiennes du langage, elles deviennent au contraire terriblement concrètes. Chaque discours humain est ainsi limité, régi, contraint par des codes (connotatifs) qui *permettent* au plan dénotatif de la parole ou du texte de «passer», comme on dit. Autrement dit, pour être entendu, il faut parler dans l'ordre! Étonnante (effrayante) sujétion qui m'amène à citer, pour terminer ce survol des diverses acceptions du mot *discours*, cette perception très personnelle d'un essayiste, l'intuition d'une entité envahissante, étouffante: *le Discours*, entravant la libre expression de l'«âme»:

> Je me représentais l'âme comme capable d'une parole autonome, mais ne pouvant parler que par le truchement de bouches empruntées, qui la trahissent sans répit. C'est là son drame: elle est muette. Elle se retire davantage, d'ailleurs, du fait que toute la place est prise par le discours[14].

Pour finir, revenons brièvement à la contradiction sémantique qui écartèle le mot *discours* entre la raison et l'intuition: est-il possible de la dénouer? On peut considérer la successivité comme une caractéristique essentielle de tout discours. Cette successivité, ou l'ordre des propositions dans une argumentation logique, tient à la nature même du syllogisme. Mais ne la retrouve-t-on pas aussi, *mutatis mutandis*, dans l'argumentation rhétorique? Si bien que, à le considérer sous l'angle des énoncés, le discours de l'essai, par exemple, se présente aussi comme une suite de paroles *ordonnées*. Il faut bien qu'un tel ordre existe, autrement le discours, comme *ensemble* d'énoncés, s'effondrerait. Restera à s'entendre sur la nature de l'ordre qui gouverne le discours spécifique de l'essai.

Essai et parcours discursif

Si le discours de l'essai paraît peu compatible avec la rigueur de l'intelligence discursive, telle que l'entendent les philosophes, du moins pourra-t-on se réclamer de l'étymologie du nom *discours* (du latin *discursus*, «cours capricieux d'un fleuve ou d'une troupe») et du verbe *discourir* (du latin *discurrere,* «courir çà et là, aller de côté et d'autre»), étymologie qui convient tout à fait à ce que j'appellerai, pour en signifier l'allure capricieuse, le *parcours* (ou trajet) discursif de l'essai. Alors que, selon l'acception philosophique du terme, le discours dénote une série d'énoncés logiquement, méthodiquement reliés, voire enchaînés, les uns aux autres, le parcours de l'essai relève, au contraire, d'une prise en charge personnelle, individuelle, *singulière* souvent, de l'argumentation. Ce parcours suit bien une certaine trajectoire, mais accordée à l'expérience, à l'intuition, au sentiment et même aux mouvements (et sautes) d'humeur du SUJET de l'énonciation.

Ce type d'argumentation a un nom: c'est l'*enthymème*, présenté par Aristote comme une forme de raisonnement par déduction, donc de démonstration, mais qui se distingue du syllogisme dialectique par le recours aux procédés de la rhétorique. Il s'agit donc d'un syllogisme rhétorique en même temps que d'une structure de raisonnement incomplète: la majeure ou la mineure est implicite ou n'a qu'une valeur de probabilité[15]. Aussi le discours enthymématique ne saurait-il revendiquer la rigueur et la certitude de la preuve scientifique: les prémisses ne sont que de l'ordre du vraisemblable (sens commun, opinion reçue, etc.); et la pensée, même si elle se construit par un processus d'induction et de déduction, n'obéit pas à une logique élaborée mais comporte, au contraire, d'inévitables lacunes. En effet, la démarche du raisonnement y est de nature métonymique, en ce sens, par exemple, qu'elle passera sans transition de l'individualité du

SUJET locuteur à la collectivité d'un NOUS, ou encore à l'affirmation d'une *vérité générale* qu'il ne faut pourtant pas confondre avec l'*universel* de la démonstration scientifique. La discursivité, qui, en principe, exige la succession rigoureuse des idées (ou «preuves intrinsèques», selon Aristote), se voit troublée par des interférences d'ordre rhétorique («preuves extrinsèques») visant à promouvoir l'image du locuteur, à réduire la parole antagonique de l'adversaire ou à persuader l'allocutaire éventuel du bien-fondé de la démonstration.

À vrai dire, compte tenu de ces conditions particulières de la parole, on pourrait affirmer que l'essayiste (celui, en tout cas, qui s'adonne à l'écriture polémique) argumente mais ne démontre pas. Son discours ne saurait atteindre à l'universel: parcours métonymique, plutôt, c'est-à-dire allant du particulier au général, de la partie au tout, *accumulant* plutôt qu'enchaînant (au sens où l'on parle d'une *chaîne* syllogistique: majeure, mineure, conclusion) les preuves dites intrinsèques: «raisons» de gros bon sens, témoignages, exemples, anecdotes, citations, inductions, déductions —, et des preuves extrinsèques, destinées à agir sur l'allocutaire. Ces dernières, essentielles à la démonstration rhétorique, ne peuvent évidemment que nuire à la rigueur des preuves intrinsèques où le lecteur exigeant se fera fort de déceler des lacunes, oubliant peut-être que le choix et l'ordre de présentation des arguments, principalement dans l'essai de type polémique, sont plutôt déterminés par des impératifs rhétoriques. La critique courante juge souvent l'essai (malencontreusement, en porte-à-faux) d'après le critère de la rigueur du raisonnement.

Pourtant, loin de prétendre, comme la monographie ou la thèse, à la *linéarité* sans failles des idées, le texte de l'essai va plutôt se construire *circulairement* ou *autour d'une pensée*, suivant une démarche métonymique qui rassemble intuitivement, au gré de la seule fantaisie du SUJET, des éléments contigus et convergents. *Contigus*, car ces éléments de l'argumentation ne jouissent pas d'une véritable connexion logique, ils ne sont pas déduits l'un de l'autre, mais plutôt juxtaposés, selon un principe d'éparpillement, croirait-on parfois, mais qui en est plutôt un d'analogie ou d'affinité, déterminant la *convergence* de ces éléments vers une intuition centrale qui les suscite et les aimante.

Une telle contiguïté d'arguments capricieusement accolés: observations, assertions, sentences, traits d'ironie ou d'humour, récits, citations, mouvements d'humeur, exemples, dialogismes, anecdotes, inductions, déductions, confidences, jeux de mots, etc., une telle disparate, donc, de l'argumentation (on hésite, encore une fois, à parler de démonstration) peut aller jusqu'à dissimuler l'unité du texte. Au sein de ces «textes étoilés», selon la suggestive métaphore de Barthes, le multiple, pourtant, gravite autour de l'un, et cela, parfois, non seulement à l'intérieur des frontières d'un texte unique, mais, même dans un recueil d'essais, d'un texte à l'autre. À cet égard, je trouve particulièrement heureux, pour qualifier l'argumentation concentrique de l'essai, le titre de *Convergences* choisi par Jean Le Moyne pour «réunir» des textes apparemment voués à la «dispersion»:

> Voici les pièces principales d'un témoignage donné petit à petit, ici et là, en plus de vingt ans De moi-même, je n'aurais sans doute pas songé à les réunir en volume, tellement les circonstances m'avaient habitué à leur dispersion. [...] C'est la considération théologale, plus ou moins explicite selon les sujets traités, mais constante, irrépressible pour mon déchirement et ma joie, qui fait l'unité du présent recueil. C'est elle qui m'a inspiré le titre de *Convergences*[16].

Il faut bien admettre, pourtant, que, comparé aux savants agencements de la pensée discursive, cet *étoilement* du texte peut facilement donner l'impression d'un certain désordre formel. Abandonnée aux fantaisies de l'intuition, l'écriture de l'essai laisse libre carrière au surgissement, à l'association des images, à la fabulation. C'est le règne de l'imprévu, et, à vrai dire, de l'imprévisible, car le texte de l'essai est, en principe, sans fin. Il est toujours *à suivre*. Pareil inachèvement serait à juste titre impardonnable dans un ouvrage systématique, traité ou thèse; il trahirait les défaillances d'une pensée insuffisamment élaborée. Au contraire, dans un texte interprétatif et interrogatif comme celui de l'essai, il est le signe même de cette *ouverture* inhérente à la forme d'une pensée indéfiniment renouvelable. Épuiser un sujet précis relativement restreint: ambition légitime pour l'auteur d'une monographie. Mais n'est-il pas des sujets *inépui-*

sables, justement, touchant la vie pensée, le sens du réel humain; des sujets perpétuellement énigmatiques et inspirants comme ces mythes et mystères, à la fois lointains et familiers, qui n'en finissent plus de solliciter le questionnement de l'esprit; bref, des sujets qui appellent une écriture spécifique, celle de l'essai?

Le langage performatif du SUJET

Le discours de l'essai se caractérise donc par la prise en charge, voire même par l'assimilation (l'appropriation), par le SUJET de l'énonciation, de l'expérience vécue ainsi que des énoncés du texte. (La distinction essentielle entre ces deux modes de présence du JE à son vécu et à son discours, distinction que je ne fais que suggérer, pour l'instant, par une comparaison de substantifs, sera pleinement mise en lumière lorsque nous traiterons des divers *registres* de l'essai: voir le chapitre III, «Projet de typologie».) Les répercussions de cette hégémonie du JE sont évidemment considérables: c'est l'ensemble de la structure langagière qui s'en trouve modifié, le langage n'étant plus seulement instrument mais *acte* de communication, véritable *diction*. Autrement dit, de constatif il se fait *performatif*. L'énoncé qui en résulte peut se définir comme celui qui, «dans l'acte même de l'énonciation, réalise ce qui est énoncé [...] il y a conjonction d'un sens et d'un acte qui réalise ce qui est énoncé[17]». En fait, la «conjonction» s'opère entre l'énoncé et l'énonciation, comme le souligne fort justement Bernard Dupriez:

> Il arrive que l'énoncé coïncide avec l'énonciation. On a appelé *performatifs* les verbes susceptibles de réaliser, en somme, sur-le-champ, entre les deux pôles personnels de la communication, le concept qu'ils évoquent. Ex. *je dis*, *je jure*, *je promets* [...] *excusez-moi*, *pardon*, etc.[18]

L'essayiste — de façon très voyante chez le polémiste, subtile et modalisée chez l'introspectif — cultive assidûment cette mise en scène de sa parole, cette *performance*, si je puis dire, du langage, qui se désigne ainsi comme langage littéraire. Ainsi l'écrivain joue-t-il constamment de l'*effet de sens*, soit de l'effet «qui s'ajoute au sens et qui est engendré par l'énonciation, non par l'énoncé[19]».

Il importe de souligner toute la portée de cet *acte de diction* qui affecte, de proche en proche, non seulement les verbes dits «performatifs», mais l'ensemble de la communication langagière. Dans le langage courant, les mots sont principalement des véhicules du signifié, ou de simples instruments au service d'une pensée souveraine. «Penser, c'est connaître par concepts», affirme Kant, évoquant un type de connaissance qui peut s'abstraire des mots, lesquels ne jouissent d'aucune autonomie: au service de la pensée, un mot chasse l'autre. L'essayiste a droit, lui aussi, à sa «pensée», sauf que celle-ci est indissociable des mots et des phrases qui l'expriment, ou encore solidaire de la mise en texte par le jeu des mots et des phrases. Elle ne se donne, à l'essayiste comme au lecteur, que dans la pratique même d'une forme d'art verbal. Elle vient, pour ainsi dire, *après* les mots. Renversement: on ne doit plus dire «les mots au service de la pensée», mais «la pensée au service des mots». «Pensée» essentiellement concrète, donc, en prise sur la chair et le sang des mots, au point qu'il faille modifier en profondeur la formule de Kant, citée plus haut, pour aboutir à un énoncé dont le sens est tout autre: *penser, c'est connaître par les mots.*

Pour départager cette activité psychique *sui generis* de celle qui aboutit aux notions, concepts, jugements du langage scientifique, il faudrait idéalement pouvoir inventer une nouvelle terminologie. Tâche impossible — à court terme — face aux contraintes du code langagier. Plutôt, avec la rare subtilité d'esprit et d'écriture qui le caractérise, Roland Barthes réussit à doubler d'ironiques effets de sens, à subvertir malicieusement les mots les plus graves du lexique.

> Différent du «concept» et de la «notion», qui sont, eux, purement idéels, l'*objet intellectuel* se crée par une sorte de pesée sur le signifiant: il me suffit de *prendre au sérieux* une forme (étymologie, dérivation, métaphore) pour me créer à moi-même une sorte de *pensée-mot* qui va courir, tel l'anneau du furet, dans mon langage[20].

«Pensée-mot», donc, imprégnée d'une certaine intellectualité, mais aussi concrète qu'un «objet»! Glosant de même sur «l'influence» des auteurs, qu'on serait fondé à croire de nature intellectuelle, surtout lorsqu'il s'agit de philosophes, Barthes souligne paradoxalement le mixte de la perception sensible du texte:

> [...] qu'est-ce qui me vient d'eux? Une sorte de musique, une sonorité pensive, un jeu plus ou moins dense d'anagrammes. (J'avais la tête pleine de Nietzsche, que je venais de lire; mais ce que je désirais, ce que je voulais capter, c'était un chant d'idées-phrases: l'influence était purement prosodique[21].)

Ayant donc vraiment *pris au sérieux* — au pied de la lettre — le savoir *intuitif* de l'essai, Barthes en propose une pénétrante formule, laquelle réactive une préoccupation qui prend la forme d'une contestation de la discursivité scientifique:

> Tout essai repose ainsi, peut-être, sur une *vision* des objets intellectuels. Pourquoi la science ne se donnerait-elle pas le droit d'avoir des visions? (Bien souvent, par bonheur, elle le prend.) La science ne pourrait-elle devenir fictionnelle[22]?

Énormité? Désinvolture? À moins que l'ironie barthienne, loin d'être légèreté d'esprit, ne soit la propre figure (et la pudeur) de son monde intime.

L'ampleur de vue des propos de Barthes manifeste que le caractère performatif de l'écriture affecte la totalité du signifiant, lequel, dans le langage de l'essai, «fait plus que transmettre le signifié», mais, ajoute très justement François Ricard, «l'invente, le modèle, agit constamment sur lui[23]». On assiste à la conjonction du propos et de la présence envahissante de l'énonciateur à son discours. Si, dans une visée didactique, on tenait à préciser certains points d'application majeurs de cette *performance* linguistique, on pourrait nommer ceux qui suivent. D'abord la *dialectique pronominale* du JE et de ses métamorphoses (NOUS, IL, ON...), capitale dans la mesure où elle inaugure la souveraineté du SUJET et préside à l'énonciation. Puis, les *mots*: c'est-à-dire non plus seulement les mots outils, comme les pronoms, mais les champs lexicaux entiers, travaillés, façonnés, amplifiés, métaphorisés, selon le bon plaisir de l'énonciateur. Les *phrases* aussi sont l'objet de la mise en scène langagière: mouvementées, rythmées, dynamiques, volontiers emportées par la passion du locuteur. On s'en rendra compte par l'étude des relations spatiales entre les propositions: répétition, gradation, symétrie, opposition, rythme, mélodie constituent autant d'effets de sens. Au niveau des mots comme des phrases, on sera sensible à la récurrence et à l'incantation, comme dans la poésie. Il ne faudrait pas oublier la *présentation matérielle*: disposition, illustrations, blanchissements, etc., qui jouent un rôle majeur dans la mise en scène globale de la parole, intensifiant sa valeur percutante ou sa charge poétique. Au total, c'est le *texte* entier qui se laisse informer par le dynamisme d'une écriture devenue la *mimésis* d'une individualité passionnément en prise sur l'expérience vécue.

Soulignons alors combien il est fallacieux de vouloir réduire à un autre discours, à un métalangage purement idéel, la vivante diction de l'essai. C'est le texte dans toute sa matérialité qu'il faut savoir assumer pour que se produise authentiquement l'*acte* de la diction scripturaire. En omettant de prendre en compte la littérarité de l'essai, le critique risque d'y chercher un discours de vérité plutôt qu'une forme d'art. En fait, parmi ceux qui s'adonnent à la «prose d'idées[24]», pratique incluant, outre les essayistes, des *écrivants* comme les auteurs de thèses, de traités, de monographies, l'essayiste, en tant qu'*écrivain*, est le représentant éminent[25] de ce qu'on appelle la «littérature d'idées», conférant enfin un sens recevable à cette expression si galvaudée: ne fait-il pas littéralement de la littérature avec des idées, soit de la fiction idéelle? Encore faut-il rappeler, s'il en est besoin, que les «idées» en question *font corps* avec un texte: idées-mots, idées-phrases, idées-formes, idées-livres; et que, loin de s'élever sur les degrés de l'abstraction, elles sont restées à la fois enrobées, imprégnées de la vie vécue et indissociables de la matérialité même de l'écrit. Il peut donc sembler contre-indiqué de soumettre le texte de l'essai à la seule analyse et discussion des énoncés, ou du contenu de pensée qu'il a l'air d'avancer. Car, ainsi investi par le vécu et les mots, l'essai ne saurait prêter le flanc à une quelconque réfutation, étant aussi indiscutable et irrécusable que toute littérature de l'*éprouvé*. Il importe, en tant qu'œuvre littéraire, de l'aborder par le biais des formes, comme une forme d'art; si, une fois la communication établie, l'allocutaire se sent le goût de la réplique, il peut toujours *répercuter* la parole de l'essayiste, lui *faire écho* par le truchement d'une autre parole aussi personnelle, autrement dit répondre à un essai par un autre essai[26]. Quant aux commentaires critiques qui s'adressent uniquement au système d'idées censément véhiculé par un essai, ne seraient-ils pas tout compte fait en porte-à-faux?

La fiction de l'essai

Mais si cette mainmise de l'énonciateur sur le discours provoque la transformation, voire le bouleversement du code langagier, que nous avons désigné comme le passage du *constatif* au *performatif*, elle suscite aussi, du même coup, la mobilisation même de l'imaginaire. En d'autres mots, cette entrée remarquée dans l'ordre du langage, ou encore cet accès au domaine de la littérarité, bref: cette *mise en texte*, qui caractérise le discours de l'essai, procède, comme tout discours littéraire, de l'activité fictionnelle de l'imagination. Précisons que le mot «fiction» est un terme analogue, et non univoque: il y a toutes sortes de *fictions*. Dans le cas de l'essai, c'est la situation même d'énonciation: cette présence du SUJET à la barre du texte, qui fonde l'exercice de la fiction. À la lumière de ce qui précède sur l'écriture intuitive de l'essai, expression d'une vision particulière, le fait d'une telle activité ne pose aucun problème. C'est la nature même de cette fiction qui paraît moins facile à cerner.

La démarche tout indiquée ici, suivant les normes de l'institution littéraire, c'est de traiter de l'essai en fonction des autres discours littéraires dont la nature fictive, conformément aux idées reçues, ne fait aucun doute: poésie, théâtre, récit, par exemple. Ainsi pourvu d'une sécurisante fiche d'identité, l'essai, «poème intellectuel[27]», ou «récit idéel[28]», n'aurait pas à défendre son droit à la fiction. Cette méthode a ses avantages; elle peut être opératoire, dans certains cas[29]; je ne vois pas pourquoi on l'écarterait systématiquement, sous prétexte de sauvegarder la spécificité de l'essai. Et pourtant, avouons-le: même si on est fondé à classer comme poétiques ou narratives ou théâtrales ou critiques, et que sais-je encore, non seulement des plages discursives du texte, mais même parfois des expansions assez vastes, il subsiste néanmoins un *résidu*, si je puis dire, assez important et résistant pour que l'analyste, insatisfait, se demande si, au total, il a bien rendu compte de la nature exacte du texte de l'essai. Sans compter que cette manière de procéder ne contribue guère — au contraire — à promouvoir l'autonomie de l'essai comme genre littéraire.

Le résidu en question est attribuable au fait que ce type d'*approche* — disons: comparative — de l'essai reste littéralement une *approximation*: elle n'aboutit qu'à des «plutôt» ou à des «presque»... Ainsi Jean Marcel voit-il l'essai comme une «biographie [...] sans événements[30]», tandis que Barthes souhaiterait «que l'essai s'avoue *presque* un roman: un roman sans noms propres[31]». De telles affirmations, par leur tour paradoxal et percutant, font effectivement du *bruit* et stimulent heureusement la recherche, mais, tout compte fait, leur valeur heuristique n'est-elle pas courte? Car, d'une part, on reste confronté avec le problème d'un résidu gênant; d'autre part, l'aliénation de l'essai s'y trouve confirmée. Autre tentative courageuse, mais finalement frustrante, en raison de son caractère *très* approximatif: la comparaison faite par Philippe Lejeune entre l'autobiographie et l'essai. On note dans certains essais, juge-t-il avec raison, une tendance à *se rapprocher de* la narrativité. Pourtant, ce serait *plus rare*, car, *habituellement*, la tendance *prédominante* de l'essai l'inclinerait *plutôt* du côté de l'analyse et de la synthèse. Et l'auteur en arrive à comparer l'autobiographie — où l'analyse serait *plutôt* subordonnée à un récit — à l'essai — où les récits seraient *plutôt* subordonnés à l'analyse. La théorie, au demeurant, se doit de rester très souple, et il faut examiner chaque texte en particulier pour «déterminer si la structure principale du texte est narrative ou logique[32]». (On n'aura pas de mal à comprendre qu'après ce que j'ai écrit plus haut sur le trajet *intuitif* du discours de l'essai, le mot «logique» ne me paraisse pas très heureux pour qualifier une démarche analytique qui relève — rappelons-le, c'est essentiel — d'une argumentation de type enthymématique et métonymique.)

Essayons donc de procéder autrement, en faisant abstraction, pour l'instant, de l'approche comparative, pour tenter d'abord de cerner la fiction de l'essai dans sa spécificité. Retenons de l'opinion de Philippe Lejeune, débarrassée de toute approximation ou circonlocution, un noyau fondamental à partir duquel nous formulerons l'assertion suivante qui puisse servir de commun dénominateur à tout ce que par la suite nous apporterons de précisions et de nuances: *le discours fictif de l'essai consiste en une argumentation, autrement dit: en un procès d'analyse et de synthèse, en une discussion d'idées.* Il s'agit globalement, pour reprendre une autre formulation concise d'André Belleau, que je trouve, cette fois, particulièrement pertinente pour mon propos, c'est-à-dire libre de toute possibilité d'annexion typologique, il s'agit, donc, d'une «fiction idéelle[33]».

Il me semble que ce principe, ce fondement, peut permettre de saisir la nature de l'essai *in se*. Fictif, le discours de l'essai se distingue radicalement du discours scientifique; nous l'avons déjà souligné. Il se situe donc décidément du côté de l'art: déjà, en 1910, dans un texte magistral, l'esthéticien hongrois Georges Lukács l'avait présenté comme une «forme d'art», dont il s'est efforcé de saisir la différence spécifique[34]. La critique actuelle est tellement sollicitée par l'aspect technique ou le *comment* du littéraire que la problématique philosophique et humaniste de Lukács ainsi qu'une formulation à saveur platonicienne peuvent entraîner un dépaysement; d'autre part, il me paraît important de s'entendre sur le *signifié* de certains mots, si l'on veut éviter des contresens[35]. Ces réserves faites, on aura grand profit à s'inspirer des pénétrantes élucidations de Lukács.

Désireux d'«isoler l'essai[36]», «forme d'art particulière» (p. 98), Lukács formule, au départ, une hypothèse qu'il se fera fort, à la fin de cette longue lettre à son ami Léo Popper, d'avoir réussi à établir, à savoir que l'essai — «authentique» (p. 92), précise-t-il, — «possède une forme qui le distingue, avec la rigueur définitive d'une loi, de toutes les autres formes d'art» (p. 92). Je partage tout à fait, sur ce point, la conviction de Lukács, et il me semblerait souhaitable qu'on puisse libérer l'essai de ces limbes informes où le relègue encore trop souvent l'opinion commune, de manière à ne retenir «que les essais authentiques, et non ces écrits utiles, nommés improprement essais, qui ne peuvent jamais nous donner plus que des enseignements, des éléments d'information et des "rapports"[37]» (p. 92-93). La difficulté de reconnaître à l'essai sa différence spécifique me paraît tenir au fait que l'écriture de l'essai n'a pas *systématiquement* recours, à l'instar des autres genres littéraires, aux médiations symboliques reçues: situation narrative (roman), langage métaphorique (poésie), mise en scène (théâtre). Cela n'exclut pas, au contraire, toute médiation, car il en est une, essentielle, déterminante, déjà soulignée, celle de cet énonciateur SUJET qui, en le *mettant en texte*, s'approprie le vécu dans et par le langage. La parole d'un tel SUJET, auréolée de l'imaginaire par lui mobilisé, marque décisivement l'entrée dans le domaine de la fiction ou dans l'espace-temps du texte, soit le passage à l'*ordre* du littéraire. (J'aimerais donner au mot *ordre* le sens pascalien d'une catégorie absolument à part, en solution de continuité avec les autres ordres.) Pourtant — et c'est l'originalité majeure de l'essai par comparaison aux autres formes littéraires —, cette parole n'a pas besoin de médiation symbolique, au sens susdit; rien n'empêche qu'elle y recoure, à l'occasion, mais comme à un procédé d'expression parmi d'autres, non comme à une forme obligée; sa démarche caractéristique est de s'articuler et de rester directement en prise sur le vécu immédiat. Qu'est-ce qu'un essayiste, en effet, sinon un artiste de la vie, celui qui imprime à l'expérience vécue la forme de ses questions? L'essayiste est d'abord un écrivain doué d'un type particulier de sensibilité, à laquelle devra éventuellement faire écho une écriture spécifique; de fait, la pente naturelle, le tour très personnel, inaliénable, de son imagination créatrice, ce n'est pas d'inventer des *histoires* ou des *drames* ou des *fables*, mais d'interroger directement la vie mouvante. Précisons que ce n'est pas pour autant la vie concrète, pour ainsi dire à l'état sauvage, qui est l'objet formel de sa recherche passionnée; ou que, si c'est la vie concrète qu'il *met* incessamment *à la question*, ce n'est pas le cours machinal des choses de la vie qui l'intéresse, mais l'ordonnancement, mais la signification qui peut seule rédimer ce donné brut: non pas la *vie*, mais *la* vie, pour reprendre la subtile distinction de Lukács (p. 95). Exigeante quête de la substance, l'essai prend *forme* en soumettant la contingence du vécu à la haute exemplarité des idées (valeurs). C'est dire qu'on retrouve, à la lecture d'un essai «authentique», celui qui adresse à la vie son perpétuel questionnement, l'intentionalité de l'écrit philosophique. L'essayiste se présente, en effet, comme une espèce de philosophe, contemplateur d'idées, d'essences, grand idéaliste, à la manière de ce Socrate «toujours plongé dans les valeurs ultimes», pour reprendre l'expression magnifique de Lukács (p. 108). Pourtant, si l'essayiste s'adonne, comme le philosophe, à un discours interrogatif et interprétatif, là pourtant s'arrête la ressemblance, car ses *pourquoi* inquiets n'aboutiront jamais à la réponse définitive, à la «perfection glacée» (p. 91) d'un système. Les essences qui fascinent, aiguillonnent et tourmentent l'essayiste ne sauraient parvenir à ce degré d'abstraction qui leur permettrait de s'inscrire (et peut-être de *se ranger*) dans un discours intellectuel; elles s'articulent en *vision du monde*, au sens le plus dynamique du mot, vision sans cesse réactivée par l'expérience et jouissant d'un intense retentissement dans le vécu de l'affectivité. Soulignons, en effet, à quel point la vive sensibilité de l'essayiste est investie par cette sourde rumeur de la vie psychique où se produisent de véritables *événements* intimes, appelés à exercer une influence décisive sur les faits et gestes du quotidien: une intériorité aussi dynamique ne pourrait-elle, à aussi juste titre que les voyantes péripéties des contes, drames, romans, réclamer son droit à l'expression?

L'essayiste possède donc à coup sûr, parmi les écrivains, son identité propre. Celle-ci, pourtant, loin de l'enfermer dans un rôle de tout repos, en fait un être aux questions brûlantes, un être foncièrement écartelé par la mise à l'*essai* d'un ardent idéal dont, au vu du réel humain, on ne peut qu'éprouver la distance. Telle est la marque (le déchirement) et le destin de l'essayiste: une inquiétude *essentielle* — à la lettre, inassouvissable appétit des *essences* —; la lancinante nostalgie d'un mythe personnel obsédant: celui des hautes idées, substance inestimable de ce monde contingent, belle forme parfaite dont il *essaie* d'imprimer, sur la matière indifférente de la vie, la précieuse empreinte.

On serait ainsi tenté de concevoir l'essai comme une tentative de *mise en forme* de la vie sauvage, autrement dit comme la mise à l'épreuve d'une ou de quelques idées-forces, vivement ressenties, comme forme organisante du réel. Tenté aussi d'ajouter que, une fois l'*épreuve* réussie jusqu'à la *promotion* de ses idées, on pourrait aboutir à l'agencement savant d'un *système* philosophique qui rendrait caduc l'essai et le vouerait à n'être qu'une écriture du provisoire... Mais n'y a-t-il place, dans l'institution littéraire, et, en tout cas, dans la littérature vivante, pour une forme d'écriture pleinement autonome qui serait justement celle, intensément dynamique, toujours en procès, de la nostalgie des idées (des valeurs), de l'inquiète interrogation sur l'aptitude des idées à vraiment interpeller la vie et, si possible, éventuellement à la structurer? L'essai pourrait alors pleinement revendiquer le statut particulier de cette écriture du doute et du questionnement, si véritablement adaptée à l'inquiétude *essentielle* de l'homme.

À rebours de la démarche suivie par Lukács, identifiant au départ l'«essayiste» et le «critique», j'ai préféré mettre l'accent sur le questionnement du vécu immédiat, de l'expérience directe de la vie, où je trouve à l'état pur l'attitude essentielle de l'essayiste. Mais je reconnais que cette méthode d'approche de la vie, qui se passe de la médiation de l'art, de la littérature, des pensées d'autrui, exige une si rare profondeur spirituelle, une telle acuité intellectuelle, une vie intérieure si intense, qu'elle ne puisse être le lot que de très grands esprits: Platon, par exemple, que Lukács considère comme «le plus grand essayiste qui ait jamais vécu et écrit, qui a tout arraché à la vie qui se déroulait immédiatement sous ses yeux, et n'avait ainsi recours à aucun médiateur, qui savait rattacher à la vie dans ce qu'elle a de vécu ses questions, les plus profondes qui aient jamais été posées» (p. 107-108). Un éloge aussi absolu ne saurait s'adresser qu'au propre paradigme de l'essayiste, exemplaire inimitable de puissance intellectuelle et littéraire. Même très grands, les essayistes sont très souvent des «critiques», au sens le plus large du mot, choisissant d'interpeller la forme préexistante d'une œuvre littéraire, artistique, ou philosophique, afin de raviver et d'entretenir en eux-mêmes l'instinct de la quête du sens. Montaigne, Pascal, Péguy, Bachelard, Lukács, Barthes, et, plus près de nous, Vadeboncœur, Godbout, Ouellette, Belleau, autant d'essayistes à part entière ou non, dont le discours prend souvent appui sur des références culturelles — mais toujours, en définitive, pour surimposer à celles-ci cette forme de leur questionnement intime, principe de la constitution de l'essai. D'où il s'ensuit que chaque essai comporte son contexte énonciatif, comme l'a si bien souligné Lukács[38].

Pour nous en tenir à la critique littéraire, qui nous intéresse plus particulièrement, un nombre important d'écrits sur la littérature sont effectivement des *essais critiques*: j'ai en tête, ici, les noms de quelques écrivains bien typés, auteurs d'essais critiques: Jean Starobinski, Jean-Pierre Richard, Roland Barthes, Maurice Blanchot, Jean Rousset, André Belleau, Gilles Marcotte, André Brochu. Un auteur s'est proposé au départ de rédiger une *étude* sur telle ou telle œuvre ou question littéraire; sur son chemin il a rencontré la vie; et c'est celle-ci que, mué en essayiste — ou mieux, redevenu ce qu'il n'a jamais cessé d'être, au fond —, il se trouvera finalement à interroger par le truchement des formes d'art. De tels *essais critiques*, tout en proposant sur les œuvres et problèmes littéraires des points de vue fort pertinents, s'affirment en même temps comme des œuvres de pleine écriture, ce dont on ne s'affligera que si on tient à réduire la critique à un objectivisme qui s'interdirait toute possibilité de *rencontre* avec le texte[39].

Il était capital d'insister sur l'*information* du vécu par le SUJET de l'énonciation: en effet, que son point d'application soit le donné brut de l'existence, ou encore telle ou telle forme déjà achevée (œuvre de pensée, d'art ou de littérature), susceptible de réactiver la réflexion de l'essayiste sur la vie, cet acte original et créateur constitue le principe d'unité de l'essai, celui qui l'appelle, en fait, à une existence littéraire distincte. Telle est la «forme d'art particulière» (Lukács) qui suscite l'essai, qui lui confère sa pleine autonomie textuelle: sans elle, point d'œuvre qui *tienne*. Cela dit, est-il possible à l'analyse de discerner cette forme? Chaque œuvre possède la sienne, bien sûr, avec laquelle on peut arriver à coïncider, grâce à une fréquentation plus ou moins longue. En parler dans l'abstrait oblige à s'en tenir à des généralités sur les conditions de l'exercice critique, mais ce métalangage théorique me paraît avoir son utilité si on tient compte du risque des propos en porte-à-faux sur l'essai, propos dont la non-pertinence, voire l'impertinence, s'explique principalement par la méconnaissance du caractère fictionnel de ces œuvres. L'essai, rappelons-le, consiste essentiellement en une fiction idéelle qui se manifeste sous les espèces d'une argumentation enthymématique et métonymique. Les éléments d'un tel procès argumentatif ne s'enchaînent pas linéairement, comme dans une démonstration rationnelle; ils se juxtaposent, plutôt, de manière concentrique, autour de la vision hégémonique d'un SUJET. C'est cette vision du monde, ce mythe personnel qui a le pouvoir d'imprimer à la succession capricieuse d'«arguments» intuitivement rassemblés, et parfois franchement hétéroclites, la forme de cette nouvelle unité littéraire organique qu'on appelle un essai. Cette forme organisante, façonnée par l'intellection centrale du SUJET énonciateur, constitue le *thème idéel* de l'essai, *thème* qu'il ne faut surtout pas confondre avec le *sujet* traité: s'agissant, en effet, d'un genre littéraire axé, en principe, sur n'importe quel aspect de l'expérience vécue, le sujet n'a vraiment qu'une importance seconde, et parfois secondaire; il peut même, à la limite, s'inspirer du quotidien le plus terre à terre, comme il arrive chez certains essayistes profonds qui ont l'art d'évoquer les *fins dernières* à propos de la météo ou d'un embarras gastrique, jouant ainsi admirablement des effets de sens de cette sorte d'ironie supérieure, dont le ton unique suffira parfois à caractériser un essai, et qui voile si finement (en la dévoilant) la conscience toujours à vif chez l'essayiste de la distance infinie entre le réel et l'Idéal... Au total, le sujet pourrait n'être que le matériau, plus ou moins contingent, qui fournit à l'essayiste une occasion, entre autres possibles, de donner forme à sa vision.

En revanche, le *thème idéel* se caractérise par sa nécessité: forme constante, récurrente, leitmotiv animant les sujets composites où l'essayiste trouve autant d'occasions d'assouvir son besoin de reprendre la parole. Cet homme (ou cette femme), en effet, comme tout écrivain et artiste, est habité — obsédé — par une vision, une appréhension singulière et typique du monde, qui n'a rien de la rationalité d'un système, mais qu'on assimilerait plutôt à une sorte de *cogito* pré-réflexif, émanant de la psyché tout entière, *conscient* certes, puisqu'il est apte à régir la structure profonde d'une œuvre, mais — pour reprendre la distinction sartrienne — pas forcément *connu* de l'écrivain lui-même. Agissant comme un contexte énonciatif au niveau de l'écriture, ce *cogito* intuitif commande la forme organisante du thème idéel et de ses multiples variations. Les études que j'ai menées sur les écrits de Pierre Vadeboncœur en fournissent un exemple[40]. J'ai discerné dans l'œuvre de cet écrivain une contrariété intime extrêmement forte: l'écartèlement entre des puissances de vie et de mort, l'éprouvante dialectique d'un vouloir-vivre aussi forcené que les forces adverses qui s'opposent à son affirmation, bref, constamment récurrente, tout au long d'une œuvre déjà importante, une représentation duelle ou dualiste du monde, selon la perspective — formelle ou philosophique — qu'on adopte pour en parler. En vertu d'un isomorphisme spontané, la forme structurante de ce *thème* central produira plusieurs *motifs* permettant au thème d'affleurer tout au long de l'œuvre, et conférant ainsi à celle-ci, à l'intérieur d'un même écrit, et même d'un écrit à l'autre, une indéniable unité à la fois idéelle et littéraire. Voici quelques exemples de ces *motifs* apparentés et pourtant émergeant dans des champs divers de la représentation duelle: l'épistémologie intuitive de Vadeboncœur qui contre-distingue la «raison» et le «cœur»; la «ligne du risque» qui «divisera désormais notre petit monde [...]»; les «deux tendances contraires» du «spirituel» et du «charnel»; le platonisme des *Deux royaumes*; la raideur d'une argumentation axée sur le principe de contradiction; le manichéisme des écrits polémiques; une écriture en noir et blanc, tissée d'oppositions sémantiques et métaphoriques irréductibles; un verbe à la fois austère et passionné, emporté et crispé; etc. On n'en finirait plus d'inventorier les signes de l'influence déterminante d'une vision binaire et de la thématique formelle correspondante[41].

C'est donc bien l'*invention* (mot à double sens: découverte *et* création) d'une forme (ou thème idéel) qui constitue le principe moteur de la discursivité artistique en même temps que de la fictionnalité de l'essai. La *vision du monde*, cette intellection *sui generis* qui préside à la mise en œuvre d'un savoir *intuitif*, va attirer des modes adéquats d'expression scripturaire.

Et, en premier lieu, ce langage métaphorique qui sature maints essais, et qu'emprunte spontanément un énonciateur *visionnaire*: ainsi, par exemple, ai-je pu souligner le pouvoir structurant de certaines images, notamment de l'imagination du *mouvement*, dans les écrits de Pierre Vadeboncœur[42]. Cette aptitude du champ lexical métaphorique à s'affirmer comme forme organisante de certains textes vient confirmer *la pleine positivité de l'image* en regard de la dévaluation que lui font subir certaines théories intellectualistes. Gilbert Durand a fustigé cette «minimisation de l'imagination [...] au profit d'une pensée qui, elle, se voudrait valable, purifiée de la pollution des images[43]». Il évoque, en particulier, «[le] dualisme de James — et [...] celui dont fait quelquefois preuve Bergson — qui sépare le "courant de conscience", c'est-à-dire la conscience seule valable, du polypier superficiel des images[44]». Pareil «dualisme», cette condition de parent pauvre dévolue au langage métaphorique affecté au seul service de l'argumentation, relèverait ici du contresens. Car l'image, dans l'argumentation de l'essai, a véritablement une fonction heuristique comme instrument de connaissance, explorant les voies du «pensable», ouvrant de nouvelles perspectives à la recherche. Elle *donne à voir* des «spectacles discursifs», des «paysages de sens», selon les termes suggestifs de Judith Schlanger, qui insiste opportunément sur cet avant-gardisme de la métaphore dans la littérature réflexive[45].

Mais la *vision* de l'essayiste n'a rien de statique: au contraire, elle est constamment dynamisée, nous avons insisté là-dessus, par ces véritables *événements* de la vie intérieure, qui sont produits par le retentissement, sur le vécu de l'affectivité, de la confrontation permanente entre les essences contemplées et la vie. C'est pourquoi il arrivera à l'énonciateur, pour suggérer le choc des pulsions de la vie psychique, d'élire d'instinct un type de discours narrativé, ou, à tout le moins, d'insérer dans l'argumentation des séquences narratives, comportant les marques essentielles de la narrativité: chronologie, décor, personnages et même dialogisme. J'en ai proposé plusieurs exemples dans mon étude sur l'énonciation dans l'écriture de Pierre Vadeboncœur[46]. Il pourra même arriver que le *théâtre* tout intérieur des événements psychiques inspire littéralement une *mise en scène* de l'argumentation. En voici, pour finir, un exemple sur le mode comique: Jules Fournier, dans «La langue française au Canada[47]», s'en prend à Louvigny de Montigny, auteur d'un livre sur les «maladies du parler canadien-français». Cette métaphore initiale suscite le personnage du «docteur», et, se référant à *Maria Chapdelaine*, l'essayiste va comparer de Montigny, citations à l'appui, au médecin de Mistook et au rebouteur de Saint-Félicien, ce qui introduit du *récit* dans l'argumentation. Et de laisser filer la métaphore, qui va faire des petits: le récit devient *théâtre*, et le «docteur de Montigny» va se métamorphoser en «personnage de vaudeville», en «bon médecin de Labiche ou de Courteline[48]». L'essayiste imaginera diverses scènes loufoques, avec personnages et dialogues:

> Je vous vois un peu d'ici, au chevet d'un anémique ou d'un tuberculeux, par exemple:
> — Mon ami, diriez-vous au premier, votre cas est très simple [...].
> Et au second vous diriez:
> — Ho ho! mon bonhomme[49]...

Dix pages plus loin, nouvelle mise en scène satirisante de l'argumentation:

> [...] c'est comme si je continuais seulement de voir se jouer sous mes yeux la pièce que j'imaginais il y a un instant. Cette fois, c'est en présence d'un malheureux impotent [...] que nous retrouvons notre original docteur[50].

Et, à la page suivante:

> Troisième remède et qui, j'ai le regret de vous le dire, n'évoque encore à mon esprit qu'une scène de comédie-bouffe... Sur un lit de malade, le théâtre représente cette fois une pauvre femme [...]. Survient le toujours même délirant docteur.
> — Madame, prononce-t-il après l'avoir examinée[51] ...

En guise de conclusion

Espérons, en terminant, que ces quelques préalables théoriques puissent contribuer à faire reconnaître la littérarité ou la pleine écriture de l'essai, en même temps que, chez l'essayiste, cet artiste d'une fiction idéelle, la qualité d'écrivain à part entière.

CHAPITRE II

Modèles de l'essai: Lukács, Bachelard, Adorno, Montaigne

L'âme et les formes

Revenons à Georges Lukács, tellement présent au cours de la précédente synthèse théorique. On ne soulignera jamais assez l'influence de l'esthéticien hongrois, à la fois théoricien et essayiste (et critique) — mais essayiste et critique, c'était tout un, selon Lukács —, sur la conception de l'essai. Déjà, en 1910, dans une «Lettre à Léo Popper», il avait livré l'essentiel «à propos de l'essence et de la forme de l'essai». Malheureusement, la traduction française, *L'âme et les formes,* n'a paru qu'en 1974[1], ce qui a évidemment retardé la communication autant des *idées* de Lukács sur l'essai comme forme d'art littéraire spécifique que de sa *pratique* de l'essai, mise en œuvre exemplaire de ses conceptions. Au Québec, la revue *Études littéraires* avait déjà fait paraître, en 1972, une traduction, par Danielle Bohler et Frédéric Hartweg, de la «Lettre à Léo Popper» sous le titre de «Nature et forme de l'essai[2]»; mais ce n'était là que le premier des dix essais que renferme *L'âme et les formes.* Il est vrai qu'«Une lettre à Léo Popper» présente la substance de la théorie sur l'essai, selon Lukács, mais ce condensé ne prend son sens plein qu'après la lecture des neuf autres essais: en effet, cette «Lettre» rassemble une somme de réflexions sur l'écriture de l'essai, inspirées par la rédaction préalable des essais critiques sur Rudolf Kassner, Sören Kierkegaard et Régine Olsen, Novalis, Theodor Storm, Stefan George, Charles-Louis Philippe, Richard Beer-Hofmann, Lawrence Sterne, Paul Ernst. La «Lettre» est donc le fruit de la pratique lukácsienne de l'essai où la question de cette forme d'écriture est sans cesse implicitement posée par la mise en œuvre même du texte: le lecteur, d'abord attentif au système de concepts censément véhiculé par les écrits d'un philosophe, en vient à percevoir *autre chose*, l'écriture justement de l'essayiste, sensible même en traduction. Sans compter que certains textes, comme l'essai critique sur Rudolf Kassner, proposent une réflexion tout à fait explicite sur la nature de l'essai. Il était donc urgent que nous puissions enfin disposer d'une version complète de *L'âme et les formes*.

Ayant beaucoup pratiqué la traduction française de Guy Haarscher, je me permettrai d'émettre quelques observations à ce sujet. Il importe de souligner la grande qualité des notes introductives à chacun des essais, qui servent de balises pour la lecture de textes souvent difficiles. Haarscher a même ajouté à sa traduction une longue postface, «Approche des écrits de jeunesse de Lukács» (p. 277 à 353), qui est très éclairante: non seulement elle fournit le contexte nécessaire à la lecture des écrits du «jeune Lukács», mais elle situe très judicieusement ces écrits par rapport à ce que deviendra la pensée de Lukács après son adhésion au marxisme[3].

Pour un lecteur québécois (et, en général, américain), l'œuvre de l'écrivain hongrois peut constituer une espèce d'énigme à cause de sa déconcertante discontinuité. On compte, d'une part, les écrits de jeunesse, c'est-à-dire principalement, en ce qui concerne la littérature, *L'âme et les formes* et *La théorie du roman*, que le marxiste Lukács, faisant son autocritique, taxera d'idéalistes —, puis toute l'œuvre ultérieure, volumineuse, qui traite aussi très souvent de littérature mais, cette fois, du point de vue d'une théorie marxiste de l'esthétique (ou censément telle, car Lukács, pour préserver au fond son indépendance intellectuelle, jouera souvent du compromis et de la révision...). Mais, somme toute, il s'agit là, au cours d'une carrière, d'un changement radical de cap, d'un renversement tel que l'écrivain, devenu marxiste, a pu aller jusqu'à renier ses écrits de jeunesse au nom de ses nouvelles convictions. (On lira, en ce sens, l'avant-propos de *La théorie du roman*[4].) Nous ne sommes pas obligés de le suivre sur ce point: *L'âme et les formes*, en particulier, me paraît un des plus beaux et des plus profonds recueils d'essais qui soient, en même temps qu'une parfaite illustration de la forme de l'essai. Ce recueil constitue même une heureuse exception aux observations (qui restent très pertinentes) d'André Belleau:

> La formation d'un essayiste exige beaucoup plus de temps que celle d'un poète ou d'un romancier. Je le dis sans ironie. À dix-huit ans, on peut être Rimbaud, on ne peut pas être un essayiste. La raison en est simple. Je le répète: l'essayiste travaille dans le champ culturel avec les signes de la culture.

Apprentissage très long, continue Belleau, ce qui l'amène à conclure: «C'est pourquoi, souvent, l'essayiste ne commence à se sentir écrivain que tard dans la vie[5].» Or Lukács n'avait que vingt-cinq ans lorsque parut l'édition hongroise originelle de *L'âme et les formes*, en 1910; de plus, la publication de certains des essais du recueil s'échelonne de 1907 à 1910. Et pourtant, ces textes manifestent une culture littéraire et philosophique impressionnante, et, plus étonnant encore, une expérience de la vie une maturité — un désenchantement — qu'on n'associe pas d'ordinaire avec cet âge.

Pour mieux comprendre à la fois cet étrange déni de ses écrits de jeunesse et le contexte énonciatif où ces essais ont pris forme, il importe d'en situer la rédaction dans la biographie intellectuelle de l'écrivain. L'œuvre de Lukács est complexe parce qu'elle tente d'opérer la difficile liaison entre le goût classique allemand et la pensée marxiste, entre une éthique de gauche et l'esthétique traditionnelle, nourrie de la pensée de Kant, qui prône l'idéalisme et le sens des valeurs. C'est pourquoi Lukács, après son adhésion au Parti communiste, aura été en butte à la censure de l'orthodoxie marxiste et forcé de s'adonner à d incessantes révisions de sa pensée, ce qui n'est pas pour faciliter la lecture de son œuvre. Lukács obtient son doctorat en philosophie à l'Université de Budapest, en 1906, puis poursuivra sa formation à l'Université de Berlin (1909-1910) et surtout à l'Université de Heidelberg (1913-1917). Il adhère au néokantisme, avec ses structures aprioriques indépendantes de ce qu'on appelle la réalité objective. Il cultive les «sciences de l'esprit» (esthétique, philosophie, logique, psychologie, etc.) en réaction contre les «sciences naturelles» (fondées sur les données réelles, les faits, au mépris de la métaphysique); face à cette étroitesse positiviste, il s'intéresse à une conception totale du monde et de la vie, incluant les valeurs et non pas seulement les faits. Kant est alors l'influence majeure: l'idéalisme subjectif fait pièce au matérialisme positiviste; l'axiome de cette pensée est qu'une réalité objective indépendante de la connaissance est impensable, si tant est qu'elle existe. Certes, Lukács évoluera: à l'époque de *La théorie du roman* déjà, en 1920, il sera en train de passer de Kant à Hegel; et surtout, il répudiera plus tard (par exemple, en 1954, dans *La destruction de la raison*), ce néokantisme évidemment incompatible avec la pensée marxiste qui se doit de postuler l'objectivité de la connaissance, rejoignant sur ce point l'aristotélisme. Il n'en reste pas moins que, sous l'empire de la philosophie classique allemande, Lukács aura adhéré à fond à l'idéalisme (kantien, platonicien), comme en témoigne *L'âme et les formes*, séparant radicalement esthétique et éthique, pensée et praxis. Il aura donc, à cette époque, complètement méconnu cette *totalité*, appelée à devenir, au contraire, une composante essentielle de la pensée chez ce nouveau disciple de Marx, œuvrant désormais à la réconciliation de la connaissance avec la réalité concrète et sociale, avec le travail et l'action pratique. Le marxisme subordonne l'esthétique à l'éthique; c'est le devoir social qui doit prescrire à l'esthétique ses valeurs. On comprend alors que Lukács en soit venu à renier ce premier état de sa pensée (*L'âme et les formes*, *La théorie du roman*) comme idéaliste, déconnecté des réalités sociales et économiques. La découverte du marxisme aura fourni la réponse au malaise existentiel vécu dans *L'âme et les formes*. Lukács éprouvera qu'il va enfin dans le sens de l'histoire, irrésistiblement attiré, fût-ce de façon zigzagante, par la victoire du prolétariat. À partir d'*Histoire et conscience de classe*, toute sa production littéraire sera marquée par ce postulat nouveau. Pourtant, la notion néokantienne des valeurs n'en aura pas moins durablement marqué les conceptions esthétiques de Lukács: l'a-t-il vraiment jamais abandonnée? Sa critique littéraire semble avoir toujours conservé des traces de l'indépendance que le jeune Lukács avait accordée au domaine esthétique. En tout cas les censeurs marxistes n'ont pas manqué de dénoncer les ambiguïtés de cet humaniste impénitent.

Pour être complet, il faudrait évoquer aussi l'influence de cette «philosophie de la vie» fixée par Dilthey, laquelle instaure un antagonisme entre la pensée rationaliste et l'instance supérieure de la vie (qu'on se rappelle la distinction majeure de Lukács entre *la* vie et la *vie*, la vie en soi et la vie concrète). En résulte une ambiance philosophique où l'esprit est perçu comme l'adversaire de l'âme (*cf.* le titre *L'âme et les formes*). On a perdu confiance en la raison; on ne croit plus au progrès; on se montre crédule face au mythe, à la mystique, à l'irrationalisme. Enfin, Lukács subit une autre influence, celle de la phénoménologie de Husserl: recherche des «essences» à partir de la description des choses; ou encore, recherche de la forme qui peut seule donner accès au sens — et on reconnaît ici la démarche même de l'essayiste de *L'âme et les formes*, interrogeant avec angoisse les œuvres littéraires pour tenter d'apercevoir au moins l'essence de l'informe vie empirique.

Toutes ces influences diverses (néokantisme, «philosophie de la vie», phénoménologie) ont laissé des traces dans les premières publications de Lukács, et en particulier dans les dix essais de *L'âme et les formes*. La vision du monde dans ces textes n'est pas subordonnée à des considérations économiques et sociales; elle est façonnée par une expérience de «l'âme» à la recherche des «valeurs» dans les «formes» de l'art. Le jeune Lukács est résolument un esthète qui sépare rigoureusement réel et pensée, éthique (ou praxis) et esthétique. On peut parler d'esthétique hypostasiée: la valeur transcendante ne s'atteint que dans l'immanence de l'œuvre d'art, laquelle est indépendante par nature et même séparée d'une vie empirique vide de sens. Prise de position radicale (désavouée, rappelons-le, par le marxiste Lukács), et qui s'explique par le contexte énonciatif de *L'âme et les formes*: le jeune Lukács est profondément imbu de ce pessimisme, de ce désespoir existentiel de l'esprit fin-de-siècle. Être jeté dans un monde déchu: tel est le destin de l'homme moderne, déchiré entre le savoir et le faire, entre l'action et la contemplation, aliéné dans un monde d'objets devenus des *choses* avec lesquelles il n'arrive plus à communiquer, au sein desquelles il se sent étranger (Lukács évoquera justement la «réification» du monde moderne dans *Histoire et conscience de classe*).

On est bien loin alors de l'équilibre et de l'harmonie de la Grèce homérique, ce mythe d'origine, essentiel à la tradition classique allemande, que Lukács rappelle avec nostalgie, après Hegel et même Marx. Il est frappant d'entendre résonner chez un Charles Péguy, essayiste français contemporain de Lukács (sans que vraisemblablement les deux hommes se soient connus), les mêmes accents de désaffection à l'égard du «monde moderne»: l'essai sur Theodor Storm, par exemple, «L'esprit bourgeois et l'art pour l'art», fait entendre un ton qui, pour moi, évoque irrésistiblement les pages fameuses de *L'argent*. Même pessimisme amer à l'égard de l'odieux «moderne», même nostalgie d'un autre temps, d'«un tout autre monde», mythe inspirant:

> Nous avons connu un honneur du travail exactement le même que celui qui au moyen-âge régissait la main et le cœur. [...] Nous avons connu cette piété de l'*ouvrage bien faite* poussée, maintenue jusqu'à ses plus extrêmes exigences. J'ai vu toute mon enfance rempailler des chaises exactement du même esprit et du même cœur, et de la même main, que ce même peuple avait taillé ses cathédrales. Que reste-t-il aujourd'hui de tout cela[6]?

Comment alors retrouver une vie réconciliée? Seul l'art pratiqué par le poète, le romancier, le dramaturge peut arriver à mettre en forme l'informe quotidienneté à surmonter le morcellement désespérant de l'existence humaine dégradée. Et encore, ces littérateurs artistes (auxquels il faut ajouter sans doute les praticiens des autres arts) ne pourraient-ils y arriver sans l'appoint essentiel de l'essai, lui-même «forme d'art», comme le soutient Lukács dans sa «Lettre à Léo Popper», qui apporte, en 1910 déjà, une contribution essentielle à la mise en valeur de l'essai. C'est l'essai qui, en interrogeant les œuvres déjà «formées», peut permettre de dépasser la réalité contingente, de saisir *la vie* dans la *vie*, autrement dit de dégager une certaine substance durable au sein de ce chaos existentiel. L'essai est ainsi comme un phare pour les autres formes d'art, il permet d'en faire resplendir le sens: Lukács lui aura assigné un rôle majeur et sublime.

Et pourtant, il faut se garder d'affirmer que cette condition de dépassement de l'informe réalité est définitivement atteinte. Car — il faut insister — le contexte énonciatif de *L'âme et les formes* est extrêmement pessimiste. Peut-être l'essai n'arrive-t-il qu'à poser de bonnes questions — mais qui resteront sans réponse. Peut-être ne contribue-t-il finalement qu'à créer un état d'aspiration, une incurable nostalgie, vouée à rester éternellement insatisfaite. Du moins manifeste-t-il la lucidité de l'homme face à l'écoulement absurde et tragique de la vie (où l'on voit à quel point Lukács, dans ses premiers écrits, aura été existentialiste avant la lettre). Du moins l'essayiste est-il en chemin, même s'il n'atteint jamais la fin de la route; «l'essentiel est de marcher», écrivait aussi l'essayiste pèlerin qu'était Péguy. Mais «la fin est impensable et irréalisable sans le parcours toujours renouvelé du chemin», écrit Lukács, assignant ainsi à l'essai le rôle unique de chercher à exprimer par l'écriture la mouvance dynamique de ce «parcours» jamais achevé. Et, dans le même ordre d'idée, mais en recourant à une autre suggestive métaphore, il ajoute:

> L'essai est un tribunal, mais ce qui en lui constitue l'essentiel et l'élément décisif quant aux valeurs n'est pas la sentence (comme dans le système), mais le procès lui-même[7].

L'essayiste pratique donc le questionnement incessant, à propos de tout, ou, mieux encore, «à l'occasion de» tout: autre observation perspicace de Lukács soulignant cette fois cette *ironie* inhérente à l'essai, cette dualité textuelle dont il importe de s'aviser: l'essai porte en apparence sur une question précise et semble donc s'orienter sagement vers une *étude*, comme toute prose d'idées; mais, en réalité, il comporte une autre dimension: le sujet traité ou à l'étude n'est en fait que «l'occasion» d'une mise en question des réponses que les penseurs ont apportées aux problèmes de l'humanité. Ainsi Lukács, «à l'occasion d'»œuvres comme celles de Beer-Hofmann et d'Ernst, par exemple, poset-il ses brûlantes questions intimes sur le tragique de l'existence, sur la brutale limite de la mort. Montaigne ne procède pas autrement: les réalités même triviales de sa vie quotidienne ne sont évoquées que comme tremplin pour un approfondissement du sens de la vie (et de la mort). C'était aussi la manière de Platon chez qui «la conceptualité [était] enveloppée de l'ironie propre aux petites réalités de la vie[8]». Mais telle est justement la démarche de l'essai, en dialogue constant avec la vie quotidienne, en butte aussi aux «petites réalités» de l'existence; telle est la situation ironique de l'essai, sa condition modeste (suggérée par ce terme d'*essai*), d'être ainsi ramené sur terre depuis les hauteurs de l'intellectualité; tel est, enfin, son réalisme, si juste, si saisissant, puisque aussi bien les plus pénétrantes interrogations restent souvent sans réponse, ou encore sont brutalement interrompues par le retour de la prose banale du quotidien — et il ne reste (mais c'est essentiel tout de même) qu'un état d'aspiration sans fin...

L'essai chez Lukács et Bachelard: une communauté d'écriture

Le rapprochement entre Lukàcs et Bachelard, deux écrivains si dissemblables, pourra sembler étonnant. Je le risque pour diverses raisons (qui n'ont pas toutes le même poids). Lukács (1885-1971) et Bachelard (1884-1962) sont des contemporains. Si je n'ai aucune raison de croire qu'ils se sont connus, je constate qu'ils jouissent tous deux d'une culture littéraire et philosophique très étendue, à quoi il faut ajouter, dans le cas de Bachelard, la culture scientifique, également impressionnante. Tous deux se réfèrent fréquemment aux mêmes écrivains: Novalis, pour ne donner qu'un exemple, est la figure centrale d'un chapitre de *L'âme et les formes* sur «La philosophie romantique de la vie»; Bachelard, dans *La psychanalyse du feu*, consacre aussi un chapitre à ce qu'il appelle «le complexe de Novalis». Mais surtout, dans les deux cas, nous avons affaire à des essayistes, donc à une communauté d'écriture; l'un des deux, Lukács, a même joint à la pratique de l'essai la réflexion théorique sur le genre; que je sache, Bachelard n'a pas proposé, sur ce point, de théorie littéraire explicite, mais sa pratique de l'essai soulève des questions théoriques fécondes, novatrices. Bref, s'agissant de deux essayistes, il m'a semblé qu'un parallèle, sous le rapport de l'écriture, pouvait s'avérer fonctionnel, propre à éclairer la théorie. J'ajoute, pour être honnête, que, si j'ai beaucoup fréquenté Bachelard, je m'en suis toujours tenu au versant *littéraire* de son œuvre. Quant à Lukács, une connaissance plus récente, j'en suis resté à deux écrits de jeunesse: *L'âme et les formes* et *La théorie du roman*; et même, ici, je m'en tiens à *L'âme et les formes*, qui suffit largement à mon propos. La prose de *l'autre* Lukács, le marxiste, me paraît (pour le moment) moins intéressante. Pourquoi? Il y a plus grave, dans le cas de Lukács, que l'effet de la censure ou de l'autocensure idéologique: tout se passe comme si, devenu *réaliste*, l'homme avait *choisi* de ne plus être écrivain, comme l'a souligné le perspicace André Belleau[9]. Une prose surveillée (par d'autres ou par soi...), plus encore: dessaisie de l'écriture, peut-elle continuer à relever de l'essai?

Commençons par le contexte énonciatif général des deux œuvres. On se rappellera, dans le cas de *L'âme et les formes*, que le «jeune Lukács» a d'abord rédigé neuf essais portant sur neuf auteurs très différents; cette expérience d'écriture a donné lieu à un dixième essai, «Une lettre à Léo Popper. À propos de l'essence et de la forme de l'essai», qui traite spécifiquement, cette fois, de l'essai lui-même en général, de sa «possibilité» comme forme d'art autonome. Lukács a beau affirmer expressément qu'il ne s'agit, dans cet écrit théorique, ni de lui ni de son livre[10], on ne peut s'empêcher de croire que c'est sa propre expérience d'écriture qui, en profondeur, a fait surgir l'idée de l'«unité», sous la diversité, de cette forme d'art nouvelle et spécifique qu'on appelle l'essai.

Quant à Bachelard, s'il se montre très sensible à la forme littéraire — on lira, par exemple, ses rêveries sur le genre des mots[11] —, je ne pense pas qu'il se soit livré, comme Lukács, à des réflexions de nature génologique[12]. Son propos avoué, dans les livres sur les *éléments*[13], c'est de faire une *thèse* sur l'imagination, soit de travailler à une classification des images littéraires en partant des quatre éléments de la matière; et cela, notons-le, «en dehors de toute tentative d'interprétation personnelle[14]».

Visée de scientifique, à première vue, plutôt que d'essayiste, si on se fie au propos explicite. Et pourtant, essayiste, Bachelard le sera — malgré lui, pour ainsi dire — jusqu'au jour où il assumera en toute «bonne conscience[15]» la tendance irrésistible de sa pensée et de son écriture. En effet, peu à peu, à l'usage, la méthode «prudente» du scientifique lui a semblé insuffisante, ne permettant pas d'obéir à «la dynamique immédiate de l'image»; il en est donc venu à adopter l'approche phénoménologique, c'est-à-dire «la considération du départ de l'image dans une conscience individuelle[16]»: fondement même, à mes yeux, de l'écriture de l'essai.

Lukács aussi — on s'en souvient — a été influencé par la méthode phénoménologique, dans son effort pour appréhender, à travers les œuvres des écrivains, des «formes» ou significations idéales. Chez Bachelard, les matériaux de la recherche sont les mêmes que chez Lukács: des textes littéraires. Et le propos ultime aussi: au-delà de ces documents, appréhender des «valeurs». Mais l'objet formel de son enquête est très particulier, c'est par là qu'il se distingue de Lukács. Ce qu'il cherche à inventer, à partir de la considération des textes littéraires, c'est une philosophie de l'imagination qui soit véritablement ajustée à sa fuyante visée. Tâche délicate qui, pour cet admirateur passionné de l'extraordinaire foisonnement de l'imagination créatrice, pour cette espèce de philosophe-poète, exige qu'on se mette dès le principe à l'abri de toute réduction. C'est pourquoi, après avoir longuement exploré le monde imaginaire dans ses livres sur les *éléments*, il a fini par prendre résolument le contre-pied de ces disciplines explicatives et, selon les cas, plus ou moins lourdement causales: psychologie, psychanalyse, philosophie, biographisme, histoire et critique littéraire traditionnelle; visant l'image, la constituant en objet d'étude, toutes ces approches n'aboutissent qu'à la saisir en plein essor, qu'à la figer, comme le sphinx superbe tristement épinglé par l'entomologiste. Bachelard, lui, a ambitionné de s'introduire dans le vif de la mouvante réalité de l'image, en se gardant bien d'en gêner le jaillissement spontané, l'ostentation prodigieuse, la tendance à l'excès; tout au contraire, il cherchera à la laisser pleinement retentir, en toute liberté. Il en viendra donc, dans les *Poétiques*[17], à pratiquer ce qu'il appelle une approche «phénoménologique» de l'imagination. Il va s'*intéresser* — participer, comme le suggère l'étymologie latine — au «phénomène» de l'image, à l'apparition actuelle de l'image dans la conscience individuelle du lecteur, autrement dit: à la *prise de conscience* qui lui offre cette image dans la minute même de son déploiement, riche de ses infinies virtualités. En regard de ce présent merveilleusement intense de la conscience imaginante, de quel intérêt peut bien être le lourd passé de l'image, sur lequel se braque l'attention maladroite du biographe ou du freudien, acharnés à «[expliquer] la fleur par l'engrais[18]»! Si je puis me permettre de prolonger la réflexion théorique de Bachelard, j'ajouterais que, chez ce grand «liseur» qui se refuse à constituer l'image en *objet*, qui l'accueille au contraire, y participe, la vit passionnément jusqu'à devenir lui-même le *sujet* de l'image, j'ajouterais, dis-je, que, sous l'allure savante de ce «phénoménologue» nouveau genre, je retrouve, pour ma part, l'essayiste, au sens le plus précis du terme.

Certes la *méthode* de cet essayiste présente des analogies avec celle du phénoménologue: l'appréhension des essences, des significations idéales «saisies directement par intuition à l'occasion d'exemples singuliers, étudiés en détail et d'une manière très concrète[19]». À partir d'une multitude de citations, en faisant jouer toutes les ressources d'une fourmillante intertextualité, Bachelard procède à la saisie de l'image dans «la minute de l'image». Et les essences qu'il appréhende ainsi sont les valeurs rattachées aux archétypes. C'est du côté du *système* que les divergences m'apparaissent profondes entre la phénoménologie bachelardienne et celle de Husserl. Ce dernier se réfère au principe «par lequel tout prend un sens, l'"ego transcendantal", extérieur au monde, mais tourné vers lui[20]». Rien de moins bachelardien que l'attitude philosophique contemplative, extérieure (oisif «métier des yeux» que ce type de philosophie, renchérira-t-il), qui se contente de ratiociner *devant* les choses, de manière idéaliste. Au contraire, pour Bachelard, le vrai phénoménologue, comme le vrai philosophe, est le «matérialiste» qui prend la vie à bras-le-corps, qui vit dans-et-avec-les-choses, qui participe à la matérialité des éléments: *La terre et les rêveries de la volonté*, surtout, abonde en affirmations qui vont dans ce sens.

C'est pourquoi Bachelard aura même préféré au mot «phénoménologie» un autre mot beaucoup plus précis:

> L'imagination matérielle finalement ne relève pas d'une phénoménologie, mais, comme nous le montrerons dans bien des occasions, d'une dynamologie. Les forces éprouvées dans l'expérience, elle les prend pour elle de sorte que l'imagination s'éprouve comme une dynamogénie[21].

Le sens général du mot «phénoménologie» — *étude descriptive* d'un ensemble de phénomènes — a quelque chose de statique, de trop factuel qui ne répond pas à l'exigence de *participation* inhérente à «une doctrine de la matière imaginée[22]». En conséquence, si Bachelard a retenu finalement le mot «phénoménologie» dans les *Poétiques*, ce n'est pas sans lui avoir fait subir — on le voit bien — une mutation sémantique importante.

De tout ce qui précède dégageons les traits dominants de l'écriture bachelardienne: discours d'un sujet pour qui le réel — ce référent constitué par les images littéraires éprouvées dans le retentissement — n'existe que comme expérience traduite dans le langage d'un «rêveur de mots»: et nous voici reconduits en présence de l'*essai*, au sens le plus formel du mot.

Point de départ de l'essai: l'œuvre ou la vie?

Lukács résume ainsi, à l'intention de Léo Popper, le sujet de la «Lettre» qu'il lui adresse: «Donc, la critique, l'essai — ou quel que soit le nom que tu veuilles provisoirement lui donner — en tant qu'œuvre d'art, en tant que genre artistique[23]». Pour l'auteur de *L'âme et les formes*, l'essai est le plus souvent un *essai critique*, portant sur l'œuvre d'un autre: «[...] la critique, l'essai, parle généralement de tableaux, de livres et de pensées[24].» Le plus souvent, précise-t-il, car chez les plus grands, comme Platon et Montaigne, l'essai interroge directement la vie, sans que soit requis le support d'une médiation.

Les essais de Bachelard sont également des *essais critiques*, non que cet écrivain ait voulu, comme Lukács, s'adonner à la critique littéraire, portant sur des œuvres entières, mais au sens où ses textes cherchent à comprendre — à *surprendre* — la dynamique de l'imagination en prenant appui sur des images littéraires isolées d'ordinaire[25] de leur contexte. Pratiquer la critique littéraire eût nui à son propos dans la mesure où celle-ci pose forcément le lecteur en position seconde, le transforme en analyste, gênant ainsi le retentissement. Car, encore une fois, ce qui intéresse Bachelard, c'est d'étudier l'imagination ou, pour mieux dire, compte tenu de l'évolution de sa démarche depuis les ouvrages sur les *éléments* jusqu'aux *Poétiques*, c'est d'y participer phénoménologiquement en vivant l'image en acte, *in fieri*, *se faisant*. À cette fin, il a choisi, comme matériau privilégié, l'image *écrite*, sans exclure les autres[26]. Ses essais ne s'adressent donc pas directement à la vie; comme chez Lukács, et plus encore, les médiations abondent, sous la forme de ces très nombreuses citations, de cet extraordinaire foisonnement de l'intertextualité qui contribue à réactiver l'écriture de l'essai.

Et pourtant, autant chez Lukács que chez Bachelard, on remarquera la présence d'un contexte énonciatif intensément vécu qui finit par paraître indissociable de la considération des textes d'autrui: ce contexte témoigne substantiellement de l'aventure personnelle que constitue pour l'essayiste la rencontre des textes d'autrui; il fait écho, parfois longuement, à cette rencontre. On croirait que l'essayiste chemine, par des voies toutes personnelles, à la rencontre des œuvres qu'il a *choisi* d'interroger; que des affinités électives l'attirent en ce sens. Je suis frappé, chez Lukács, par ces longs passages méditatifs, en marge pour ainsi dire de l'œuvre considérée, où on peut mesurer à quelle profondeur l'essayiste a intériorisé le contact avec le texte d'autrui, pratiquant même, avant la lettre, ce que Georges Poulet a qualifié de «critique d'identification». L'essayiste est alors vraiment partie prenante dans l'essai; il s'est passé quelque chose entre l'œuvre et lui, qui le concerne intimement. Ainsi, dans l'essai sur Sören Kierkegaard et Régine Olsen, «L'éclatement de la forme au contact de la vie», Lukács commente d'abord, à la troisième personne, comme tout critique qui prend ses distances, l'étrange conduite de Sören à l'égard de Régine; mais il se produit soudain une émergence insolite de l'énonciateur dans son texte, comme si l'essayiste parlait de lui-même: «Mais mon amour n'est sûr et indubitable que si je n'ai jamais raison...» (p. 63) Autre exemple d'engagement intime: dans «Métaphysique de la tragédie. Paul Ernst», la longue mise en situation de la première section où l'énonciateur occupe pratiquement toute l'avant-scène, le dramaturge Ernst ne faisant vraiment son entrée que dans la deuxième section (p. 246-260); ou, dans «L'instant et les formes. Richard Beer-Hofmann», la méditation sur le leitmotiv lancinant «Quelqu'un est mort» (p. 179-187); ou ce saisissant début de la deuxième section du même essai: «Toute œuvre littéraire mène à de grands instants...» (p. 187-188) Ne nous est-il pas donné de lire, «à l'occasion de» ces auteurs, une confidence sur la propre vision tragique de Lukács?

> Toute œuvre littéraire mène à de grands instants, où des perspectives sont ouvertes sur la profondeur de sombres gouffres [...] le souhait d'y être précipités constitue le contenu caché de notre vie; [...] ils sont [...] continuellement devant nos pieds, sous la forme de vertiges éprouvés au sommet d'une montagne par le fait que des perspectives s'ouvrent de façon inattendue, ou lorsque, dans la brume d'un soir, les roses qui avaient exhalé leur parfum pour nous se fanent d'un coup. Tout écrit est, sans détours, bâti autour de questions... (p. 187)

J'ai mentionné le recours au leitmotiv qui introduit, dans les textes de Lukács, une sombre musicalité: ainsi, dans «La philosophie romantique de la vie. Novalis» (p. 77-92), cet «il y avait néanmoins quelque chose de perverti dans l'ensemble», dont la récurrence scande la fêlure d'«un rêve brillant et invraisemblable». Mais ce n'est là qu'une des manifestations de cette littérarité qui caractérise les essais du «jeune Lukács». Même en traduction, la performativité du langage est constamment sensible: forte présence des images dans un genre prétendument voué à l'analyse; mise en place de décors inoubliables, comme cette suggestive évocation du Schleswig natal de Theodor Storm (p. 108 et suiv.); rythme de la phrase, mouvement d'un discours lyrique, grandes montées chargées d'affects, ponctuées de questions et d'exclamations. On souhaiterait avoir accès au texte allemand pour éprouver à plein «le côté palpable des signes» dont parle Jakobson, cet art de «donner aux combinaisons de voyelles et de consonnes des intonations» (p. 142)...

On retrouvera, chez Bachelard aussi, cette manière très vécue d'aller à la rencontre des textes. Si bien que, comme dans le cas de Lukács, on se prend à hésiter sur le caractère distinctif de l'*essai critique*. L'essayiste parle-t-il de l'autre ou de lui-même? Où est la limite entre l'œuvre et la vie? Et si, chez les critiques essayistes (je ne parle pas ici des historiens, des sémioticiens, des théoriciens), c'était la vie qui choisissait l'œuvre? Bachelard aussi, comme Lukács, a une façon d'aller au-devant du sujet à traiter, de s'avancer vers l'énorme masse de documents littéraires à partir de l'expérience vécue. Ainsi débutent «Les rêveries vers l'enfance»:

> Quand, dans la solitude, rêvant un peu longuement, nous allons loin du présent, revivre les temps de la première vie, plusieurs visages d'enfants viennent à notre rencontre[27].

Et le phénoménologue de poursuivre sa propre rêverie en s'aidant des images des poètes, qui jouent le rôle d'un catalyseur. Même façon de personnaliser l'approche des images littéraires cosmiques:

> Quand un rêveur de rêveries a écarté toutes les «préoccupations» qui encombraient la vie quotidienne, quand il s'est détaché du souci qui lui vient du souci des autres, quand il est vraiment ainsi *l'auteur de sa solitude*, quand enfin il peut contempler, sans compter les heures, un bel aspect de l'univers, il sent, ce rêveur, un être qui s'ouvre en lui. Soudain un tel rêveur est *rêveur de monde*[28].

La belle grande respiration rythmique de cette longue phrase révèle que notre philosophe est déjà *habité* par son sujet avant même d'«analyser» sa moisson d'images cosmiques. Pour finir, on m'excusera de citer un texte un peu long, mais qui souligne excellemment, dans un registre très différent, la place envahissante du vécu dans l'essai critique:

> Descendons à la cave, comme au vieux temps, le bougeoir à la main. La trappe est un trou noir dans le plancher; la nuit et la fraîcheur sont sous la maison. Que de fois, dans les rêves, on reprendra cette descente dans une sorte de nuit

> murée! Les murs aussi sont noirs sous les tentures grises de l'araignée. Ah! pourquoi sont-ils *gras*? pourquoi la tache sur la robe est-elle indélébile? Une femme ne doit pas descendre dans la cave. C'est l'affaire de l'homme que d'aller chercher le vin frais. Comme le dit Maupassant (*Mont-Oriol*, III): «Car les mâles seuls allaient au cellier.» Comme l'escalier est raide, usé, comme les marches sont glissantes! Voilà des générations que les marches de pierre n'ont point été lavées. Au-dessus, la maison est si propre, si claire, si ventilée!
>
> Et puis voici la terre, la terre noire et humide, la terre sous la maison, la *terre de la maison*. Quelques pierres pour caler les tonneaux. Et sous la pierre, l'être immonde, le cloporte, qui trouve le moyen — comme tant de parasites — d'être gras en restant plat! Que de rêves, que de pensées viennent dans le seul temps d'emplir un litre au tonneau[29]!

Dans cet extrait d'un ouvrage antérieur à la prise de position phénoménologique, le retentissement, pourtant, se manifeste à plein (questions, exclamations, soulignés) — et face à du vécu encore.

La réflexion qui précède servira peut-être de mise en garde contre une tendance à hypostasier la pensée de Lukács, qui consisterait à séparer dans une classification dichotomique les essais portant sur la vie, d'une part, et les essais critiques portant sur les œuvres, de l'autre. On vient de constater, à partir d'un bref examen des essais critiques de Lukács et de Bachelard, qu'on se trouve, en fait, devant un mixte d'art et de vie. Certains essais, comme les dialogues de Platon, pour reprendre l'exemple proposé par Lukács, s'adressent de façon immédiate à la vie elle-même en se passant de la médiation de l'art. Mais il y a aussi nombre d'essais critiques ou écrits sur l'art où sont débattues au sujet de la vie les mêmes questions que dans les précédents.

L'écriture de l'essai

J'ai relevé plus haut des manifestations de la littérarité de l'essai chez Lukács et chez Bachelard, mais je voudrais souligner ce point capital tant paraît irrésistible, dans l'esprit de la plupart des lecteurs, la tendance à réduire l'essai à un système d'idées ou de concepts. Certes, au vu de cette discussion d'idées qui en forme le matériau principal, l'essai prête le flanc à cette opinion; Barthes lui-même le voyait comme un «genre ambigu où l'écriture le dispute à l'analyse[30]». Lukács est intervenu sur cette question capitale, et avec un sens remarquable du littéraire. «Pourquoi lisons-nous des essais?» se demande-t-il. «Nombre d'entre eux, parce qu'ils nous apprennent quelque chose, mais il est de ceux en qui tout autre chose nous attire.» Et de mentionner la conception périmée de la dramaturgie, chez Lessing; les Grecs «étranges et presque incompréhensibles», «rêvés» même, de Winckelmann; la vision éventuellement discutable, peut-être, de la Renaissance, selon Burckhardt. «Et cependant nous les lisons encore. Pourquoi?» Certains écrits critiques, relevant de la science, «perdent toute leur valeur dès l'instant où apparaît une hypothèse [...] meilleure». Mais chez certains — comme ceux de Lessing, Winckelmann, Burckhardt —, «autre chose nous attire», qui est justement l'écriture. «En science, ce sont les contenus qui nous frappent, en art ce sont les formes; la science nous présente des faits et leurs rapports, mais l'art nous présente des âmes et des destins.» Les «contenus» sont voués à passer, à tomber dans l'oubli, à perdre toute signification lorsqu'on leur substitue des contenus nouveaux, scientifiquement avérés. «Ce n'est que lorsque tous les contenus d'une chose se sont transmués en forme, en devenant ainsi de l'art pur, que celle-ci ne peut plus devenir superflue[31]...» La science passera, mais l'écriture ne passera pas: voilà pourquoi on lira toujours les essais «authentiques» — que Lukács distingue, on s'en souvient, de «ces écrits utiles, nommés improprement essais, qui ne peuvent jamais nous donner plus que des enseignements[32]...» — le contenu scientifique de ces véritables essais eût-il perdu toute pertinence.

Certes *L'âme et les formes* renferme un contenu philosophique, un système esthétique qui est resté éminemment actuel; je ne me suis donc pas privé d'interroger la pensée de Lukács sur l'essai. Mais tous ces contenus se sont transmués en écriture; l'esthète Lukács était très conscient de tenir, dans son livre, un discours artistique, ce dont le critique doit certainement s'aviser pour que sa lecture ne soit pas défigurante. Réduire les belles pages imagées et lyriques de l'essai sur Theodor Storm à un sec résumé de postulats philosophiques s'avère heureusement impossible.

Chez Bachelard aussi, on trouvera un «contenu» que l'on peut explorer avec profit si on est thématicien, mythocritique ou spécialiste de l'imaginaire; mais ce qui est au moins aussi important chez cet essayiste — et qui conditionne en définitive, comme chez Lukács, la juste interprétation de la «pensée» — c'est la présence et l'action de l'écriture. Certains contenus sont sans doute devenus discutables, relativement périmés. Je pense, par exemple, au chapitre (admirable, malgré tout) de *La terre et les rêveries de la volonté* sur «Le lyrisme dynamique du forgeron»: où est-il, aujourd'hui, le forgeron de mon enfance? Notre civilisation technique serait-elle en train de mettre fin à la dimension symbolique? C'est la troublante constatation de Jean Baudrillard dans *Le système des objets*: «Tout ce qui était sublimé (donc symboliquement investi) dans le gestuel du travail est aujourd'hui refoulé.» Et à l'enthousiasme des lecteurs de ces deux beaux chapitres de *La poétique de l'espace*, «La Maison de la cave au grenier» et «Maison et univers», Baudrillard oppose la frustrante réalité d'une évolution radicale dans la perception des choses.

> Ainsi la maison maternelle classique, dessinée par les enfants, avec ses portes et fenêtres, symbolise-t-elle à la fois eux-mêmes (un visage humain) et le corps de la mère. Comme celle du gestuel, la disparition de cette maison traditionnelle à étages, escalier, grenier et cave signifie d'abord la frustration d'une dimension symbolique de reconnaissance. C'est dans la connivence profonde, la perception viscérale de notre propre corps que nous sommes déçus par l'ordre moderne[33]...

Du moins la lecture de Bachelard nous permettra-t-elle de mesurer notre déception. Et il restera toujours, à mon avis, ce frémissement de l'écriture qui incitera à le relire même si on n'est plus d'accord avec ses idées.

Spécificité du genre littéraire de l'essai

La sensibilité particulière des essayistes (ou «critiques», ou «platoniciens», comme les appelle aussi Lukács) requiert une forme artistique qui leur soit propre; une forme pouvant exprimer la hauteur et la pureté des questions inhérentes à l'essai, soit *la* vie dans la *vie*, selon la distinction de Lukács, c'est-à-dire la vie en soi par opposition à la vie concrète, une certaine «abstraction», donc, en regard de la contingence du flux existentiel (p. 16, 18-19). Autrement dit, toute forme d'art doit s'adapter à son contenu; dans le cas de l'essai, à l'intellectualité (ou conceptualité) éprouvée comme vécu de l'affectivité, *dynamique événement de l'âme* par opposition aux événements extérieurs et voyants. André Belleau a trouvé la formule la plus suggestive du caractère éminemment *concret* de cette vie intérieure intense, de ce tourbillon idéel, lorsqu'il s'est référé aux «idées érotisées» de l'essayiste[34]. L'essayiste peut même être un passionné de théorie ou d'abstraction, à l'exemple du Lukács de la «Lettre à Léo Popper», ou d'un André Belleau, à l'affût du moindre *signe* de la culture; mais alors idées et abstractions sont imprégnées d'affectivité, tout à fait concrètes, encore une fois, vécues comme de véritables *événements* intimes. (D'où la tendance de Belleau à insister sur la *narrativité* des idées à propos de l'essai.) C'est la forme des œuvres (ou de la vie) qui constitue la grande expérience intime de l'essayiste, «la voix avec laquelle il pose ses questions à la vie» (p. 21).

L'essayiste Bachelard, rappelons-le, ne s'est pas livré, comme Lukács, à une réflexion théorique sur l'essai, mais on retrouve chez lui cet accent mis sur les événements intimes de «l'âme» (un des mots clés de leur poétique, à tous deux), ou sur ces idées chargées d'affect, dans la théorie bachelardienne du *retentissement* qui consiste dans l'expérience dynamique de l'âme éprouvant intimement les images littéraires et tout ce que celles-ci réveillent en elle de valeurs vécues. Le lecteur bachelardien est celui qui, dans son âme, permet à l'image littéraire de *retentir*, autrement dit de déployer librement ses virtualités jusqu'au point où tous ces échos conjugués aboutissent à la forme spécifique d'expression qui est celle de l'essai.

Comment le contexte énonciatif devient texte

Par *contexte énonciatif* j'entends autre chose qu'un ensemble de faits biographiques comportant quelques renseignements utiles perdus dans une masse de détails anecdotiques. Cette expression voudrait désigner l'essentiel de la situation d'énonciation; l'attitude fondamentale de l'écrivain, son *cogito*, pour ainsi dire, au moment de l'écriture. Ainsi, dans le cas de Lukács, dont la carrière et l'œuvre sont fertiles en autocritiques (et censures), en nouveaux départs, j'ai trouvé singulièrement utile, pour comprendre *L'âme et les formes* et *La théorie du roman*, pour lire ces œuvres difficiles dans l'optique la plus éclairante possible, de rassembler les éléments d'une biographie *intellectuelle* du personnage, de le situer dans son milieu et dans son temps, ce qui permet d'assister à la genèse de son œuvre.

Mais il y a plus encore. Le mot *contexte*, qui semble exprimer une extériorité par rapport au texte, est trompeur, car il se produit, en fait, quelque chose de singulier que l'on peut observer dans les essais de *L'âme et les formes*. Le contexte s'insinue dans l'essai, il le modèle de l'intérieur, il lui impose sa forme spécifique. Il n'est donc pas du tout accessoire de s'aviser que Lukács, à l'époque où il rédige ces essais, ressent ce profond désespoir existentiel dont on a parlé plus haut: sa manière de traiter de Kierkegaard, Novalis, Storm, Sterne, Ernst, etc., en est radicalement affectée. L'essayiste crée vraiment un contexte personnel aux textes qu'il lit; d'un essai à l'autre on perçoit un certain ton. On doit aller jusqu'à dire que le contexte énonciatif se prolonge dans le texte, devient lui-même texte.

Il se passe pour le contexte énonciatif le même phénomène d'*intériorisation* qui se produit pour le *sujet* de l'essai. Dans la «Lettre à Léo Popper», Lukács établit une comparaison d'une frappante justesse entre l'essai et le portrait (p. 24-25). On a beau prétendre que le point de départ du portrait (comme de l'essai) est un modèle, une «réalité» unique (de toute manière, pour un kantien comme Lukács, cette «réalité» serait inaccessible), le portrait (ou l'essai) sera chaque fois différent. Jamais deux essais, portant sur le même sujet, ne pourront se contredire (deux essais sur Novalis, par exemple, dont Bachelard et Lukács ont tous deux traité): Novalis est chaque fois l'objet d'une vision nouvelle; il doit s'intégrer dans le monde nouveau que crée chaque fois l'essayiste (comme le peintre). C'est une problématique en porte-à-faux que d'imaginer un Novalis «réel» qui servirait à mesurer la «vérité» du Novalis de l'œuvre.

Mais citons plutôt Lukács:

> Le héros de l'essai a vécu à une certaine époque, sa vie doit donc être figurée; mais cette vie est aussi *intérieure à l'œuvre* que tout ce qui appartient à la poésie; *l'essai se crée lui-même tous ces présupposés concernant l'efficacité et la validité de son objet de contemplation*; il n'est par conséquent pas possible que deux essais se contredisent: chacun crée un monde différent... (p. 25, c'est moi qui souligne)

Ce passage m'a paru si important — il corrobore ce que j'ai affirmé plus haut sur *la fiction de l'essai* — que j'ai eu recours à la traduction anglaise qui permet d'en préciser la teneur:

> *The hero of the essay was once alive, and so his life must be given form; but this life, too, is as much* inside the work *as everything is in poetry. The essay has to create* from within itself *all the preconditions for the effectiveness and validity of its vision. Therefore two essays can never contradict one another; each creates a different world*[35]...

On doit en conclure que, dans *L'âme et les formes*, aussi bien le sujet de l'essai (le référent) que le contexte énonciatif sont l'objet d'une intériorisation, d'une mise en texte[36].

On ne saurait exagérer la portée de cette observation sur la conception même de la théorie critique, sur la délimitation de son champ. Toute l'histoire de la critique me paraît osciller entre les deux pôles de *l'homme* et de *l'œuvre*. Il fut un temps où *l'homme* (ou *la femme*) retenait principalement l'attention du critique (et du professeur): l'histoire littéraire occupait l'avant-scène, le texte représentant une espèce d'*ineffable* dont, effectivement, on parlait peu, et comme en s'excusant. Péguy avait pittoresquement qualifié cette approche lansonienne de «méthode de la grande ceinture». Puis vint la «nouvelle critique» des années cinquante, suivie de la «nouvelle nouvelle critique» des années soixante-dix, fort différentes l'une de l'autre, comme le thématisme peut l'être du structuralisme; elles avaient cependant en commun le postulat d'un louable retour à *l'œuvre*. On en est même venu à se débarrasser, si j'ose dire, de *l'homme* (ou de *la femme*) pour ne plus parler que du texte et de ses structures. Foucault, comme Barthes, a proclamé la mort de l'auteur pour mettre l'accent sur le *je* anonyme de l'énonciation, sur le discours lui-même. Dans un cas comme dans l'autre, côté *homme* comme côté *œuvre*, on se sera sans doute montré systématique, intolérant, voire terroriste (qui n'a en mémoire l'ambiance *critique* des années soixante-dix...). Or, déjà, en 1910, Lukács avait su éviter cette magie des extrêmes, en confiant au contexte énonciatif un rôle majeur dans la teneur et la production de l'essai. *L'âme et les formes* est une œuvre marquée de façon indélébile par son contexte d'énonciation; les énoncés de ces essais sont indissociables de l'aventure personnelle de l'essayiste avec les textes dont il parle. Si bien qu'il devient difficile d'en proposer une étude critique sans examiner la genèse de l'œuvre. Ce qui n'exige pas, encore une fois, qu'on entre dans le menu détail de la *vie* des écrivains, comme s'y complaît un Sainte-Beuve, mais qu'on accueille l'éclairage d'une biographie «intellectuelle» de l'auteur.

Ainsi, dans *L'âme et les formes*, Lukács se présente comme un sujet pessimiste, angoissé, qui cherche à se comprendre par le truchement des formes. Ce sujet se cache derrière des médiations anonymes: l'âme ou l'homme ou l'intériorité secrète d'un *on* (plus rarement un *je*). Mais il n'en est pas moins en relation très intime avec la forme des œuvres, «il ne peut vivre sa propre vie qu'à travers les œuvres des autres, c'est par la compréhension des autres qu'il se rapproche de son soi» (p. 42). Une telle *expérience* des textes, si vitale, si personnalisée, serait bien incapable de se satisfaire de structures, de classifications, d'un savant système de concepts abstraits; elle donnera lieu, plutôt, à l'expression d'affinités, d'identifications (ou de distanciations) commandées par l'état d'esprit, les fantasmes, les désirs d'un énonciateur profondément influencé, encore une fois, par le désespoir existentiel.

Le contexte d'énonciation, chez Bachelard, est, naturellement, fort différent, vu la diversité des tempéraments, des expériences, des orientations, des milieux socio-culturels respectifs de ces deux écrivains. On peut parler à son sujet — en utilisant un mot que je n'aime pas, mais je n'en ai pas d'autre — d'un «optimisme» délibéré qui se manifeste, entre autres, par sa prédilection pour les images heureuses, pour la rêverie consciente, voire sur-éveillée, contre le rêve (le cauchemar surtout), lequel entraîne une abdication du moi conscient. Mais surtout, Bachelard éprouve une très grande fascination devant la créativité de l'Imagination, énergie psychique fondamentale à ses yeux. Dans la conclusion de *La psychanalyse du feu*, il va même jusqu'à affirmer ce qui suit:

> [...] l'Imagination échappe aux déterminations de la psychologie — psychanalyse comprise — [...] elle constitue un règne autochtone, autogène. Nous souscrivons à cette vue: plus que la volonté, plus que l'élan vital, l'Imagination est la force même de la production psychique. Psychiquement, nous sommes créés par notre rêverie[37].

Et, dans l'introduction de *La poétique de l'espace*, il inscrit le postulat suivant: «Nous proposons [...] de considérer l'imagination comme une puissance majeure de la nature humaine[38]». Dans le domaine littéraire, l'action de l'imagination produit ces images dont l'énonciateur n'en finit plus d'admirer le foisonnement, les variations incessantes, la montre prodigieuse. C'est ce contexte énonciatif particulier qui donne à tout ce qu'écrit Bachelard son ton, sa couleur, son accent, lesquels sont évidemment foncièrement différents de ceux de Lukács.

Adorno: «L'essai comme forme»

Dans un essai magistral intitulé «L'essai comme forme[39]», Theodor Adorno se réfère dès le départ à la pensée du jeune Lukács de *L'âme et les formes*. Ainsi suis-je naturellement invité à poursuivre du côté d'Adorno ma réflexion (jamais achevée) sur la nature de l'essai. Mais précisons d'entrée de jeu — on y reviendra — que les divergences de vue entre ces deux penseurs sont radicales. L'essentiel, à mes yeux, c'est qu'ils ont l'un et l'autre, fût-ce par des voies différentes, contribué à mettre en lumière les traits caractéristiques de l'essai.

On n'a pas été formé des années durant selon les catégories de la philosophie aristotélico-thomiste, dont le premier principe est le principe d'identité — bête noire d'Adorno — sans qu'il en reste des traces probablement ineffaçables[40]. Affirmer, donc, que j'entre aisément, comme la main dans le gant, dans la dialectique négative de Theodor Adorno relèverait de la pose ou de la tromperie. Adorno prend vigoureusement, agressivement même, le contre-pied d'une pensée traditionnelle dont, comme tant d'autres, pour le meilleur et pour le pire, je suis issu; une pensée rompue à procéder du singulier à l'universel, des réalisations particulières à l'idée, de la fin au principe qui la fonde. Adorno répudie ce recours au permanent, au stable, au principe d'identité, comme voué à perpétuer une logique rationnelle de la domination, cette rationalité instrumentale qui a produit le monde de l'horreur dans lequel nous vivons (surtout depuis les innommables excès des camps d'extermination du XXe siècle, comme Auschwitz, qui ont à tout jamais marqué sa pensée). Autant reconnaître, donc, que je ne saisis dans «L'essai comme forme» que ce que je puis en saisir, à partir du type de formation philosophique qui fut le mien. Autant identifier en partant le lieu d'où j'écris, car nous filtrons, n'est-ce pas, bon gré mal gré, tout ce que nous lisons. Mais cette modestie (obligée) a son pendant: je crois discerner chez Adorno aussi un conditionnement, qui s'est produit en sens contraire du mien, c'est-à-dire en direction d'une négativité radicale dont je vois un indice, entre autres, dans la mordante ironie de l'auteur à l'égard de ceux qui ont eu le malheur de penser autrement, ainsi que dans la gravité d'un propos qui exclut tout humour. (Pas question de généraliser, toutefois: il ne s'agit bien ici que de «L'essai comme forme».) Certes, pour qui est obnubilé par l'horreur nazie, l'humour est-il encore possible?

Apprivoiser, donc, un contexte énonciatif tout autre: voilà le défi que j'ai dû tenter au moins de relever pour avoir accès à «L'essai comme forme»… Theodor Adorno (1903-1969) est un des fondateurs, avec Max Horkheimer (1895-1973) d'un important courant de pensée social et philosophique allemand baptisé *école de Francfort*. S'ils sont partis, dans le sillage de l'Aufklärung, d'une vision positive de la marche progressive de l'histoire, ces deux philosophes — surtout Adorno — ont vite déchanté jusqu'à devenir même radicalement sceptiques et pessimistes à la suite des expériences vécues à l'époque de l'Allemagne nazie des années trente et quarante. La belle vision progressiste de l'Aufklärung apparaissait comme une illusion face au cruel désaveu du réel: montée du fascisme (arrêtée, oui, mais par la guerre, non par une révolution); excès du stalinisme; dégradation du socialisme; irrésistible pouvoir d'intégration du capitalisme; action manipulatrice de «l'industrie culturelle»; isolement croissant de l'intelligentsia. Comme si, contrairement à ce qu'avaient espéré ces philosophes, l'humanité était en train de sombrer dans la barbarie. L'Aufklärung avait mis l'accent sur le progrès des Lumières, sur la vocation émancipatrice de la raison. Mais la raison se dévoyait; comme atteinte d'un mal radical, aux prises avec la pulsion de mort, la raison court à son autodestruction. Pourtant, c'est grâce à cette même raison que l'homme a pu s'émanciper par rapport à la nature; mais l'instance rationnelle est entrée en conflit avec elle-même, et la domination exercée sur la nature s'est ensuite tournée contre l'homme lui-même. Le «pouvoir du progrès» se corrompt en «progrès du pouvoir», affirment Adorno et Horkheimer dans *La dialectique de la raison*. Le capitalisme tout-puissant a réussi à instaurer un principe d'aveugle domination. Contrairement aux prévisions de Marx, la société a évolué vers «un monde totalement administré», une «totalité close» excluant toute autre possibilité. Maniée par Adorno, la critique devient si virulente, si négative, qu'on est allé jusqu'à l'identifier à un «pessimisme utopique»; un commentateur en propose la formule éloquente qui suit: «La raison est parfaitement folle et irresponsable puisqu'elle a renoncé à son autonomie au sein d'un monde qui administre et collectivise la violence et l'horreur[41].» C'est à croire que les excès du fascisme hitlérien, notamment l'horreur des camps d'extermination, ont provoqué chez Adorno un véritable traumatisme qui aura réussi à infléchir toute sa pensée. Il ira jusqu'à affirmer, dans *Prismen*: «Écrire de la poésie après Auschwitz est un acte de barbarie.»

Les conséquences philosophiques de cette amère désillusion sont immenses: plus de compromis avec la réalité existante, donc attitude radicalement critique, commandant une nouvelle interprétation du monde. Comme il faut bien penser, malgré tout, cette «totalité fausse», on adoptera, pour éviter de se laisser prendre dans le filet de ses mensonges, une démarche analogue à celle de la théologie négative, d'inspiration biblique. On visera donc — par l'Art notamment, Adorno étant un musicien et musicologue très averti — une Altérité dont on évitera soigneusement de proposer une image positive puisqu'elle doit rester libre de tout compromis avec les idées reçues; une Altérité exprimable adéquatement sur le seul mode de la négativité donnant accès à une réalité transcendante. Comme l'a bien vu Paul-Laurent Assoun, «on ne saurait ici faire abstraction de la judaïcité des fondateurs de la Théorie critique qui introduit cette dimension d'altérité exigeante et irreprésentable[42]». Corrélativement, on refusera d'obéir, désormais, à la logique formelle de l'identité — ce recours sécurisant au *même,* au principe (ou pouvoir) établi — qui permet à la «raison instrumentale» d'asseoir sa domination, car, comme l'a observé A. Lalande, «si le principe d'identité reste la pierre angulaire de la pensée, c'est en tant qu'il déclare la *supériorité* du Même sur l'Autre[43]». Le souci constant d'Adorno sera de déconstruire cette logique dévoyée «en prenant parti de façon radicale en faveur de l'individuel et du particulier, c'est-à-dire de ce non-identique qui échappe encore à la domination du logos[44]».

C'est justement ce privilège accordé à l'individuel et au particulier qui fait de l'essai la forme d'expression la plus adaptée à la vision d'Adorno. Le rejet de la logique traditionnelle inclut celui de toute systématisation philosophique et, plus radicalement encore, de la tendance même au système. La philosophie n'a plus d'intérêt que comme histoire. En tant que système elle s'enferme dans les définitions, l'intemporel, l'universel, le permanent, le principe, l'originel, l'identique, bref dans le recours constant au *même,* qui fait de la systématicité le symptôme même de la domination. Or il n'y a, pour Adorno, que des «moments» de vérité, accessibles au seul *individu*, dans le *hic et nunc* de l'histoire. Et si l'Art permet de pratiquer une brèche dans le mur de l'identique ou du pareil au même, c'est aussi le lot de l'essai, avec «cette spontanéité de l'imagination subjective[45]» dont il jouit, de pouvoir s'arracher à la glu du système. À telle enseigne qu'Adorno en viendra à conclure ainsi son propos: «C'est pourquoi la loi formelle la plus profonde de l'essai est l'hérésie.» (p. 29)

À vrai dire, tout ce qui précédait n'avait servi qu'à préparer la saisissante provocation de cette formule. L'essai suscite la méfiance: aux yeux de «la profession», drapée dans son orthodoxie prétentieuse, et qui «n'accepte de considérer comme philosophique que ce qui revêt la dignité de l'universel, du permanent, et [...] de l'originel», cette manière d'écrire «exhorte à la liberté intellectuelle» (p. 6). Dès le début, le ton est donné: la caractérisation, si juste, de l'essai s'accompagne d'un sévère déboulonnage des statues académiques. L'essai est si léger, si «rêveur» quand on le confronte au «purisme scientifique» (p. 8)!

> Au lieu de produire des résultats scientifiques ou de créer de l'art, ses efforts mêmes reflètent le loisir propre à l'enfance, qui n'a aucun scrupule à s'enflammer pour ce que les autres ont fait avant elle. Il réfléchit sur ce qu'il aime et ce qu'il hait [...]. Le bonheur et le jeu lui sont essentiels. Il ne remonte pas à Adam et Ève, mais part de ce dont il veut parler; il dit ce que cela lui inspire, s'interrompt quand il sent qu'il n'a plus rien à dire, et non pas quand il a complètement épuisé le sujet: c'est pourquoi il se range dans la catégorie des amusettes. (p. 6)

«Au nom de la discipline objective», tout penseur sérieux, qui devrait se contenter «d'enregistrer et de classer» (p. 7), verra à pourchasser les «surinterprétations» (p. 6) ou divagations subjectives de l'essayiste. Avec son insistance sur l'expérience individuelle, sur le «noyau temporel» (p. 14) de la vérité, qui se manifeste dans le caractère fragmentaire et contingent de son écriture, l'essai fait l'objet d'un véritable «tabou» (p. 14) pour «l'esprit scientiste [...] proche de l'esprit dogmatique borné» (p. 8). Mais justement, insiste vigoureusement Adorno, «l'essai ne veut pas rechercher l'éternel dans l'éphémère ni en distiller l'essence, mais plutôt éterniser l'éphémère» (p. 14).

Renversement des valeurs: c'est la notion même de la vérité, issue de la tradition grecque, que l'essai bouleverse de fond en comble en cherchant laborieusement, dans les moments particuliers de l'existence individuelle, une vérité qui se laisse parfois apercevoir, emmêlée à bien des non-vérités.

> Certes, [...] l'essai comme forme s'expose à l'erreur; le prix de son affinité avec l'expérience intellectuelle ouverte, c'est l'absence de certitude que la norme de la pensée établie craint comme la mort. L'essai néglige moins la certitude qu'il ne renonce à son idéal. C'est dans son avancée, qui le fait se dépasser lui-même, qu'il devient vrai, et non pas dans la recherche obsessionnelle de fondements, semblable à celle d'un trésor enfoui. Ce qu'illuminent ses concepts, c'est un *terminus ad quem* qui reste caché à lui-même, et non un *terminus a quo*... (p. 17)

Cette dernière affirmation confère tout son sens au texte de Goethe, cité en exergue de «L'essai comme forme»: «Destiné à voir les choses illuminées, non la lumière.» (p. 5) On remarquera aussi, dans cette épigraphe comme dans l'ensemble de l'essai d'Adorno, la valeur prégnante du mot «chose» qui nous reporte toujours vers le particulier, le concret, à rebours des abstractions simplificatrices (et dominatrices) de la philosophie traditionnelle:

> [...] [l'essai] s'approche du *hic et nunc* de l'objet jusqu'à se dissocier en *ces moments qui en font une chose vivante et non un simple objet* [...] l'essai oblige à *penser dès le premier pas la chose dans sa vraie complexité* [...] l'essai se débarrasse de l'illusion d'un monde simple, foncièrement logique [...] (p. 18-19). [...] il voit clairement que l'exigence de définitions rigoureuses sert depuis bien longtemps à éliminer, au moyen de manipulations destinées à établir les significations des concepts *ce que les choses qui vivent dans les concepts ont d'irritant et de dangereux*. (p. 16; c'est moi qui souligne)

Et c'est ainsi que, sans mot dire, mais par la simple vertu de sa démarche et de son écriture, l'essai se trouve à dénoncer «le mensonge selon lequel l'*ordo idearum* serait l'*ordo rerum*»

(p. 13); ou, autrement dit, «la violence de ce dogme» décrétant que «le résultat de l'abstraction, le concept invariable dans le temps, par opposition à l'individuel qu'il saisit, mériteraient la dignité ontologique» (p. 13). C'est non seulement Platon qui est ainsi pris à partie mais «[les] quatre règles que le *Discours de la méthode* de Descartes établit aux débuts de la science occidentale moderne et de sa théorie» (p. 18); Adorno s'attarde à analyser le vif démenti qu'oppose l'essai aux règles cartésiennes (p. 18-22). De ces transgressions du pouvoir établi de la science faudrait-il s'affliger? Au contraire, car l'essai en est gratifié du sceau même de son originalité.

> En se libérant de la contrainte de l'identité, l'essai acquiert parfois ce qui échappe à la pensée officielle, le moment de la chose inextinguible, une couleur ineffaçable. Chez Simmel, certains mots d'origine étrangère — «Cachet», «Attitude» — trahissent cette intention... (p. 22)

Ou encore, on pourrait aussi se référer au *ton* de l'essai, dans le sillage de ce vigoureux raccourci de Charles E. Whitmore sur la nature de l'essai: «*not a form, but a tone*[46]».

Nous venons de toucher au cœur de l'essai, celui-là même qui bat dans cette écriture singulière, fantasque parfois, faisant si ouvertement fi du sérieux et de la logique discursive dans lesquels se drapent la science organisée et la philosophie identitaire. Pour l'esprit libre et mobile qui s'adonne à l'essai, de quel intérêt pourraient bien être «la simple répétition administrative» et «l'aménagement de ce qui est déjà» (p. 25)? Non, «abandonnée par le jeu, la vérité ne serait plus que tautologie» (p. 25). Et la forme de l'essai respire, en effet, le bonheur du jeu; elle se complaît dans une certaine *rhétorique*, non plus au sens d'un recours plus ou moins artificiel aux procédés mécaniques de la communication, mais comme exubérance verbale «du bonheur d'une liberté à l'égard de l'objet» (p. 26). Face à l'austère «principe de réalité» de la conscience scientiste, l'essai affiche sans vergogne le «principe de plaisir de la pensée» (p. 26), avec cette «curiosité» et cette «nouveauté» absolument irréductibles au passé des formes existantes.

Faisons maintenant retour à Lukács pour discerner la manière dont Adorno se situe face à lui: l'esthéticien hongrois sert parfois de caution (p. 5-6, 13), mais surtout de repoussoir (p. 7, 22). D'abord, une affirmation globale: l'essai «ne se déduit pas expressément de la théorie», processus intellectuel qui répugne si vivement, on l'a vu, à Adorno, et où il reconnaît «le péché majeur de tous les essais tardifs de Lukács» (p. 22). Il est vrai que, devenu marxiste, Lukács aura dû se soumettre bon gré mal gré à une certaine orthodoxie, encore qu'il y aurait beaucoup de nuances à apporter ici, compte tenu des infractions nombreuses, d'ailleurs sévèrement censurées, de ce franc-tireur du marxisme. Reste le «jeune Lukács» (p. 5) de la «Lettre à Léo Popper» qu'Adorno cite dans son essai, mais surtout pour s'y opposer. Rien d'étonnant à cela puisque le texte de Lukács manifeste ouvertement son allégeance platonicienne: l'essayiste (qu'il appellera aussi le «platonicien» dans son essai sur Rudolf Kassner[47]) est justement celui qui réussit parfois à appréhender *la* vie dans la *vie*, soit l'idéalité de la vraie vie au sein de l'écoulement insignifiant du quotidien; celui, donc, qui recherche l'éternel dans l'éphémère, qui en distille l'essence: on l'a vu, Adorno se dissocie catégoriquement d'une pareille démarche pour mettre au contraire l'accent sur l'imprévisible nouveauté de l'individualité concrète. Mais, en revanche, s'abandonnant lui-même au démon de l'essai, qui conduit parfois jusqu'où on ne voudrait pas aller, le jeune «platonicien» hongrois signale, dans «Métaphysique de la tragédie», un étonnant «dépassement du platonisme» qui aurait dû attirer l'attention d'Adorno:

> [...] seul le singulier, le singulier poussé jusqu'aux limites extrêmes, est adéquat à son idée, est réellement. L'universel qui, sans couleurs et sans formes, comprend tout est par trop dépourvu de force dans sa compréhension du tout, par trop vide dans son unité, pour pouvoir devenir réel. Il est trop pour pouvoir posséder un être réel; son identité est une tautologie: l'idée est adéquate à elle-même[48].

Curieuse «hérésie» chez ce «platonicien»! Mais d'autres textes ont dû exaspérer Adorno: je me contenterai de citer le passage suivant de la «Lettre à Léo Popper»:

> L'essayiste parle d'un tableau ou d'un livre, mais l'abandonne aussitôt — pourquoi? Pour la raison, je crois, que

> l'idée de ce tableau et de ce livre est devenue surpuissante en lui, qu'il en a complètement oublié tout l'accessoirement concret, qu'il ne l'a utilisé que comme départ, comme tremplin. *La* poésie est plus originelle, plus grande et plus importante que toutes les poésies [...]. L'idée existe avant toutes ses manifestations, elle est pour elle-même une valeur de l'âme, un moteur du monde et une mise en forme de la vie la plus vivante. L'idée est la mesure de tout étant[49]...

N'insistons pas. C'est précisément ce recours à «l'originel», au conditionnement de la pensée, fondement de la domination autoritaire, qu'Adorno récuse violemment: l'essai lui est cher précisément parce qu'il est individuel, singulier, complètement nouveau, faisant table rase des idées reçues ou tendant à le faire, facteur d'indiscipline et de changement, pour tout dire: *hérétique.* (Peut-être Adorno exagère-t-il la capacité d'affranchissement de l'essayiste, à qui, même dans la dérive de son écriture libérée, il arrive, me semble-t-il, d'être obnubilé par des idées fixes...)

Quoi qu'il en soit de cette querelle philosophique où s'opposent deux visions — indiscutables comme tout vécu —, l'incompatibilité foncière de ces deux penseurs ne les a pas empêchés de souligner l'un et l'autre, fût-ce pour des raisons différentes, les valeurs de l'essai. Mais il est pourtant un aspect de la critique adornienne auquel, pour ma part, je ne saurais souscrire. J'insère, en essayant de ne pas abuser de la patience du lecteur, l'objection faite à Lukács dans son contexte le plus large possible:

> [...] l'abondance des significations encloses dans chaque phénomène de l'esprit exige de celui qui les reçoit, pour se dévoiler, cette spontanéité de l'imagination subjective pourchassée au nom de la discipline objective. L'interprétation ne peut pas faire ressortir ce qu'elle n'aurait pas en même temps introduit. Ses critères, c'est la compatibilité de l'interprétation avec le texte et avec elle-même, et sa capacité de faire parler tous ensemble les éléments de l'objet. Ce qui confère à l'essai une certaine ressemblance avec une autonomie esthétique qu'on accuse facilement d'être sim-

> plement empruntée à l'art, dont il se distingue toutefois par son medium, c'est-à-dire les concepts, et par le but qu'il vise, une vérité dépouillée de tout paraître esthétique. C'est ce que Lukács n'a pas compris dans sa lettre à Leo Popper qui sert d'introduction à *L'âme et les formes*, où il qualifie l'essai de forme artistique. (p. 7)

Si je suis bien la pensée d'Adorno, l'essai, par le travail des concepts, vise essentiellement à trouver l'expression la plus juste possible de la «chose»; la «forme» qu'il prend, au terme de cette recherche difficile, «[a] précisément pour norme de donner la chose purement et sans y rien ajouter» (p. 8). Adorno reconnaît cependant que l'essai «travaille de façon emphatique à la forme de la présentation» (p. 22); ce terme d'«emphatique», récurrent dans son texte, n'a aucun sens péjoratif; il ne veut souligner que la recherche du «“comment” de l'expression» (p. 16) dans «l'essai emphatique» (p. 14). Il s'agit, en travaillant l'expression de l'ajustement conceptuel, d'être le plus fidèle possible à l'expérience individuelle de la «chose». Or, pour Adorno, ce raffinement de l'expression, cette manière «emphatique» de veiller à la forme de la présentation, est «la seule analogie de l'essai avec l'art» (p. 22) car l'essai «s'apparente nécessairement à la théorie» (p. 22) que le philosophe contre-distingue de l'art.

C'est sur ce point précis que je suis en désaccord avec la pensée d'Adorno qui se fourvoie ici, à mon avis, dans une distinction spécieuse. Car, dans l'attention passionnée, «emphatique», que l'essayiste apporte à «la forme de la présentation», je vois bien plus qu'une simple «analogie» avec l'art: je reconnais le souci de ce que nous appelons aujourd'hui l'*écriture*. Ce terme devenu courant doit son prestige à Barthes, principalement, qui a su mettre en lumière le mixte d'art et de pensée qui travaille l'acte d'écriture:

> [...] l'écrivain est un homme qui absorbe radicalement le *pourquoi* du monde dans un *comment écrire*. [...] en s'enfermant dans le *comment écrire*, l'écrivain finit par retrouver la question ouverte par excellence: pourquoi le monde? Quel est le sens des choses[50]?

> Nous voulons *écrire quelque chose*, et en même temps, *nous écrivons* tout court[51].

Bien sûr, l'essayiste est un manieur de concepts ou d'idées; c'est même là — j'ai déjà insisté sur ce point — ce qui le distingue des autres artistes de la littérature, que cet instinct, que ce goût de faire de la *littérature d'idées*: «[...] il s'agit d'idées érotisées opérant sur l'essayiste à la façon de fantasmes», écrivait André Belleau. Rien, mais absolument rien, ne s'oppose à ce que l'essayiste soit même un artiste de la théorie, sur le modèle de ce même Belleau avec sa passion des signes et «[son] bonheur d'habiter la sémiosphère». «L'idée la plus abstraite, pour l'écrivain passionné d'abstraction, devient vivante de cette abstraction même[52].» Je pense que Lukács a eu raison de qualifier l'essai de forme artistique: c'est même ce que je trouve de plus valable dans la «Lettre à Léo Popper», qui présente une mise au jour de l'écriture de l'essai dans ce qu'elle a de plus spécifique.

Peut-être sera-t-il éclairant de citer ici le point de vue d'un essayiste québécois qui n'a pas, que je sache, proposé de théorie de l'essai, mais qui le pratique couramment depuis longtemps. En 1978, Pierre Vadeboncœur publiait *Les deux royaumes*[53], un de ses textes majeurs, qui a donné lieu à un dossier entier de réflexions diverses dans la revue *Liberté*[54]. Des réflexions surtout élogieuses, voire enthousiastes; mais aussi des réserves, et une dissidence totale. Vadeboncœur a réagi à ces commentaires dans une «Postface» dont j'ai retenu un passage parce qu'il constitue, à mes yeux, une réponse directe à l'opinion d'Adorno sur la situation de l'essai face à l'art: bilan très explicite de l'expérience vécue d'un essayiste, qui se passe de commentaires:

> Je ressens une certaine réticence à fractionner en idées un livre qui est, me semble-t-il, un acte d'amour et de désir et un acte de désolation et de refus. Puisque le moyen employé était l'essai et donc la réflexion et l'analyse, bref tout cet outillage qui va avec le genre, naturellement je consentais à l'avance à discuter et, au reste, je cherchais à le faire. Mais, malgré tout, j'aime beaucoup moins la discussion que l'art, grâce auquel ce qui est sans lui indicible

> non seulement peut être «exprimé» mais surgit d'entre les voiles du discours, — différent, présent, actif, premier, spirituel, intégral, paru. L'essai ainsi conçu semble faire une chose et il en fait une autre. Il fait exactement ce que fait l'art. C'est la même intervention[55].

Pour finir, je ferai remarquer que la pratique personnelle de l'essai, chez Adorno, me paraît relever d'un art littéraire très raffiné — ce qui accroît d'autant ma perplexité face à ses affirmations sur ce point. L'essayiste se révèle au diapason de la «Théorie critique»: il s'installe résolument dans l'unique espace où est encore possible la libération de l'expérience, c'est-à-dire dans le domaine de l'existence individuelle; il évite le langage systématique, englué dans le mensonge originel, dans le pareil au même de l'identité; il refuse d'obéir aux règles de la logique discursive: pas de déductions à partir d'un principe ni d'inductions à partir d'un ensemble d'observations; au lieu de subordonner les éléments, il se contente de les coordonner. Littérairement, cela donne un art très étudié de la parataxe, du fragment, de l'aphorisme; une écriture qui, dans son existence même, conteste le primat et l'autorité de l'objectif. Un exemple suffira, mais c'est un chef-d'œuvre: *Minima Moralia. Réflexions sur la vie mutilée*[56].

En terminant, je tiens à souligner que cette objection faite à Adorno au sujet de l'essai comme forme d'art littéraire ne doit surtout pas faire oublier l'apport irremplaçable de sa réflexion, une des plus stimulantes et des plus percutantes que je connaisse sur l'essai. Je souhaite seulement que mes commentaires aient la vertu d'inciter le lecteur à se reporter au texte même de «L'essai comme forme»: couronnement espéré d'un essai critique…

Essais: une «dénomination étonnamment belle et adéquate»

Lukács et Adorno ont insisté l'un et l'autre sur la justesse, sur l'intérêt particulier du mot *essai*, m'inspirant le goût de pousser ma petite enquête sur le sens de ce vocable.

On a vu à quel point Adorno valorise l'essai: insolite fragment de pensée issu de l'expérience individuelle, à la barbe même de ces plates réductions à l'universel commandées par le recours au *même* du principe d'identité. L'auteur de «L'essai comme forme» ne pouvait que s'aviser, à un moment donné, de l'étonnante adéquation du mot *essai* avec la tremblante démarche qu'il désigne.

> Le terme d'«essai», dans lequel l'idée utopique de toucher la cible va de pair avec sa conscience d'être faillible et provisoire, dit quelque chose sur la forme, comme c'est généralement le cas pour les terminologies qui demeurent dans l'histoire, et cela a d'autant plus de poids qu'il ne s'agit pas d'un programme mais d'une caractéristique de l'intention tâtonnante (p. 21).

Pour une fois, sans mot dire (ni maudire), il lui est loisible d'incorporer dans son texte la citation suivante de *L'âme et les formes* de Lukács:

> Le grand Monsieur de Montaigne a peut-être ressenti quelque chose de semblable lorsqu'il a donné à ses écrits la dénomination étonnamment belle et adéquate d'«*Essais*». Car la simple modestie de ce mot est d'une courtoisie hautaine. L'essayiste rejette ses propres espoirs orgueilleux, qui, maintes fois, croient avoir approché l'ultime: il ne peut offrir que des commentaires des poèmes d'autrui et, dans le meilleur des cas, de ses propres idées. Mais il se conforme ironiquement à cette petitesse, l'éternelle petitesse du travail le plus profond de la pensée en regard de la vie, et la souligne encore avec une ironique modestie (cité p. 13).

Adorno peut fort bien s'accommoder de la *lettre* de cette citation, tomber d'accord sur la «simple», voire sur l'«ironique modestie» du mot *essai*, mais le texte de Lukács, avec la caution du Sieur de Montaigne, n'en est pas moins détourné aux fins de son discours: dans l'essai adornien, l'ironie vise la manie prétentieuse de la réduction au principe; dans celui de Lukács, elle n'est que l'ironie du sort fait à la pensée, à toute pensée: même chez Platon, «la conceptualité est enveloppée de l'ironie propre aux petites réalités de la vie[57]».

Nul doute que, dans son ampleur connotative, le mot *essai* ne puisse accueillir le sémantisme suggestif que lui confèrent Adorno et Lukács. Mais comment cette «terminologie», qui est effectivement demeurée dans l'histoire depuis Montaigne, a-t-elle reçu ses lettres de noblesse? Comment expliquer la fortune de ce mot?

Le mot *essai*, connu depuis le XIIe siècle, vient du bas latin *exagium*, «pesage, poids». *Exagium* est un dérivé du verbe *exigere* (*ex* et *ago*) dont je retiens, à partir du dictionnaire Gaffiot[58], deux acceptions pertinentes: 1) une idée d'essaimage: pousser dehors, chasser, expulser; 2) une idée d'exigence: achever («*exegi monumentum aere perennius*» se félicitait Horace), exiger; mais exiger conduit à mesurer: au sens propre, *pondus margaritarum sua manu exigere* (Suétone), «apprécier à la main le poids des perles», et, au sens figuré, «peser, examiner», où nous retrouvons la pesée d'*exagium*. Face à cet *exagium* de basse latinité, on trouve, en latin classique, *examen*, qui lui aussi dérive d'*exigere*, en conservant les deux idées dégagées plus haut: 1) essaim d'abeilles; 2) aiguille, languette d'une balance, et, au figuré, action de peser, examen, contrôle. Le dictionnaire de Guill. Freund[59] laisse heureusement apercevoir comment ces acceptions se rattachent toutes les deux à l'étymologie d'*exigere* (*ex* [«hors de»] et *agere*). *Examen*, contraction d'*agmen*, signifie: 1) troupe en marche, essaim qui s'en va, bande en mouvement; particulièrement essaim d'abeilles; et, métaphoriquement, multitude, foule, essaim, bande, troupe, nuée, se disant autant de l'abstrait que du concret; 2) ce qui sert à dégager (la vérité), à vérifier, à contrôler, à peser; métaphoriquement, épreuve: de là languette, aiguille d'une balance; et, au figuré, recherche, contrôle, examen, étude; considération attentive. Ainsi l'étymologie, déjà, ouvre deux pistes suggestives que résume excellemment Jean Starobinski: «L'*essai* autant dire la *pesée exigeante*, l'*examen attentif*, mais aussi l'*essaim verbal* dont on libère l'essor[60].» Fasciné par la belle image de l'essaim, André Belleau, en revanche, ne semble pas intéressé par la référence aux appareils de pesage, qu'il s'agisse de balance ou d'examen (scolaire): «L'essai n'est pas une pesée, une évaluation des idées; c'est un essaim d'idées-mots[61].» Starobinski, pour sa part, se montre sensible au motif de «l'essaim verbal», mais il n'en souligne pas moins le pouvoir d'évocation de la balance, étonnamment pressenti par Montaigne:

> Par quelle singulière intuition l'auteur des *Essais* a-t-il fait frapper une balance sur sa médaille, en y ajoutant pour devise le fameux *Que sais-je?* Cet emblème — certes destiné, quand les plateaux sont à égale hauteur, à figurer le suspens de l'esprit — représentait aussi l'acte même de l'essai, l'examen de la position du fléau[62].

L'étymologie permet donc de retremper les mots à leur source: ainsi revigorés, ils ouvrent souvent la porte au rêve... Malheureusement, le sens actuel des mots n'est pas toujours fidèle à ses origines. Interrogeons le dictionnaire *Robert*[63] sur le sort fait au mot *essai*. D'abord le sens propre (physique et fort): «opération par laquelle on s'assure des qualités, des propriétés d'une chose ou de la manière d'user d'une chose.» C'est le *test* anglais, l'épreuve; je choisis quelques exemples significatifs parmi ceux que fournit le *Robert:* essais mécaniques des tissus pour éprouver leur résistance à la traction, à l'usure, etc.; essais mécaniques sur les matériaux d'industrie pour contrôler leur résistance; banc d'essai ensemble de machines pour vérifier les caractéristiques d'un mécanisme; essais de laboratoire; essais de semences de cultures; essais de croisement; essai des alliages pour en vérifier le titre essai des monnaies; essais de moteurs; essai d'un prototype d'avion; etc. Le sens figuré qui suit n'est qu'une réplique de l'autre: «tentative comparée aux opérations d'essai, pour connaître de quoi quelqu'un est capable. Faire l'essai de ses forces, de son courage, de ses talents...» Puis le sens va en s'affaiblissant: «tentative d'application (d'une méthode, d'un procédé...)», ce qui peut donner lieu à «un essai timide». Nouvelle baisse de tonus dans le sens général de «toute tentative»: essai de compréhension, de conciliation, jusqu'à l'usure dernière du mot: «action d'aborder une chose pour la première fois, d'agir sans être sûr du résultat», avec des renvois analogiques comme apprentissage, entreprise, pas (premiers pas), tâtonnement, et des exemples comme coup d'essai, essai maladroit, hésitant, malheureux... On est donc passé du concret à l'abstrait, de l'épreuve ou *test* du rendement, au sens propre et physique, à des sens figurés de plus en plus anémiques: tentative, approche, tâtonnement.

L'essai, dans les acceptions déjà recensées, désigne l'«action d'essayer quelque chose». Mais il peut aussi signifier le «résultat d'un essai», et, en général, les «premières productions de celui qui s'essaye dans un genre quelconque». C'est l'acception *littéraire* du mot, depuis Montaigne: la définition du *Robert* est un bon exemple des approximations courantes sur ce sujet:

> Se dit d'un ouvrage qui a quelque rapport avec un traité mais s'en éloigne généralement par une plus grande liberté de composition et de style, et, par extension, d'ouvrages faits d'articles en général courts, vifs et variés, plus ou moins artificiellement réunis sous un titre général. [...] Montaigne a le premier en France donné le nom d'«Essais» à un ouvrage littéraire, en prenant comme sujet les essais ou expériences de sa vie[64].

La création lexicale de Montaigne a connu une fortune littéraire considérable si on en juge d'après les exemples suivants: *Essais*, de Bacon. *Essai philosophique concernant l'entendement humain*, de Locke. *Essai sur l'homme*, de Pope. *Essai sur les mœurs et l'esprit des nations*, de Voltaire. *Essai sur l'origine des connaissances humaines*, de Condillac. *Essai sur la peinture*, de Diderot. *Essai sur les fondements de la psychologie*, de Maine de Biran. *Essai sur l'indifférence en matière de religion*, de Lamennais. *Essais de critique et d'histoire*, de Taine. *Essai sur les données immédiates de la conscience*, de Bergson. Fastidieuse énumération de titres? Elle manifeste, en tout cas, que le mot *essai* a fait des petits, et même que, depuis la publication par John Florio, en 1603, d'une traduction anglaise des *Essais* de Montaigne, le mot s'est mis à rayonner hors de France. On serait bien tenté d'exclure du domaine de l'essai des textes comme ceux de Locke ou de Condillac, dont l'écriture n'a pas grand-chose à voir avec celle de Montaigne, de Voltaire ou de Pope. Mais, comme le fait judicieusement remarquer Starobinski, dans ce type d'écrit:

> [...] le mot «essai» n'annonce pas la prose primesautière de Montaigne, il signale un livre où sont proposées des idées nouvelles, une interprétation originale d'un problème controversé. Et c'est dans cette *valeur* que le mot sera souvent employé. Il alerte le lecteur et lui fait attendre un renouvellement des perspectives, ou du moins l'énoncé des principes fondamentaux à partir desquels une poussée neuve sera possible[65].

On est donc loin de la manière didactique et conventionnelle du *traité*, ainsi que le souligne Diderot:

> J'aime mieux un essai qu'un traité: un essai où l'on me jette quelques idées de génie presque isolées, qu'un traité où ces germes précieux sont étouffés sous un amas de redites[66].

Le mot *essayiste* a connu lui aussi sa fortune historique, plutôt curieuse: introduit en France en 1845 seulement, par l'intermédiaire de l'anglais *essayist*, lui-même inventé en Angleterre au début du XVIIIe siècle et dérivé d'*essay* mais d'après le sens littéraire du français *essai* (Montaigne). Autrement dit, le mot *essai*, dans son acception littéraire, vient de France (XVIe siècle, Montaigne), d'où il passe en Angleterre qui, à son tour, lègue aux Français le mot *essayiste* qu'on ne repère pour la première fois en France qu'en 1845, chez Théophile Gautier, au sens «d'auteur d'ouvrages non approfondis[67]». Étiquette plutôt négative, qui révèle que, à cette époque, le mot et la chose sont tenus en suspicion:

> L'Université, à l'apogée de sa période positiviste, ayant fixé les règles et les canons de la recherche exhaustive sérieuse, rejetait l'essai et l'*essayisme* dans les ténèbres extérieures, au risque de bannir du même coup l'éclat du style et les audaces de la pensée[68].

Mais nous sommes bien revenus de ce positivisme fin-de-siècle (et même du néopositivisme des années soixante-dix). L'essai connaît aujourd'hui un regain de faveur: c'est vraiment un genre moderne, voire (pour employer un terme qui signifie le retour à la vision baroque de Montaigne) *postmoderne*...

Mais on ne saurait s'interroger sur le sort d'un mot aussi riche de sens sans souligner l'apport irremplaçable de Messire Michel, Sieur de Montaigne, qui, du premier coup, en 1580, a conféré au mot *essai* sa pleine acception littéraire. Selon la dichotomie du dictionnaire *Robert*, les *Essais* de Montaigne illustrent un emploi dérivé du mot, qui s'inscrit au paragraphe II, «Résultat d'un essai». Pourtant, dans le cas de Montaigne notamment, le sens littéraire me semble étroitement relié au sens physique et fort du paragraphe I, «Action d'essayer quelque chose». En effet, quand l'auteur des *Essais* écrit, avec cette «ironique modestie» qui a tant frappé Lukács: «[...] toute cette fricassée que je barbouille ici n'est qu'un registre des essais de ma vie[69]...», il entend bien désigner par les «essais» en question la *mise à l'épreuve* de l'expérience vécue, aussi exigeante, en réalité, même s'il s'agit d'un emploi figuré, que l'*essai* qu'on fait de l'or ou de l'argent au moyen de la pierre de touche. N'est-ce pas au même homme qu'on doit la forte affirmation programmatique suivante: «J'ai mis tous mes efforts à former ma vie. Voilà mon métier et mon ouvrage.» (II, 37) *Essais*, donc, ou «mises à l'épreuve de soi», «preuves au physique de la métaphysique»: c'est ainsi que E. V. Telle souligne vigoureusement le sens du mot[70]. Les «essais de ma vie»: l'expression doit être prise au sens plein où le livre et la vie de l'homme ne font qu'un, comme Montaigne l'a du reste déclaré en termes formels:

> Je n'ai pas plus fait mon livre que mon livre m'a fait, livre consubstantiel à son auteur, d'une occupation propre, membre de ma vie... (II, 18)

Au XVIe siècle, avant Montaigne, le mot *essai* est imprégné d'une vigueur, d'un kinétisme dynamique qui, nous l'avons vu, s'est évanoui de nos jours, sauf dans le sens physique recensé plus haut: il désigne l'effort fourni pour appuyer le mouvement volontaire d'une action destinée à produire un effet. Que cet effet soit réussi ou non importe moins que cet «*effort* initial»: au besoin, on s'y remettra[71]. À mon avis, Montaigne a souvent conservé au mot *essai* (ainsi qu'au verbe *essayer*) sa vigueur originelle, mais en le transposant, au figuré, dans le domaine existentiel et littéraire: essai du jugement, écriture de l'essai. Chose certaine, l'acception littéraire de ce vocable était inédite au XVIe siècle, voire inattendue, énigmatique, donc propre à inaugurer un genre littéraire nouveau, lui aussi. Cette originalité des *Essais* affecte l'essence même de l'œuvre, à un double titre: quant à sa *matière*, d'abord — «je suis moi-même la matière de mon livre» («Au lecteur») — avec ce culte de la personne dont Starobinski a mis en valeur le style Renaissance:

> [...] il faut que l'importance de l'individu, de la *personne* [...] soit devenue considérable, hors de toute consécration religieuse, historique ou poétique, pour que le premier gentilhomme venu s'avise de nous communiquer ses *essais*, de nous révéler ses *conditions* et ses *humeurs*[72].

Par sa *manière* aussi, indissociable en fait du contenu, un tel genre innovait: «Qu'on ne s'attende pas aux matières mais à la façon que j'y donne.» (II, 10) Manière unique, en effet, par «sauts» et «gambades», primesautière à souhait, mais dont le «stile», pourtant, est extrêmement travaillé: Montaigne révisait son texte avec la plus grande méticulosité, l'enrichissant indéfiniment de toutes sortes d'«allongeails», épousant ainsi la nature dynamique de l'essai, toujours *à suivre*, toujours en veine de rebondissement...

Dans la foulée de cette nouvelle «façon» d'écrire, l'essai, discussion d'idées, paraît inaugurer une approche originale de la philosophie: mise à l'épreuve (à l'*essai*) des pensées, quête toujours recommencée de la preuve; démarche non plus assertive, catégorique, dans le style de la thèse traditionnelle, mais interrogative, dubitative («Que sais-je?»); démarche très actuelle, en fait, et, avec son inquiétude perpétuelle, avec ses pourquoi sans réponses définitives, peut-être plus authentiquement philosophique. Ce qui intéresse Montaigne, c'est le mouvement de la pensée plutôt que ses conclusions, ou, comme l'affirme E. V. Telle, «ce n'est pas la destination, mais le chemin parcouru, bien ou mal; la maladie, sa gravelle, et non la guérison[73]». Lukács aussi a eu recours à la métaphore si expressive du *chemin* pour illustrer la *méthode* (du grec *hodos,* «chemin») de l'essai:

> Chaque terme authentique est un terme véritable: le bout d'un chemin; et le chemin et le bout du chemin ne forment certes pas une unité et ne sont pas à égalité, ils coexistent cependant; le bout du chemin ne peut se concevoir, ne peut se réaliser sans *un parcours toujours renouvelé du chemin*; ce n'est pas une attitude statique, c'est *une arrivée*, ce n'est pas un repos, mais *un effort d'ascension*[74].

En s'intéressant ainsi au *cheminement* de la pensée et en inventant l'écriture adéquate de l'*essai*, Montaigne se révélait tributaire d'*une vision baroque* du monde et de l'esprit. «Je ne peins pas l'être. Je peins le passage.» (III, 2) Ou encore: «Tout mouvement nous découvre.» (I, 50) Mieux encore, l'inoubliable métaphore: «Le monde n'est qu'une branloire pérenne.» (III, 2) Ne pas ambitionner de porter un jugement, d'aboutir à une conclusion, de tirer des «leçons», mais se contenter de procéder à des *essais* de son jugement et de décrire ces exercices: «Je n'enseigne point, je raconte.» (III, 2) Certes Montaigne a fait de l'éthique son domaine de prédilection, mais il importe d'y regarder de plus près: on l'étiquette trop sommairement comme moraliste alors qu'il ne se sent pas d'affinité avec la philosophie morale, si friande, justement, de «leçons»:

> Si mon âme pouvait prendre pied, *je ne m'essaierais pas*, je me résoudrais; elle est toujours en apprentissage et en épreuve. (III, 2)

(Je n'ai pu m'empêcher de souligner cet emploi si vigoureux de la construction réfléchie.) L'éthique montanienne consiste donc à observer le jugement en exercice, à faire *l'essai de soi-même*:

> Il y a plusieurs années que je n'ai que moi pour visée à mes pensées, que je ne contrôle et étudie que moi; et, si j'étudie autre chose, c'est pour soudain le coucher sur moi, ou en moi, pour mieux dire. (II, 6)

Citons encore l'extrait suivant en soulignant l'étonnante métaphore finale:

> Chacun regarde devant soi; moi, je regarde dedans moi: je n'ai affaire qu'à moi, je me considère sans cesse, je me contrôle, je me goûte [...] *moi je me roule en moi-même.* (II, 17)

À qui serait tenté de relever ici des symptômes inquiétants d'individualisme, voire de narcissisme, on fera remarquer que le propos de Montaigne est d'assurer avant tout la formation du jugement. Gargantua en avait déjà instruit Pantagruel: «[...] science sans conscience n'est que ruine de l'âme[75]...» et, sur ce point du moins, Montaigne est bien d'accord avec Rabelais:

> La science et la vérité peuvent loger chez nous sans jugement, et le jugement y peut aussi être sans elles: voire la reconnaissance de l'ignorance est l'un des plus beaux et plus sûrs témoignages de jugement que je trouve. (II, 10)

Réflexion faite, le discours de Montaigne, loin d'être narcissique, se présente comme une «école de doute et de docte "ignorance[76]"», où l'on prône «plutôt la tête bien faite que bien pleine» (I, 26): pas étonnant qu'il ait tellement inspiré les humanistes de nos défunts collèges classiques. Faire l'*essai de soi* constitue une épreuve, un rude apprentissage, qui rend impossible, à vrai dire, toute complaisance en incitant plutôt à l'humilité, «car nous sommes nés à quêter la vérité: il appartient de la posséder à une plus grande puissance» (III, 8). De toute manière, l'humaniste de Montaigne se découvre toujours à une telle distance de cette haute idée de l'Homme qui lui sert de pierre de touche pour *essayer* les autres, certes, mais sans omettre surtout de *s'essayer* lui-même!... C'est bien pourquoi, chez Montaigne, les *essais* ne sont pas toujours (bien au contraire) suivis d'*effets*. On appréciera l'auto-ironie de ce jeu avec les mots: «Tel [...] fait des Essais qui ne saurait faire des effets.» (III, 9) Les *Essais* font surtout état de recherches, de doutes, d'insuffisances, d'échecs: comme l'a justement noté E. V. Telle,

> [...] la notion négative d'*effort* sans *effet* l'emporte dans tout l'ouvrage sur celle de réussite, de coups de maître, de chefs-d'œuvre[77].

Éternel apprenti, Montaigne s'adonne à «la poursuite des perfectionnements [qui] exclut la recherche de la perfection», au dire de Valéry. C'est par l'*essai* qu'il se signale, non par l'effet; par «l'allure poétique, à sauts et à gambades» (III, 9) de ses écrits, non par leur forme définitivement achevée: il y aura toujours place pour des «allongeails», preuve que la quête n'est jamais terminée… C'est peut-être frustrant pour le philosophe, mais l'écrivain y trouve heureusement son compte: «Mon humeur est de regarder autant à la forme qu'à la substance.» (III, 8)

CHAPITRE III

Projet de typologie: les registres de l'essai

Quiconque a déjà subi les jongleries de la philosophie scolastique avec l'*ens rationis* devrait se méfier de la rage de classement qui atteint parfois les professeurs, tenus à une présentation ordonnée du savoir, et même, depuis le structuralisme, certains littéraires... Pourtant — serais-je déjà *contaminé*? —, je ne peux m'empêcher de croire, pratique des textes à l'appui, que, face à un genre littéraire aussi touffu que celui de l'essai, l'entreprise taxinomique conserve son utilité. Elle permet de s'y reconnaître dans la disparate des textes, de soumettre ceux-ci à un certain rangement. *Rangement*? Le mot, j'y pense à l'instant, a de sinistres connotations, surtout depuis que Péguy en a fait le procès, dans *Ève*, en l'identifiant au tout-fait de l'habitude, à l'ordre stérile. En tout état de cause, je ne risquerai en ce sens qu'un projet, ou, comme on dit, une «contribution» à laquelle je n'attache qu'une valeur heuristique: même si cette taxinomie devait s'avérer vaine, du moins aura-t-elle stimulé provisoirement la réflexion sur la nature de l'essai.

De quelle manière? À l'intérieur de quelles limites? La typologie est «la science de l'élaboration des types, facilitant l'analyse d'une réalité complexe et la classification» (dictionnaire *Robert)*. Le type (lat. *typus*, «modèle, symbole») serait donc le modèle idéal déterminant la forme d'une série de textes.

L'idéalité du modèle tient à son aspect construit et, par voie de conséquence, abstrait: on peut discerner dans les textes un certain nombre de traits ou invariants qui s'assemblent en une structure caractéristique. La démarche taxinomique fournit donc des repères utiles, elle permet au chercheur de s'orienter dans la forêt des textes. Mais c'est forcément au prix d'une extrapolation de la discursivité concrète, du foisonnement discursif, si bien qu'il est essentiel de maintenir une dialectique constante entre textes et modèles, de manière à pouvoir ajuster ces derniers, allant jusqu'à les refondre, au besoin; ou même, si leur valeur opératoire devait s'avérer nulle, les reléguer aux oubliettes. Car il ne s'agira toujours, en définitive, que de formes typées: on est peut-être condamné à ne pouvoir subsumer un certain nombre de cas d'espèce, de discours plus ou moins «hybrides» (sans que leur qualité soit en cause). Exemple: le texte fragmentaire *Roland Barthes par Roland Barthes* me paraît à la fois relever du genre de l'essai et se jouer ironiquement, pour le malin plaisir de casser le sens, de toute tentative d'annexion à un modèle.

Type (modèle) ou registre?

Le souci de procéder avec le plus de nuance possible dans la détermination de ces catégories m'a conduit à préférer aux mots «type» ou «modèle», pour désigner telle espèce d'essai, celui de «registre». (Attention excessive aux mots? Qui n'a pas regimbé une fois ou l'autre contre le confusionnisme de la terminologie dans le domaine de la théorie littéraire? On ne pèse jamais trop ses mots.) «Type» ou «modèle» paraissent effectivement *classer* un écrit; le mot «registre», à cause de ses connotations, me semble à la fois plus juste et plus souple. On suivrait ainsi l'exemple de Béatrice Didier distinguant les «registres» du journal intime. Le cas du diariste Julien Green «est intéressant, écrit-elle, parce qu'il a pratiqué une très grande diversité de registres[1]». Et elle fournit, en vrac, une illustration de cette diversité: passages de pure introspection, chroniques (relations, rencontres avec des amis), reportages de la situation politique, polémique, notes aide-mémoire, répertoires de citations, bancs d'essai d'une œuvre, bilans. L'essai, sans doute, n'a pas ordinairement le caractère fragmentaire du journal, qui se distingue aussi de l'essai par d'autres traits essentiels, comme la périodicité, la datation, sur lesquels il n'y a pas lieu d'insister ici. Il n'en est pas moins possible, à la lumière du sémantisme particulier de ce mot, de discerner des *registres* de l'essai. Mettons entre parenthèses le sens qui en fait un synonyme de «album, livre, répertoire», et, par extension, de «compte rendu» ou «recueil»: le «registre des essais de ma vie» (Montaigne), emploi intéressant, déjà souligné, mais hors de propos ici. Attachons-nous au sens «musical» du terme (lat médiév. *registrum campanae*, «corde de cloche»), d'après le dictionnaire *Robert*: «chacun des étages de la voix d'un chanteur, quant à la hauteur des sons: le registre aigu, haut, moyen, grave»; ou encore, «l'étendue de l'échelle des sons d'un instrument». Le clarinettiste, par exemple, dispose de trois registres: les sonorités lisses, douces, rêveuses du médium contrastent avec les accents nasillards et sombres de l'octave basse (ou «chalumeau»), ou encore avec le brio des notes aiguës. Au sens figuré, cet emploi «musical» du terme débouche sur une signification directement pertinente: «caractères particuliers, "tonalité" propre (d'une œuvre, du discours)»; Queneau, par exemple, se réfère à des métaphores choisies «dans le registre guerrier». Or le *ton* serait le trait dominant de l'essai, si j'en crois la formule étonnante, déjà citée, de Whitmore: «*not a form, but a tone*[2]». Brillante intuition qui vient à point nommé souligner la pertinence du mot *registre* — mais raccourci aventureux, peut-être: le *ton* n'est-il pas indissociable d'une *forme*, davantage: d'un contenu *informé* par une écriture?

Donc, justesse du mot «registre». Comme «type» ou «modèle», il se réfère à des marques ou signaux spécifiques, lesquels motivent des distinctions réelles entre les textes, et donc fondent le projet de classification. Qui plus est, il a, sur ses synonymes, l'avantage de privilégier un attribut majeur de l'essai: sa «tonalité». Et, d'autre part, souplesse du mot «registre», cette qualité qui si souvent fait défaut aux grilles théoriques. À l'instar du chanteur ou de l'instrumentiste qui disposent d'une étendue plus ou moins grande de l'échelle des sons, il arrivera assez souvent à la plume capricieuse de l'essayiste de faire fi des *formes*, de changer de ton, ou de passer allégrement, à l'intérieur du même texte, d'un registre à l'autre. Dans ce cas, plutôt qu'une constante régissant strictement le texte, le registre désignera une dominante qui n'exclut pas les modulations, les cadences improvisées. Rien de plus libre que le trajet discursif d'un essai, que j'ai désigné par le mot «parcours» pour le distinguer justement d'un *discours* dans les formes.

Les divers registres de l'essai

Après cette tentative de mise au point sémantique, venons-en à la distinction des registres. Je me demanderai d'abord quel critère pourrait permettre de les discerner. Puis je passerai brièvement en revue les divers registres en en soulignant les caractéristiques essentielles.

À quel critère de différenciation se référer? Il m'a semblé que le *degré* et le *mode* de présence du sujet de l'énonciation dans son discours pouvait constituer un critère valable. Au textualiste sévère qui me taxerait de «psychologisme» je répondrai que, illusion ou pas, crise du sujet ou pas, l'essai se veut discours d'un sujet plein. Et que, de toute manière, il ne s'agit toujours que d'un sujet linguistique, comme je l'ai déjà souligné. Du reste, les marques *textuelles* de l'énonciation sont bien visibles et, au besoin, quantifiables.

Me fondant sur ce critère de la présence plus ou moins accusée de l'énonciateur à son discours, et à partir des manifestations les plus voyantes, je distinguerai d'abord un registre *polémique* de l'essai. Ce type d'écrit exige une présence marquée (et remarquée) de l'énonciateur à son propos — plus justement une *présidence* textuelle — éloquente (voire grandiloquente), persuasive, agressive même, dans la mesure où elle vise à la fois à séduire l'allocutaire et à réduire l'antagoniste. Le polémiste manie son argument avec vigueur, parfois avec ostentation; l'accent est mis sur l'effet persuasif du texte: recteur d'un discours argumentatif, le sujet est tout entier investi par son projet conatif; il s'agit de défendre une cause à l'aide des raisonnements les plus efficaces. Analogie éclairante, mais au prix d'un grossissement caricatural: le discours politique, où la polémique s'en donne à cœur joie, souvent secondée par une gestuelle passionnée; où le *je*, parfois tonitruant, est une image fabriquée à grand renfort de procédés rhétoriques et audiovisuels pour *vendre* des idées.

Tout autre est le registre *introspectif* de l'essai où le texte se fait *discours du sujet* au sens le plus formel de l'expression: l'énonciateur est non seulement sujet mais aussi objet de son discours; non seulement sa présence est-elle très marquée mais elle occupe l'espace entier du texte. Si le *degré* de présence du sujet est élevé, comme dans le cas de l'essai polémique, le *mode* de présence distingue ce type d'essai de l'autre: le registre introspectif se caractérise, en effet, par la confidence ou la confession, soit par un mouvement d'introversion qui est tout à l'opposé de l'extraversion liée à la démarche polémique. En fait, dans ce dernier cas, l'appareil égocentrique est trompeur: présidence n'est pas présence réelle. Le polémiste peut assener les *je-me-moi* tout en restant à une grande distance de son intimité; si voyant soit-il, un tel moi ne dit pas nécessairement grand-chose sur soi; il ne vise qu'à projeter une image persuasive: artifice rhétorique parmi d'autres. Tandis que l'essai introspectif s'oriente décidément vers les secrets de l'intériorité.

De très visibles marques textuelles et stylistiques imposent les distinctions que j'évoque ici[3]. Et, en conséquence, le passage du registre polémique au registre introspectif va provoquer un changement radical de ton. Comment nier que le texte fondateur des *Deux royaumes,* de Pierre Vadeboncœur, soit «La dignité absolue», appartienne à un tout autre registre que celui de la polémique de *Lettres et colères,* du même auteur[4]? L'écrivain lui-même me paraît avoir judicieusement souligné le virage qui, à partir des *Deux royaumes* (surtout), aura provoqué un net changement de contenu, de manière, de ton: «[...] la plus grande partie de ce que j'ai écrit jusqu'à ce jour s'étend profusément sur l'extérieur, la politique notamment[5].» *Les deux royaumes*, au contraire, et singulièrement «La dignité absolue», essai programmatique, inaugurent décisivement l'entrée dans le «royaume» de la vie intérieure.

En résumé, l'essai introspectif, saturé par la présence du sujet de l'énonciation, réalise ce «livre sur moi» dont parle Barthes. L'essai polémique, lui, est centré sur le caractère persuasif de l'argumentation, vise à la fois l'allocutaire et les discours antagoniques, mise donc formellement sur le pathétique de la parole. Dans les deux cas, haut *degré* de présence de l'énonciateur, *mode* de présence radicalement différent.

Mais il existe aussi, je crois, un autre registre d'écriture qui privilégie, cette fois, le propos ou les idées exprimées, le *logos* plutôt que le *pathos*, eût dit Aristote. Ce type d'essai — qu'on se gardera de confondre avec la thèse ou le traité — peut bien *ressembler à* un discours de vérité, *avoir l'air de* proposer un savoir «objectif»: toujours, pourtant, l'investissement personnel reste intense, même s'il n'occupe pas l'avant-scène comme dans l'essai intime ou la polémique, si bien que la considération du contexte d'énonciation pourra grandement éclairer la lecture du texte. Il n'en demeure pas moins qu'on observe ici, contrairement à ce qui se passe dans les modèles polémique et introspectif, un certain effacement du sujet de l'énonciation devant la pensée énoncée. C'est pourquoi j'appelle *cognitif* ce registre de l'essai, où l'accent est mis sur les idées exprimées. On peut évoquer, par exemple, les *Pensées* de Pascal, ou, plus près de nous, les *Essais critiques* (Barthes), *L'eau et les rêves* (Bachelard), *L'âme et les formes* (Lukács), *Le désir et le pouvoir* (Naïm Kattan), *Qu'est-ce que la littérature?* (Sartre), *Littérature et sensation* (Jean-Pierre Richard), *Le roman à l'imparfait* (Gilles Marcotte).

Que la présence d'un sujet personnel soit vigoureuse et envahissante, ou qu'elle soit, en sens contraire, effacée: ces registres fort différents de l'énonciation postulent tout de même un commun dénominateur personnalisé, une certaine *relativité*, donc, de l'essai. Mais si, sur la lancée de l'essai cognitif, on accentue l'effacement de l'énonciateur, si on gomme, autrement dit, presque tout ce qui semblerait de nature à relativiser l'essai, on aboutit au registre de l'essai *absolu*, où l'énonciateur n'est plus que simple relais d'un discours qui parle à travers lui, celui d'un sujet transcendantal ou «hyperonymique»: *la vie*, accédant à la conscience de soi par le truchement du texte. C'est à Joseph

Bonenfant que j'emprunte la dénomination d'«essai absolu», qui s'adapte si bien à mon propos tout en faisant un sort à l'intuition remarquable qu'il explicite ainsi:

> Qui ne connaît ces sortes d'essais absolus que sont *Le labyrinthe de la solitude*, d'Octavio Paz; *Précis de décomposition*, de Cioran; *Le nouveau désordre amoureux*, de Pascal Bruckner et d'Alain Finkielkraut; ou encore *L'extase matérielle*, *L'inconnu sur la terre*, de Jean-Marie Le Clézio? À égale distance du commentaire (modèle de l'écriture médiévale) et de la critique (modèle de l'écriture classique), ils proposent un modèle où le sujet personnel n'est pas premier. Nul de ces essayistes ne projette de «se peindre soi-même». Ils traitent un sujet hyperonymique qui serait avant tout *la vie*; le portrait de soi n'est plus prioritaire[6].

Et c'est ainsi que, de l'essai intime à l'essai absolu, l'échelle des tons m'aura semblé tout de même assez étendue, assez variée pour commander la distinction des quatre registres proposés: introspectif, polémique, cognitif, absolu. Ces formes typées, je n'en suis que trop conscient, restent cependant d'un maniement délicat. L'une ou l'autre d'entre elles suffira parfois — c'est le cas le plus clair — à caractériser tel ou tel texte. *Dictionnaire de moi-même* (Jean Éthier-Blais) affiche son intimisme tout comme *Journal dénoué* (Fernand Ouellette[7]). Parfois, dans un même recueil de textes — pensons à ces *Essais autobiographiques et littéraires* de *La visée critique* (André Brochu[8]) —, on passera d'un registre à l'autre, comme la voix humaine ou l'instrument de musique parcourant l'échelle des sons. Ou bien encore, il arrivera au lecteur de percevoir, au fil d'un même texte richement composite, des changements de registre, des modulations inattendues, des chevauchements subtils. *Le murmure marchand* (Jacques Godbout) développe certes un propos envahissant: l'«odeur de mort culturelle» dégagée par la propagande publicitaire; mais le sujet est traité sur le mode polémique avec une étincelante ironie qui donne finalement tout son prix à l'ouvrage[9]. Ce qui fait le charme des essais d'André Belleau, c'est, bien sûr, l'étonnante pénétration d'esprit, la culture magistrale, la sûreté du diagnostic socio-culturel, mais surtout, peut-être, une façon unique d'insinuer, en plein cœur d'un texte, la confidence imprévue, la bouleversante révélation de l'intimité, et cela, aussi bien dans un texte théorique («Petite essayistique») que dans l'évocation d'un voyage («Maroc sans noms propres») ou la contemplation de la nature («La feuille de tremble[10]»). Quel ton!

Il faut donc bien *entendre* ces registres et n'y point aller de *distinguos* trop raides... D'autant que, en dépit de leur situation énonciatrice divergente au départ, on pourrait montrer, comme le fait Joseph Bonenfant, poursuivant la réflexion amorcée plus haut, que l'essai introspectif est tout autre chose que le vain jeu de miroir d'un égotiste, et qu'il tend à rejoindre, en définitive, le registre de l'essai absolu:

> Mais Montaigne se peignant lui-même ne décrivait-il pas la vie? Ainsi on croit que *Dictionnaire de moi-même* (Jean Éthier-Blais) et *Journal dénoué* (Fernand Ouellette) sont deux essais où l'auteur parle de lui-même. Point du tout. C'est la vie dense qui est saisie et rendue, lue, traduite, commentée, critiquée. L'*essai* est avant tout le livre de *la vie pensée*[11].

Paradoxale, en apparence, une telle affirmation rejoint la conviction profonde de Montaigne: «[...] chaque homme porte la forme entière de l'humaine condition[12].»

Au typologue, donc, de jouer avec doigté de ses registres!

Essai polémique et pamphlet

Dans sa «typologie des discours modernes» qui vise à situer le *pamphlet* dans le domaine de la prose d'idées, c'est-à-dire par rapport aux autres formes de l'*essayistique*[13], Marc Angenot propose une taxinomie, à mon avis, discutable[14]. Parmi les divers discours *doxologiques*[15], il distingue, d'une part, les discours *agoniques*[16]: polémique, pamphlet, satire; d'autre part, les discours de l'*essai* dit «littéraire» par redondance[17], subdivisé en «essai-diagnostic» et «essai-méditation», classification qui correspond respectivement aux registres *cognitif* et *introspectif* que j'étudie ici. Cette typologie a l'avantage de la clarté: elle regroupe les formes traditionnelles de la «littérature de combat», ce qui, dans une étude portant principalement sur le pamphlet, lui confère une fonction opératoire apparemment indiscutable. Sauf si, se détournant des *modèles*, on revient aux textes: exclure la polémique (ou l'agonique) du domaine de l'essai me paraît une vue de l'esprit. Comment supposer, même *a priori*, que l'essayiste puisse discuter un propos (essai *cognitif*) ou argumenter ses sentiments et humeurs (essai *introspectif*) sans que se produisent des interférences psychiques et discursives et sans que le choc des idées n'induise la «lumière», comme on dit, mais aussi à l'occasion un plus ou moins fort courant d'agressivité? Pour éviter une extrapolation de la discursivité concrète, il m'est donc apparu nécessaire d'ajouter au tableau proposé par Marc Angenot, c'est-à-dire aux modèles baptisés «essai-diagnostic» et «essai-méditation», un registre *polémique* de l'essai.

Cette mise au point oblige conséquemment le typologue à distinguer *essai polémique* et *pamphlet*. Pour ce faire, je récupérerai les traits qui permettent à M. Angenot de séparer le *pamphlet* du discours *polémique* (en général), et j'en ajouterai quelques-uns de mon cru. Attachons-nous d'abord au *contenu* de ces discours agoniques. Le *pamphlet* me paraît avoir en commun avec d'autres types de prose d'idées (éditorial, lettre ouverte, manifeste) le fait d'être littéralement un écrit *de circonstance*, en prise directe sur l'actualité brûlante, donc à la fois brillant et éphémère. Sa fonction est transitive: il vise à faire réagir le lecteur, voire à le faire agir, et au besoin descendre dans la rue. L'effet pragmatique du message est engendré par des énoncés dont le texte éphémère est voué à s'abolir dans l'hors-texte de l'action concrète. Je suis bien conscient de la réduction que je fais subir à la notion de *pamphlet*, en regard de l'extension excessive, à mon avis, que lui confère M. Angenot dans *La parole pamphlétaire*; mais je ne vois pas comment, en sémantique rigoureuse, on peut s'écarter de l'usage courant du terme «pamphlet», qui me paraît essentiellement relié à son caractère circonstanciel, immédiat, provisoire, éphémère. Deux témoignages en ce sens. Jean Le Moyne *classe* ainsi non seulement les pamphlétaires mais même les «polémistes» en général:

> Les ouvrages des polémistes ne laissent généralement pas de traces. On les oublie avec la controverse qui en suscita la publication et une fois l'ardeur éteinte bien peu sont tentés d'y retourner[18].

Ce jugement souligne formellement l'aspect contingent du pamphlet, mais, à vrai dire, cité ainsi, hors contexte, il semblera trop absolu: on relit bien les grands textes de Péguy, par exemple: *Clio*, *Victor-Marie, comte Hugo*, *Note conjointe*, mais justement, il s'agit là, à mon avis, d'essais polémiques, et non de pamphlets. Nous sommes au cœur de la question: comment donc les distinguer? Réagissant avec émotion à la parution de «La ligne du risque[19]», de Pierre Vadeboncœur, Maurice Blain s'exprime ainsi:

> Ce court essai d'à peine 60 pages éclate sur la possession tranquille du pouvoir contre l'esprit. Ne nous trompons pas: cette méditation d'une violence sereine, cette pensée à la démarche prophétique, ce style d'une saisissante clarté n'ont rien du pamphlet ou du réquisitoire. Ils relèvent d'une préoccupation infiniment plus haute, plus durable. Ils se situent d'emblée au niveau des grandes visions de l'esprit[20].

Cette ferveur stylistique pourra sembler suspecte, mais, tremblement mis à part, la comparaison entre essai polémique et pamphlet conserve sa justesse. Le premier se situe au-dessus de la mêlée; il implique, comme tout essai, un recul par rapport à l'événement déclencheur, ce qui favorise la vision en perspective et la réflexion. Le pamphlet, lui, s'écrit à chaud, sur la lancée des mouvements d'humeur suscités par la brûlure du quotidien: le *prétexte* est circonstancié, l'ancrage mince, la réflexion courte; quant au *texte*, en principe du moins, il est peu «durable»: l'effet pragmatique obtenu, il peut être appelé à se dissoudre comme écriture.

Quelques exemples encore, pour éclairer un propos complexe, avouons-le. En plus des essais polémiques comme *La ligne du risque*, *L'autorité du peuple*, *La dernière heure et la première*, où l'*élévation* de pensée et la «vision», signalées par M. Blain, me paraissent un effet du recul réflexif ou de la mise à distance de l'événement, P. Vadeboncœur a aussi publié des textes qui répondent à la notion même de pamphlet. Tels ces articles parus pendant près d'un an dans l'hebdomadaire *Le Jour*, et rassemblés sous le titre transparent: *Chaque jour, l'indépendance...* L'avant-propos met l'accent sur la volonté d'action liée au pamphlet:

> Rien n'étant superflu pour le combat que nous livrons, il y a intérêt à publier en livre certains de ces articles. Nous n'avons pas de munitions de trop. Ce n'est pas le temps du luxe. Alors je prends ce que j'ai sous la main. Personne n'a trop le choix. J'espère en tout cas convaincre de ceci que, d'ici un an ou dix-huit mois, tous les actes compteront. C'est une affaire quotidienne. Mes articles ont quelque chose de cet air-là[21].

Immédiateté, caractère provisoire, visée transitive, fonction pragmatique du pamphlet: urgence d'accomplir et de faire accomplir des actes: un autre texte, l'avant-propos de *To be or not to be. That is the question!* (trouvaille du titre, exactement *en situation* à l'heure de la «question» référendaire) illustre à souhait ces traits caractéristiques, il les assène même:

> Je publie ce livre parce qu'il le faut. Je le fais malgré ses faiblesses évidentes, dans l'idée qu'il pourra toujours servir à quelque chose par parties. Cet ouvrage a au moins une justification: celle d'être un acte. [...] Donc c'est un acte. Il réunit des textes qui furent eux-mêmes des actes [...]. Je dois accepter qu'ils ne soient que ce qu'ils sont. Ce n'est pas le moment de soupeser des qualités littéraires dans des salons. [...] Ce livre [...] est entièrement tendu vers le référendum [...]. Depuis près de deux ans, je n'écris plus guère sur autre chose que le pays. De ma conviction la plus entière, sans l'ombre d'un seul doute ni d'une seule hésitation, je lui dis oui[22].

Ainsi le pamphlet est-il souvent voué à la consommation (ou à la *consumation*) immédiate; mais il lui arrivera aussi d'accéder à l'écriture, donc à la durée. Il procède, en effet, à une sorte de poétisation du politique ou du social en s'inventant un langage mythique qui, tout en parlant du politique ou du social, le déborde largement. Il se caractérise par un paradigme négatif, une satire destructrice, un discours crépusculaire ou une fable catastrophique qui lui permettent, en définitive, de rejoindre le mythe. Les personnages — même insignifiants — qu'il agresse sont propulsés sur la scène d'un combat épique entre le Bien et le Mal, à moins qu'ils ne soient transformés, par la satire, en pantins ridicules. Ce n'est qu'ainsi bien souvent qu'ils peuvent devenir littérairement signifiants, ou que l'insignifiance peut acquérir une qualité littéraire. Bourassa, Ryan, et bien d'autres, perçus comme insignifiants par un Vadeboncœur — qui n'hésitera pas à précipiter un pays entier comme les USA dans «l'insignifiance» — reçoivent par le truchement du pamphlet une sorte de promotion littéraire. «Promotion» tant qu'on voudra, on a bien le droit de se montrer réfractaire au pamphlet dans la mesure où, en déréalisant les êtres, il manifeste parfois une inacceptable intolérance.

Chose certaine, on est loin, dans le cas du pamphlet, du caractère *récessif* essentiel à l'essai: j'entends par là cette maturité de pensée, fruit du recul (*recessus*) face au vécu; autrement dit: on est loin de la mise en perspective de l'événementiel, grâce au temps écoulé et à l'expérience.

Autre distinction capitale, du point de vue de la *démarche discursive*, cette fois, entre essai polémique et pamphlet. Questionnement, recherche, inquiétude, inachèvement m'apparaissent inhérents à la notion même de l'*essai*, selon la dénotation même du terme. Or le pamphlétaire ne cherche pas la vérité, il la possède autant qu'il est possédé par elle, il est peut-être même le seul (à ses yeux) à en avoir l'irrésistible *évidence*, ce qui l'autorise à la crier sur les toits, ne fût-il, comme le Prophète, que *vox clamans in deserto*! Argumentation catégorique, péremptoire, oraculaire, qui ne s'embarrasse nullement des tâtonnements ou modalisations de l'essai.

C'est ainsi que nous retrouverons, dans cette tentative pour départager essai et pamphlet, les indices les plus voyants, soit le ton et l'écriture, indissociables, en réalité, du message et de la démarche discursive. Puisqu'il s'adonne à une agression limitée à un champ précis — à l'instar, *sur ce point*, de l'éditorialiste ou de l'auteur de lettre ouverte[23] — et que l'objet du débat entre locuteur et adversaire se trouve ainsi raisonnablement circonscrit, il est possible à l'essayiste de s'en tenir à la «violence sereine» évoquée par Maurice Blain. Mais, chez le pamphlétaire, l'agression est sans limite; elle se nourrit plutôt d'un globalisme idéologique et émotif; la colère du missionnaire a tôt fait de s'étendre au monde entier: rien qui permette de relativiser le débat, aucun terrain d'entente avec l'Ennemi; c'est la guerre totale ou la forme outrée de la polémique, frôlant à tout moment l'invective et l'insulte qui coupent court à toute discussion. Ramenant tout à sa querelle, ce globalisme émotif s'invente une écriture à sa (dé)mesure: hyperbolique et maximaliste. L'outrance de ces textes incendiaires en fait, effectivement, de véritables «brûlots»: on comprend la fortune de l'étymologie — fausse, mais suggestive — du mot «pamphlet»: *pan flego*, «je brûle tout». Dévastation *massive*, c'est le cas de le dire, à laquelle on peut préférer l'arme plus subtile (plus pernicieuse aussi) de la *satire*, laquelle se dissocie avec mépris de la pensée antagonique en la tournant en ridicule ou en la réduisant à l'absurde.

Il y aurait évidemment à dire aussi sur certains traits communs à l'essai polémique et au pamphlet: forte présence de l'énonciateur ou mainmise de celui-ci sur le discours; conditions de l'argumentation enthymématique, misant sur le non-dit ou la présupposition; rhétorique spectaculaire de l'écriture performative ou mise en scène de la parole; rôle perturbateur de l'instance antagonique dans le procès discursif; soulignement des fonctions conative et phatique du langage; chassé-croisé des stratégies de persuasion et de réfutation, etc. On pourrait dire, en résumé, que la distinction entre ces deux formes de discours agonique se ramène pour l'essentiel à une question de degré ou d'intensité de la polémique. Les limites d'un «projet de typologie» m'impose de m'en tenir à souligner l'autonomie de l'essai polémique par rapport au pamphlet. Le retour aux textes concrets fera resurgir, je le sais, bien des doutes: il ne sera pas inutile alors, je l'espère, de pouvoir se référer aux *modèles* proposés, quitte à en poursuivre la mise au point.

DEUXIÈME PARTIE

Essais spéculaires

CHAPITRE IV

Cinq essais sur Pierre Vadeboncœur

Note liminaire

Il suffit de parcourir les textes qui suivent et de remarquer, dans la première partie de ce livre, les nombreuses références à l'œuvre de Pierre Vadeboncœur pour mesurer tout ce que je dois à cet essayiste. Nombre d'observations sur l'écriture de l'essai m'ont été inspirées par une étude minutieuse de son œuvre. Pierre Vadeboncœur est, à ma connaissance, le seul écrivain québécois qui, depuis plus de quatre décennies, se soit adonné, avec une continuité et une fécondité rares dans nos lettres, à la seule pratique de l'essai: recherche d'une écriture, itinéraire exemplaire que j'ai suivi de près pour mon plus grand profit. Quelle mine pour le théoricien (et, sans doute aussi, pour le simple amateur d'essais) que cette riche variété de textes! J'ai d'abord été frappé par la verve, la vigueur, la puissance, ainsi que par l'élan nationaliste d'écrits comme *La ligne du risque* (1963) et *La dernière heure et la première* (1970). Pourtant cette haute écriture d'allure puritaine, mais émotive aussi et agressive jusqu'au sarcasme, est depuis toujours sollicitée par le rêve et la littérature: au cœur même de la polémique la plus emportée, le syndicaliste avait déjà fait entendre ce message paradoxal, surtout dans *Un amour libre* (1970) et *Indépendances* (1972). Puis, à la suite de son retrait de la vie active, à partir de 1975, Vadeboncœur s'est mis résolument à l'écoute de la sensibilité intime dans *Les deux royaumes* (1978), *L'absence. Essai à la deuxième personne* (1985), *Essais inactuels* (1987), *Essai sur une pensée heureuse* (1989), *Dix-sept tableaux d'enfant. Étude d'une métamorphose* (1991), *Le bonheur excessif* (1992).

Relisant les textes qui suivent, force m'est aussi de constater, pour mon propre compte cette fois, à la suite de Lukács et d'André Belleau, à quel point l'*essai critique* témoigne de la rencontre et de l'aventure d'un essayiste avec l'œuvre choisie. À cet égard, «L'essai, cette passion du sens» me paraît particulièrement significatif. Tout se passe comme si, jusqu'à la parution des *Trois essais sur l'insignifiance* (1983), l'attention passionnée que j'avais accordée à l'étude de l'énonciation eût amorti la portée des énoncés. La réaction fut sévère, comme on verra dans ce texte où j'en viens à comparer l'approche du réel chez Vadeboncœur à celle d'un autre essayiste, Naïm Kattan. Après quoi, j'ai senti le besoin de prendre mes distances...

Qu'est-ce qui ne va plus? C'est la vision platonicienne de l'auteur — «les deux Royaumes», quoi — que je ne partage pas (ou plus?). L'essai sur le roman de James Cain, dans *Trois essais sur l'insignifiance*, m'aura dessillé les yeux. Puis, relisant «Le roman, ou l'ambition d'être» ou «Les traces de l'invisible» dans *Les deux royaumes*, j'ai retrouvé, en fait, la même extraordinaire déréalisation de l'œuvre d'art. L'œuvre, dans sa spécificité, est abolie, en même temps qu'est gommée la position particulière du lecteur (ou récepteur). Il est permis alors, sur la voie d'une illusoire généralisation, de s'adonner à des réflexions complètement hors de la portée d'une œuvre qui n'aura finalement servi que de tremplin vers le «Royaume» sidéral des Idées où se réfugie l'essayiste. Quand l'exil est euphorique comme dans les essais des *Deux royaumes* auxquels je me suis référé, passe encore, on est peut-être moins sensible aux conséquences de ce platonisme. Mais quand le mouvement d'abstraction vers le Sens se fonde sur la dévastation de l'œuvre d'art, alors on peut croire que le malentendu est sérieux. J'ai donc senti le besoin de prendre mes distances: je n'ai pas pu lire ses derniers livres. Peut-être reprendrai-je un jour ma lecture pour constater que l'œuvre aussi a évolué?

Reste que ce n'est là qu'un accident de parcours dans l'aventure *critique* de mes essais, et qui n'enlève rien, je tiens à le souligner, à l'intérêt des observations formelles suscitées par l'étude de cette œuvre importante.

❑

Quelques années ont passé… Hasard des lectures! J'ai eu l'occasion, l'an dernier (1991), de lire le beau recueil d'essais de Montherlant, *Service inutile*. Or, dès l'avant-propos, j'ai reconnu un certain ton… En 1924, après avoir goûté à la gloire littéraire, Montherlant a une réaction insolite — que je trouve admirable —, écho du désenchantement de l'Ecclésiaste:

> Je pressentis la vérité de ce mot, de Montalembert, je crois, dans tout l'éclat de ses premiers succès: «La gloire? Mais qu'est-ce que cela fait pour le bonheur[1]?»

Et, à partir du 15 janvier 1925, date «qui fut une charnière dans [sa] vie», Montherlant coupe les ponts avec ses contemporains. Il se désolidarise. Il s'exile. Il «gagne le large».

> De cette crise se dégagea non pas certes un nouvel homme, mais sûrement un homme meilleur. Le premier pas vers une vie spirituelle, qui est l'abnégation des intérêts du monde, je l'avais fait en 1925[2].

Et Montherlant d'entrer dans le détail de sa nouvelle vie, pleine des «fêtes» d'une liberté retrouvée:

> Dès l'instant où l'on se récure du frivole, la vie devient immensément large. Une vie encombrée, tiraillée, c'est court. Une vie délivrée de tout ce qui n'est pas l'essentiel, on en a bonne mesure: une journée de dix-huit heures, où l'on n'a à faire que ce qui importe, c'est quelque chose[3].

Ce radical détachement m'a irrésistiblement rappelé l'expérience de «La dignité absolue» dans *Les deux royaumes* de Vadeboncœur. Dès lors, j'ai décidé de reprendre ma lecture interrompue, depuis *L'absence* (1985) jusqu'au *Bonheur excessif* (1992): en témoignent mes deux derniers essais sur cet auteur: «Il y a le corps aussi!» et «Mots d'amour ou amour des mots?»

Pierre Vadeboncœur: la promotion littéraire du dualisme

> Une ligne, je le souhaite, divisera désormais notre petit monde [...].
>
> *La ligne du risque*

Dans ses ferventes «Gloses et notules» sur *Les deux royaumes* de Pierre Vadeboncœur, Jean-Marcel Paquette m'a paru, sur un point — une fois n'est pas coutume —, manquer de perspicacité: c'est lorsqu'il oppose sévèrement les «insignifiantes *Convergences* de Le Moyne» à la «grâce foudroyante» des *Deux Royaumes*[4]. C'est pourtant Jean Le Moyne, issu de la même tradition de pensée humaniste et chrétienne que Vadeboncœur, donc de la même famille d'esprits, qui aura su diagnostiquer le malencontreux courant dualiste qui a marqué, et marque encore[5], la pensée québécoise, courant que, pour sa part, Vadeboncœur s'était contenté d'inscrire, au début de son œuvre, comme un postulat irrécusable:

> L'âme humaine d'après la plus haute tradition psychologique obéit à deux tendances contraires que les mots de spirituel et de charnel indiquent sommairement[6].

À telle enseigne que, en commentaire à l'épigraphe de type structural que j'ai choisie pour sa valeur heuristique et opératoire, on pourrait être tenté d'accoler cette brutale assertion de Jean Le Moyne: «Nous avons donc entrepris la conquête de notre monde en n'aimant pas le monde et en le refusant[7].»

En revanche, je n'ai aucunement l'intention de porter aux nues les *Convergences*: tout en admirant l'ampleur des horizons littéraires et artistiques de l'auteur, dont la pensée québécoise, je crois, eût gagné à s'inspirer, je reste conscient des limites d'une argumentation hautaine et trop systématique. J'aime mieux réserver mon jugement sur l'œuvre (à vrai dire, encore bien mal connue) de cet essayiste, quitte à souscrire peut-être un jour à l'admiration d'un Gilles Marcotte pour un écrivain «dont on finira bien par reconnaître qu'il a écrit quelques-uns des essais les plus profonds, les plus vastes, les plus riches de notre littérature[8]». Pas question, donc, d'emprunter la lourde matraque de Le Moyne pour y aller, à mon tour, d'un verdict anti-dualiste. D'ailleurs, à l'intérieur d'un discours critique, un tel jugement de valeur ne serait pas pertinent, puisque, aussi bien chez Vadeboncœur que chez d'autres écrivains québécois — Saint-Denys Garneau, par exemple, avec qui l'essayiste se reconnaît des affinités[9] —, le dualisme, qu'on le veuille ou non, aura obtenu sa promotion littéraire. À vrai dire, c'est l'existence même du texte, chez ces écrivains, qui postule le dualisme: au nom de l'art, il faut bien enregistrer le fait. Libérez un Baudelaire de sa hantise des «deux postulations simultanées», et vous voilà devant un quelconque Charles Untel, de l'espèce dite *normale*, mais vous avez perdu Baudelaire! «Toute œuvre qui nous impose sa qualité artistique [...] témoigne d'une part victorieuse de l'homme, fût-il un homme fasciné[10]», écrivait Malraux. C'est sur cet aspect positif des choses: «[le] salut qui vient de toute parole juste, vécue et exprimée», témoigne Anne Hébert[11], que la pensée de Le Moyne me paraît raide et courte, mais je lui laisse le mérite de son diagnostic socio-culturel. Chez Vadeboncœur — comme d'ailleurs chez tant d'écrivains de la tradition occidentale évoquée par Denis de Rougemont dans *L'amour et l'Occident*[12] —, l'écriture, en le représentant, aura permis de vivre avec ce dualisme et même de le sublimer en œuvre d'art. Car, en dépit de l'ambivalence des *Deux royaumes* — «un livre qui est, me semble-t-il, un acte d'amour et de désir et un acte de désolation et de refus[13]» —, et même, tout compte fait, *grâce à* cette lancinante division intérieure: quel beau livre!

C'est pourquoi j'ai décidé d'intituler cette étude: «La promotion littéraire du dualisme», quitte à ajouter que la vision dualiste déborde le *littéraire* pour atteindre de bout en bout toute la pensée de l'homme. Mais avant tout l'art littéraire, qui m'intéresse au premier chef, et d'abord une certaine stylistique des *énoncés*, sujet de la présente étude[14]; d'autres aspects, qu'on remarque en passant: la perception même de la littérature, ou l'«histoire littéraire» en deux versants: classique *vs* romantique, Rousseau *vs* Chateaubriand; ou encore, la théorie littéraire d'une permanence ontologique du roman face à l'être contingent de nos petites vies. Les autres arts aussi sont assujettis à la même vision duelle: le dessin, la musique, par exemple, sur lesquels il y aurait à dire, vu l'importance qu'ils ont pris dans la vie de Vadeboncœur. Jusqu'au projet d'existence de l'homme qui m'aura semblé obéir à des contraintes binaires...

En définitive, on le verra, le schème essentiel, dans l'univers imaginaire de cet essayiste, schème qui me paraît commander l'œuvre entière, c'est bien cette *ligne*, bien nommée, en effet, *ligne du risque*, à cause des puissances de vie et de mort qu'elle fait radicalement se dresser les unes contre les autres. Les contenus sémantiques des énoncés pourront varier, et même d'étonnante façon, sans exclure la contradiction, comme il arrive chez les essayistes, et, en tout cas, chez ce grand adversaire de la «raison» qu'est Vadeboncœur, prêt à reconnaître les lacunes logiques de son propos, sans y attacher autrement d'importance[15]. Reste une constante, invariable: cette *ligne*, et la structure formelle d'opposition qu'elle détermine.

Un «lyrique égaré dans l'action»

Cette opinion, souvent citée, de Maurice Blain sur la carrière de Vadeboncœur, conseiller technique à la CSN, souligne, même à ce niveau, une ambivalence qui affecte en profondeur la pensée et l'écriture. Durablement marqué par l'humanisme chrétien de ses maîtres du collège Jean-de-Brébeuf, se sentant le goût d'écrire (mais quoi, au juste?), le jeune bachelier, hésitant, se laisse convaincre de choisir une profession plus rentable, quitte à faire «trois années de littérature dans la Faculté de Droit[16]». Licencié, il refusera par principe d'entrer dans un bureau d'avocats et fréquentera plutôt des maîtres à penser, si peu juristes, comme Borduas et Hertel, jusqu'à ce que la grève de l'amiante attire son attention sur les problèmes ouvriers: il entrera alors à la CSN, en 1950, comme conseiller technique. Dévoué à la cause ouvrière, il en viendra aussi à participer très activement aux combats politiques, notamment ceux du Parti québécois. Depuis 1975, il n'est plus à la CSN — et, pour l'essentiel, est absent de la vie dite active — qu'il a quittée pour s'adonner pleinement à l'écriture: s'il pratique encore le vigoureux discours polémique qu'il a mis au service du Québec depuis les articles de *Cité libre*, dans les années cinquante, il exploite aussi, concurremment, une veine littéraire secrètement privilégiée, et que la publication d'*Un amour libre*, en 1970, avait déjà manifestée, véritablement à contre-courant de l'écriture polémique, résolument fermée au bruit et à la fureur du siècle, tournée vers la vie intérieure: la voie de l'essai introspectif[17]. Et aussi l'autre *voix*, non pas nouvelle, mais retrouvée, enfin pleinement assumée, d'un écrivain engagé dans la difficile recherche de son unité personnelle.

On le voit, à la brièveté de ces coordonnées, mon propos n'est pas d'écrire une biographie, mais de dégager ces constantes de vie qui peuvent éclairer un itinéraire littéraire. Voici un homme qui, sur le plan même du *vécu*, a choisi, au sens sartrien du mot, une situation duelle. À juste titre et généreusement ému par les conditions de vie du Peuple, par lui élevé à la hauteur d'un mythe; devenu homme d'action par conviction plutôt que par besoin intime; jeté, en fait, dans le combat pour la justice par des impératifs d'ordre émotif, Vadeboncœur ressemble à ce type d'actif évoqué par Péguy, ce «contemplateur inquiet, que nous nommons communément homme d'action[18]». Il a *choisi* la vie active dans un monde imparfait, dans le «siècle», mais il est resté ce rêveur impénitent, en proie à la nostalgie d'«une certaine intégrité primitive[19]», transcendante, inaccessible, d'une inusable fascination: celle de l'*autre* Royaume…

Franchir ou non La ligne du risque: To be or not to be

Mais c'est à l'œuvre *littéraire* que je m'attache ici, fruit amer (et savouré) du tourment de l'hésitation vitale qui confère à cette œuvre, de bout en bout, son étrange structure oscillatoire. À cet égard, l'examen de l'*itinéraire* littéraire de Vadeboncœur s'avère déjà hautement significatif. Soulignons que, dans ce cas, il importe de redonner à cette métaphore refroidie son impact originel, puisque les images de *mouvement* sont un trait caractéristique du style de cet essayiste; celle de l'*itinéraire* (ou du *voyage*) constitue même une forme structurante de l'essai intitulé «La ligne du risque», dont les pages les plus enlevées évoquent justement les grands Modèles qui ont eu la force «de s'élancer, selon la vérité de leur esprit, vers ce qu'ils cherchent — d'y aller avec trépidation —, d'y aller avec soif!», autrement dit, d'entreprendre «ce voyage authentique et réel d'un homme selon la route secrètement inscrite en lui-même» (*La ligne...*, p. 176-188, *passim*). Or le caractère spécifique de l'itinéraire personnel de l'essayiste me paraît consister dans l'aller-retour, le va-et-vient. Constatation, et non jugement, ai-je besoin d'insister: «Peu importe d'où l'on part...», comme aussi où l'on aboutit: «Le point d'arrivée [...] ne sert pas nécessairement à juger un homme» (*La ligne...*, p. 186); «au moins, on a marché[20]...» ou encore, comme l'écrivait Péguy, l'infatigable pèlerin, dans la *Note conjointe*: l'essentiel est de suivre «sa route». Départ apparemment insignifiant, «La joie», un des premiers textes de Vadeboncœur, fait penser à quelque *no man's land* idéologique, survolant de si haut la condition de *l'homme d'ici* qu'on croirait lire un chapitre de *L'imitation*, livre de chevet des collégiens pieux de l'époque comme des écrivains spiritualistes de *La Relève*. «La joie»: texte terne, en raison même de son étrange irréalité; et pourtant, dans cette jonglerie avec les mots «joie» et «bonheur», soustraite à tout ancrage un tant soit peu concret, on reconnaît déjà l'instinct de l'écrivain, à cette façon d'appuyer sur le signifiant et de s'approprier ainsi des mots investis de connotations inédites. Mais on remarque aussi, et pour ainsi dire à l'état pur, dans cet exercice cérébral, la raideur d'une argumentation axée sur le principe de non-contradiction, hérité de la logique aristotélicienne et consacré par la *philosophia perennis* comme la loi inéluctable de toute pensée. Captive de ce rigoureux carcan, celle-ci est dès lors vouée à une sorte de manichéisme universel, bien reconnaissable ici, comme dans de nombreux textes de Vadeboncœur, à cette écriture en noir et blanc, tissée d'oppositions sémantiques irréductibles. En effet, le texte entier de «La joie» est construit sur l'affrontement de deux aires sémantiques très peuplées, opposant le paradigme positif de la «joie» à son damnable «contraire» (*La ligne...*, p. 11): le «bonheur». Ainsi s'engendre un texte, à la faveur d'un jeu, ou mieux, d'un duel de mots[21]. À peine si l'on voit poindre quelque préoccupation socio-politique — «le bonheur est bourgeois» — dans cet éloge d'une «joie» qui exige, en définitive, un détachement mystique très élevé, une inaccessible abnégation. S'agirait-il d'une juvénile ferveur, d'une contention spirituelle, tôt ou tard condamnée au relâchement par l'immersion dans la vie active? *A priori*, on le croirait. Et pourtant, si j'ai tenu à souligner le spiritualisme désincarné de «La joie», c'est que j'en retrouve l'attitude essentielle et jusqu'à certains accents (bien que d'une tout autre qualité d'écriture, il est vrai) dans des textes plus récents comme «Musique[22]» et les essais des *Deux royaumes*.

En vif contraste avec cette «joie» d'essence monacale, intemporelle, le discours de l'essayiste de *Cité libre*, au cours des années cinquante, prend en charge les préoccupations de la collectivité québécoise avec la fougue polémique qui caractérise l'*autre* Vadeboncœur, le plus connu, peut-être. Dans des textes impatients et sévères[23], qui serviront pour ainsi dire de matrice au magistral essai que sera «La ligne du risque», Vadeboncœur dénonce le pourrissement culturel du Canada français, fâcheusement camouflé par le prestige surfait d'une tradition décadente, indissociablement philosophique et théologique, s'adonnant depuis trop longtemps, comme une machine tournant à vide, au ressassement *ad nauseam* de thèses immuables, sans prise sur l'existence réelle. À cet essentialisme stérile Vadeboncœur oppose à bon droit un vibrant plaidoyer en faveur d'une plénitude vitale retrouvée: on notera, dans ces textes, l'ampleur du champ sémantique de la *vitalité*, où reviennent les vocables magiques comme *âme*, *esprit*, *désir*, *énergie*, *foi*, *violence*, *dynamisme*, *révolution*. «Affamé d'existence»: tel est le mal profond dont souffre un pauvre peuple de *survivants*, pour qui il est urgent de remiser les réponses toutes faites au problème de notre anémie culturelle, réponses inévitablement édifiantes ou nationalistes, puisque, dans cette catholique province de Québec, le profane et le sacré sont inextricablement mêlés. Mais, surtout, ce peuple à la vie précaire et exténuée doit s'ouvrir enfin à l'Histoire, à la revalorisation de l'humain, voire à un véritable «"mythe" de l'Homme», propre à redonner au «petit peuple» cléricalisé, si bien décrit par Borduas, ces «fortes images de la valeur profane» dont il a un urgent besoin s'il veut vraiment avoir *foi* en autre chose qu'en ce dieu-gendarme de la morale traditionnelle. Pareille ouverture de pensée s'accordait, en général, avec l'humanisme chrétien, inspiré d'Emmanuel Mounier, des penseurs de *Cité libre*: Gérard Pelletier et Pierre Elliott Trudeau, par exemple; d'autant qu'elle impliquait aussi le refus explicite du repli provincialiste ou nationaliste identifié au duplessisme abhorré. Une discordance, toutefois, mais capitale: l'essayiste qui prônera *l'autorité du peuple* manifeste déjà une attention, suspecte à l'aréopage de *Cité libre*, aux grands mouvements de l'histoire universelle comme la «montée prolétarienne» et la «poussée anticapitaliste[24]». Pourtant, force est d'observer que l'écrivain en est encore à l'époque des tâtonnements, et littéralement du *no man's land*, à preuve cette mentalité de *citoyen du monde*, cette irréelle adhésion à un «internationalisme de l'esprit[25]»:

> J'avoue ne pas comprendre ceux qui fixent leur regard sur notre problème national, en présence d'un fait tel que le devenir économique et politique moderne[26]...

C'est pourtant l'époque où la nécessité du contact avec le réel revient, sous la plume de Vadeboncœur, comme une idée-force du propos[27]; et aussi, peut-être, à lire entre les lignes, comme l'aveu d'un lancinant *manque* intime...

Dans sa pénétrante «Critique de notre psychologie de l'action», qu'il serait éclairant de rapprocher des intuitions de Jean Bouthillette, dans *Le Canadien français et son double*, Vadeboncœur s'en prend à ces «faibles de désir» que, «vaincus, [...] minorité», nous sommes devenus:

> [...] nous sommes des contempteurs de l'imagination. Nous ne germons pas de révolutionnaires véritables. [...] Nous sommes sans violence. [...] C'est un fait extraordinaire et profondément significatif que nous tenons toujours sur nous-mêmes un discours de tout repos[28]...

Pour tout dire, «notre réflexion s'arrête (avec Henri Bourassa) au discours de Notre-Dame, c'est-à-dire il y a cinquante ans[29]». Fort bien, mais à quoi peuvent bien rimer, pour un petit peuple aux reins cassés, ces appels à la «révolution» et à la «violence» de la part d'un «internationaliste» qui conclut paradoxalement que nous serons forcés un jour «à poser tous les problèmes, sans exception, sur un plan indifférent à notre "survivance[30]"». On sait à quel point, depuis, Vadeboncœur est revenu de ce désintéressement extrême. Il n'en est pas moins piquant de voir un Gérard Pelletier, apôtre de l'ouverture au monde et à l'homme universel, donner ironiquement, en enregistrant sa «Dissidence», une leçon de nationalisme à Pierre Vadeboncœur.

> Je veux bien que les nations s'aillent noyer, par «sens de l'histoire», dans l'océan du «monde désormais uni». Encore faudrait-il pourtant que cette mer existât. Pour l'heure, je ne vois guère encore dans la réalité que les étangs nationaux et deux médiocres Caspiennes qui s'appellent le bloc russe et le bloc américain[31].

«Coup de tonnerre dans un midi radieux», écrit Maurice Blain, en 1962, accueillant avec enthousiasme la parution, dans la revue *Situations*, d'un essai de 58 pages intitulé «La ligne du risque[32]». Curieuse convergence métaphorique: quelque vingt ans plus tard, Jean-Marcel Paquette, on l'a vu, qualifie de «grâce foudroyante» la publication des *Deux royaumes*. Mais qui s'accompagne d'une radicale divergence critique, Blain ayant commis, lui aussi, un parallèle Vadeboncœur-Le Moyne, mais sur un tout autre ton: «Sauf certains essais de Jean Le Moyne, je ne connais rien d'aussi important, d'aussi irrécusable que ces pages pénétrantes et terribles sur notre destin spirituel[33].» Effectivement, il s'agit d'un texte capital, d'une «date nouvelle» dans «notre histoire intellectuelle», renchérit Blain, mais aussi d'un moment crucial dans la vie de l'essayiste: «La ligne du risque» me paraît inaugurer la nouvelle naissance du penseur et de l'écrivain. Vadeboncœur rompt carrément avec la phobie duplessiste et l'universalisme abstrait qui auront finalement faussé le projet de *Cité libre* (et qui continuent de hanter les anciennes têtes d'affiche de la revue). Il n'en poursuivra pas moins son implacable critique de la «doctrine nationale» traditionnelle, mais entre-temps le *citoyen du monde* a redécouvert ses racines face à une «recrudescence nationaliste» (*La ligne...*, p. 205), à un néo-nationalisme inspirant; il s'éveille enfin à «l'idée d'une patrie où nous nous déploierions» (*La ligne...*, p. 199).

Et même si l'internationaliste de naguère éprouve encore quelque réticence à l'égard de la «poussée séparatiste» (*La ligne...*, p. 200), on le sent déjà fortement sollicité par cette «vague [...] peut-être prophétique» (*ibid.*):

> [...] je crois que le mouvement pour l'indépendance nationale a du prix, car il s'inspire d'un sens créateur que presque personne n'entendait plus en politique, et il contribue à rééduquer nos facultés de novation. (*La ligne...*, p. 215-216)

Voilà un revirement, un *rapatriement* (sans équivoque) de l'être, qui, joint au ferme engagement syndical de l'homme, sera désormais fécond en œuvres et en écritures. Qu'il suffise de mentionner, parmi la nombreuse postérité des écrits socio-politiques, *La dernière heure et la première*, un autre brûlant essai polémique, qui me paraît, en fait, reprendre le discours de «La ligne du risque».

Au niveau formel, même structure binaire dans «La ligne du risque» que dans «La joie» ou «Réflexions sur la foi». Voici une phrase clé, toute prégnante de ce système:

> À l'époque où tout *était* pour nous *immobile*, nous *pouvions* durer par l'*immobilité*, *mais* nous ne le *pourrons désormais* que par le *mouvement*. (*La ligne...*, p. 195; c'est moi qui souligne)

Il s'agit, en fait, ici d'une double structure binaire dont le *mais* adversatif départage nettement les éléments. D'abord une structure temporelle: le texte entier se nourrit d'une très catégorique opposition entre le passé (négatif) et le futur (à promouvoir). À cet égard, l'épigraphe donne le ton: affrontement entre deux maîtres à penser (Lionel Groulx, Paul-Émile Borduas), et entre deux citations; d'une part, un ironique désaveu: «Notre maître, le passé»; de l'autre, en revanche, un assentiment passionné: «Le passé dut être accepté avec la naissance, il ne saurait être sacré. Nous sommes toujours quittes envers lui.» (*La ligne...*, p. 167) Cet assentiment se répercute d'ailleurs au cœur du texte, sous la forme d'un panégyrique à l'adresse du même Borduas (*La ligne...*, p. 185-191), *morceau de bravoure* qui provoque d'ailleurs, dans le rigide système d'opposition entre le passé et le futur, une très sensible transgression: au lieu de l'imparfait, caractéristique de notre aliénation passée, l'écrivain a soudainement recours au prétérit pour signaler ce moment unique de notre histoire, marqué par l'exceptionnel Borduas: «Borduas fut le premier à rompre radicalement.» (*La ligne...*, p. 185) Retenons de ces brèves remarques une constatation essentielle: le système temporel de cet essai corrobore l'image centrale de la *ligne* de partage entre le passé et le futur, image au surplus métaphorisée et ainsi parfaitement intégrée dans une écriture de part en part axiologique: il s'agit bien, en effet, d'une ligne du «risque», du «parti net», de «la réponse sans ambage» (*La ligne...*, p. 184), bref d'un *oui* au futur et d'un *non* au passé, aussi absolus l'un que l'autre. Qu'on médite l'accent *borduasien* de ces belles phrases sentencieuses qui sont autant d'appels pressants au lecteur:

> Le passé devra être dénoncé au nom de l'avenir. On projettera de l'avenir une image immense et admirablement mythique [...]. Je nous imagine modernes [...]. Nous ne nous réchapperons pas à moins d'un choix tout à fait net entre le passé et l'avenir. (*La ligne...*, p. 217)

(À quel *retournement* n'assisterons-nous pas dans *Les deux royaumes*!)

La seconde structure binaire que manifeste l'examen du langage métaphorique de «La ligne du risque», mais que le lecteur aura d'abord *vécu* grâce à une diction passionnée qui dévore la simple communication de pensée, cette seconde structure, dis-je, consiste dans l'antagonisme engendré par la présence d'un énorme champ lexical du *mouvement* face à une contrepartie beaucoup plus restreinte, quoique essentielle à l'argumentation, réservée à l'*immobilité*. L'imagination du mouvement, ai-je dit, me paraît un trait caractéristique majeur de l'écriture de Vadeboncœur, comme elle l'est chez Péguy[34]. J'ai déjà signalé l'action structurante dans ce texte de l'image du *voyage*, mais l'analyse relève aussi quantité de satellites isomorphes: *chemin*, *départ*, *marche*, *recherche*, *progrès*, *aventure*, *conquête*, *découverte*, *création*, *révolution*, régissant à leur tour d'imprévisibles nuances: «bifurcations initiales», «aiguillages de partance» (*La ligne...*, p. 214). Le champ lexical de l'*immobilité* est forcément moins développé dans un texte aussi dynamique, et pourtant il suscite plusieurs images statiques d'espaces fermés (l'*impasse*, le *clos*, les *bornes*, la *prison*, l'*huître*), de maladie (*stagnation*, *pourriture*), de silence, de vide, de cercle, de mort. Du reste, le facteur quantitatif est d'une importance relative dans ce type d'analyse; ce qui importe, c'est la dialectique globale de ces jeux avec les mots: évoquer subitement, dans un texte aussi mouvementé, «un peuple *arrivé*» (*La ligne...*, p. 175; c'est moi qui souligne) suffit à perturber la chaîne sémantique.

Maurice Blain avait raison de «marquer d'une pierre blanche» cette «Ligne du risque» que je considère, pour ma part, comme une volonté d'engagement dans le réel, véritable et tardive *prise de chair*, destinée à influencer profondément l'écriture de l'essayiste. En effet, celle-ci va s'orienter durablement dans le sens d'un discours polémique qui aura un important retentissement dans la pensée québécoise. Ce qui tient, sans doute, tout ensemble à la densité intellectuelle, à la qualité littéraire de ces écrits, et aussi à la nature même d'une écriture axée sur un *faire*: le discours polémique — surtout lorsqu'il vire au pamphlet, comme il arrive parfois à Vadeboncœur dans certains textes de *Chaque jour, l'indépendance*, *To be or not to be. That is the question!*, et même de *Lettres et colères* et d'*Un génocide en douce* — articule une puissante invitation à l'action, incite même à des actes, commandés par l'urgence de la situation. L'avant-propos de *To be or not to be. That is the question!* (portée, en plein contexte référendaire, de la référence *hamlétienne*!) fournit un exemple clair de cette écriture essentiellement pragmatique. Automandaté par sa «conviction la plus entière», gratifié d'une fulgurante évidence intime de la vérité contrecarrée par l'imposture envahissante du «mensonge [...] courant et effronté», le pamphlétaire va brandir la plume incisive et performative des grands moments:

> Je publie ce livre parce qu'il le faut. Je le fais malgré ses faiblesses évidentes [...]. Cet ouvrage a au moins une justification: celle d'être un acte. [...] Donc c'est un acte. Il réunit des textes qui furent eux-mêmes des actes [...]. Je dois accepter qu'ils ne soient que ce qu'ils sont. Ce n'est pas le moment de soupeser des qualités littéraires dans des salons[35].

On ne saurait dire plus clairement le caractère littérairement éphémère du pamphlet dont la visée est essentiellement perlocutoire: son propos est de faire, *hic et nunc*, réagir et agir l'allocutaire, si bien que, sa mission accomplie, ayant perdu sa raison d'être, un texte de cette nature aurait tendance à se dissoudre. Il me semble, toutefois, que, sauf exception, les écrits polémiques de Vadeboncœur — je songe notamment à *L'autorité du peuple*, *La dernière heure et la première*, *Un génocide en douce* — échappent, par l'élévation de la pensée, par le souci de la littérarité, aux excès de langage, à la rhétorique massivement hyperbolique qui caractérisent le pur réquisitoire. Cela dit, tout discours polémique, de par sa nature même, est plus ou moins sollicité par le globalisme émotif qui se donne libre carrière dans l'écriture pamphlétaire, durcissant la réalité en figures outrées. Le fonctionnement même du discours polémique l'entraîne à déboucher sur des stéréotypes parfois fâcheusement simplificateurs. Les textes de Vadeboncœur n'évitent pas une certaine raideur conceptuelle: on a déjà observé la tendance de certains textes en noir et blanc à se construire sur des oppositions sémantiques. On notera aussi (dans *Indépendances*, en particulier) un cloisonnement, qui me paraît inquiétant, des instances de la psyché: la raison *contre* l'imagination et la sensibilité; le concept *contre* l'image — où je retrouve les vieilles ornières de notre pensée philosophique et religieuse, si courte! Évoquant, au cours d'une interview, les assises inébranlables de l'humanisme chrétien du collège Brébeuf et de *Cité libre*, Vadeboncœur se félicite de «la persistance d'une pensée qui n'avait pas encore connu les assauts du siècle[36]»; encore faudrait-il aussi reconnaître les limites étroites qui sont le lot d'une «doctrine bien structurée», d'une pensée unidimensionnelle enfermée dans la dialectique scolastique du principe de non-contradiction. Pareil cloisonnement des facultés ne se produit guère chez un Gaston Bachelard, par exemple, où «raison» et «imagination» sont distinguées, certes, comme il se doit — chacune, pourtant, dans son ordre conservant son entière *positivité* —, pour être aussi pleinement assumées, intégrées dans l'unité psychologique; on est loin, dans la pensée d'un Bachelard, de cette monotone nécessité dualiste, où une des deux instances en présence *doit* être négative, ou l'objet d'un absolu désaveu.

Me gênent aussi, je l'avoue, ces jugements manichéens, parfois rigoureux, qui pétrifient dans des attitudes caricaturales ces personnages de la vie réelle qui ont eu le malheur de ne pas être, comme dans *L'amélanchier* de Jacques Ferron, «du bon côté des choses». Bien sûr, le discours polémique relève lui aussi de la fiction; mais l'interpellation directe de références ayant, hors texte, une très palpable réalité; l'absence de ces médiations symboliques qui assurent au roman, par exemple, une sorte d'immunité littéraire, généralement reçue; la nudité souvent brutale des énoncés; bref, tous ces *traits* de la parole polémique la rendent singulièrement percutante. Il n'est pas rare que la prose de Vadeboncœur se fasse incantatoire, poétique — je pense notamment aux belles pages d'*Un amour libre*, des *Deux royaumes* —, pour dire l'enfance en allée, les valeurs perdues, la musique d'avant Wagner, les grands siècles révolus. Mais, face à ce discours de la nostalgie, et comme provoqué par une secrète parole antagonique, déferle un discours du refus global opposé au monde moderne, au progrès, à l'odieux «homme Yankee», (*Indép.*, p. 140) inventeur malfaisant de la civilisation du *gadget*, de l'insipide et du «parfait robot qu'on nous annonce» (*Indép.*, p. 165). Les fréquentes revendications en faveur de la liberté, surtout dans *Indépendances*, seront paradoxalement prises dans l'engrenage de ces assertions intolérantes. Il arrive même, à la faveur d'une magie des extrêmes que la pratique littéraire ne peut qu'exacerber, que le discours de l'essayiste se fasse catastrophique, évoquant dans un style uniformément grave, sombre, comminatoire, le *génocide en douce* du Québec, ou encore la super-locomotive de notre absurde monde moderne, roulant follement vers l'apocalypse. C'est peut-être à ces funestes prophéties que songeait Victor-Lévy Beaulieu lorsqu'il qualifiait l'œuvre de Vadeboncœur de «veine noire de notre fiction[37]». Dynamisme, humeur, emportement, moquerie, ironie, satire: quelle variété de tons dans cette prose, à laquelle il ne manque peut-être que la détente de l'humour. (Une belle exception: la bouffée d'air frais du récit *Un amour libre*[38]...)

Laissons enfin le dernier mot sur ce sujet à l'essayiste lui-même qui, dans la présentation du plus fraternel peut-être de ses livres, *L'autorité du peuple*, a noblement exprimé cette conscience amère des outrances inévitables de la parole polémique:

> Il est impossible de combattre et de toujours rester juste. C'est pour le polémiste sincère une cause d'amertume. On ne voudrait rien déchirer, mais on déchire. Il y a pour tout homme un écart entre la vérité et ce qu'il dit, entre la justice et ce qu'il fait. Au terme d'un voyage quelconque de l'esprit animé par la passion, ou de la passion tant bien que mal éclairée par l'esprit, on constate qu'on est encore loin d'une mesure acceptable de fidélité envers les hommes, envers la vérité et envers tout ce qui compte de valeurs à reconnaître et à vivifier. Mais au moins, on a marché et mieux vaut une erreur qu'une démission. C'est pourquoi ce livre est une collection d'essais, dans l'acception commune aussi bien que littéraire de ce mot. (*L'autorité...*, p. 10-11)

Quoi qu'il en soit des limites inhérentes à ce type de discours, il reste que la plupart des écrits de Vadeboncœur, depuis «La ligne du risque» jusqu'à *To be or not to be. That is the question!*, ont été l'expression *littéraire* la plus achevée que je connaisse d'un engagement dans le milieu social, politique, culturel du Québec moderne. C'est bien pourquoi, survenant dans cet itinéraire devenu, par la force des choses, exemplaire, les essais des *Deux royaumes*, avec leur désaveu de la «modernité», si catégorique qu'il entraîne l'abdication du «prophète» optant désormais pour la retraite et la contemplation, ces essais, donc, peuvent être perçus comme une volte-face inouïe, inattendue.

Inattendue? Enregistrons d'abord un fait: en 1970, Vadeboncœur a publié deux œuvres d'inspiration radicalement différente: *La dernière heure et la première*, en prise sur la brûlante actualité québécoise, et le récit *Un amour libre*, poétique contemplation de l'archétype de l'Enfance; quant à *Indépendances*, sa rédaction, sinon sa publication, remonterait à la même époque[39]. Or, si *Indépendances*, à l'instar de *La dernière heure et la première* (qu'il faut situer, nous l'avons vu, dans le sillage de «La ligne du risque»), est un livre pleinement ouvert sur l'avenir, quelle différence, pourtant, entre l'avenir engagé de ces deux derniers essais et la vision eschatologique d'*Indépendances*! Le *s* minuscule du titre, dont la graphie insolite en fait comme un ajout au titre attendu qu'il défigure et subvertit, ce *s*, dis-je, aussi fantasque que les dessins d'enfants ou naïfs graffiti qui ornent les deux couvertures, a des allures de provocation. En fait, ce titre exclut toute ouverture un tant soit peu concrète, comme le serait le désir de *telle indépendance* qualifiée, celle du Québec, par exemple. Il s'agit d'une ouverture absolue: le livre entier se présente comme «un sentier, une infime expérience dérogatoire» (*Indép.*, p. 175) qui mène sans ambages au «maquis de l'esprit» (*ibid.*). Texte-sentier, donc, qui s'écarte allégrement non seulement des chemins battus, mais de tout chemin imaginable — «Ce n'est pas le même chemin; il n'y a plus de chemin.» (*Indép.*, p. 128) — pour s'évader en direction d'un futur indéterminé, illimité, grandiose. Texte où joue à plein l'instinct augural, où l'on tente de lire dans les signes les présages de l'avenir planétaire (et non plus seulement québécois), indéfiniment riche de possibilités, comme le suggère encore ce *s* pluraliste, démultiplicateur. Texte fluvial, qui dérive librement, ou mieux «bateau ivre», ajouterais-je, entraîné moi-même par la discursivité métaphorique de cet essai. De cette dérive textuelle témoignent, entre autres: l'emploi fréquent d'un style verbal (nombreuses tournures infinitives, absence de sujet à la barre de la phrase); la structure déviante, carnavalesque (les hippies ne sont-ils pas de la partie?) d'un texte bizarre, où se succèdent sans ordre non certes des chapitres, ou articulations logiques, mais des fragments, séparés par d'insolites blanchissements. Rien, ici, d'organisé, de composé: texte «étoilé», dirait Barthes. *Le médium est le message*: d'où cette prose anarchique qui bannit la raison et privilégie «la floraison de l'irraison initiale» (*Indép.*, p. 157). Et l'on débouche sur la «nuit», le rêve... «Aller vers la nuit de l'humain» (*Indép.*, p. 155): pareille errance, essentielle à la redécouverte d'«une certaine intégrité primitive» (*Indép.*, p. 36) conduit le lecteur en plein monde ludique, impossible, mythique, celui de l'Enfant d'*Un amour libre*. Car il faut lire ou relire *Indépendances* dans la mouvance d'*Un amour libre*, où le principe de la connaissance est la «nuit» de la psyché enfantine, spontanément poétique, créatrice:

> Le manque d'inspiration m'obligea finalement pour le ravissement d'un esprit non encore formé par l'école ou par l'autorité, à forcer les bornes du fantastique pour déboucher non seulement sur une irréalité plus déroutante encore, mais en pleine relativité. [...] ce qu'il y a d'extraordinaire

> avec un jeune enfant, avec un esprit de cette force, c'est que tout ce qui s'invente autour de lui n'a pas pour lui d'origine fictive mais sort de la nuit comme le réel... *(Amour,* p. 36-37)

On mesure dès lors la différence radicale entre une écriture du *faire*, celle du discours polémique, et cette écriture du *rêve* pratiquée dans le récit *Un amour libre*. Même dans *Indépendances*, où parfois l'évocation agressive du référent semblerait orienter le discours vers un *faire*, l'action est dévorée par le rêve. Car, encore une fois, si ce livre peut se situer dans le sillage des essais *ouverts* de Vadeboncœur, il est capital de préciser que cette ouverture reste, en définitive, irréelle, comme la diction spontanée, impulsive, d'un instinct de liberté accédant enfin à la parole. Ce défoulement massif s'opère sur le mode du langage métaphorique, seul apte à suggérer pareil affranchissement:

> L'individu retourne au cœur de sa liberté sauvage pour tenter d'y repérer l'étoile de son esprit. Il n'acquiescera plus à rien que d'un point situé au cœur de la rose des vents. [...] Il élira sa nuit pour le guider. (*Indép.*, p. 100)

Ce langage a aussi recours à l'apologue pour traduire, à la manière des paraboles évangéliques, le refus global et la marginalisation définitive:

> C'est comme un homme qui a pris la forêt: les villageois, dans le système de leur village, à l'orée du bois, s'inquiètent, et nul ne peut plus dire où est rendu cet homme, au loin, avalé par la nature; personne ne peut plus le situer, lui tenir un discours, ni même l'appeler. Ce n'est pas la même vie. [...] L'homme [...] ne prend plus conseil que du soleil et de la mousse au pied des arbres... (*Indép.,* p. 127-128)

C'est parmi la jeunesse que se recrutent ces contestataires, devenus des marginaux: grands adolescents inquiets, s'adonnant au vagabondage, partis à l'aventure, modèles d'humanité, frères de ce rêveur de Rousseau que Vadeboncœur affectionne tant. Frères aussi de Borduas, proposé paradoxalement dans «La ligne du risque» comme la figure exemplaire de l'engagement, et pourtant, avec son *Refus global*, personnage utopique, irréaliste pèlerin de l'absolu, témoin, voire *martyr* des *indépendances*:

> D'ici là sans repos ni halte, en communauté de sentiment avec les assoiffés d'un mieux-être, sans crainte des longues échéances, dans l'encouragement ou la persécution, nous poursuivrons dans la joie notre sauvage besoin de libération[40].

Rarement sera-t-on allé aussi loin dans le beau royaume de l'Imaginaire!

De ces incursions au pays des rêves, l'essayiste, sans doute, reviendra de plus en plus malaisément. À cet égard, l'ambivalence — de prime abord, insolite — d'*Un amour libre* me paraît hautement significative: l'expérience merveilleuse du monde de l'Enfance, revécue et narrée avec enthousiasme tout au long de ce récit, se solde, de désolante façon, par des réflexions désabusées, par un mélancolique constat. Le narrateur est revenu d'un autre monde, ou plutôt d'un monde *autre*, sans communication avec la morne vie réelle: rien de plus. Insistons sur cet étrange dénouement. «L'enfance n'a d'efficacité ni spirituelle, ni temporelle» (*Amour*, p. 100), «[...] cette aventure demeure un voyage ou un rêve» (*Amour*, p. 101).

> Il me resterait cette vision, mais, humain, déjà je franchirais la parenthèse au-delà de laquelle mon bonheur humble et vif, quotidien, tangible, aurait vécu. Il me resterait le regret, puis, après, le vieil âge. (*Amour*, p. 103-104)

(Cette «parenthèse» n'est-elle pas une variante de la *ligne* [du risque, certes] qui départage les bons et les méchants, le beau et le laid, leur Royaume et le nôtre?) Volte-face inouïe: au terme d'un voyage au pays des merveilles de l'Enfance, il ne reste, cette parenthèse franchie, au narrateur ébloui de naguère qu'à emprunter «la direction de la vieillesse» (*Amour*, p. 104): c'est vraiment à la fois le mot de la fin et la fin de tout! Mais justement, à y regarder de plus près, ce livre paradoxal ne révèle-t-il pas, une fois de plus, l'écartèlement intime de l'écrivain? C'est d'un «lieu sidéral [...] antérieur et paradisiaque» (*Amour*, p. 24) qu'est venu le «petit visiteur» (*Amour*, p. 98) d'*Un amour libre*, petit prince de ce Royaume tout autre que les essais des *Deux royaumes*, à leur tour, vont radicalement opposer à notre «terre ingrate et grise» (*ibid.*). .

La parole austère des *Deux royaumes* a déjà connu un fort retentissement, témoin, par exemple, les commentaires passionnants, et parfois passionnés, de la revue *Liberté*[41]. Admirateur enthousiaste, parmi d'autres, Jean-Marcel Paquette constate que nombre de lecteurs «ont déjà fait de ce livre leur sujet de "retraite" ou de méditation[42]...» Seule voix tout à fait discordante, Yvon Rivard avoue franchement l'indignation, voire le scandale, ressenti devant le changement complet de «regard», le «refus global du risque» qu'annonce cette œuvre; et il compare le «mouvement réactionnaire» des *Deux royaumes* au *sens* positif d'*Indépendances*. À mon avis, Rivard a tort de durcir le contraste entre un discours censément ouvert et progressiste, celui d'*Indépendances*, et le discours régressif des *Deux royaumes*. Je crois avoir suffisamment souligné le caractère irréel de l'ouverture d'*Indépendances*, le symptôme inquiétant d'un *faire* miné par le rêve d'une marginalisation définitive. Les phrases puissantes, mais nébuleuses, d'*Indépendances* accumulent comme à plaisir les signes de l'impossible. Non, *Les deux royaumes* n'inaugurent pas, dans la marche avant d'un parcours discursif, une sorte d'inexplicable marche arrière. Rien de rectiligne, encore une fois, dans l'itinéraire de cet écrivain, mais un mouvement d'aller-retour. L'œuvre, sous le rapport des *contenus*, n'a fait qu'approfondir l'indéfaisable pli d'une ambivalence. Au fond, l'écrivain est resté sur *la ligne du risque*, oscillant de part et d'autre. Effectivement, les essais des *Deux royaumes* me paraissent faire écho — magistralement, il est vrai — à la spiritualité dualiste de «La joie».

Magistralement, dis-je, car le vieil instinct diviseur aura trouvé dans *Les deux royaumes*, littéralement et littérairement, son expression la plus pure: d'où sa singulière force de frappe! Autant le sémantisme pluriel d'*Indépendances* en avait fait le livre d'une ouverture absolue, autant *Les deux royaumes* vont représenter l'absolue fermeture, ou, suivant les connotations du sacré, un vœu de *clôture*. Au terme d'une éprouvante *nuit* de l'esprit, relatée dans «La dignité absolue», l'essayiste formule ainsi un choix existentiel décisif: «J'allais maintenant mon chemin seul. Pour la première fois, je crois, et fort tardivement[43].» Ayant ainsi «[franchi] toute la modernité» (*D.R.*, p. 52), il ferme la porte aux pompes et aux œuvres du *siècle*; je dirais même qu'il la claque. Et il rentre en lui-même; il rallie enfin, définitivement, son «âme», ce cloître de l'être. Au niveau structural du texte, rien de changé: on retrouve la fidèle «ligne de partage ou plutôt de rupture et de mort morale» (*D.R.*, p. 187-188), laquelle déterminait déjà l'architecture sémantique de «La ligne du risque» comme de «La joie», sauf qu'au niveau des contenus, *Les deux royaumes*, rompant avec «La ligne du risque», marquent un retour à l'antique débat entre le «spirituel» et le «charnel» qui commandait l'argumentation de «La joie». Mais jamais l'essayiste n'avait exprimé avec autant de netteté une vision du monde qui, au-delà même de ces influences jansénistes, cathares, manichéennes dont un Jean Le Moyne ou un Ernest Gagnon avaient décelé des traces dans la psyché du Québécois, se réclame de l'idéalisme platonicien:

> Il y a deux extériorités et une intériorité. Par rapport à celle-ci, il y a l'extériorité banale, tangible, de la civilisation contemporaine. Puis il y a l'extériorité platonicienne des valeurs, archétypiques de la structure de l'âme, avec lesquelles les ponts étaient rompus. De rentrer en moi-même avait eu pour effet de rétablir une communication directe, élective, avec des essences qui étaient belles. (*D.R.*, p. 53)

Autrement dit, «il y a deux royaumes, l'un irréductible à l'autre» (*D.R.*, p. 229): le misérable royaume d'ici-bas, et ce royaume des «valeurs» et des «belles essences» qu'on n'atteint que par l'évasion dans l'«intériorité». Insistons sur ce qui se veut le propos central de ces essais:

> On voit donc ici, *comme un peu partout dans ce livre*, le *partage* se faire entre ce qui passe et va se loger quelque part dans la mémoire comme la scorie de quelque chose de mort et de manqué, et d'autre part les reflets actifs et persistants de la transcendance. (*D.R.*, p. 142; c'est moi qui souligne)

Partage absolu, obéissant à la logique de la non-contradiction ou du tiers exclu, et corroboré par le langage métaphorique: «la frontière interdite de l'invisible et du visible[44]»; «la vitre à toute épreuve au delà de laquelle on dit qu'il n'y a qu'âme»; «l'infranchissable écran qui nous sépare de la Lumière». D'une part, du «mauvais côté des choses[45]»: la «décadence moderne», «l'aculture moderne», notre «société spirituellement odieuse», «notre monde défait», «cet univers dégradé», «l'iniquité», «notre temps [...] ruine de l'âme», «notre enfer». En revanche, du «bon côté des choses», et, selon la doctrine platonicienne, «au-delà des apparences» de ce monde fallacieux et bas», derrière «la surface des illusions», règnent «*la* substance», les «constantes spirituelles», «l'existence absolu», «la pérennité», «le plein qui est derrière toutes choses», «une fixité merveilleuse et vivante», «la bonté essentielle»; bref, «un autre monde [...] une autre patrie»: le Royaume *tout autre* de la «transcendance». Ou encore, de la «sainteté», pour reprendre la terminologie biblique: «L'œil saint» se réfère, en effet, à «un espace ayant en quelque sorte une altitude sidérale», séparé du profane, pur Donc inaccessible, sauf aux mystiques, sans doute, et à ceux qui sont touchés par la *grâce* artistique, littéraire. La vision eschatologique de l'essayiste s'accompagne naturellement d'une conception platonicienne de la littérature, par exemple, dans «Le roman, ou l'ambition d'être», où l'en-soi fictif est devenu un succédané pour une réalité dégradée. L'auteur confère aux personnages imaginaires du roman une subsistance qui les distingue des pauvres accidents que nous sommes, «faisant tout ce que nous faisons mais dans l'être». On pourrait évidemment objecter que c'est en nous, lecteurs, et grâce à nous que ces personnages de papier acquièrent un sens, mais ce serait quitter les voies du platonisme pour celles de l'Incarnation.

Pareil désaveu de ce monde, doublé d'une entière conversion à l'«âme» et aux «essences», ne sera pas sans provoquer des bouleversements dans la chaîne discursive. L'«image immense et admirablement mythique» de «l'avenir», inspiratrice de «La ligne du risque» et autres essais connexes, a cédé, contre toute attente, son auréole au vénérable «passé», si décrié, on s'en souvient, mais miraculeusement rentré en grâce! L'essayiste est bien obligé de le reconnaître:

> J'ai tout amené avec moi, plutôt, quelle qu'ait été mon illusion là-dessus dans certaines phases de mon évolution, quand je croyais, en faisant mien un mot de Borduas, être quitte envers le passé. (*D.R.*, p. 181)

Sur ce point, la pensée des *Deux royaumes* constitue à coup sûr une volte-face: elle contredit — le mot n'est pas trop fort — le procès intenté à «notre culture» traditionnelle par les articles de *Cité libre*, «La ligne du risque», *La dernière heure et la première*, pour faire place à un lyrique discours de la nostalgie:

> Cette époque en était une de clarté. Nous connaissions des états simples et entiers. L'histoire paraissait encore à notre mesure. [...] Notre morale était simple et classique. Tout le vieux monde tenait encore debout, avec son décalogue. Il n'y avait pas d'autre culture. Nous savions à qui nous avions affaire, dans le bien comme dans le mal. Je crois que, en un sens inconnu aujourd'hui, nous avons été complets. (*D.R.*, p. 175)

Certes, l'expérience amèrement vécue de «nos bas-fonds» modernes ne pouvait que corroborer ce nouveau parti pris passéiste: «Quelle différence avec ce qui a sans doute existé jadis...» (*D.R.*, p. 51) La «philosophie» aussi en est touchée: on se rappellera qu'un des maîtres mots d'*Indépendances*, sinon le dernier mot, était la «liberté»:

> J'ai beaucoup exploré de ce côté. Mais aujourd'hui je cherche quelque chose de plus intérieur encore, de plus secret, de plus décisif, et ne sais comment le désigner. (*D.R.*, p. 200)

Est-ce un hasard si l'essayiste éprouve maintenant le besoin «d'une évocation à quelque instance supérieure intime et inconnue» (*D.R.*, p. 208), comme à l'époque révolue mais sécurisante des bons vieux «dogmes»?

Sagesse ou rangement? Quoi qu'il en soit, l'incompatibilité de ces sincérités successives n'embarrasse guère l'écrivain:

> Est-ce que j'avançais? Est-ce que je reculais? Est-ce que je contredisais ce que j'avais naguère écrit? Je l'ignore encore et du reste ceci m'est complètement indifférent[46].

Et à l'«ami», choqué par l'abdication du «prophète», il rétorque:

> Bien plus véritablement que toute autre chose, je suis, si vous voulez bien savoir, quelqu'un d'aussi «privé» qu'il se peut, lent, rentré à tout moment chez lui, en grande paresse philosophique et familier de ce qui ne demande rien. La condition humaine... N'est-ce pas[47]?...

À moi aussi, je l'avoue, ces accents de résignation désabusée, de la part de celui qui si vigoureusement prôna «la nécessité de faire souffler sur cette province un ouragan de liberté» (*La ligne...*, p. 213), ont d'abord fait l'effet d'un regrettable amenuisement de l'espace vital. La contemplation des transcendantaux à laquelle se vouerait désormais le solitaire des *Deux royaumes*, après s'être cloîtré contre «nos bas-fonds», ne serait-elle que cette «direction de la vieillesse», pressentie dans les déconcertantes pages finales d'*Un amour libre*? Question bassement pragmatique, ou si peu platonicienne: comment concilier ce farouche *non* à la modernité, et, contemporaine, s'adressant au pays du Québec, une tout autre assertion: «De ma conviction la plus entière, sans l'ombre d'un seul doute ni d'une seule hésitation, je lui dis oui[48]»?

Ce genre de question, où la raison semble l'emporter sur un interlocuteur réduit *a quia*, n'a vraiment qu'un inconvénient: il manque totalement de pertinence. Il dénonce, en effet, au nom de la logique formelle, les incohérences de l'argumentation discursive, glissant ainsi dans les ornières où s'enlise si volontiers la critique des essais. La justesse de l'interprétation, la justice aussi à rendre à l'écrivain et à son œuvre exigent qu'on s'inspire d'abord du préalable suivant, premier principe en cette matière: les écrits d'un essayiste n'ont rien à voir avec la copieuse masse de textes d'*écrivants*, rangés sous la fallacieuse étiquette de *littérature d'idées*, et où figurent traités, sommes, études, thèses, dont la visée première, tout à fait légitime comme tout à fait étrangère à la *littérature*, est de formuler un système de pensée, inattaquable, autant que possible, sous l'angle de la rigueur. L'essayiste, lui, fait tout autre chose:

de la littérature, justement; souvent, le plus souvent même, avec des idées, mais d'une espèce particulière: «objets intellectuels» ou «pensées-mots», chargés d'affect, pour reprendre ces expressions de Barthes. L'essayiste se donne l'air de vaquer à l'analyse et à la synthèse, croyant même, souvent, de bonne foi, emprunter les voies irréfutables de la démonstration, comme en témoigne cette manière, fréquente chez les polémistes, d'authentifier le propos: «Ces réflexions, on voudra bien s'aviser qu'elles ne relèvent pas de la protestation seule, malgré leur forme, mais de l'analyse.» (*D.R.*, p. 233) Ainsi *tombé* le tout premier au pouvoir des mots, l'écrivain est devenu contagieux: le lecteur, à son tour, se laisse piéger — *convaincre*, *persuader*, enseigne la rhétorique —, oubliant que cette discursivité d'artiste reste, en définitive, assujettie à une vision, voire à *des visions*: «fiction idéelle», selon la très juste expression d'André Belleau[49]. Vadeboncœur lui-même, réagissant aux sentiments discordants suscités par *Les deux royaumes*, me paraît avoir lucidement mis le doigt sur la situation ambiguë de l'essai:

> Je ressens une certaine réticence à fractionner en idées un livre qui est, me semble-t-il, un acte d'amour et de désir et un acte de désolation et de refus. Puisque le moyen employé était l'essai et donc la réflexion et l'analyse, bref tout cet outillage qui va avec le genre, naturellement je consentais à l'avance à discuter et, au reste, je cherchais à le faire. Mais, malgré tout, j'aime beaucoup moins la discussion que l'art, grâce auquel ce qui est sans lui indicible non seulement peut être «exprimé» mais surgit d'entre les voiles du discours, — différent, présent, actif, premier, spirituel, intégral, paru. L'essai ainsi conçu semble faire une chose et il en fait une autre. Il fait exactement ce que fait l'art. C'est la même intervention[50].

On ne saurait mieux dire la spécificité *littéraire* de l'essai, et donc de l'écriture de Vadeboncœur, où, «d'une certaine façon, l'image domine[51]», ajoute-t-il. Et même l'Imaginaire, à mon avis, dans la mesure où le *je* et le *moi* du texte, pris en charge par le locuteur, ne sont que des projections, des instances possibles du *je* réel, hors texte, porté disparu derrière les masques de la fiction.

Et ainsi, j'ai beau ne pouvoir pas souscrire à la vision platonicienne des *Deux royaumes*, je ne saurais, s'agissant d'un discours du *vécu* — «j'ai vu ce que j'ai vu[52]» —, le récuser. De plus, d'aucun *essai* (coup de sonde, tenté par un Sujet fictif, dans les profondeurs de la psyché) on ne saurait affirmer qu'il représente la pensée globale, achevée, définitive de l'auteur. Au contraire, il nous a amplement paru, tout au long de cette étude, que des impératifs dualistes soumettaient cette «pensée», aussi concrète qu'un «acte», à une constante oscillation. Cette ambivalence: un vouloir-vivre impérieux, impétueux, agressif même à force d'être confronté à une pénible difficulté d'être, celle d'un homme souffrant dans son «petit peuple»; un vouloir-vivre contrarié, donc, dont l'exacte *mimésis* pourrait être cette écriture vive, emportée, mais rarement souriante ou abandonnée, uniformément grave, plutôt, et crispée, comme gênée par des instances de refus et de mort; cette ambivalence, dis-je, source d'une grande tension intérieure, d'un questionnement permanent, ne cesse d'alimenter le verbe austère et passionné de Pierre Vadeboncœur.

Pierre Vadeboncœur: l'énonciation dans l'écriture de l'essai

> «Je n'ai pas de réponse, mais j'ai cette interrogation...»
>
> «[...] j'ai vu ce que j'ai vu.»
>
> «[...] j'aime beaucoup moins la discussion que l'art...»

Une étude sur les *énoncés* dans les essais de Pierre Vadeboncœur[53] m'a conduit à mettre au jour une certaine *monotonie*[54] dans le message de l'essayiste: j'entends par là le caractère nécessairement répétitif que confère à une œuvre l'approfondissement d'une ambivalence. La pensée, marquée de bout en bout par le dualisme et la raideur conceptuelle correspondante, se trouve assujettie à des cloisonnements psychiques qui me paraissent bloquer une évolution décisive de la connaissance, ainsi vouée au ressassement permanent des mêmes hantises. Pourtant, c'est cette matière, peu inspirante lorsqu'on la traduit dans le métalangage des thèses, que l'écrivain va transmuer en œuvre d'art par l'invention d'une écriture qui soit l'exacte *mimésis* de cette pensée: écriture *duelle*, construite sur des oppositions irréductibles. L'analyse formelle des énoncés, aux niveaux lexical, syntaxique, sémantique, manifeste, comme j'ai cherché à le démontrer dans l'étude en question, les mille et un visages de cette dualité scripturale.

Cela dit — car la lucidité a ses droits —, il importe de restituer à l'œuvre littéraire sa positivité globale. Certes, la réflexion critique sur la littérature, forcément réductrice quand elle est autre chose qu'une paraphrase béate, nous oblige à considérer paradoxalement le phénomène littéraire comme le fruit d'un accident de l'éducation. Ce goût des mots pour eux-mêmes trahit un malaise réel avec les choses; il en est le beau masque. Autrement dit, l'écriture se nourrit des tensions intimes de l'écrivain. Ainsi, l'obsession dualiste (ou mieux *duelle*, pour décidément l'arracher au langage axiologique et l'envisager uniquement comme trait formel d'une écriture) et l'inconfort psychique qui en résulte seront-ils la source d'un questionnement permanent auquel l'activité scripturale apporte une réponse. Réponse tout éphémère, provisoire, car la division intérieure se trouve bientôt réactivée par l'événement... Si bien que *la* réponse définitive sera toujours au bout d'un autre écrit! «Je n'ai pas de réponse, mais j'ai cette interrogation...» (*D.R.*, p. 217): la remarque profonde de Vadeboncœur, si pertinente quand il s'agit de la recherche inhérente à tout *essai*, exprime bien, du même coup, cette condition douce-amère de la fécondité littéraire. Mais je veux en finir avec ce préambule à saveur psychocritique, car, si le *cogito* préréflexif d'un écrivain — sous les espèces, ici, du va-et-vient dualiste — confère aux contenus de pensée un certain caractère itératif, il est nécessaire, redisons-le, c'est l'*unum necessarium*, de souligner l'hégémonie, dans le domaine de l'art, de la création formelle. Ainsi, depuis «La joie» jusqu'aux *Deux royaumes*, ai-je pu relever la présence de constantes d'ordre thématique: mais, quant à la qualité de l'écriture, quelle différence entre ces deux œuvres!

Que s'est-il donc passé entre cet écrit de jeunesse et ceux de la maturité littéraire? L'écrivain aura enfin accédé à un discours du sujet pleinement assumé; en d'autres mots, il aura vraiment trouvé sa voie personnelle, et, chemin faisant, apprivoisé l'écriture difficile[55] de l'essai, entendu au sens le plus pur du mot. Cette évolution, plus encore: cette réussite de l'écrivain, on pourra les constater en examinant, dans cette œuvre, non plus le contenu des énoncés, mais le phénomène de l'*énonciation*, l'acte même de la parole littéraire, voire sa *mise en scène*, compte tenu d'une certaine *performance* inhérente à ce type de discours.

Il s'agira d'étudier la nature et la fonction d'un sujet énonciateur qui finit par accéder à la souveraineté littéraire. En effet, s'il y a ressemblance matérielle, ai-je dit, sur le plan des contenus, entre «La joie» et tel essai des *Deux royaumes*, par exemple «La dignité absolue» — comme des variations sur le leitmotiv dualiste —, ce qui compte surtout, sous l'angle de la littérarité, c'est l'énorme différence formelle entre les deux textes: le rôle effacé de l'énonciateur dans «La joie»; sa présence très appuyée, au contraire, dans «La dignité absolue», jusqu'à la totale prise en charge du texte. Autrement dit, l'étude de l'énonciation nous fait assister à l'invention d'une forme d'art, celle de ce discours résolument introspectif qui est celui de l'essai, au sens le plus précis du mot.

Les parcours idéels de Vadeboncœur

Discours, discursif: il ne me semble pas pertinent d'employer sans discernement ces termes à propos de l'argumentation de l'essayiste. Chose certaine, dans la prose de Vadeboncœur, des idées circulent, on assiste au *cheminement* d'une pensée; mais celle-ci, justement, à cause du caractère impulsif, capricieux, errant, de l'argumentation et de l'écriture, emprunte une trajectoire si personnalisée qu'elle s'apparente davantage à un *parcours idéel* qu'à cet ensemble organisé d'énoncés qu'on appelle *discours*.

> Je ne veux donc pas organiser ma réflexion autour d'une idée historique. Je ne veux d'ailleurs pas trop l'organiser. Ce qui se passe actuellement de prophétique est trop précieux pour l'encadrer dans une logique rentrée subrepticement par une des nombreuses portes du discours. (*Indépendances*, p. 35)

Il s'agit d'une *réflexion* à mener avec toute la rectitude possible, en évitant avant tout que la *précieuse* substance *prophétique* du message ne soit réduite ou récupérée par les catégories *logiques* du *discours organisé*. Pareille méfiance à l'égard de la raison discursive est une constante, voire le premier principe de l'épistémologie spontanée de Vadeboncœur. Mais si la «logique» est aussi mortelle pour la «réflexion», la question sceptique du Romain resurgit: «Qu'est-ce que la vérité?» Quel critère permettra de la reconnaître? Poursuivons la lecture du texte cité plus haut:

> Je désire seulement me mettre en contact avec l'événement et avancer des réponses justes à ce qu'il suggère, si je le puis. Je veux simplement, avec sensibilité, avec crainte de fausser les choses, répondre, et inspirer à mon tour ce qu'il inspire. (*Indép.*, p. 35)

Pour saisir toute la portée de ce propos d'une rare prégnance, ayons soin de peser chaque mot. Ce que l'essayiste vise, c'est un contact personnel, vécu, *avec l'événement* (on songe à la distinction de Newman entre le *notional assent* et le *real assent*). Le parcours idéel de l'essai, ou ce *processus* singulier de l'argumentation chez un essayiste, consistera idéalement à faire écho le plus exactement possible à l'événement. Littéralement, à *faire écho*: car on s'avisera que les termes employés relèvent du champ lexical de la voix, du souffle, de l'écho: «répondre», «avancer des réponses», mais, attention, il faut l'oreille musicale: donc des «réponses justes», faites «avec sensibilité», «avec crainte de fausser», de manière à «inspirer» fidèlement ce qui a été «inspiré» par l'événement. Retenons cette insistance sur la *justesse* de la «sensibilité» comme condition d'accès à la vérité.

Le critère de la vérité ne sera donc pas l'évidence rationnelle, comme l'enseignent les philosophies de type cartésien ou scolastique, mais cet *accord* (d'essence musicale) intimement ressenti entre le réel et le «cœur», approche qui rappelle l'intuition bergsonienne et le «Dieu sensible au cœur» pascalien. D'autre part, on reconnaît le dualisme psychique déjà signalé, ce cloisonnement des facultés qui prend ici la forme d'une opposition entre la «raison» et le «cœur». Il faut bien insister là-dessus, car cette théorie psychologique a un effet déterminant sur la structure de l'énonciation, éventuellement sur le choix d'une écriture. Le préambule à «Une radiographie du bourgeois» (*L'autorité...*, p. 13) exprime de la façon la plus formelle cette conception de la connaissance:

> En présence de certaines idées, de certaines réalités définies par elles, il m'arrivait de ne pas spéculer très longuement, de ne pas évaluer méticuleusement les choses: je me sentais vite engagé envers elles comme par un mouvement instinctif. Ce n'était pas la foi, je ne prêtais rien à rien, mais ce n'était pas davantage de la froide raison, car j'étais peu porté à rechercher ces messages exacts et mesurés auxquels les esprits modérés répondent par un acquiescement tranquille.

Voici, une fois de plus, un texte construit sur un affrontement sémantique: la «froide raison» face au «mouvement instinctif». Mais le langage métaphorique qui accompagne cette prise de position, exprimée ici en termes mesurés[56], avec juste un soupçon d'ironie à l'adresse des «esprits modérés», ce langage métaphorique, dis-je, me frappe encore davantage en ce qu'il dynamise ce *parcours* idéel qui m'a paru caractériser la trajectoire personnelle, individuelle, *mouvementée* justement, de l'argumentation:

> Plutôt, *j'accourais*, parfois, souvent, sans avoir patiemment pesé toutes choses. Je crois bien que mes convictions se sont formées ainsi: par un certain *empressement* de l'esprit où il y avait l'*empressement* du cœur.

Certes, l'imagination du mouvement anime ces énoncés philosophiques, et cette théorie, si on peut dire, de la connaissance a un tour éminemment concret: «Mes idées ont des visages [...] mes idées sont au fond des expressions d'attitudes.»

(*L'autorité...*, p.13) Mais ce parti pris en faveur du «cœur» contre la «raison» me semble avoir trouvé sa formulation la plus explicite dans un court essai d'*Un génocide en douce*, dont la visée est justement de privilégier «le sens caché» (*Génocide*, p. 59-61) qui n'est sensible qu'au «cœur». C'est le texte entier qu'il conviendrait de citer; je m'en tiendrai à quelques phrases clés, quitte à dégager ensuite les principaux éléments des deux aires sémantiques adverses.

> Ma pensée s'incline aisément selon ce que j'aime naturellement et elle ne va guère chercher trop loin ses raisons, qui à cause de cela ne contrarient jamais beaucoup le sentiment que j'ai des choses, ni le sentiment tout court. Si j'avais à désigner le meilleur régulateur des idées et leur meilleur juge, je crois bien en effet que j'indiquerais le cœur. [...] Il faut écouter aussi nos raisons obscures. Elles entretiennent l'essentiel, en quelque sorte. [...] Le délire linéaire de la raison raisonnante est quelque chose de mal connu, mais c'est pourtant la plaie de notre époque. Le sentiment et l'intuition suppléent à la raison aberrante...

On retrouve donc face à face, mais cette fois entourées de toute une constellation lexicale, les deux instances ennemies: d'un côté, la «raison raisonnante» ou cet esprit de système qui aboutit *logiquement* à un inquiétant fanatisme, soit, si on scrute les mots du texte, la «raison aberrante», «machine», avec son «analyse», ses «systématisations», son «délire linéaire», son «esprit de dispute», ses «exclusives», son «sectarisme»; de l'autre, le «cœur», l'«inclination», le «sentiment», la «divination», l'«intuition», les «raisons obscures», les «indications imprécises de l'humain», cette «sûre adhésion intérieure», bref, tout ce qui concourt salutairement à manifester *le sens caché*. Comme dans le texte précédent, l'imagination du mouvement tend à convertir l'argumentation en véritable représentation du *trajet* ou parcours idéel: «Ma pensée *s'incline* [...] elle ne va guère *chercher* trop loin [...]. Elles [nos raisons obscures] *balisent* nos philosophies.» (*Génocide*, p. 59; c'est moi qui souligne)

Ainsi, on peut bien, comme le texte y invite, se référer à une «pensée», et même à une «philosophie», à condition d'avoir soin de donner à ces termes le sens particulier d'un savoir *intuitif*, d'une *vision*. Vadeboncœur s'est d'ailleurs lui-même expliqué — avec quelle lucidité — sur la véritable nature de ses idées, ou mieux de ses *vues* d'essayiste:

> Donc, à l'instar d'un enfant peut-être, j'ai vu ce que j'ai vu. J'ai bien donné lieu de croire que je philosophais aussi, et je philosophais; cependant, à un autre niveau où les choses sont plus irréfutables, la philosophie, je suis passé par en dessous[57].

En réponse à des critiques adressées aux «idées» des *Deux royaumes*, l'essayiste ne peut qu'en appeler à l'évidence intime, irrécusable, du *vécu*: «*j'ai vu ce que j'ai vu*». J'ai souligné ce cri du *cœur* contre la *raison*, car, en même temps qu'une légitime protestation contre toute assimilation de la forme littéraire de l'essai à un quelconque système d'idées réfutables, cette formule lapidaire pose le premier principe d'une activité psychique d'une tout autre nature. À rebours de la pensée rationnelle qui ajuste ses idées (ou concepts) par la voie de l'abstraction, la «pensée» de l'essayiste, nourrie d'images et de sentiment, donc pour ainsi dire concrète, résulte d'une expérience personnelle, d'une vision, de cette *conaissance* prônée par Paul Claudel dans le célèbre jeu de mots de *L'art poétique*[58]. Une telle «pensée», pour s'exprimer, empruntera spontanément les imprévisibles parcours idéels dont j'ai parlé, qui relèvent de l'art littéraire plutôt que d'une prose discursive.

Cette assertion: «j'ai vu ce que j'ai vu», principe d'un savoir *intuitif*, justement, distinct de la connaissance discursive, inaugure du même coup une forme particulière de littérarité, telle que la trajectoire de l'argumentation soit prise en charge par le sujet, conscient de lui-même en tant qu'énonciateur d'un «discours» centré sur sa personne. Cette écriture du sujet est celle de l'*essai*, au sens le plus pur du mot[59].

Vadeboncœur et l'écriture performative du «cœur»

«[Nos raisons obscures] balisent nos philosophies.» (*Génocide*, p. 59) Ce rôle déterminant du sujet dans la «pensée» de Vadeboncœur aura des répercussions capitales sur son écriture: tant dans l'introspection que dans la polémique, l'argumentation sera commandée par l'«inclination», le «sentiment», le «cœur» du sujet énonciateur, par opposition à l'instance impersonnelle de la «raison». Les effets les plus visibles, sinon les plus profonds, de cette hégémonie du *je* se manifesteront dans le discours polémique de l'essayiste. Le pouvoir de réduire l'adversaire et de persuader l'allocutaire, et, surtout dans le cas du pamphlet, l'essentiel effet perlocutoire du texte, bref, l'effet de cette parole, sont étroitement liés à la *performance* de l'énonciateur. L'œuvre de Vadeboncœur, où le discours polémique occupe la place importante que l'on sait, depuis les premiers essais de *Cité libre*, se caractérise donc par ce style performatif de l'écriture, lequel conjugue le propos et la présence envahissante de l'énonciateur à son discours. Ainsi s'explique le ton spontanément éloquent, voire la grandiloquence naturelle, si l'on peut dire, d'un polémiste redoutable qui, à l'occasion, tâte aussi du pamphlet: avec sa panoplie d'effets rhétoriques, et cette solennité, plutôt guindée, du ton, l'écriture polémique de Vadeboncœur n'est pas sans rappeler — bien que l'essayiste ait pu s'ériger en faux contre le message de cette œuvre, notamment dans «La ligne du risque» — le décorum stylistique d'un Lionel Groulx, cet essayiste de l'histoire. À vrai dire, tous ces polémistes, les pamphlétaires surtout, s'adonnent à une véritable mise en scène de la parole. Le sujet se perçoit fictivement comme investi d'une mission particulière; il a charge d'âme; il parle pour les autres, en leur nom; à la lettre, et en enlevant à l'expression tout sens péjoratif, *il se prend pour un autre*.

> Je suis nationaliste et indépendantiste, au fond, pour une raison bien simple. *Je prends en charge, comme je peux, pour la minime part qui est celle d'un individu quelconque, quelques millions d'humains menacés.* Je ne consulte pas d'oracles. Je ne me demande pas préalablement si le choix que je fais est conforme à la raison dialectique. Je n'applique pas de grille et d'ailleurs, autant l'avouer, je n'ai pas le moindre sens de ce que c'est qu'une grille. Je sais seulement qu'il n'y a pas de raison assez forte pour interdire de soutenir un seul être humain, celui précisément que l'on choisit d'aider. Or, il se trouve que je ne veux pas voir mes compatriotes, mon monde, dans une humiliation que je ne prévois que trop. (*Génocide*, p. 58; c'est moi qui souligne)

Ce passage du *je* au *nous*, cette espèce de grandissement spontané du sujet, s'opère constamment chez Vadeboncœur; point n'est besoin d'insister, c'est trop clair, sinon pour souligner combien alors la voix de l'énonciateur s'enfle et emprunte le souffle, l'accent et le rythme épiques:

> Albert Memmi a dessiné le portrait du colonisé, mais il y en aurait un autre à faire, incomparablement plus désolant; celui d'un peuple vaincu, ayant voulu renaître mais vraiment défait une nouvelle fois, non tout à fait par la force brutale, mais par l'histoire, par la déculturation, par la démographie, par sa propre faiblesse ou corruption, par l'impérialisme économique, par la subtile politique anglo-saxonne de composition apparente et domination certaine, [...] lui, le faible, lui, pourtant l'ennemi, mais désormais entièrement dépossédé, s'abandonnant, fini, méprisé, mais néanmoins encore combattu, encore éliminé quotidiennement, peuple-épave, peuple-vestige, aztèque... (*Génocide*, p. 109)

La citation est déjà longue, et pourtant, je suis obligé d'abréger considérablement cette phrase torrentielle de l'effrayant (et littérairement magnifique!) «Portrait du décomposé». On ne m'en voudra pas, j'espère, de citer encore un exemple, bref, d'amplification langagière, qui prend cette fois la forme d'une brusque mutation pronominale; exemple curieux, significatif, parce qu'il est tiré d'un contexte où l'on n'attendrait pas ce genre d'effet. Dans ces «Instants du verbe», pages de confidences sur «[sa] petite histoire littéraire personnelle» (*D.R.*, p. 109), effectivement présidées par un Je intime, l'essayiste, confessant sa réaction affective face à Rousseau, comparé à Chateaubriand, s'exprime ainsi: «*Nous* avons aimé cet homme, plus que l'élégiaque Chateaubriand, et il *me* semble que cela s'entend.» (*D.R.*, p. 114; c'est moi qui souligne)

Cette prise en charge pronominale du texte rend évidemment l'énonciateur très présent à son discours: elle souligne fortement le moment même de l'*acte* d'écrire, elle l'actualise, conférant ainsi au texte une singulière animation: «Voilà que j'hésite à parler de *L'amélanchier* [...]. J'hésite parce que...»

(*D.R.*, p. 149) Pourtant, la *performance* va bien au-delà de cette dialectique pronominale; les textes que je viens de citer le font déjà bien sentir. C'est le signifiant tout entier qui est *agi*, modelé par le «cœur» de l'essayiste, et d'abord les mots, comme le manifeste l'étude des champs lexicaux. Ainsi, le «Portrait du décomposé», cité plus haut, joue-t-il sur la surenchère sémantique provoquée par une vision catastrophique, celle d'une ethnie colonisée, réduite à l'horreur de la décomposition. Si terrifiante est cette évocation qu'elle engendre une cascade de satellites gravitant autour du «décomposé»: mots chargés d'affect, parfois à la limite du tolérable. Quelques exemples qui viennent renchérir encore (si possible) sur la désolante qualification de ce «peuple-épave, peuple-vestige, aztèque»: «l'ennemi de tous», «dernier de l'échelle sociale», «historiquement dérisoire», «l'exploité par excellence», «repoussoir de la force et de la richesse triomphante», «le sans-allié», «le supplanté de tous les autres», «race irréversiblement prolétarisée», «nation investie et intimement décomposée», «minorité veule et sans force [...] emportée inexorablement par l'histoire dans son destin d'inférieure», «inférieur chronique», destiné à rallier les «minorités à jamais impuissantes, ridiculisées et haïes» (*Génocide*, p. 109-110, *passim*). Les mots s'en donnent *à cœur joie*: on excusera l'expression paradoxale si je précise que cette joie est d'essence sado-masochiste, celle qu'on peut éprouver à gratter une plaie vive. Le même sentiment exacerbé emporte les phrases en même temps qu'il investit les mots. L'interminable phrase qui ouvre ce «Portrait», avec ses effets de gradation, de répétition, de symétrie, de rythme, d'opposition, d'accumulation, effets régis par une stylistique de l'excès, pareille phrase est ainsi, dans l'outrance même de sa forme, mimétique. Plus l'heure est grave, angoissante, tragique, plus la phrase s'enfle et déferle, comme si l'écriture devenait la réplique du désir frustré, d'un vouloir-vivre devenu forcené à force d'être contrarié, celui du peuple québécois guetté par un épouvantable «destin de la dissolution».

On mesure à quel niveau de complaisance dans l'hyperbole peut se hisser l'écriture performative de l'essayiste. Un tel «discours», par sa singularité même, en vient à s'afficher ostensiblement comme le parcours idéel déjà évoqué, individualisé de bout en bout, tout à fait étranger à la modération obligée d'une pensée authentiquement discursive. Tout compte fait, c'est l'écrivain qui a relayé, ou supplanté, le «penseur»: nous sommes entrés dans le monde de la fiction idéelle. L'affirmation démesurée du *je*, son excroissance dans l'écriture, sans doute favorisées par des pulsions (désir, angoisse) antérieures au texte, s'accompagnent de cette mobilisation générale de l'imaginaire qui caractérise toute fiction littéraire. On aura pu le constater déjà, à la prolifération insolite des images au sein d'une argumentation où se sont rompues les chaînes de la rationalité. Plutôt, cet exercice constant de la fonction métaphorique du langage aura ouvert au dire de l'essayiste les chemins de la poésie. *Indépendances* est un livre particulièrement significatif à cet égard, éminemment prophétique, donc suggestif, poétique, jusque dans son étrange présentation graphique: le propos s'y trouve constamment interrompu par d'étranges effets de blanchissement; ces blancs, espaces de rêve autant que de réflexion, sont les seuls jalons du texte, tenant lieu de chapitres, titres, sous-titres; ils permettent d'intégrer au texte argumentatif des proses poétiques, reliées au propos par le fil ténu de l'analogie. Dans un de ces fragments où l'incantation est le fruit du rythme et de la répétition plutôt que de l'image, l'essayiste affirme explicitement la primauté de ce langage poétique sur celui de la raison:

> Plutôt cent vérités que dix, plutôt dix vérités qu'une seule, et mélangées d'erreur. Plutôt des pensées fumeuses et chaotiques que des données d'ordinateurs. Plutôt différer les échéances que de les arrêter. Plutôt la poésie. (*Indép.*, p. 155)

«Plutôt la poésie.» Et effectivement, à la lumière d'un écrit comme *Indépendances*, on pourrait dire que l'essai, tel que Vadeboncœur le pratique, ressemble souvent à un poème idéel. L'essayiste n'a que l'air de philosopher, d'exposer des idées; en réalité, il *jongle* (au sens québécois du terme) plutôt qu'il ne raisonne; ses idées, tout à fait étrangères aux notions et concepts de la pensée discursive, se muent en objets intellectuels concrets; et, au surplus, il n'a de cesse qu'il ne les ait modelées dans la chair et le sang des mots, phrases, effets langagiers. En ce sens, il est une affirmation de Vadeboncœur qui pourrait servir d'épigraphe à toute son entreprise scripturaire: «[...] j'aime beaucoup moins la discussion que l'art[60]...» Rien d'étonnant, donc, que cet artiste de l'énonciation, le *je* de l'essayiste, ait des affinités certaines avec le *je* de la poésie lyrique.

Pourtant, la saturation fictive des textes de Vadeboncœur se révèle, à l'examen, plus prononcée encore que ne le laisserait croire la présence déjà envahissante de ces aires métaphoriques, fussent-elles, comme c'est souvent le cas, des formes organisantes du texte[61]. En fait, c'est un véritable *univers imaginaire* que s'invente l'énonciateur de l'essai, à partir des secrètes projections du désir et de l'angoisse, à leur image aussi. Et le voici devenu narrateur d'une espèce de récit, *sui generis*, où l'on retrouve, *mutatis mutandis*, les marques indéniables de la narrativité. Un «décor»: soit le milieu socio-culturel du Québec, mais transformé en un Québec très intériorisé, patrie intime de Vadeboncœur; soit aussi, la chambre secrète de l'*âme*, ouverte uniquement sur le ciel transcendantal des fixes, cet univers eschatologique où fuir la laideur du monde moderne. Des «personnages», sortis du référent socio-culturel de l'hors-texte, mais propulsés dans l'imaginaire du texte, peuplent (ou hantent) ces «décors»: idoles, modèles comme Borduas, Rousseau, René Lévesque, Henri Bourassa, ou, en sens contraire aussi, chez cet essayiste au verbe polémique proliférant, têtes de Turc, boucs émissaires: Trudeau et l'ancien aréopage de *Cité libre*, Ryan, Drapeau, Bourassa (l'autre!). Parfois aussi, les «personnages» deviennent des actants sans visage, immenses comme des mythes vénérés ou haïs: le Peuple, le Bourgeois, l'Homme, l'Enfant, la Machine... Et, prenons-y garde: les «personnages» d'un essai ont leur mot à dire dans le texte. Le discours polémique, surtout, est influencé par la parole antagonique de l'adversaire à confondre, derrière lequel — situation complexe — se profile aussi la figure de l'allocutaire à persuader du bien-fondé des assertions de l'essayiste. Ce chassé-croisé de paroles intérieures, qui, même enfouies dans la latence de l'imaginaire, obsèdent l'écrivain comme des projections de ses pulsions intimes, vient troubler le parcours de l'argumentation. Il arrive même à l'instance antagonique de faire irruption dans le texte même: on assiste alors à des effets de dialogisme où l'énonciateur donne la réplique à des ennemis imaginaires, ici, par exemple, à un de ses mythes honnis, celui du Bourgeois qui, émergeant de l'anonymat de la troisième personne, prend inopinément la parole, comme suscité par la passion polémique du locuteur:

> J'entends déjà des bourgeois me dire: «Mais c'est de la révolution!» Mais oui, mais oui! [...] Vous n'avez pas l'esprit, et le peuple la matière, vous les idées et lui les tâches. Ce n'est pas ainsi que l'univers se partage. Si vous voulez savoir comment il se partage, je m'en vais le dire dans un moment[62].

Bien sûr, le «personnage» principal, la vedette de ce discours narrativé, reste le *je* de l'énonciateur. Il s'agira parfois d'un *je* conteur (ou fabuliste). Ainsi, pour dire «l'absurdité du temps présent» (*Indép.*, p. 72) comparé à l'époque précédente, l'essayiste sent le besoin de recourir à la «fable»:

> La différence des deux époques est patente et pourrait faire le sujet d'une fable, si l'histoire pouvait encore, comme dans les temps de tradition orale, inspirer des contes naïfs.
>
> Cette fable de style ancien pourrait être à peu près la suivante.
>
> Vivait une fois un roi[63]... (*Indép.*, p. 73)

La manière est différente, mais le dernier texte de *Lettres et colères* intitulé «La Belle Judith[64]» se présente aussi comme une fable: «Il y avait une fois un général. Il y avait une fois une armée...», où le conteur cette fois, dissimule sa présence: l'allocutaire, qui vient de lire «La voie royale[65]», devra comprendre que l'énonciateur se réfère à l'histoire de Judith pour mieux tourner en ridicule l'équivoque aventure outaouaise des trois «démocrates» de *Cité libre*.

On pourrait cependant arguer qu'il s'agit là de simples séquences narratives[66], plus ou moins accidentelles, voire un peu artificielles, et que ces *récits* sont de toute façon subordonnés à l'*analyse* constitutive de l'essai. Pourtant, il est des textes où la narrativité est si étroitement intégrée à l'essai que l'énonciateur se métamorphose, pour ainsi dire, en narrateur. Tel est le cas de «Comment j'ai lu Rousseau[67]», dont le titre déjà annonce les séquences d'un récit. On retrouve effectivement, dans ce très beau texte, toutes les marques de la narrativité. L'auteur y fait le récit d'une «quête» et d'une découverte de l'âme sœur. Ainsi qu'elle est perçue ici, l'expérience vécue de Rousseau — à la fois «exemple et occasion», aux yeux de l'énonciateur — m'a rappelé la théorie du roman selon Lukács: histoire de la recherche problématique de valeurs absolues dans un monde dégradé; même le caractère «démonique» du héros s'y trouve noté:

> J'ai cheminé longuement avec cet homme diminué et qui n'est pas un maître. Il y avait une lumière au-dessus de lui, quelque part hors de son destin[68].

Les deux protagonistes: le *je* de l'écriture et Rousseau sont liés par la plus profonde des affinités: le besoin, aiguisé par la privation, de «l'âme», entité sacrée, étrangère au «monde», ou mieux au *siècle*, et qui peut seule donner accès au «Royaume» de la transcendance que ralliera décisivement l'essayiste dans «La dignité absolue». «Comment j'ai lu Rousseau» relate comment, à la faveur d'une lecture des *Confessions*, l'énonciateur-narrateur en est venu à expérimenter cette rencontre inouïe d'âme à âme. Ce qui frappe d'emblée un lecteur d'essais, c'est la présence, très soulignée ici, de ces marques de la temporalité narrative qui caractérisent le *récit*. «Depuis Octobre» et les événements qui l'ont «dégoûté» du «monde», le narrateur est «en quête» de «l'âme». Les verbes, ainsi que les compléments et adverbes de temps, délimitent le cadre chronologique de la situation initiale: «dans les premiers mois qui ont suivi Octobre»; «je demeurai marqué», «alors j'ai connu...»; «aujourd'hui [...] autrefois»; «je recherchais»; «je me disais[69]»; «j'étais seul»; etc. Puis, répondant à cette attente de l'âme, voici l'événement décisif: «C'est dans ces dispositions que j'abordai pour la première fois les *Confessions* de Jean-Jacques Rousseau.» Suit l'esquisse très discrète d'un *décor*: le livre acheté «au hasard d'un *bouquinage*», «un soir», «dans une petite ville de province», par le narrateur désœuvré:

> Je m'étais mis à le lire, au souper, sans beaucoup d'agrément. Mais je l'emportai avec mes affaires à mon retour et je le retrouvai dans ma solitude, intérieure cette fois[70].

Ce sera alors l'expérience d'une lecture inoubliable, devenue le *lieu* de rencontre de deux âmes: nombreuses sont, en effet, les métaphores de la lecture spatialisée. La suite du texte, beaucoup plus développée, délaissera le cadre narratif pour faire écho à cette expérience de lecture, dans le langage ému du *retentissement* bachelardien. Si on retrouve alors cette écriture analytique, plus courante dans la pratique de l'essayiste, on n'en doit pas moins remarquer à quel point la narration a partie liée avec la substance même de ces pages.

L'exemple de la narrativité intégrée dans l'essai que fournit un texte comme «Comment j'ai lu Rousseau» a l'avantage de la clarté: le récit, aux coordonnées visibles, extérieures, bénéficie d'un ancrage concret. Je voudrais proposer aussi le cas d'un autre type d'essai, assimilable, lui aussi, à un «récit idéel», pour reprendre l'expression d'André Belleau, à savoir le premier essai des *Deux royaumes*, intitulé «La dignité absolue», sommet de l'art littéraire de Vadeboncœur (comme d'ailleurs tous les textes de ce recueil), et dont j'ai évoqué plus haut la parenté intime avec «Comment j'ai lu Rousseau». En fait, seuls diffèrent, d'un texte à l'autre, le prétexte, l'occasion, la donnée initiale. Le *thème* (entendu au sens précis d'une forme organisante du texte) est foncièrement le même: recherche et découverte de «l'âme». Seulement, le texte sur Rousseau gravite autour de tel événement: une mémorable expérience de lecture, tandis que, dans «La dignité absolue», l'événementiel est plus diffus, moins circonstancié, la vision rétrospective plus ample, plus vague aussi; et ainsi la démarche réflexive prend nettement le pas sur l'affabulation pour atteindre une rare profondeur de l'introspection. Les traces de la narrativité sont reconnaissables, mais, plus encore que dans «Comment j'ai lu Rousseau», elles se laissent absorber par le parcours de l'essai. Je m'efforcerai d'en retenir l'essentiel, pour ne pas surcharger cet essai critique. Le propos narratif est énoncé dès le début du texte, et le lecteur, averti du caractère tout intérieur de cette *histoire d'une âme*, entend qu'il ne doit pas s'attendre à de voyantes péripéties:

> De grands changements se sont produits dans ma pensée depuis quelques années. Je me propose ici d'en dire quelque chose [...]. Je voudrais rechercher ce qui a si fort travaillé ma conscience et ma sensibilité pendant ces années-là. (*D.R.*, p. 9)

Pareils «changements» impliquent naturellement un *avant*, l'expérience décisive, et un *après*: ainsi la recherche intime de «La dignité absolue» tendra-t-elle à se structurer suivant un certain schéma narratif assez simple puisqu'il me paraît se limiter au cadre de la temporalité. Un *avant*: «Jusque-là, je crois que je n'avais jamais souffert par l'esprit» (*D.R.*, p. 9-10); et l'écrivain mentionnera, dans un bref passage factuel (le seul ou à peu près), les «problèmes» «de tous ordres» (mais pour ainsi dire normaux, attendus) de l'«auparavant» (*D.R.*, p. 11-12). Le nœud du texte sera consacré à l'*essai* d'une confidence tâtonnante (tout comme l'écriture, d'une modalisation très poussée) sur la pénible épreuve qui entraînera ultimement les «changements» annoncés, épreuve qui recoupe celle que visait le début de «Comment j'ai lu Rousseau». Voyons plutôt:

> Sans me rendre compte de ce qui se passait en moi, pour la première fois je me suis trouvé dans un conflit tout intérieur avec le monde. (*D.R.*, p. 10)

L'écriture, ensuite, va épouser les méandres d'une difficile introspection, cherchant à cerner une «expérience» singulière, une crise intime de l'«histoire personnelle» (*D.R.*, p. 12), laquelle finira, comme toute souffrance assumée, par porter fruit: «[...] je faisais pour moi-même, lentement, une découverte» (*D.R.*, p. 13). «Sentiment» complexe: c'est de la valeur suprême, à ses yeux — *dignité absolue* —, du Royaume de «l'âme», cet «autre monde [régnant] dans ce monde-ci» (*D.R.*, p. 20), que prendra peu à peu conscience l'énonciateur, en même temps qu'il vit douloureusement le bannissement de «l'âme» dans la conscience contemporaine:

> Sans trop m'en rendre compte, j'avais donc commencé de vivre dans un certain rapport avec [l'âme]. Je circulais avec

> cette inconnue. Je ne devais plus être le même puisque j'étais accompagné. (*D.R.*, p. 28)

Fruit de cette purifiante *nuit de l'esprit*: une vision nouvelle, le consentement à «l'âme», et conséquemment, «quelques décisions» «majeures» (*D.R* , p. 29). La plus visible, assurément, de celles-ci: le retrait pratique du «domaine de l'action». La plus essentielle: un nouvel itinéraire, littéralement une *conversion*: «rupture» consommée avec la «folie» de «notre temps» — «Il m'avait fallu franchir toute la modernité.» (*D.R.*, p. 52) — pour la rentrée en soi-même, «dans le plus secret des territoires intimes» (*ibid.)*, la «retraite» de l'âme. Vers la fin de «La dignité absolue», cette «confession» si laborieusement et artistement articulée, l'essayiste reviendra sur son propos initial, en des termes qui soulignent encore l'instance narrative que j'ai essayé de mettre au jour:

> J'ai simplement voulu raconter ici l'histoire d'une lente inclinaison de l'âme [...]. Une page était tournée. (*D.R.*, p. 55, 57)

Les exemples qui précèdent manifestent déjà, de façon éloquente, la pleine littérarité du parcours idéel de l'essai, pris en charge par un *je* souverain qui mobilise l'imaginaire entier au service de sa *performance*. C'est ce qui explique qu'en parlant de l'essai, on puisse avoir recours à des expressions comme «poème intellectuel», «récit idéel», auxquelles on pourrait seulement reprocher de ne pas signifier l'essai en lui-même, selon son originalité propre, mais par rapport à d'autres types d'écriture. À cet égard, le syntagme «fiction idéelle» paraît plus général, plus libre des annexions redoutées[71]. Pourtant, on verra à l'instant qu'il aura été opératoire, malgré tout, d'insister sur la présence de la narrativité dans les essais de Vadeboncœur. Il reste, en effet, sous ce rapport, un dernier exemple à proposer, le plus important, en fait, au point qu'on aura pu s'étonner que nous n'en ayons pas encore parlé: il s'agit d'un écrit de Vadeboncœur qui, à première vue, peut sembler insolite, comme un corps étranger parmi les œuvres de l'essayiste: le récit *Un amour libre*. Jusqu'ici nous avions pu signaler, à juste titre, la présence de séquences ou même d'importantes expansions narratives au sein de cette argumentation analytique d'un type particulier que j'ai qualifiée de *parcours idéel*. Mais, dans *Un amour libre*, le rapport est inversé, et les parcours idéels se présentent comme des plages, importantes tant qu'on voudra, d'une expansion narrative si considérable qu'elle donne lieu à un véritable *récit* plutôt qu'à un essai. Le narrateur en question aime bien discourir, analyser, réfléchir, polémiquer même, et il lui arrive d'être bien près de se retrouver dans la peau de l'énonciateur familier. Et pourtant, non. Est-ce la magie de l'enfant Daniel qui opère? Son père — ci-devant narrateur — va, pour l'essentiel, s'en tenir à *raconter* (on sait, et le père de Daniel plus que quiconque, que les enfants préfèrent les histoires à la philosophie)... L'auteur lui-même, pourtant essayiste important, familier du ton éloquent et du grandissement épique, a bien senti la différence des rôles: «Je n'ai jamais tenté d'être aussi simple.» (*Amour*, p. 34) Il aura même fait précéder son texte d'un bref préambule, censément destiné à tel ou tel lecteur de l'essayiste, que cet écrit aurait pu surprendre:

> Je ne cherchais pas à faire un livre. Je voulais seulement noter de temps à autre un moment de poésie ou de vif sentiment, pour mieux le vivre encore, puis le revivre. Je relis aujourd'hui cette espèce de journal, court et un peu transposé. (*Amour*, p. 11)

Moments de poésie ou de sentiment, formant une succession, comme dans un *journal*, *revécus* et *transposés* par un narrateur: linéaments de ce *livre* inattendu dont l'auteur tient à souligner, en sous-titre, la qualité de *récit*. Il est même si sensible à cette métamorphose de l'écriture — énonciateur devenu narrateur — qu'il ira jusqu'à écrire dans «La dignité absolue»: «Je n'ai écrit jusqu'ici qu'un livre en tant qu'artiste: c'est *Un amour libre*...» (*D.R.*, p. 45) Ne disposant pas de la distance critique requise, l'écrivain est excusable de tomber dans les ornières théoriques traditionnelles qui privilégient le roman ou la poésie. Mais, dans l'absolu, pareille affirmation est irrecevable, car l'essayiste, on l'a assez vu, est très certainement *l'artiste d'une fiction idéelle*. Elle s'explique, en revanche, si l'on tient compte, d'une part, de la très haute idée que Vadeboncœur se fait de l'Enfance, l'archétype même des valeurs suprêmes, ainsi que de sa conception très personnelle, à saveur dualiste, du roman (ou du récit). «Le roman, ou l'ambition d'être» (*D.R.*, p. 59-81) insiste sur l'«intense pouvoir», dévolu à cette forme d'art littéraire, de transposer personnages et choses dans le monde de l'«absolu», de la «perfection d'être», donc d'arracher ce qui mérite de l'être à la déconcertante fugacité de la vie réelle. D'où le recours instinctif au récit, porte ouverte sur l'*autre* Royaume:

> Dans le roman, la vie n'est pas écrite, elle n'est pas décrite, elle est récrite, elle est proprement recommencée, mais dans un univers d'une tout autre essence... (*D.R.*, p. 63)

Seul le récit pourra transformer l'enfant Daniel en une image absolument inaltérable:

> Tout loisir nous est donné, dans cet univers romanesque où tout se passe mais où rien ne passe, de vivre non seulement avec le personnage mais avec sa substance, avec *la* substance. (*D.R.*, p. 74)

Quoi qu'il en soit de cette singulière valorisation par Vadeboncœur de l'art romanesque et, en particulier, d'*Un amour libre*, ce qui nous importe ici, c'est de souligner à quel point la parution de ce récit, loin d'être insolite, n'a fait que mettre pleinement au jour, porter à son sommet, la tendance fabulatrice de l'essayiste, cette instance narrative présente (ou latente) de son «discours». L'essai aura débouché, d'une pente toute naturelle, sur le récit; sans rupture, par un jeu spontané de métamorphose, l'énonciateur se sera mué en narrateur; la fiction idéelle aura provisoirement fait place à la fiction narrative, classique ressortissant du domaine défini par l'institution littéraire.

L'essayiste tel qu'en lui-même enfin...

Jusqu'ici nous avons considéré les essais de Vadeboncœur comme un exemple, entre autres possibles, de l'énonciation caractéristique de l'essai, marquée par l'hégémonie d'un sujet qui s'adonne textuellement à une *performance* mobilisant l'imaginaire pour un parcours idéel fictif, saturé par la présence, et parfois l'interaction, du langage métaphorique et de la narrativité. Certes, à cet égard, c'est-à-dire comme illustration d'une théorie de l'essai, ou, mieux, comme contribution à l'établissement d'un tel cadre théorique[72], l'exemple d'un essayiste à part entière, et dont la pratique s'étend à presque tous les registres de l'essai[73], doit s'avérer riche d'instruction. Mais il y a, chez Vadeboncœur, quelque chose de plus passionnant encore que cette actualisation, déjà importante[74], des traits typiques de l'écriture de l'essai: à savoir le témoignage et les signes d'une aventure personnelle de l'énonciation, autrement dit, l'expérience vécue de l'invention d'une écriture de l'essai, au sens le plus pur du mot. Il existe encore trop de flottement dans les *définitions*, ou limites arbitrairement assignées à l'essai, pour que cette réflexion, poursuivie de l'intérieur, éprouvée par un praticien de ce genre littéraire, n'acquière pas, aux yeux du critique, le prestige d'un critère essentiel. Ce qui me semble, en effet, extrêmement précieux, dans l'expérience tant scripturaire qu'existentielle dont les textes portent témoignage, c'est qu'un écrivain ait découvert, *à l'exercice*, un type d'écriture qu'on est bien obligé d'identifier comme celui de l'essai, mais tel pourtant qu'il se contre-distingue du type de maints écrits qu'on classe d'ordinaire sous cette étiquette: ce sera l'essai, donc, mais au sens le plus strict du mot, ou encore dans sa réalisation la plus formelle.

Ce n'est pas un hasard si cette invention d'une écriture coïncide avec une crise du sujet, une affirmation du *je*. Le texte capital, sous ce rapport, et que j'ai déjà examiné sous l'angle de la narrativité, est «La dignité absolue». Texte de confidence et d'autocritique: l'écrivain y a choisi comme référent non plus un quelconque corpus socio-culturel, comme dans ses écrits antérieurs — «la plus grande partie de ce que j'ai écrit jusqu'à ce jour s'étend profusément sur l'extérieur, la politique notamment» (*D.R.*, p. 51) —, mais bien *lui-même*. Ce choix, qui vient s'inscrire, comme on l'a vu, au terme d'une longue épreuve intérieure, donne lieu à un nouveau type d'essai, expression tardive de «confessions» (Rousseau n'est pas loin) longtemps refoulées, conquise de haute lutte sur une difficulté native à «[se] livrer», sur la longue résistance de «quelque chose de rentré», de «l'inexprimé» (*D.R.*, p. 50, 51). La conscience de plus en plus claire d'inaugurer ainsi un nouveau commencement, je l'ai retrouvée dans cet extrait d'une lettre que m'adressait l'écrivain, en guise d'éclairage sur ce changement de «direction»:

> Seulement pour vous suggérer de demander à vos étudiants de jeter un coup d'œil sur deux inédits qui se trouvent dans le petit livre qu'on m'a consacré: «Musique», et «Comment j'ai lu Rousseau». Si on me demande dans quelle direction et quel esprit je travaille actuellement, ces deux courts textes en donneraient déjà une bonne idée. Mon prochain livre sera dans le prolongement de ces derniers[75].

On le voit, c'est à l'invitation expresse de l'écrivain que le critique est conduit à distinguer, dans l'œuvre de Vadeboncœur, deux types d'écrits, perçus comme radicalement différents: d'une part, tout ce qui «s'étend profusément sur l'extérieur», c'est-à-dire la masse imposante des essais dits *polémiques*; d'autre part, les quelques essais de la famille des *Deux royaumes*, que je qualifie d'*introspectifs*. Une écriture de l'intériorité face à une écriture de l'extériorité. Une écriture centrée sur le propos, l'argumentation, les «idées» à promouvoir; et une écriture centrée sur le sujet, devenu la matière même de l'essai. Mais n'ai-je pas longuement insisté sur la primauté du «cœur» et sur la *performance* du *je* dans l'œuvre entière de Vadeboncœur, abstraction faite des registres de l'essai? C'est juste, et pourtant ce fait indubitable ne nous empêchera pas de reconnaître la véritable *conversion* de l'écriture dont fait état l'essayiste lui-même. Le *je* est, en effet, multiface. Dans les écrits polémiques de Vadeboncœur, il s'affiche très certainement comme recteur du texte, mais il reste affecté au service d'une argumentation; jamais il ne s'impose comme le centre du propos. Il arrive sans doute fréquemment à ce *je* persuasif d'intervenir de façon personnelle dans l'argumentation, mais c'est alors pour authentifier le propos par l'insertion d'un vécu, pour apporter, tout compte fait, une preuve de plus, à la fois factuelle et rhétorique. Un tel *je* exerce alors une sorte de fonction testimoniale qui se veut particulièrement convaincante. En voici quelques exemples, glanés dans *L'autorité du peuple*[76]; il suffit souvent de se référer à l'attaque de la phrase: «J'ai appris que...», «J'ai vu de près ces injustices...», «L'homme le plus extraordinaire que j'aie connu était un ouvrier...», «On acquiert un peu le sens de la réalité sociale à travailler petitement, jour après jour, avec le peuple[77]...», «J'ai bien connu cette faune», «J'ai quelque peu vécu». Inutile d'insister sur cette vigoureuse présidence du texte par un *je* qui n'hésite pas à jeter dans l'argumentation tout le poids de l'argument d'autorité.

Mais, nous l'avons également constaté, le *je* de l'écriture polémique et pamphlétaire cède spontanément la parole au *nous*, par une sorte de grandissement performatif lié au fonctionnement même d'une parole naturellement grandiloquente. À quoi doit s'ajouter la considération d'un fait socio-culturel particulier, singulier même, déterminant: l'essayiste québécois[78], sauf de rares exceptions, a eu pour ainsi dire la vocation non seulement de servir un propos, mais aussi un Pays (*incertain*, l'a-t-on assez répété) — service *commandé*, au Québec. Le *je* tend alors à se laisser occulter, voire avaler, par le *nous* d'une collectivité assez dévorante, semblerait-il, pour empêcher la libre expression du sujet individuel. Car, derrière le paravent de ses performances stylistiques, un tel *je*, obstinément tourné vers le corpus socioculturel, est resté voué à une parole de l'extériorité.

Dans ces conditions, une option catégorique en faveur de l'intériorité constitue littéralement une *conversion*, et, dans le cas d'un écrivain comme Vadeboncœur, une conversion de l'écriture autant que de l'existence. Entre le *je* de l'écriture polémique, pamphlétaire, persuasive, d'une part, et le *je* intime de l'écriture du sujet, il y a véritablement une différence de nature. Passer de l'un à l'autre exige une véritable métamorphose. Rappelons que l'évolution de l'essayiste, sous le rapport de l'énonciation, s'est faite lentement, laborieusement, dans la peine, comme en témoigne le récit de cette nuit de l'esprit qu'est «La dignité absolue». Avant de souligner la forme particulière qu'elle prend dans ce texte capital, il sera peut-être éclairant de se remémorer quelques signes prémonitoires de ce besoin d'*indépendances*, suggestifs, poétiques, mais aussi, obscurs et forts, comme un instinct qui attend son heure:

> L'individu retourne au cœur de sa liberté sauvage pour tenter d'y repérer l'étoile de son esprit. Il n'acquiescera plus à rien que d'un point situé au cœur de la rose de vents (*Indép.*, p. 100)

La fascination de la dissidence absolue ira jusqu'à susciter cet apologue du décrocheur modèle: «C'est comme un homme qui a pris la forêt [...] qui a changé de vie...», prophète rousseauiste d'une pensée sauvage:

> On ne peut guère aller plus loin dans le geste de faire table rase. On remonte jusqu'à la source des découvertes, en remontant en soi dans la solitude de son libre arbitre. On rejette *a priori* toutes choses en posant provisoirement cet absolu du moi. (*Indép.*, p. 127-129)

Ce qui fut ainsi vécu comme un rêve dans *Indépendances*, et bien sûr dans *Un amour libre*, deviendra enfin, pour l'énonciateur de «La dignité absolue», esprit et vérité. Au terme de la longue rumination imaginaire des *indépendances*, il ne restait plus, à vrai dire, qu'à franchir le pas en direction du *je* intime. Voici enfin l'essayiste tel qu'en lui-même. Voici (re)né le *je* de l'écriture.

> J'allais maintenant mon chemin seul. Pour la première fois, je crois, et fort tardivement. (*D.R.*, p. 42)

On aura remarqué que c'est le langage figuré de l'*itinéraire*, une fois de plus, qui traduira la recherche et la découverte de l'*Âme*, ce Saint des Saints de l'intimité que désignent nombre de métaphores spatialisées. Après avoir «[franchi] toute la modernité[79]» pour gagner «la campagne de l'esprit», et ainsi fait le pas décisif qui consomme la «rupture», l'énonciateur pèlerin aboutit au «plus secret des territoires intimes»: «Je rentrais en moi-même», «en mon poêle», «cet espace» ou «point cardinal», cette zone de la conscience à laquelle on n'accède que «par une porte secrète, réservée, jamais utilisée dans la vie ordinaire, car ce qui entre par cette porte est seulement ce qui ne meurt pas». Ce voyage imaginaire, déjà évoqué dans «Comment j'ai lu Rousseau», se soldera, en définitive, par un notable rétrécissement de l'espace vital, si on en juge par «l'exiguïté [du] réduit» élu comme «refuge» contre l'insupportable réel ambiant, ainsi que par une véritable fuite non seulement de la modernité mais de toute temporalité: «[...] comme si enfin je n'eusse été d'aucun temps», soupire un énonciateur enfin soulagé des contingences de ce monde-ci. Et, conscient de l'extraordinaire métamorphose qui s'est produite, il trouve cette phrase magnifique: «Je deviens autre, absent, mais quelque part proche du cœur de l'homme.» Cette métamorphose, imaginativement perçue sur le mode du *pèlerinage* aux sources de l'âme, marque aussi l'entrée dans l'espace-temps de l'écriture, ou la nouvelle naissance d'un *je* de l'écriture:

> [...] un être en moi, consubstantiel à moi, mais [...] ne se manifestant pas, distinct de mon moi de tous les jours... (*D.R.*, p. 15)

Abolies enfin, ou dévorées, toutes références extérieures, y compris le «moi de tous les jours», pour la pleine et pure diction d'un Je devenu le seul et unique référent: ne serait-ce pas, enfin trouvée, la plus pure écriture de l'essai?

Exemplarité du je

Franchi le pas: d'un *je* réel, hors texte, sujet prétendu de l'écriture, à la véritable écriture du *je*, fictive, littéraire, s'inaugure un jeu toujours inachevé, qui se renouvelle constamment par les métamorphoses du sujet de l'énonciation. En fait foi cette profonde intuition de l'essayiste, déjà citée, mais sur laquelle je tiens à revenir, pour sa rare prégnance, pour le sens plénier qu'elle confère à l'essai: «Je deviens autre, absent, mais quelque part proche du cœur de l'homme.» (*D.R.*, p. 172) Du coup se trouvent conjurés le solipsisme et ses vanités. Sans doute l'énonciateur a-t-il choisi la solitude de l'intimité, mais c'est pour devenir paradoxalement le mandataire de «l'humanité»:

> Se détourner et respirer le parfum d'une seule rose couleur de nuit: la liberté. Mais il s'agit surtout d'une liberté nouvelle et différente de celles pour lesquelles d'ordinaire on se bat: il s'agit de la liberté du moi, mais d'un moi qui représente comme jamais l'humanité réunie dans une âme. (*Indép.*, p. 156)

Formidable représentativité de ce *je* scripturaire, exprimée en clair dans la phrase suivante, grâce à la dialectique des pronoms: «J'étais sans doute resté proche de je ne sais quel témoin d'une vérité en nous.» (*D.R.*, p. 21) Aussi faut-il lire bien autre chose qu'un banal acte de modestie littéraire dans l'alinéa qui ouvre la confidence essentielle de «La dignité absolue». Ce préambule à l'analyse des «grands changements» survenus dans la «pensée» du sujet souligne une dynamique de la généralisation, qui, dans l'essai, ressortit à l'essence même de l'énonciation:

> Je me propose ici [de] dire quelque chose [de ces changements], non pour eux-mêmes — ont-il tant d'importance? — mais parce que, en revoyant ce que j'ai parcouru, je pourrai peut-être, çà et là, toucher quelques idées et quelques sentiments susceptibles d'éclairer indirectement un champ plus vaste, à cause des lueurs que jette toute pensée et dont chacun peut à sa guise tirer profit. (*D.R.*, p. 9)

En fait, le *je* de l'essayiste se perçoit comme représentatif, ici, d'«une civilisation hyper-active, typiquement occidentale»: «[...] il ne s'agit pas tant de mon cas personnel...», précise-t-il, mais d'une crise ressentie par «presque tous» (*D.R.*, p. 22). Tant et si bien que le recours à l'art pour s'élever au-dessus de l'abaissement moderne est indissociable de la vocation d'intercesseur:

> [...] déjà je demandais exactement le contraire d'un tel abaissement. [...] au nom de l'épreuve de la condition humaine; par et en notre nom. (*D.R.*, p. 45)

En s'approfondissant, le sujet de l'énonciation a donc acquis une certaine exemplarité qui transcende l'étroite subjectivité d'un moi haïssable. Si les extraits déjà cités en portent témoignage, il peut être éclairant, au surplus, de voir à l'œuvre dans un texte ce processus généralisateur de l'essai. Soit «Le roman, ou l'ambition d'être» (*D.R.*, p. 59-81): le lecteur est invité à suivre le parcours idéel de l'essai en étant particulièrement attentif aux modulations pronominales du texte, signes sensibles de la conduite de l'énonciateur, mais aussi, ultimement, de la teneur même du propos. Ce texte présente un intérêt particulier parce que le *je* y affiche très ostensiblement, au départ, sur le ton de la provocation ironique, sa pleine indépendance d'esprit:

> Je prends un plaisir rebelle à parler d'art dans des termes que n'avoueraient pas les doctrines politiques ou les esthétiques dérivées de celles-ci. [...] Cela [est] sans doute osé. Car tout est politique. (*D.R.*, p. 59, 61)

Frondeuse affirmation de liberté individuelle qui aboutit à cette conclusion catégorique: «Au sujet du roman de Major, je me posais donc des questions très indépendantes.» (*D.R.*, p. 61) Et pourtant, emporté par le courant de l'argumentation enthymématique et métonymique, inhérente au fonctionnement même du discours de l'essai, ce *je* si personnel, si jaloux de son individualité, en viendra à se fondre naturellement dans le *nous* de la collectivité humaine. On n'a que l'embarras du choix; les exemples foisonnent de ce processus généralisateur très efficace qui travaille l'écriture de l'essai:

> Mais [le personnage de roman] n'est pas vraiment de *notre* monde, et sa carrière [...] décrit [...] une aventure d'une telle pénétration [...] qu'elle se déroule dans une dimension soupçonnée [...] mais inconnue et *pour nous tous, hommes réels*, inaccessible. (*D.R.*, p. 65; c'est moi qui souligne)

L'auteur — qui a tellement pratiqué l'écriture polémique — a même recours à un *vous* persuasif pour enjoindre à ses lecteurs de se montrer solidaires de ce *nous* de la condition humaine:

> *Vous* n'êtes pas captivé uniquement par ce qui arrive pendant six mois à un personnage [...] *vous* l'êtes peut-être davantage parce qu'à travers [...] ces coordonnées [...] de l'inexorable *qui gouverne toute vie humaine*, affleure tout au long le seul bien qui importe... (*D.R.*, p. 68; c'est moi qui souligne)

On verra même paraître, à la fin, relayant tous ces *je*, *nous*, *vous*, ce *il* qui abolit pour ainsi dire toute référence personnelle pour désigner, de la façon la plus générale et anonyme qui soit, «la sensibilité du lecteur» (*D.R.*, p. 80). Ou encore, ce *on* qui, loin de distinguer le *je* désinvolte du début, le met à distance, ou l'occulte en l'incluant dans l'énoncé général d'une sentence. Simples mots-outils, en apparence, ces pronoms, à la barre de la phrase, mais qui n'en commandent pas moins la nature même du propos. Car, ainsi régi par les pronoms de la non-personne que sont le *il* et le *on*, ce propos accède à une généralité maximale, celle de la sentence ou maxime, vérités générales qui balisent le parcours idéel, et, si fantasque soit-il, lui confèrent l'accent de la vraisemblance et du sens commun:

> Il y a une analogie dans le roman, mais ce n'est pas avec la vie, c'est avec l'être. (*D.R.*, p. 64)

> Dans le roman, la vie n'est pas écrite, elle n'est pas décrite, elle est récrite… (*D.R.*, p. 63)

Il n'y a qu'à s'incliner devant ces énoncés — en apparence — sans réplique. Comme aussi devant l'assertion finale du texte, définition qui condense, dans l'agencement nécessaire, inaltérable, des mots, toute l'argumentation précédente:

> Les personnages sont des incarnations à rebours dans l'absolument dense. (*D.R.*, p. 81)

Le *je* de l'énonciation aura ainsi subi une mutation substantielle. D'abord prise en charge par un sujet très personnalisé, la parole est transmise à la collectivité humaine et jusqu'à ce sujet transcendantal, la Vie vécue, laquelle, par le truchement de l'énonciation, accède pour ainsi dire à la conscience de soi. Étonnant pouvoir de l'essai introspectif: parti d'un livre sur le *moi*, l'écrivain finit par déboucher sur les vastes paysages du sens de la vie (et de la mort):

> Et me voilà maintenant qui parle des pyramides et de la mort alors qu'il ne s'agit ici que des menues esquisses que je faisais par passe-temps! (*D.R.*, p. 101)

L'essai, cette passion du sens

J'ai d'abord été fasciné par les *Trois essais sur l'insignifiance*. Heureusement qu'il est donné au critique, facilement distrait, selon le goût du jour, par le miroitement des «surfaces textuelles», de lire de temps en temps de ces œuvres dont les énoncés vous frappent de plein fouet. L'écriture des *Trois essais* s'inscrit dans la foulée des écrits introspectifs des *Deux royaumes*. Mais, plus vive encore, comme exacerbée, éclate cette passion du sens, aiguillon de l'essayiste, cette «énorme faim de culture[80], laquelle, je l'aurais parié, se trouve encore contrariée par la «modernité». Je suis donc sorti ébranlé de la lecture de ces *Trois essais*. En dépit des sérieuses réserves que j'émettrai ci-après, je tiens à souligner avec quelle force ce livre tourne autour d'une attitude plus que jamais essentielle: ce souci passionné du sens, perpétuellement sollicité, sans doute, par les détournements du désir, mais de façon plus insidieuse, peut-être, à l'époque du *divertissement* technologique. La mode est à l'intelligence artificielle, et cet écrivain nous tient le langage de «l'âme»! Retour aux vieilles lunes? Qu'est-ce que l'âme? dirait Ponce Pilate. La voici à fleur de vécu, «d'expérience immédiate» (p. 44): «[...] espérance, chagrins, sourire intérieur, émotion divine, musicalité. Elle n'a communication qu'avec ce qui peut toucher.» (p. 112) Ailleurs, ce sera le désir d'une femme qui, en se purifiant, suscitera «l'âme» (p. 45-47). Ou la magie d'une musique: «l'andante de la deuxième sonate pour piano de Mozart» (p. 45-46). Veine d'écriture toute simple qu'on a le plaisir de retrouver, à l'occasion, dans ce livre, et qui rappelle les meilleures pages d'*Un amour libre* et des *Deux royaumes*: le polémiste dépose un moment les armes et se détend enfin...

J'ai donc lu, d'une traite ou presque, ces *Trois essais*. En oubliant de respirer, ce qui en dit long... Pour me rendre compte, après coup, que je m'étais engagé une fois de plus dans une pensée d'essence dualiste. La dualité, ici, était de taille; elle constitue, en fait, le thème idéel ou le centre affectif de ces trois essais. La passion du sens entraîne, en effet, l'essayiste à dresser massivement non seulement le sens contre l'insignifiance, louable revendication, ai-je dit; mais, du même souffle, un continent entier contre l'autre: l'Europe, patrie de la culture et de la civilisation, contre la «sauvagerie» ou «barbarie» (au choix!) américaine; ou encore, plus précisément, la France, terre de prédilection, contre les USA, paradigme de «l'inculture». J'ai vécu en France, cinq ans ou presque: la beauté du pays, les raffinements de l'esprit et de la table, un certain art de prendre le temps de vivre m'ont laissé un souvenir inoubliable. New York — problème d'atomes crochus — ne m'attire pas. Tout de même, les choses peuvent-elles être aussi tranchées? Tant d'objections viennent d'emblée à l'esprit. «Barbarie américaine»? Nazisme et fascisme ne sont pas, que je sache, d'origine américaine. Et le rêve de domination mondiale, ou impérialisme, il a été anglo-saxon, espagnol, français même, avant d'être américain!

D'où le soupçon que le polémiste n'ait glissé dans les ornières d'une pensée antithétique qui simplifie brutalement la réalité. Le procédé est d'autant plus manifeste, ici, que chacun des trois essais s'appuie sur un référent précis, lequel s'avère n'être, en fait, qu'une *référence* lorsqu'on constate le travail étonnant de la fiction dans le discours de l'essai. Ainsi, selon le témoignage même de l'énonciateur (p. 35), le propos du premier essai, «La parabole du néant», aura été déclenché par la lecture d'un roman de James Cain, *The Postman Always Rings Twice*[81], que j'ai tenu à étudier soigneusement afin de discerner la relation entre la référence culturelle et le commentaire. Or, comme il arrive couramment dans le registre *introspectif* de l'essai (ici mâtiné de *polémique*), le texte de Cain n'est qu'un prétexte, et le roman est bientôt dévoré par la fiction de l'essai. Rien à voir, donc, avec le type de l'*essai critique*: une lecture attentive du roman, références à l'appui, révélerait que l'interprétation de l'essayiste est sinon inacceptable, du moins très discutable. Je me limiterai à quelques observations majeures. Tous les personnages du roman de Cain, sans exception, sont enveloppés dans une réprobation vraiment hyperbolique, dont voici un échantillonnage (non exhaustif): «fantoches sordides» (p. 37), «spirituellement stupides» (p. 16), «humanité méprisable» (p. 38), «société de misérables» (p. 39), «faune malfaisante» (p. 41), «dévoyés ignares» (p. 42). Or, pourvu qu'on veuille bien dépasser la lettre de la morale convenue, Frank (le vagabond) et Cora (la putain mal mariée), protagonistes du récit, apparaîtront comme des humains disgraciés, des malchanceux de l'existence plutôt que «des exemplaires plus ou moins dégénérés d'humanité» (p. 24). Des «misérables», si l'on veut, mais au sens étymologique du mot: des êtres *dignes de pitié*. La sympathie qu'inspirent ces personnages, quoi qu'en pense l'essayiste (p. 17-18), n'est pas que l'impression subjective d'un lecteur mais se trouve motivée par des signaux textuels précis.

Ces «misérables», bien sûr, inspirent aussi l'horreur et le dégoût: je ne cherche pas à justifier le meurtre! Mais le sexe et la violence autorisent-ils pour autant à décréter l'absence complète de la pensée (p. 14, 36) ou du «moindre débat» (p. 40), «l'indifférence morale absolue» (p. 28), l'«insignifiance radicale» (*ibid.*)? «Nulle part, de l'ange» (p. 33), se plaint l'essayiste, et pourtant, «dans la brute assoupie un ange se réveille», c'est le poète des *Fleurs du mal* qui l'atteste. Chez ces «damnés de l'ignorance» (p. 14), l'amour se fraie malaisément, mais sûrement, un chemin. Avec même des moments de poésie, de transcendance! Exemples: le jeu des amants dans les vagues[82]. Ou encore, après le procès et l'acquittement, cette évocation par Cora de leur amour — «[*a*] *beautiful mountain*» — qui se serait dégradé parce que la «justice» humaine les aurait entraînés à se trahir mutuellement[83]. (En fait, il semblerait que pour Cain le vrai péché ne soit pas le meurtre, mais la trahison.) Le sentiment maternel de Cora me paraît s'exprimer de la façon la plus authentique, tout autant que l'approfondissement de leur amour, après le mariage: «*Kisses with dreams in them*[84].» J'ai été surtout frappé par cette belle image de plongée sous-marine, avec son symbolisme de régénération:

> *I looked at the green water. And with my ears ringing and that weight on my back and chest, it seemed to me that all the devilment, and meanness, and shiftlessness, and no-account stuff in my life had been pressed out and washed off, and I was all ready to start out with her again clean, and do like she said, have a new life*[85].

Pathétique, à mon avis, le souci de Frank, à la fin du roman, qui, dans l'au-delà quel qu'il soit, voudrait revoir Cora, morte tragiquement, pour la convaincre de son indubitable bonne foi; pathétique aussi l'appel qu'il adresse au lecteur, avant de monter à l'échafaud:

> *Here they come. Father McConnell says prayers help. If you've got this far, send up one for me, and Cora, and make it that we're together, wherever it is*[86].

«Les "honnêtes gens" ne mouillent pas à la grâce», au dire de Péguy. Si Camus a pu être fasciné par ce roman, comme l'affirme l'essayiste, je ne serais pas étonné que l'absence de cette «peau de morale» des bien-pensants y fût pour quelque chose, sans parler de la technique romanesque de Cain qui a le don d'imprimer au récit un élan vertigineux. Alliage peu conventionnel, sans doute: la sympathie faisant ménage avec le dégoût et l'horreur. Ou plutôt, à la réflexion, non: véritable type universel: nous sommes tous, au fond, peu ou prou des *misérables*.

À mon avis, dans «La parabole du néant», l'essayiste aura donc largement extrapolé:

> Je n'ai jamais lu de livre qui, plus que celui-ci, m'ait conduit outre à ce qu'il était comme œuvre littéraire. Qui ait montré plus de vide. Dont le vide ait eu plus de sens en traduisant une absence de sens. Et qui, finalement, m'ait paru, quoique avec retard et peut-être arbitrairement, comme un événement *négatif* digne de mention dans ce siècle et comme un reflet de la négativité de l'Occident. (p. 34)

Pourtant, mon observation manquerait de pertinence, s'agissant d'un essai de type introspectif (et non critique), si le roman de Cain ne servait de maîtresse «pièce à conviction» (p. 18) pour dénoncer l'*insignifiance* foncière d'un continent qui est bien un peu le nôtre, après tout! C'est pourquoi je n'ai pas résisté à l'envie de lire, à mon tour, un si rare document. Force m'est de constater que la lecture de Cain n'aura servi qu'à réactiver, chez l'essayiste, des hantises antérieures au texte, déjà discernables, par exemple, dans *Les deux royaumes*[87].

Réflexion faite, je passerai très vite sur «Le panthéon de porcelaine», où l'essayiste prend à partie, cette fois, la sculpture de Judy Chicago, *The Dinner Party*. Je n'ai pas vu cette sculpture et n'en connais que les deux livres que l'artiste a publiés pour illustrer son propos[88]. Mais un fait m'a impressionné: il aura fallu cinq ans de recherches historiques et d'expériences artistiques intenses, poursuivies par une équipe nombreuse et enthousiaste, pour aboutir à la création de cette monumentale Cène féminine. Je ne peux m'empêcher de penser qu'en réduisant cette œuvre d'art à une propagande féministe de stricte observance, soit à l'*insignifiance*, l'essayiste ne rend pas justice à un projet qui, si l'on en croit les textes de Judy Chicago, était d'ordre humaniste et mystique, justement. Enfin, pour abréger mon propos, je ne dirai rien du troisième essai, «Les coups de feu de l'arbitraire», où, à partir de la référence à un *happening* new-yorkais relaté par Julien Green, on retrouve, pour l'essentiel, l'argumentation des deux autres.

J'ai rarement éprouvé, avec autant de malaise, l'ambiguïté fondamentale de l'*essai*: en relation de référence avec le monde, ayant même l'air de tenir un discours de vérité, ce genre d'écrit n'en est pas moins d'essence littéraire, donc autotélique et fictionnel. La partialité attendue de l'essayiste peut être parfaitement recevable et même constituer un atout, comme l'a bien remarqué Gilles Marcotte:

> Les essayistes [...] sont des *amateurs*, au grand sens du mot, qui vont à ce qu'ils aiment, les livres amis, et leur impriment, comme le dit Adorno, «la forme de [leurs] questions». Et parfois le livre interrogé risque de n'être pas vu dans sa totalité, d'être réduit à un thème privilégié, un seul trait, qui correspond à ce que cherche l'essayiste, comme cela se produit pour les romans d'André Major dans le livre de Pierre Vadeboncœur *Les deux royaumes*; mais si ce trait est assez profondément gravé nous en apprendrons peut-être plus, ou nous serons provoqués à en apprendre plus sur l'œuvre, que par une étude complète, détaillée[89].

Sauf que si le «trait» en question est meurtrier au point de réduire une œuvre d'art au néant de l'*insignifiance*, une telle partialité, à moins d'être vraiment fondée sur «une étude complète, détaillée», peut paraître irrecevable.

Ce qui est en cause, ici, c'est une certaine approche du réel, une vision: voilà ce que m'aura révélé la lecture d'un autre essai, *Le désir et le pouvoir*, de Naïm Kattan[90]. Livre résistant, qui ne se laisse pas cerner par les questions de «la pensée unidimensionnelle dont nous sommes tous plus ou moins directement issus, et qui rêve à l'unité sous la forme de l'unique[91]». Pas ici de couplages antithétiques, de duels de concepts qui s'entrechoquent. Ou plutôt, le couplage existe chez Kattan, et même de façon frappante: *Le réel et le théâtral*, *La mémoire et la promesse*, *Le désir et le pouvoir*, et, en préparation, *Le repos et l'oubli*, mais il répond à une volonté de dialectiser sa pensée, de la mettre à l'*essai*, au contact du concret. Ainsi le mot clé *désir* (selon le sémantisme arabe et biblique, la distance s'abolit entre le mot et la chose): cette force vitale aveugle, aux virtualités indéfinies, peut aboutir à l'être ou au chaos, selon qu'elle est (ou non) assumée par un certain contrôle, le *pouvoir*, lui-même polyvalent, puissance de vie ou de mort. Tout comme Vadeboncœur, mais dans une tout autre perspective dialectique, c'est la passion du sens qui inspire Naïm Kattan. Au départ, l'énergie brute du désir, qui témoigne de l'absence de sens dans le monde: tout dépend de ce qu'il adviendra de ce «surgissement aveugle de la vie» (p. 10). Dans ces pages souvent très belles, insondables comme le mystère même du réel, l'essayiste va à la renconte des manifestations inépuisables du désir qui se révèle comblé, épanoui ou tristement fourvoyé dans l'anarchie. Ce livre pourrait être sans fin, comme les avatars — couronnement ou leurres — du désir: sexe, art, religion, corps, jeu, amour. Une fonction éminente, capitale, est attribuée à l'art, «l'héroïque entreprise et la pathétique tentative pour doter le désir et donc la vie d'un sens» (p. 25). (J'ai trouvé paradoxal, effectivement, que, dans *Trois essais sur l'insignifiance*, la perte du sens soit illustrée par l'art: un roman, une sculpture.) C'est l'œuvre écrite que Naïm Kattan privilégie ici, en s'attachant à quelques grandes figures désirantes de la littérature universelle: Schariar et Schéhérazade, Don

Quichotte, Macbeth, Emma Bovary, Faust, Gargantua. Dans «Espace et temps du désir», la littérature canadienne (québécoise et canadienne-anglaise) est l'objet d'un éclairage inédit grâce à l'ampleur de la vision. Le dynamisme du désir, qui imprègne tout être, de l'instinct à l'esprit, peut donc pleinement s'épanouir dans l'*art*, et aussi dans la (vraie) *prière*, dans le *service* librement assumé, ou dans l'*amour* ouvrant sur le partage ou l'altérité consentie.

Mais le désir est protéiforme, rappelons-le. Le sens est toujours à faire (ou à refaire). Le désir peut se vivre dans une plénitude exaltante, par exemple dans l'enchantement de l'art, mais il peut aussi se consumer stérilement, ou engendrer la mort et le chaos. Nous sommes aux prises avec «une civilisation basée sur le détournement du désir» (p. 56). Ces déplacements sont imprévisibles, insidieux, profondément aliénants. Exemples: le pouvoir technologique, conquête admirable en soi, tend malencontreusement à nous pousser dans le train d'engrenages de la production-consommation, hypnotisés que nous sommes par les leurres d'un imaginaire préfabriqué «qui se donne les allures d'une expression collective, alors qu'il élimine toute expression individuelle» (p. 44). Le goût de l'aventure spatiale représente une spectaculaire manifestation du désir, à laquelle on ne saurait refuser une entière positivité, sauf s'il advenait qu'il fût détourné et annexé par une volonté de puissance tyrannique. Quelles énergies désirantes sont aussi drainées par des idéologies destructrices ou par les fanfares de l'organisation militaire! Enfin, dans la solitude des salles obscures, le désir, réduit à dévorer des yeux une morne théorie de partenaires sexuels, *imagine* un assouvissement qui se consume dans la frustration.

Vadeboncœur et Kattan: deux visions, deux approches du réel. Pour l'intelligentsia québécoise, marquée directement ou pas par la doctrine aristotélico-thomiste régie par les principes d'identité et de contradiction, le sens est d'emblée perçu comme un donné, dépôt sacré qu'il suffit et importe de conserver et de faire fructifier. Pensée très dogmatique, que les pédagogues du cours classique, il n'y a pas si longtemps, avaient imaginé de fixer en vingt-quatre thèses qui, pour l'éternité, seraient les phares de notre vie spirituelle. Ces vénérables énoncés sont peut-être tombés en désuétude, mais il nous en est resté, ce me semble, un esprit qui tend à s'imposer au réel. Au lieu que la pensée de tradition orientale et biblique, à la différence même d'une certaine orthodoxie religieuse occidentale, s'avance vers l'exploration du réel: le sens est à trouver, la vérité à faire; même la Parole sacrée ne devient intelligible qu'au contact du concret, dans l'appropriation personnelle.

Deux visions, deux écritures aussi. Ce qui durcit encore le *point de vue* de Vadeboncœur, c'est l'esprit polémique, soit le pouvoir conceptuel visant à soumettre le réel. Cela *se voit* jusque dans les aspérités lexicales et syntaxiques d'une écriture hautement performative, les ménagements ou le style modalisé de certaines transitions ne faisant que mieux ressortir les assertions agressives, tranchantes. L'écriture de Kattan — il lui faut composer, on le sent parfois, avec une langue d'adoption — serait plutôt lisse, par l'absence, justement, de ces arêtes coupantes qui signalent la *performance* polémique. Aucune hostilité, aucun refus, aucune opposition dualiste entre l'Occident et l'Orient, mais consentement plutôt à la vie multiple, à l'universel qui est à la fois «communauté et différence». L'effacement de l'énonciateur, surtout dans les essais de la première moitié du livre, donne lieu à un type d'essai *cognitif* et, à la limite, *absolu*: la présence du sujet de l'énonciation tendant au degré zéro, celui-ci n'est plus que le truchement d'un discours qui parle à travers lui, celui de la vie accédant à la conscience. Les *mots-choses* font l'effet de têtes chercheuses, à l'affût du réel, capables de modifier au besoin leur trajectoire vers l'objectif. Vif contraste avec la structure duelle du propos central des *Trois essais*, où les mots sont sollicités par le concept qui fige le réel en catégories nominalistes; où la pensée prend prétexte du texte (ou de l'œuvre) d'autrui pour se fabriquer une auto-justification: ainsi *pré-occupée*, rivée au même, réitérant son refus de l'autre, se condamnerait-elle dramatiquement à ne pouvoir évoluer? Le ton de toute cette polémique contre l'âme américaine est si uniformément grave! Certes l'Amérique a ses défauts, aussi voyants que les néons de Broadway. Pourquoi ne pas tenter une thérapeutique de l'humour?

Mais, à bien y penser, il n'y a guère de place, dans *Trois essais sur l'insignifiance*, pour les nuances de l'humour, celui, par exemple, de la narratrice de *La petite poule d'eau*, de Gabrielle Roy, qui si finement et si tendrement s'égaye à voir courir ses personnages. Car ce puissant essai polémique est traversé, en profondeur, par la veine noire du pamphlet: n'en déplaise à un George Bush, les USA, ici, sont devenus l'empire du Mal...

«Il y a le corps aussi!»

C'est Montherlant qui m'a reconduit vers Vadeboncœur, ai-je affirmé plus haut dans la «Note liminaire». Retrouvailles heureuses, somme toute; sentiments mêlés, parfois; pleine satisfaction, enfin, à la lecture d'un petit livre qui est un grand livre, *Dix-sept tableaux d'enfant. Étude d'une métamorphose*, qui, je trouve, fait entendre un accent nouveau dans les écrits intimes de Vadeboncœur.

Tout est bien qui finit bien, donc. Mais pour goûter cette consolation finale, il m'aura fallu passer par une manière de *nuit des sens*, dont il importe de rendre compte puisqu'elle entre pour une large part dans l'expérience critique dont je témoigne ici. Toutefois, plus que jamais je tiens à rappeler d'abord que ce que j'ai écrit sur tous ces livres est un essai sur des essais, un essai critique, plus précisément — et nullement un discours de vérité. Qu'on puisse exprimer d'autres points de vue sur ces mêmes œuvres, je le conçois aisément, comme une loi du genre. J'ai rédigé mon essai à partir d'un contexte énonciatif qui m'est propre, j'en conviens volontiers. Et je consens d'avance à ce qu'on «relativise», comme on dit, mes propos. Une chose me rassure un peu (pas trop) face au redoutable polémiste qu'est resté Vadeboncœur, c'est qu'il y a chez lui, de son propre aveu, deux personnes — «l'une qui se passionne pour les idées, l'autre qui tient ces mêmes idées pour complètement indifférentes[92]...» —: je me sens plus à l'aise pour émettre des réserves sur cette pensée. Car, si j'admire souvent la qualité littéraire des textes de *L'absence*, un de ses livres les plus achevés sous ce rapport, je dois bien admettre que je suis en profond désaccord avec la thématique de *l'absence* ainsi qu'avec ses répercussions dans les domaines de l'amour, de l'art, de l'expérience en général. C'est pourquoi je n'ai pas été peu surpris en même temps que ravi d'assister à ce qui m'a semblé une véritable volte-face, à cet égard, dans un livre paru quelques années plus tard, *Dix-sept tableaux d'enfant*, œuvre aussi juste que belle.

Les deux royaumes

Mais revenons à l'origine du malaise que j'éprouve ici, au grand livre-manifeste des essais introspectifs de Vadeboncœur: *Les deux royaumes*, où s'exprime le plus clairement la vision nouvelle de l'auteur. Voici l'incipit d'un des essais de ce recueil, «Le roman, ou l'ambition d'être»:

> Je prends un plaisir rebelle à parler d'art dans des termes que n'avoueraient pas les doctrines politiques ou les esthétiques dérivées de celles-ci[93].

S'il ne s'agit que d'affirmer une parole affranchie des dogmatismes politiques ou esthétiques, je ne peux que souscrire à un tel discours. Sauf que j'ai fini par me demander si cette frondeuse déclaration de liberté ne se trouvait pas fâcheusement compromise par une vision réductrice de l'art. Ce qui m'a frappé de plus en plus, en effet, c'est que ce n'est pas d'art qu'il s'agit dans *Les deux royaumes*, mais de bien autre chose. L'art, dans les textes de ce recueil, tend à jouer un rôle tout à fait secondaire. On se souviendra que, dans *Trois essais sur l'insignifiance*, il servait de prétexte pour stigmatiser la culture américaine. Ici encore, l'art et l'écriture sont mis en rapport d'opposition avec la vie ordinaire, soit la «perfection» en regard de la contingence; l'autre Royaume idéal en regard du maudit royaume d'ici. L'obsession dualiste hante toujours l'écrivain. Ce n'est pas l'art en lui-même qui est analysé, c'est toujours l'art-contre quelque chose. (Le polémiste n'est jamais loin chez Vadeboncœur.) L'art n'est toujours qu'un tremplin vers *autre chose* qui pourrait s'appeler la «perfection», l'«éternité», l'«absolu», l'«être»: quel riche champ sémantique de cette entité idéale on pourrait établir (et, naturellement aussi, de son damnable contraire)!

> Qu'y a-t-il donc dans un roman de plus que dans la vie, qui nous fasse penser que celle-ci s'écoule sans s'accomplir, tandis qu'au contraire tout ce qu'on trouve dans le roman [...] [atteint] en quelque sorte à une incontestable perfection d'être, comme à un absolu. (p. 63)

Pourquoi cette opposition constante entre le roman (une des formes d'art) et la vie? Pourquoi vouloir qu'il y ait dans le roman «plus que dans la vie», comme s'ils étaient assimilables l'un à l'autre? Le roman ne cherche pas, que je sache, à faire concurrence à la vie. Il s'agit d'une fiction, d'une pure fabrication, bref d'une écriture investie par les désirs et les angoisses d'un écrivain. S'il y a représentation, ce n'est que celle de ces pulsions profondes de son être. L'art véritable ne cherche pas plus à reproduire la vie qu'à la porter au ciel des fixes.

Je retrouve la même approche comparative face aux personnages de roman:

> [...] nous entretenons avec eux des rapports dont nous voudrions bien connaître dans la vie réelle le pareil en qualité, c'est certain, mais surtout l'équivalent en je ne sais quoi d'incorruptible et de si fortement ancré que pour un peu je dirais que nous nous trouvons là en rapport avec la divinité par personnages interposés... (p. 74)

Phrase magnifiquement modalisée, comme étirée vers des hauteurs démesurément sublimes, encore une fois: nous n'avons affaire, après tout, qu'à des êtres de papier qui ne sont qu'un des supports de l'œuvre, des signes parmi d'autres. Le roman n'est pas plus une histoire de personnages qu'un défi à la vie; c'est l'aventure d'une écriture. Même dans l'écriture dite réaliste, le personnage n'est qu'une instance parmi d'autres, qui confère au texte une certaine organisation. C'est pourquoi, d'ailleurs, un film comme celui de Chabrol, *Madame Bovary*, qui résume la petite histoire, banale après tout, d'Emma, est voué à l'échec puisqu'il ne peut que rater l'irreprésentable essentiel, c'est-à-dire l'écriture du roman.

Toute l'argumentation de l'essayiste aboutit à une belle phrase lapidaire devant laquelle il n'y aurait, semble-t-il, qu'à s'incliner: «Dans le roman, la vie n'est pas écrite, elle n'est pas décrite, elle est récrite.» (p. 63) Formule en porte-à-faux, à mon avis. Devenue artiste «adulte», dans *Dix-sept tableaux d'enfant*, la petite R. ne fait plus, écrit justement le critique d'art, «un cheval, une maison, un bonhomme, mais un dessin. C'est très différent» (p. 67). De même, le romancier ne fait pas de la vie, mais de l'art. Il ne cherche pas à établir de comparaison ni, en définitive, d'opposition entre, d'une part, l'horreur de la vie quotidienne, et, d'autre part, l'absolu du roman, c'est-à-dire «[la] réalité ontologiquement sans vice et sans faiblesse» (p. 63) où évolueraient des personnages engagés «dans une existence suprême» (p. 65). C'est un nouveau monde que, par l'écriture, le romancier s'invente. Et c'est notre essayiste, ici — et lui seul —, qui assigne cette visée particulière à l'art du roman, et dans des termes si péremptoires si bien frappés, qu'on est tenté de leur reconnaître la qualité d'une vérité générale.

Entraîné malgré lui dans la puissante dérive stylistique de ces textes, le lecteur se trouve reconduit dans un domaine qui n'a rien à voir avec l'art du roman, mais qui — comme par hasard! — n'est autre que ce paradis de l'autre Royaume de l'essayiste...

L'absence

C'est un beau livre que *L'absence*, tout à fait comparable aux *Deux royaumes*, et exempt de ces ratés que l'on remarque (à côté de maintes pages réussies) dans *Essai sur une pensée heureuse*, comme je le montrerai plus loin. Côté forme, *L'absence* inaugure l'«essai à la deuxième personne»: saluons cette trouvaille fort opportune, inspirée, je dirais, par le désir tenace d'écrire un roman, selon la confidence qu'on peut lire dans l'avant-propos de l'*Essai sur une pensée heureuse*. Mais que Vadeboncœur se rassure: il a déjà écrit un fort beau récit, *Un amour libre*. Et il me paraît éprouver une sorte de complexe d'infériorité, si j'ose dire, face aux praticiens des formes canoniques comme le roman. Il a pourtant le privilège d'être, au Québec, un des rares essayistes à part entière et de pratiquer ainsi une forme d'art qui, à mes yeux du moins, n'a rien à envier aux autres. Même pas sous l'angle de la fiction! Car nous nous retrouvons incontestablement en plein univers fictif dans *L'absence* comme dans *Essai sur une pensée heureuse*. Et cette forme de l'«essai à la deuxième personne» s'accorde admirablement bien avec le ton de confidence, de discrète intimité que l'essayiste a voulu imprimer à ces sentiments spiritualisés, à cette rencontre entre deux âmes qui est la visée même de ces monologues amoureux.

Les accents polémiques étaient très marqués dans *Les deux royaumes* ou dans *Trois essais sur l'insignifiance*. *L'absence*, sous ce rapport, m'a semblé au départ un livre beaucoup plus serein, comme purifié de toute hostilité fracassante. Mais, hélas, c'est au cœur même de l'amour que vient, cette fois, s'insinuer la vision duelle de l'écrivain.

Est-ce qu'on peut vraiment parler d'amour ici? L'essence de l'amour, me semble-t-il, c'est le consentement à l'altérité. Aimer, c'est choisir (difficilement le plus souvent) de s'avancer vers l'autre en tant qu'autre. Or, dans *L'absence*, les amours blanches et sublimées que l'on cultive postulent au contraire la mise à distance de l'autre, et jusqu'à son absence. D'où l'importance des médiations: le dessin, la lettre, le récit, qui permettent de «toucher», si l'on peut dire, non plus la femme-femme, mais une image, une «métaphore»:

> L'essence ravissante que la métaphore permet de toucher comme un bien délicieux est située en réalité plus loin que l'amante, qui la représente plutôt qu'elle ne la contient[94].

Les expressions de cette déréalisation abondent. L'être aimé est aussi une «effigie», une représentation intérieure avec laquelle on entretiendra un rapport lyrique. Mais l'absence joue à plein lorsqu'il ne reste que le «manque», le «creux» éprouvé par l'amant avec un plaisir doux-amer. Il n'y a même plus d'image, alors, ou de métaphore, mais seulement une «empreinte» intime: «ma privation» (p. 37), «ma propre émotion départie de son objet» (p. 38). «Chacun jouit [...] de son propre sentiment pour l'autre.» (p. 39) «Ce n'était plus moi, ni vous, dans nos altérités bien définies.» (p. 43)

Effectivement, la «femme dite», que ce soit dans l'échange épistolaire ou dans la fiction du récit; ou encore la femme peinte, ou dessinée, ou sculptée: autant de médiations qui permettent de transformer la femme réelle en ses beaux «possibles» (p. 29) et de fixer ceux-ci dans l'être: «Je vous aimais par telle phrase que j'écrivais de vous.» (p. 29) «[...] vous deveniez pour moi trois ou quatre phrases...» (p. 31) Enfin «[...] sur papier je tirais de notre éloignement même un plaisir d une rare essence» (p. 56), où la «possession» est remplacée par la «contemplation» (p. 54), et le «désir» par le «bonheur» (p. 56). (Éventuellement, dans *Essai sur la vie heureuse*, qui finit, on le verra, par s'enliser dans un raffinement de concepts, le «bonheur» sera radié au profit de la «joie».) La page écrite ou le dessin font apparaître le «double glorieux» — le corps de gloire, déjà! — de la femme en lui conférant la «perfection» (p. 60). En revanche, on doit se méfier de la «présence concrète» (p. 57) qui provoque «l'obnubilation réciproque des êtres» (p. 57), pour lui substituer «des images qui ne sont pas la personne même mais presque son immatière» (p. 57), «demandant un culte et non la passagère consommation» (p. 59). Une fois de plus, «[...] on quitte le monde des passions pour entrer dans un azur de désir tout à fait autre» (p. 60), lequel évoque irrésistiblement le paradis du Royaume...

Intéressante, l'opposition marquée (p. 49 et suiv.) entre cette altière contemplation de l'amour et la perception, beaucoup plus terre à terre, de la femme, qui aurait souhaité vivre plutôt un sentiment «bien incarné dans l'existence concrète» (p. 49). Cette femme, ou mieux le *vous* distancié auquel l'essayiste s'adresse (on comprend que le *tu* soit proscrit!), manifeste des goûts moins métaphysiques que ceux de son énonciateur:

> Vous viviez au jour le jour [...] et par conséquent vous n'aviez guère besoin d'autre chose. Pour vous, les jours étaient égaux et favorables. (p. 131)

Quant à lui, il ira le plus loin possible dans l'abstraction de la féminité, être «transsubstancié» (p. 71). À la limite, pour mieux se prémunir contre «l'illusion qu'il y a dans la présence» (p. 72), il introduira la femme de ses rêves dans un récit, comme «personnage»:

> Un personnage est une personne qui n'existe pas. Vous aviez cessé d'exister pour *être* enfin. (p. 71)

Dans cette perspective, c'est entendu, le contact réel ne peut que conduire à une impasse. À l'horreur du monde actuel qui prône une vulgaire immédiateté, on opposera «la culture de l'inaccessible» (p. 107), «la culture compliquée du désir» (p. 105). «Le corps n'est rien, en comparaison.» (p. 128)

Bref, l'amour, dans cet univers sublime, c'est l'émotion ressentie face à une «image», une «métaphore», une «effigie»; ou, plus radicalement encore, toute image abolie, le «creux» intime, le «manque» lancinant de l'absence: «Vous étiez devenue mon émotion même...» (p. 42). Aimer renvoie à soi comme dans l'*amabam amare* des *Confessions* d'Augustin: délicieux tourment de l'adolescence. La femme devenue miroir; l'autre, reflet idéalisé de soi. La «solitude» chérie favorise une introspection qui ressasse indéfiniment, dans une belle prose aussi épurée que son objet, parfois lassante à force de subtilité, des émotions quintessenciées qu'on assimile à l'amour.

J'ai le sentiment qu'il y a maldonne. Si le pornographe fait fausse route, c'est parce que l'autre, pour lui, n'existe pas: il se repaît gloutonnement d'un corps, les yeux fermés sur sa jouissance. Or il me semble qu'on pratique, dans *L'absence*, une autre forme — inverse — de détournement de la personne: on met à distance le contact réel avec l'autre dans sa quotidienneté forcément contingente et imparfaite, afin de vaquer en paix à la contemplation d'une belle image idéalisée... Je suis porté à croire que l'amour qui ne se paie pas de mots exige au contraire de s'avancer vers l'autre tel qu'il est sous tous rapports, «pour le meilleur et pour le pire», professe-t-on le jour des noces, dans les bons comme dans les mauvais moments, dans la poésie comme dans la prose des jours, sans exclure, comme aimait à dire mon professeur Ernest Gagnon, «les bigoudis et les toasts brûlés». *L'absence* ne se réfère lointainement qu'à une femme sublimée en belle abstraction stylistique. La sculpture de glace et de neige, œuvre de l'auteur qui est reproduite sur la photo de la couverture, représente une femme dont la tête, détournée vers la lumière du soleil, laisse à peine deviner les traits de la figure. L'ombre n'arrive pas à couvrir tout à fait ce sein... mais tout le reste s'abîme dans la blancheur de la neige: femme tronquée, pour le rêve...

Je voudrais tout de même nuancer autant que possible ma pensée. Certains aspects du corps de la femme sont parfois heureusement mis en valeur: cheveux, regard, voix, sourire, ceux-là seuls, préciserais-je, qui sont d'emblée susceptibles d'être *convertis* par la sublimation. Pas un mot, donc, dans ce livre, sur l'érotisme, sur le désir charnel, sinon par le truchement d'un vocabulaire chargé de péjoration: «possession», «assouvissement», «convoitise», «étreinte», «passion», etc. C'est ce qui m'a dissuadé, d'ailleurs, d'évoquer le romantisme littéraire à propos de cette perception de l'amour. Relisant dernièrement *Le lys dans la vallée* (H. de Balzac), j'ai été frappé, une fois de plus, par la puissante charge érotique de ces amours entravées. Rien de tel dans *L'absence* où la présence charnelle de l'être aimé risquerait de rompre le charme d'un amour en quête de belles médiations. Loin de moi de vouloir nier le «bonheur» (ou mieux la «joie») que procure l'évocation d'une femme dans le dessin, le poème ou le commerce épistolaire. Ce qui assombrit, à mes yeux, les belles pages sur la correspondance, sur le pouvoir de l'écriture amoureuse, c'est le contexte énonciatif de ce recours aux mots, soit l'absence désirée de la femme aimée, changée en «statue d'éternité» (p. 141), la primauté absolue de cette idéalisation sur le contact réel, entaché de négativité. «Il y a une part de "mystique" en moi...» (p. 140), écrit l'énonciateur. Je voudrais bien pouvoir affirmer que cet amour sur fond d'absence est comparable à l'amour de Dieu chez les mystiques, mais, quand je pense à la forte sensualité d'une Thérèse d'Avila, par exemple, ou à la pulpeuse poésie amoureuse du Cantique des cantiques — «Ton nombril est un calice où le vin ne manque pas...» —, j'hésite à parler de mysticisme. Plutôt, je dirais que c'est *l'être* (mot clé à forte récurrence) qui est recherché ici au-delà de l'amour: «la passion de l'être» (p. 137), «le dieu Être» (p. 137). Il s'agirait bien d'une expérience, mais d'ordre métaphysique, semblable à celle de l'intuition de l'être dont témoigne le philosophe Jacques Maritain: qu'on en juge par cette affirmation typique de *L'absence*:

> [...] ce n'était plus uniquement vous-même que je considérais avec joie mais, en vous, par vous, de vous, fondamentalement, l'être lui-même, rayonnant avec une constance singulière. (p. 139)

Cette ascension des degrés d'abstraction vers l'être en tant qu'être a certes son intérêt en métaphysique, mais elle me paraît faire l'économie de l'incarnation inhérente à l'amour humain. Et curieusement, c'est Ernest Gagnon, encore, l'auteur méconnu des essais de *L'homme d'ici*, qui me revient à l'esprit, ainsi que l'insistance opportune d'un texte intitulé «Le corps, purificateur de l'esprit»:

> Le penseur comme le saint, écrivait-il, sont plus que tous les autres tentés par l'angélisme, la désincarnation...

Aux «Canadiens français» des années quarante et cinquante, marqués, comme on sait, par l'atmosphère puritaine d'une tradition cléricale étouffante, Ernest Gagnon aimait proposer le message tonifiant de Rabelais:

> C'est à cet homme séparé de ses valeurs de base, déraciné de son milieu d'échange vital, menacé dans son unité même que Rabelais a crié, du haut des tours de Notre-Dame, d'horrifique façon: «Il y a le corps aussi[95]!»

Essai sur une pensée heureuse

L'*Essai sur une pensée heureuse* prolonge, à sa façon, *L'absence*. Mais il est plus purement centré sur le thème de l'amour, sur la relation entre le *je* amoureux et le *vous* aimé. Vadeboncœur aura de nouveau recours à la technique particulièrement efficace, pour un sujet tel que celui-ci, de l'«essai à la deuxième personne». Sauf que le thème de l'amour, dans *L'absence*, s'accompagnait de tout un éventail de références culturelles, de considérations littéraires, qui ont leur intérêt propre: pages denses sur la forme de l'essai, sur la nature de l'écriture, sur tel ou tel écrivain: Rousseau, Valéry, Gide... Si bien qu'il se produisait souvent comme un effacement du *vous*, pourtant visée première de *L'absence*. Tandis que, dans l'*Essai sur une pensée heureuse*, la relation amoureuse occupe l'ouvrage entier: texte plus intime, en ce sens, centré de bout en bout sur la psychologie amoureuse.

Sur le plan de la forme, *L'absence* m'a paru un recueil très écrit, très achevé, alors que, sous ce même rapport, le premier contact avec l'*Essai sur une pensée heureuse* déçoit, à mon avis. Il s'agit d'une œuvre composite, à l'écriture souvent laborieuse, parfois bâclée, qui m'a fait l'effet de n'avoir pas vraiment trouvé sa forme définitive. L'auteur avoue, dans la préface, qu'il avait d'abord souhaité écrire un roman, lequel s'est mué en essai, ou mieux en fragments d'essai que le lecteur est invité à parcourir en tous sens, sans y chercher de composition. Cette confidence me semble porter signification, comme tout ce qui touche à la forme: j'ai fini par me demander si ce n'était pas le sentiment amoureux lui-même qui n'arrivait pas à prendre forme, qui finissait par se perdre dans les sables... Mais je me hâte de préciser — pour qu'on ne se méprenne pas sur ma pensée — qu'il y a dans cet essai des pages superbes, de très fines analyses de psychologie amoureuse, plus prenantes même que les pages littérairement plus polies de *L'absence*; c'est l'ensemble qui ne *prend* pas, et le problème de fond me paraît relever encore d'une vision de l'amour qui est restée — à un moindre degré, toutefois, que dans *L'absence* — sollicitée par l'angélisme. Tout se passe comme si l'auteur n'avait pas vraiment compris l'intuition finale d'un de ses écrivains favoris pourtant, Péguy, découvrant, au terme de quel itinéraire — comme nous l'enseignait en substance Ernest Gagnon encore —, qu'il n'y a pas de raccourci vers le spirituel qui nous éviterait de passer par le charnel.

Dans l'*Essai sur une pensée heureuse*, au contraire, la relation amoureuse ne se vit pleinement que dans le théâtre intime de «l'amour-pensée[96]».

> L'amour y trouve son objet sans son objet; son bonheur sans la cause; [...] et, concentrée dans ce qui n'est pourtant qu'une pensée, l'existence elle-même, concrète, extrême, non pas son simulacre. (p. 16)

On n'expérimente donc l'amour que «dans l'idée» (p. 22), quitte à affirmer que l'idée, c'est l'existence même, transcendant l'existence brute. La réalité de l'autre est-elle même assurée?

> Il n'y a peut-être même pas eu de rencontre à proprement parler [...]. (p. 22) [...] l'altérité tend à s'abolir [...]. C'est soi-même rempli de lui qu'on rejoint de cette façon. (p. 89)

Revoici, encore et toujours, l'*amabam amare* de l'auteur des *Confessions*:

> On aime cet amour, s'il est possible que l'objet de l'amour soit aussi bien ce qui aime que ce qui est aimé et soit aussi l'animation délicieuse que fait en nous l'acte d'aimer. (p. 29)

En témoigne, entre autres, une étonnante description du regard amoureux qui n'est plus regard de l'autre, mais regard de soi, «rétrovision» (p. 24), l'autre se trouvant réduit à n'être plus que miroir de soi. Devant ce paradoxe, l'écriture elle-même se prend à balbutier: «si l'on peut comprendre cette description elliptique et presque impossible...», avoue l'énonciateur. Tout comme dans *L'absence*, on veillera à prendre des précautions capitales: «[...] vous garder hors d'atteinte» (p. 23).

> Toujours il faut être loin et proche, uni et séparé. On n'arrive à le saisir [l'objet de l'amour] qu'*autrement*, à jamais *autrement*. (p. 97)

C'est la défroque charnelle, comme toujours, qui risque de tout gâter. Ce que l'amour tend à «toucher exclusivement» dans une personne, au-delà des «enveloppes», c'est le «noyau d'âme» (p. 42). Le corps ainsi mis au rancart, on éprouve une manière d'angélique sensualité: «Mes pensées à votre sujet étaient des contacts...» (p. 93)

> L'âme est toucher et elle n'est que cela. Elle est la proximité même. Le corps est au contraire moins sûr. Jamais l'âme ne déçoit et jamais elle ne trompe le désir de toucher. (p. 95)

La femme est évoquée à une telle distance qu'on la cherche parfois littéralement dans le texte où elle se trouve fréquemment relayée par des mots de reprise au masculin: «son cœur», «lui», «lui-même» (p. 48-49); «un être», «cet être», «lui», «le» (p. 164), ce qui crée un curieux effet d'ambiguïté générique. Ainsi occultée, jusque dans la lettre, elle n'est plus, en fait, qu'«un mythe palpitant» (p. 98).

Et pourtant, ce ne serait pas rendre justice à ce livre que de s'en tenir à cet escamotage étonnant de l'autre, de la présence féminine. Livre composite, ai-je écrit plus haut, car, face à ces énoncés prônant l'absence, on pourra lire maintes pages de très fine psychologie amoureuse, presque de marivaudage, parfois, s'il est permis de donner à ce mot un sens tout à fait positif. Si tout était de cette venue! Voici, par exemple, l'amoureux guettant les réactions de la femme, livrée contre son gré à l'émotion de l'amour:

> Un jour, je vous ai surprise. Je vous ai vue agitée un moment par quelque chose qui était vous. Il ne s'était rien passé, sinon mon arrivée inopinée. Il y a eu dans votre visage, sous sa surface, l'éclat d'un autre visage, identique au premier, mais autre; et seulement l'éclat; et, dans vos gestes, une outrance à peine aperçue, une aberration aussitôt corrigée. Ce n'était pas vous mais en vous quelque chose qui n'obéit ni à vous ni à personne, — c'était l'insoumise absolue, la soumise absolue. (p. 59)

Il faudrait pouvoir citer en entier des analyses d'une telle justesse. Subit comme un coup de foudre, ce bel émoi va se répercuter sur les sentiments de l'amoureux:

> Votre émotion subite fit que la mienne s'augmenta brusquement de la force née du spectacle de la vôtre. Celle-ci agit sur la mienne comme un choc. Je ne m'étais pas attendu à cette folie, à la déraison qu'il y aurait tout à coup dans votre regard, soudain rapide. Il n'y eut pas pour vous d'issue. Et pour moi, il y eut la déraison d'un coup de joie. (p. 62)

Et, en dépit de ce dualisme impénitent qui a toujours tendance à montrer le bout de l'oreille, un fragment comme celui-ci, sur le charmant babil féminin, reste vrai et savoureux:

> De ce que vous pensez, il me faut ôter ce que vous dites pour ne garder que le dedans de ces paroles de surface. Celles-ci s'éliminent d'elles-mêmes comme des coquilles, parce que le sens n'y est pas. Votre silence contient seul le reste qui est tout. Je soustrais de vos paroles un silence et la différence est grande. En réalité, ce que vous pensez avec votre âme occupe seul la voûte de votre vrai moi. (p. 78)

Reste à voir si ces dames seraient d'accord... On pourrait relever encore plusieurs perles de fine dialectique sentimentale: «Je vous dis que je vous aime en vous disant seulement que du temps a passé.» (p. 101) Ou encore: «[...] les amours s'échangent des morceaux d'immensité qui ne sauraient être dits» (p. 102). Mais je m'avise que les passages réussis postulent la présence de la femme, et non son absence. Lorsque l'auteur s'éloigne de la relation concrète entre un *je* et un *vous* pour s'engager dans des considérations subtiles sur la différence entre le «bonheur» et la «joie», alors le texte bascule dans un byzantinisme lassant. Toute la dernière partie (la partie VIII), par exemple, donne dans ce travers d'un exercice stylistique qui s'apparente à celui de «La joie», un des tout premiers textes de Vadeboncœur. Sèche dialectique où les personnes se sont métamorphosées en concepts, où l'on cherche à définir les sentiments qu'on éprouve en soupesant des mots. Que reste-t-il de l'amour? Une émotion exténuée en jongleries conceptuelles, «un langage menacé d'abstraction» (p. 155). C'est la rançon d'une «adoration» qui exige un véritable refus du corps (p. 156-158).

Pauvre femme, escamotée, identifiée à «l'absolu» et à la «vérité définitive» (p. 165)! L'image baudelairienne de la femme, par exemple, tout image qu'elle soit, conserve du moins sa sensualité. Celle de l'*Essai sur une pensée heureuse* se dégrade, au bout du compte, en concept régnant sur d'autres concepts. À l'instar de cette sculpture de glace et de neige, dont la photo sert de couverture à *L'absence*, les dernières pages de l'*Essai sur une pensée heureuse* sont dévorées par le blanc. La femme a fini par s'évanouir dans le blanchissement de la page...

Dix-sept tableaux d'enfant

Serait-ce paradoxalement l'irritation parfois ressentie à la lecture des essais précédents qui m'aura comme prédisposé à accueillir avec un tel soulagement, avec une si pleine satisfaction, cette petite merveille d'essai qu'est *Dix-sept tableaux d'enfant. Étude d'une métamorphose*? Voici un livre ancré dans une réalité; une «étude» portant sur des dessins d'enfant — «d'après les documents peu nombreux qui me restent[97]», précise l'auteur. L'approche précautionneuse d'un réel très concret aurait-elle protégé l'essayiste contre les ruses de ce vieux démon angéliste, toujours à l'affût dans les essais intimes? Le commentaire sobre, précis, discrètement admiratif mais critique aussi, se réfère constamment à des «exemples de dessins» (p. 11): un objet bien délimité, donc, qui rend plus malaisé le décollage vers les sommets de la «pensée heureuse»... Du reste, une entrevue de *Québec français*[98] nous apprend que R., l'artiste-enfant, est la propre fille de l'auteur, ce qui confère au propos une ferme assise autobiographique. On se rappellera qu'*Un amour libre*, publié en 1970, s'attachait, cette fois, aux faits et gestes du petit Daniel, fils de l'auteur; quelque fervent et poétique qu'il fût, le texte restait mesuré par l'évolution réelle de son jeune héros: quelle justesse, alors, du ton et de l'écriture!

Oserais-je l'avouer? Je serais porté à discerner dans la «métamorphose» si finement analysée dans *Dix-sept tableaux d'enfant*, une sorte de mise en abyme d'une évolution qui se serait produite chez l'énonciateur lui-même. Évolution, dis-je, car, dans *L'absence* et l'*Essai sur une pensée heureuse*, celui-ci manifestait, au contraire, une tendance à l'involution spirituelle: il ramenait tout à soi; il ne retenait de ses «rencontres» que les émotions qu'elles faisaient se lever en lui. Or, dans *Dix-sept tableaux d'enfant*, il se laisse guider par l'intuition centrale de la «métamorphose» de cette enfant-artiste, de ce passage du même à l'autre qui s'opère dans l'«œuvre» de la petite R. Tout se passe comme si l'énonciateur sortait lui-même de soi pour s'aligner sur une certaine objectivité, sur la *présence*, dorénavant, de l'autre en tant qu'autre. On le verra, la conception de l'art, involutive dans *Les deux royaumes*, devient nettement évolutive dans *Dix-sept tableaux d'enfant*.

En nous inspirant des commentaires précis, attentifs, délicatement affectueux du père-énonciateur, essayons de cerner la nature de la «métamorphose» vécue par R., cette sympathique enfant-artiste, étonnamment douée, en effet, si j'en juge par les magnifiques illustrations du livre.

> La matérialité de l'objet fixe en quelque sorte le programme de l'exécution de l'œuvre. Tout cela vient du dehors. L'enfant avait jusque-là été gouvernée par autre chose. [...] Pour elle, ce sera [...] sortir de soi. (p. 14)

Elle accède à la «maturité» (p. 14), à la reconnaissance de «l'altérité» (p. 15). Si jeune pourtant — elle a fait ces tableaux entre six et onze ans —, R. va se révéler «déjà apte à circuler non seulement dans son propre rêve mais dans des songes distincts d'elle» (p. 49): indice frappant de l'évolution qui s'opère en elle. Elle ne restera plus, comme c'est le cas chez l'enfant, «seule avec ses jeux, dans son imaginaire, avec ses songes gratuits» (p. 10). L'étude de ses œuvres manifeste une tendance nouvelle vers l'«objectivité», le «réalisme», l'«exactitude». De plus en plus, elle se propose «non pas d'abord comme enfant-poète mais comme dessinateur» (p. 15); elle vise «la réalisation du dessin comme dessin» (p. 29).

Nous sommes ici au cœur de la «métamorphose», et l'analyse de l'énonciateur va se faire très pénétrante. Distinguant dans l'œuvre d'art l'«image», qui est du côté de la «représentation», du «signe», qui est du côté de l'«écriture», il met l'accent sur la primauté du «pur signe plastique» (p. 56) qui permet l'entrée dans un nouveau monde, dans «l'univers substitué qui est celui de l'art» (p. 57). C'est l'accès à ce souci plastique nouveau dans ses dessins, cette insistance sur le signe pour lui-même, dans sa matérialité palpable, bref, cette invention de ce que l'essayiste appelle une «écriture» qui signale la naissance de l'artiste.

> R., dès lors, en ce cas, ne fait pas un cheval (faire un cheval, une maison, un bonhomme), mais un dessin. C'est très différent. (p. 67)

Visiblement inspiré par les dessins qu'il décrit, l'essayiste en vient donc à proposer une réflexion approfondie sur la véritable nature de l'art. J'ai été particulièrement frappé par l'admirable chapitre X sur le thème du cheval dans les dessins: l'écriture — souvent épurée, ascétique chez Vadeboncœur — se laisse aller à une espèce de dégustation de tous ces petits bonheurs plastiques de l'invention artistique. Je ne m'y connais pas en critique d'art, mais les observations de l'essayiste sur ces ravissants tableaux d'enfant m'ont paru constamment justes, souvent d'une saisissante perspicacité. On doit préciser que l'essayiste, qui pratique lui-même le dessin, parle d'expérience (cela se sent!). Et dans un langage simple, direct, affranchi de toute prétention technique, tout comme les ombres de tel fusain de R. l'étaient des ombres «apprises à l'École des Beaux-Arts» (p. 31).

Devenue artiste, R. a donc éprouvé enfin le plaisir de peindre pour peindre:

> L'occupation d'art s'impose davantage pour elle-même. Le «faire» est alors objet au même titre que l'objet. L'artiste, comme R. devenant artiste, *peint*: voilà sa manière d'être et voilà aussi son devoir. (p. 75)

Chaque œuvre, dorénavant, surgit avec la vigueur d'une «apparition» (p. 36, 45), motif cher à l'essayiste pour suggérer la force avec laquelle l'œuvre se surimpose à la réalité:

> Rien n'est plus avancé dans l'immédiateté qu'un vrai dessin. Ceux de ma petite artiste avaient cette présence inespérée. (p. 36)

Je voudrais citer, pour résumer la nouvelle manière de cette enfant promue artiste, un texte extrait de ce remarquable chapitre X sur le thème du cheval:

> Que *Le cheval de cuivre* ne soit pas un cheval mais un dessin est très apparent. L'élégance accentuée des lignes et des formes, l'élongation du corps et des membres, la finesse de la figure entière, disent assez qu'il ne s'agit pas vraiment d'un cheval mais d'une figure accomplie par l'art, pour une autre lecture, pour une lecture. Il s'agit d'un bel objet, appréciable et apprécié comme tel [...]. [...] L'esthétique y est la première apparente et l'objet existe en fonction d'elle. Ce *Cheval* s'est imprimé sur la feuille en tant que petite œuvre d'art. (p. 67-68)

Et, tout à fait dans le même sens, l'essayiste énonce ailleurs un paradoxe amusant à première vue, mais surtout d'une portée considérable: «Un artiste est un type qui ne s'intéresse pas aux chevaux.» (p. 60) La «métamorphose» a donc consisté dans la découverte de l'art comme «écriture», c'est-à-dire comme structure plastique ou comme agencement intimement personnalisé de signes. L'art, enfin, a conquis sa souveraineté, sa pleine autonomie. Si je ne me trompe, il s'agit là d'une manière de voir tout autre que celle qui s'exprimait, on s'en souvient, dans *Les deux royaumes* où l'art n'était pas envisagé en soi, dans son écriture, mais comme pur tremplin pour le grand saut vers l'Idée…

À chacun son goût: pour moi, *Dix-sept tableaux d'enfant* est le plus beau livre de Vadeboncœur. Et pourtant, il n'aura mis que trois mois à l'écrire[99]. Mais aussi c'est vraiment écrit d'inspiration.

Mots d'amour ou amour des mots?

C'est en relisant *Le bonheur excessif* que le soupçon m'est venu. À trop chercher la femme et des amours réelles, me serais-je pris au piège d'une lecture référentielle? Car, dans ce livre, l'*absence* est à son comble; le fantôme aimé perd toute consistance; c'est l'imaginaire d'une relation qui occupe l'avant-scène; de contact réel, point. Même le *Vous* se fait assez rare, et encore plus distancié, si possible: l'essayiste ira jusqu'à distinguer entre Vous (ou «la personne[100]» lointainement évoquée) et un *Vous* (en italique) qui serait la quintessence du Vous (p. 69, 72, 81); la «chambre intérieure» (p. 42), l'«entité séparée» (p. 42); bref, l'âme de cette âme! Reconnaissons-le: les personnes concrètes importent peu, ou même pas du tout, ici: toute l'attention est centrée sur le «lien» (p. 97) exceptionnel, la miraculeuse euphorie de la relation qui se tisse entre elles; et, parmi les catégories de l'être, la relation est certes la plus immatérielle. Les amants ainsi évanouis à l'arrière-plan, il ne reste plus «qu'une série de notations sur le sentiment amoureux» (p. 25); fragments de textes minutieusement sculptés, et séparés, pour la pensée et pour le songe, par des blancs; haute écriture puritaine de quelque Thomas a Kempis de l'amour humain.

Un jour, advint l'amour (réel? fictif? qu'importe!), source d'un bonheur aussi intense qu'insolite; humain, donc forcément provisoire, mais jouissant toutefois d'une apparence d'éternité; étrangement soustrait au temps, comme une «étoile» (p. 146) au-dessus de l'ombre, «un diamant de bonheur!» (p. 147)

> Survenait dans ma vie quelque chose qui était comme un miracle. Vous en étiez la raison. Je n'en savais pas davantage. Cela passerait vite. Il me semblait, pour le moment, frôler çà et là l'éternité heureuse. (p. 138)

Au total, pourtant, il n'en sera resté que «cette brève aventure de l'Imagination» (p. 25). C'est peu? Pour un écrivain, c'est l'*unum necessarium*, l'unique nécessaire. L'amour — imaginaire, pour l'essentiel — aura servi de prétexte à une exultation verbale qui dure tout un livre, mais qui avait déjà commencé de déferler dans *L'absence* et dans *Essai sur une pensée heureuse*. Méditons l'énoncé suivant: «Le discours de l'amour et même le discours sur l'amour sont *substantiellement* de l'amour.» (p. 127) C'est de l'amour *littéraire* qu'il s'agit, en définitive; de l'amour des mots. Tout ce discours amoureux n'aura été, au bout du compte, qu'une «aventure de l'Imagination»; ce «bonheur excessif», qu'un bonheur d'expression. L'Autre — le *vous* — n'existe que comme instance d'écriture. Fascinante alchimie littéraire! Chez cet essayiste qui, depuis *Les deux royaumes*, a rompu avec un monde dégradé pour rallier le cloître de l'âme, on voit se transmuer en interlocution heureuse un délire de solitude et d'incommunicabilité...

Pour s'en convaincre, on interrogera le rôle particulier de ce *vous* féminin devenu l'allocutaire privilégié du *je* de l'écriture[101]. Il arrive que le *vous* signale l'identité perdue, la disparition de l'amour: on aura été *je-tu* et *nous*, on aura aimé, et puis on en est venu à ne pouvoir dire que *vous* (pronom, alors, de la solitude réelle en dépit de la marque énonciative qu'il inscrit illusoirement...). Mais les choses se passent autrement dans les essais de Vadeboncœur sur l'amour. L'allocutaire — ou, plus précisément, s'agissant de l'essai, l'énonciataire — doit être considéré selon une double perspective: celle d'une inscription marquée dans le discours (moins accusée néanmoins dans *Le bonheur excessif* que dans les autres essais de l'auteur sur ce sujet), mais qui s'accompagne d'une distance essentielle. En effet, un fossé, qu'il importe de ne pas franchir, *doit* séparer l'énonciateur et le *vous* de l'énonciataire afin de protéger l'idéalité de la figure féminine. La visée ultime de cette indispensable distance sera même l'*absence*, ce leitmotiv, on l'a vu, dans la dialectique amoureuse de ces livres. Il s'agit d'une manière de saisir l'Autre dans son extranéité, éventuellement dans son étrangeté; ou encore, pour embrasser dans toute son ampleur cette vision des choses c'est l'ensemble de la relation au monde qui est vécu comme une identité perdue. (Irrésistiblement me revient en mémoire le contexte énonciatif, si éclairant à cet égard, de ces derniers livres: l'essayiste, depuis *Les deux royaumes*, n'a-t-il pas effectivement fermé la porte au monde d'ici?) La femme *doit* rester absente dans ces essais: autrement, par la «possession», l'«étreinte», l'«assouvissement» (aire sémantique fortement entachée de négativité), elle s'évanouit comme image idéale, comme absolu. En d'autre mots, le *vous* n'existe pas sinon comme instance du discours, ou, de façon plus positive, comme virtualité du langage. En s'adressant à un énonciataire imaginaire l'essayiste garantit l'entière idéalité de la femme. Et moins celle-ci possède de réalité, plus elle motive la quête de l'essayiste, plus elle est inspiratrice d'écriture. Le désir, inséparable de la relation amoureuse, coïncide ici tout à fait avec la conception que s'en faisait Platon dans *Le banquet*: «la volonté de posséder ce qu'on n'a pas».

Tous ces énoncés sur un *vous* ne sont en fait assujettis à aucune règle touchant le référent. Osons poser brutalement, mais clairement, qu'ils ne parlent de *rien* puisque leur contenu de représentation est purement langagier. Autrement dit, ce type de discours fictif n'a aucune incidence sur la réalité de l'énonciataire. Le *vous*, ou la compagne imaginaire du sujet de l'énonciation, est ce *rien*. On ne doit pas la considérer comme personnage, mais comme instance langagière, tout essentielle qu'elle soit à l'existence du discours amoureux. Le lecteur doit consentir ici à un bouleversement de ses habitudes référentielles. Le discours littéraire du *Bonheur excessif*, comme des autres essais sur l'amour, exige d'être saisi comme tel, sans relation avec un référent qui lui conférerait une certaine objectivité. Le *vous* de cette femme fictive est pris en charge par l'écriture: la question de son existence ou de son inexistence n'a plus aucune espèce de pertinence.

L'essayiste, on l'a vu, affectionne le genre épistolaire, entre autres médiations qui permettent de tenir à distance la femme aimée. Il aime écrire à ce *vous*. Le fait même de s'adonner à cette forme d'écriture implique l'absence de l'être avec lequel on entreprend de communiquer. La lettre compense à sa façon cette absence en instaurant dans l'énonciation un échange entre destinateur et destinataire. Il faut bien s'aviser, toutefois, que, dans le cadre *fictif* global du discours épistolaire qui intervient parfois dans ces livres, la lettre ne fait que renchérir sur l'absence, et que le véritable destinataire de la lettre n'est, au bout du compte, que le destinateur lui-même!

À la femme réelle, on dira: *tu*; à la femme fictive: *vous*, préservant ainsi la distance et l'extranéité. Si l'évocation du corps permet de mesurer l'intimité de la relation avec le *tu*, dans le cas du *vous*, le corps tend plutôt vers l'évanescence. Il n'est pas question, dans *Le bonheur excessif*, de présence charnelle, et le mot *érotisme*, on s'en serait douté, est proscrit de ces livres. La compagne fictive ressemblerait plutôt à l'amie spirituelle qui pourrait figurer dans un dialogue philosophique. Tout, en somme, dans cette écriture du *vous*, où s'opère une sublimation de la réalité amoureuse, permet de déplacer la question en direction de l'écriture amoureuse. Ce qui est fondamentalement en cause, c'est l'opposition entre le réel et l'idéal, qu'on retrouve partout dans la pensée duelle de Vadeboncœur, autrement dit l'opposition entre les *deux Royaumes*. L'essayiste tente de pallier l'incommunicabilité avec ce bas monde en ayant recours à un échange altier avec une femme de rêve. La privation d'amour suscite, dans l'écriture, une quête toujours recommencée de la femme imaginaire; dans une écriture fascinée par l'expérience de l'absence, et qui s'acharne à réactiver par le langage ce manque du *vous*. Dans cette optique, l'amour ne se définit plus que par une certaine manière d'en parler. S'adresser à *vous* n'est qu'un moyen de s'implanter dans l'écriture. Aimer consiste à déclarer son amour, certes, mais pas nécessairement à quelqu'un. Ne serait-ce pas avant tout savourer le bonheur d'écrire?

Situation paradoxale, mais qui nous reconduit, en fait, au paradoxe inhérent à toute écriture. Celui-ci consisterait, pour emprunter des termes linguistiques, dans l'association de la transitivité et de l'intransitivité. Dans un premier temps, la présence même d'une énonciataire semble postuler la communication entre destinateur et destinataire. Et, de fait, on assiste à la mise en place d'une interlocution, manifestée par diverses marques énonciatives: dialectique pronominale; discours direct entre guillemets; autocitations relatives à l'échange amoureux; interrogations et exclamations dirigées vers l'Autre. Et pourtant, le fait de s'adresser à une interlocutrice qui est devenue une figure de l'absence ne s'accompagne-t-il pas d'une étrange distanciation, laquelle signale du même coup le caractère intransitif qu'affecte toute écriture? Si l'Autre est reconnu, il demeure l'Autre, désigné dans son altérité par la forme même du langage.

On peut s'interroger la situation particulière de cette étrange dyade *je-et-vous*, sur le caractère illusoire d'un monologue qui se déguise en dialogue fictif. Car l'énonciataire, encore une fois, n'est pas une personne mais une instance du discours. Pour reprendre une distinction faite par Jacques Paquin dans *La poésie de Jacques Brault*[102], si, dans son «avers», c'est-à-dire en ce qui a trait aux marques du discours, le *vous* s'affiche comme «plein», dans son «revers», au contraire, il n'est plus qu'un signe «creux», ouvrant sur le vide et la solitude. Tout se passe comme si on était en présence d'un *je* scindé en deux instances géminées, c'est-à-dire d'un *je* cherchant à se construire grâce à la relation langagière avec une femme fictive: dialogisme particulier, à sens unique, mais qui débouche néanmoins sur un sens — *le bonheur excessif* —, concourant ainsi à l'édification du moi. En tout état de cause, le rapport de soi à soi ne se réalise qu'en passant par la médiation de l'Autre. Comme si, ivre de solitude, l'essayiste avait éprouvé le besoin de s'inventer un *vous*, un fantôme dialogique, qui joue un rôle capital dans la constitution du sujet de l'énonciation: tout ce discours amoureux est là pour en témoigner. Ainsi s'élabore un texte intarissable sur une relation qui n'existe pas! Mais pourquoi s'en étonner? Absence, béance, solitude: n'est-ce pas à cela que nous reconduit depuis toujours la littérature? Et, d'autre part, le moi a un besoin irrépressible de s'adresser à quelqu'un — eût-il coupé les ponts avec ce monde-ci... Tout fictif qu'il soit, ce discours amoureux aura eu une influence séminale sur l'élaboration d'un moi habilité désormais à s'inventer, dans l'écriture, un paradis de «bonheur excessif»!

Quel sens donner enfin à l'exclusion totale — même langagière — du *nous* dans ce discours amoureux? D'une part, le *nous* exige le rapprochement, l'intimité, la présence mutuelle, et jusqu'à l'humilité de la chair, qui jurent évidemment avec la perfection glacée de l'amour qui a cours dans ces livres. Tandis que, d'emblée, le *vous* désigne l'Autre, pourtant connu, dans son extranéité. Du moins ce *vous* laisse-t-il le langage ouvert sur un dialogue possible entre le *je* et l'Autre, si distanciés soient-ils; un espace de langage existe, qu'il faut combler. Le vouvoiement entretient ainsi l'illusion de l'altérité. À certains égards même, le *vous* jouit d'avantages sur le *nous*: le *nous* est intime, d'accord, mais attendu, habituel, sujet à la banalisation, alors que le *vous* ouvre sur un espace illimité qui dévore le petit horizon familier des personnes en cause. Sa visée ultime, bien au-delà de l'amour, c'est l'absolu[103]...

L'Absolu, dis-je. L'amour ne serait-il ici qu'une étape vers l'Absolu? Remarquons, en effet, qu'il donne accès au «Savoir» (p. 123), à l'«Être» (p. 124), à la «Substance» (p. 127), à la «Perfection» (p. 134), à l'«Éternité» (p. 100), enfin et surtout, ici, à un paradis de «Bonheur» (p. 124), littéralement «excessif», sans commune mesure avec les petits bonheurs d'ici-bas: voilà quelques-uns des transcendantaux auxquels tend à s'identifier l'amour. Au fond, ce qui, sous le nom d'*amour*, fait vraiment l'objet de cette quête métaphysique, c'est un Absolu qui permette d'échapper à la misérable contingence des «choses» (p. 110). L'amour est la voie vers l'Être qui ne passe pas. Une fois de plus, grâce à lui, on aura gagné l'Autre Royaume, c'est-à-dire la sphère du supra-sensible, du mystique, du divin, où l'amour humain n'a plus de racine charnelle, où résonnent dans un verbe austère les accents mêmes de *L'imitation*. Par la vertu de ces amours blanches, le lecteur est puissamment aspiré vers le haut, vers l'inaccessible «étoile» (p. 115); ou encore, pour me référer à un chapitre dont la pureté formelle et la profondeur de pensée m'ont longuement sollicité, vers l'admirable «Petite métaphysique du temps». J'y ai retrouvé une manière de recherche proustienne d'un temps qui échapperait à la mesquinerie du présent sans cesse révolu; la recherche d'une *durée* qui fût pour ainsi dire une image de l'éternité. Cette durée, qui donne du prix à la temporalité, c'est dans l'amour, selon l'essayiste, qu'on la découvre, mais ne peut-on y accéder aussi par la littérature, par la musique, par la prière? Je pense à une poésie du type de l'*Ève* de Péguy, avec, à pleines pages, ses litanies incantatoires. A-t-on assez dit de Péguy qu'il se répète! Il *dure*, plutôt: en exorcisant le temps qui passe, il accède à la durée, à l'événement devenu substance. Le discours du *Bonheur excessif*, avec ses pensées séparées par des blancs, mime le rayonnement, toujours recommencé, du sentiment amoureux qui dure comme une réplique de l'éternité, mais d'une éternité à la mesure de l'homme.

On le voit, l'existence entière, transformée par la vision amoureuse, est l'objet d'une merveilleuse sublimation. L'accent est décidément mis dans ce livre sur cette sublimation et sur le commentaire exaltant qu'elle suscite.

Je suis certes sensible à la soif d'absolu qui inspire à un écrivain des pages d'une telle élévation de pensée. Il n'en reste pas moins que l'amour humain — oui, tout uniment et humblement humain —, coupé de la puissance de vie et même de «bonheur», que représente le corps, me paraît tout bien considéré en porte-à-faux. Je n'entre pas, sans qu'un froid me tombe sur les épaules, dans le temple dépouillé d'un discours amoureux d'où est rigoureusement bannie toute image charnelle.

BIBLIOGRAPHIE SÉLECTIVE

1. *Œuvres de Pierre Vadeboncœur*

«La ligne du risque», *Situations*, numéro spécial, 4e année, no 1, 1962, 60 p.; repris dans *La ligne du risque*, Montréal, HMH, coll. Constantes, no 4, 1963, 289 p.; réédité en 1969 et en 1977, avec une préface de François Ricard.

L'autorité du peuple, Québec, l'Arc, 1965, 135 p.; Montréal, HMH, 1977, avec une préface de François Ricard.

Lettres et colères, Montréal, Éditions Parti pris, 1969, 195 p.

Un amour libre (récit), Montréal, HMH, 1970, 104 p.; 2e éd. 1972, 104 p.

La dernière heure et la première, Montréal, l'Hexagone-Parti pris, 1970, 78 p.

Indépendances, Montréal, l'Hexagone-Parti pris, 1972, 179 p.

Un homme libre: Pierre Vadeboncœur, Montréal, Éditions Leméac, coll. Indépendances, 1974, 136 p., avec trois inédits de Pierre Vadeboncœur.

Un génocide en douce Montréal, l'Hexagone-Parti pris, 1976, 190 p.

Les deux royaumes, Montréal, l'Hexagone, 1978, 245 p.

Chaque jour, l'indépendance..., Montréal, Éditions Leméac, 1978, 118 p.

To be or not to be. That is the question!, Montréal, l'Hexagone, 1980, 176 p.

Trois essais sur l'insignifiance, Montréal, l'Hexagone, 1983, 119 p.

L'absence. Essai à la deuxième personne, Montréal, Boréal, 1985, 145 p.

Essai sur une pensée heureuse, Montréal, Boréal, 1989, 169 p.

Dix-sept tableaux d'enfant. Étude d'une métamorphose, Montréal, Le Jour, éditeur, 1991, 94 p.

Le bonheur excessif, Montréal, Éditions Bellarmin, coll. L'Essentiel, 1992, 150 p.

2. ÉTUDES SUR PIERRE VADEBONCŒUR

BELLEAU, André, «*Un génocide en douce*, de P. Vadeboncœur: un discours crépusculaire», *Voix et images*, vol. III, nº 1, septembre 1977, p. 154-156.

MAILHOT, Laurent, «D'un amour libre à un pays libéré ou de l'autorité de l'enfant à celle du peuple», *Livres et auteurs québécois*, 1970, p. 38-43.

VADEBONCŒUR, Pierre *et al.*, *Un homme libre: Pierre Vadeboncœur*, Montréal, Éditions Leméac, coll. Indépendances, 1974, 136 p.; articles de Réjean Beaudoin, François Hébert, René Lévesque, André Major, François Ricard, Yvon Rivard, Robert Vigneault, avec trois inédits de P. Vadeboncœur.

VADEBONCŒUR, Pierre *et al.*, «*Les deux royaumes* de Pierre Vadeboncœur», *Liberté*, nº 126, novembre-décembre 1979, p. 5-66; articles de Réjean Beaudoin, Jacques Cellard, Jean-Marcel Paquette, François Ricard, Yvon Rivard, Jean-Yves Roy, Pierre Trottier, avec une postface de Pierre Vadeboncœur.

3. *Interview*

«Pierre Vadeboncœur se raconte», Service des Transcriptions et Dérivés de la Radio, Maison de Radio-Canada, *Documents*, 3 mai 1977, cahier nº 14, 17 p.

CHAPITRE V

Dans la mouvance d'André Belleau: *Cité libre* et *Liberté*

Note liminaire

À l'occasion d'un colloque sur «L'essai québécois en question[s]», tenu au Département d'études françaises de l'Université de Montréal le 5 octobre 1979, j'avais fait une recherche sur la première série de *Cité libre*. Ces vingt-trois cahiers gris, qui formaient un bloc de textes importants publiés entre juin 1950 et juin 1959, m'avaient paru susceptibles de constituer un corpus suffisamment délimité: justement, la nouvelle série, celle des années soixante, se voulait un nouveau départ. J'avais pris toutefois quelques précautions, comme l'atteste la phrase suivante extraite de mon essai: «L'étude de la collection intégrale de *Cité libre* permettrait éventuellement d'étoffer et peut-être de nuancer mon propos; mais je serais étonné qu'elle m'oblige à le modifier substantiellement.» Il faut donc que j'accepte de m'«étonner»! Car la lecture d'un article magistral d'André Belleau, «Indépendance du discours et discours de l'indépendance», paru dans la revue *Liberté* (nº 153, juin 1984, repris dans *Surprendre les voix*, Boréal, 1986, p. 125-139), cette lecture, donc, m'a permis de constater — tout en faisant l'économie de «l'étude de la collection intégrale de *Cité libre*» — qu'il y a eu effectivement évolution dans cette revue, ou mieux, pour employer franchement le mot juste: régression. En effet, force est de reconnaître que, dans la nouvelle série, sous la pression d'un anti-citélibrisme qui s'est manifesté de plus en plus au cœur même de la revue, et face, en particulier, à la montée au Québec d'un courant indépendantiste (ou «séparatiste»), Gérard Pelletier et Pierre Elliott Trudeau ont bel et bien tourné le dos à la volonté d'accueil, au dialogue, au respect de la pensée de l'autre qui devaient caractériser *Cité libre*. Le texte de Belleau relève et souligne, dans les articles de la nouvelle série, des signes de durcissement, de refus de l'autre et de son langage, qui s'avèrent paradoxalement aussi intolérants que le duplessisme honni! Entre les intentions avouées des petits cahiers gris et ce qui s'est produit par la suite, on est bien obligé d'admettre qu'il y a eu volte-face. Sur le ton réactionnaire de ces derniers représentants de l'ancien Québec, sur ce refus de l'autre et de son langage, et, en particulier, sur l'association plus ou moins sournoise établie par les ténors de *Cité libre* entre le discours indépendantiste et le fascisme, le nazisme, le national-socialisme, la droite maurrassienne, il faut lire, encore une fois, les pénétrantes élucidations d'André Belleau. Comme quoi l'adhésion au personnalisme de Mounier fut, à *Cité libre*, plus livresque que réelle. Toutefois, je ne pense pas que mon essai de 1979 soit infirmé par ce nouvel éclairage. Je continue de croire qu'il s'agit d'un revirement malheureux, d'une aventure intellectuelle inspirée au départ par de louables intentions mais qui a mal tourné. J'aurais peut-être dû prévoir que le paternalisme, même sympathique, du début pourrait un jour dégénérer en intolérance, comme tout paternalisme. Mais l'analyse que j'en ai faite — quelque peu remaniée — conserve tout de même, j'ose encore le croire, sa part de justesse. En ce sens, le texte d'André Belleau et le mien me paraissent complémentaires. Au lecteur d'en juger.

Ayant reconnu, dans ces deux essais sur *Cité libre* et *Liberté*, la présence tutélaire d'André Belleau, j'ai cru bon de leur adjoindre un troisième texte intitulé «Homme d'écriture jusqu'au bout des ongles», où j'esquisse une sorte de «portrait» de cet essayiste, lequel m'a été inspiré par la lecture du recueil *Y a-t-il un intellectuel dans la salle?* Belleau fut, au Québec, un profond théoricien et un praticien enthousiaste de l'essai ainsi qu'un vigoureux défenseur de ses valeurs. Je tenais à le souligner.

Homme d'écriture jusqu'au bout des ongles

Paradoxalement, lorsque, du haut de son arrogance, Pierre Elliott Trudeau s'écriait triomphalement, faisant écho à Duplessis: «Il n'y a sûrement pas d'intellectuels dans la salle[1]», c'est lui-même qu'à son insu il visait! Car, avec son esprit de système divorcé des réalités ethniques et sociales, habité par «un certain idéalisme néo-platonicien» (p. 137), il campe à merveille l'*idealtype* de l'«intellectuel», au sens péjoratif de ce vocable: dialecticien rigoureux et subtil, respirant l'air raréfié des universaux, disposant d'une panoplie de réponses à des questions qui ne se posent pas. Caricature facile, hélas trop reçue, de l'*intellectuel*. Dénonçant ce «trait constant de l'anthropologie québécoise: le mépris de l'intelligence» (p. 81), André Belleau, amant passionné des choses de l'esprit, *incarne* (c'est le cas de le dire) un tout autre modèle de l'intellectuel, pleinement recevable celui-là: «savant» certes, mais avec humour et bonhomie; doté de fines antennes tressaillant à tous les frissons du réel; jouisssant d'un énorme appétit de lecture (mais du texte social autant que du texte écrit); s'attablant pour une sorte de joviale dégustation des idées. Intellectuel instinctif, donc — rabelaisien, tiens! —, mais aussi (indissociablement) homme d'écriture — car c'est du choc des mots qu'on vient à l'esprit —, notre homme s'abandonne à ses fantasmes ou «idées érotisées» qui, jour et nuit, se cherchent et finissent par se prendre: pour tout dire, c'est un essayiste... Bon vivant, il se laissera aller à une rêverie sur le *tremblement* de la feuille d'un tremble tout en savourant une Molson pas assez froide (mais fatale, de toute manière, à ses «200 plus *x* livres» [p. 96]) pour se retrouver dérivant délicieusement, depuis ces hauteurs philosophiques, vers la séduisante théorie des baigneuses du lac, avec «[leur] derrière en forme de cœur» (p. 96)...

J'ai évoqué la *bonhomie* du savant ou, chez le «spécialiste», cette souriante auto-ironie, point du tout commune: de tel ouvrage de Pierre Macherey il écrira qu'il «[le] concerne, puisque, semble-t-il, [il s]'intéresse à la sociocritique» (p. 112). Il souligne avec indulgence les limites de certains collègues — la pensée trop courte du «bon Tertulian» (p. 117), par exemple —, tout en reconnaissant honnêtement leur contribution à la recherche, comme dans le cas d'un Jean-Charles Falardeau. Il n'hésitera pas à exprimer son admiration pour la perspicacité de Gilles Marcotte, collègue sociocritique. Modestie intellectuelle peu courante. C'est qu'il ne peut sentir, justement, un certain type de suffisance:

> Il y a ceci dans les périodiques littéraires et culturels français qui m'est devenu particulièrement odieux: la façon dont les auteurs des articles [...] ne manquent jamais de signaler qu'ils sont plus *smart* que ce dont ils parlent, toujours au-dessus de leur sujet, jamais *off guard*... (p. 46)

J'en suis venu à croire moi aussi que le Français type n'a pas le droit de ne pas se prendre au sérieux, d'avouer son ignorance, ou simplement de se taire. Servitude d'un tel sur-moi!

Belleau a donc la science bonhomme: *rara avis*! (Mais ne suis-je pas en train de faire le portrait d'un essayiste — dont je ne connais que ce recueil —, donnant ainsi raison à René Lapierre, l'auteur de l'«Avant-propos»: «Tout ce qu'il écrit [...] le parle, esquisse son profil, laisse entendre sa voix», y compris, laisse-t-il entendre, les admirables textes de réflexion théorique car, pour citer Valéry: «Il n'est pas de théorie qui ne soit un fragment, soigneusement préparé, de quelque autobiographie.» [p. 6]) Si je cède trop évidemment à un mouvement d'enthousiasme à la lecture de ces textes, c'est que je connais peu de littéraires québécois qui soient aussi finement en prise sur les signes de la culture, et je n'en connais pas qui, aussi *consciemment*, aient conféré à l'écriture de l'essai une véritable fonction heuristique. Autrement dit, l'écrivain Belleau, rompu à la problématique des genres littéraires, pleinement averti des mythes de la littérature instituée, aura franchement et joyeusement opté pour l'essai. Avec lui, cette forme d'art affiche l'assurance d'une pleine écriture, mûrie par une riche expérience culturelle (voir en ce sens sa suggestive «Petite essayistique»). Un recueil d'essais de cette qualité atteste que le Québec, à cet égard, a malgré tout déjà atteint un certain niveau.

D'entrée de jeu, on est frappé par l'ampleur de vue de l'essayiste. Sa culture s'étend à tous les discours littéraires: roman, essai, nouvelle, poésie, etc., avec une insistance sur les rapports complexes des textes avec l'ensemble du discours social: d'où son intérêt pour la sociocritique. Et, bien que la pensée vise prioritairement le Québec, on ne trouve rien ici qui sente le renfermé de la question nationale: perspective rafraîchissante, au contraire, le Québec est envisagé du point de vue des autres patries culturelles. L'option de l'essayiste pour la «Romania» a dû en effet s'accommoder d'une attirance invincible pour la «Germania», les grands romantiques allemands, par exemple, y compris, côté musique, Brahms et son classicisme passionné. Ce qui explique que la maîtrise du discours critique français ne donne jamais dans un mimétisme servile: au contraire, l'auteur se méfie de la tentation intellectualiste de l'avant-garde parisienne. Les véritables maîtres à penser viennent d'autres horizons: les érudits de la Renaissance (mais par-dessus tout «mon vieux Rabelais» [p. 48], comme il aime à dire), et puis «le jeune Lukács» et Bakhtine (à qui il consacre des essais remarquables), Auerbach, Wiener, McLuhan, et la liste doit rester *ouverte* sans doute, indéfiniment. C'est à de tels penseurs que l'essayiste aura recours pour interroger la littérature québécoise, le «texte d'ici». Somme toute, des lectures multiples, faites avec autant de délectation que de raffinement réflexif — une réflexion constante sur l'acte même de lire et d'écrire: en témoigne la présence de quelques grands théoriciens, comme «le jeune Lukács», qui comme par hasard furent aussi de grands écrivains…

Le «profil» esquissé par les textes suggère donc l'humour, la bonhomie du type chaleureux et parlable. Mais pas débonnaire. L'écrivain a aussi ses têtes de Turc (aussi signifiantes que ses amitiés littéraires): en général, ceux qui tiennent un discours systématique et, en premier lieu, avec son universalisme hautain, ce Trudeau à qui Belleau doit tout de même le titre de son recueil (à tout seigneur tout honneur). Dans le même sens, il tiquera devant l'intolérance d'un Vadeboncœur dont l'écriture, souvent remarquable, est souvent aussi entraînée dans le rigide moule dualiste du polémiste. Autres têtes, turques ou pas: ceux qui refusent le mouvement ou qui tiennent «le langage de l'immobilité», en nous enfermant dans un «québécocentrisme réactionnaire» ou dans la colonisation culturelle: les Ryan, Scully, Victor-Lévy Beaulieu et… les *speakers* de Radio-Canada formés à «l'effet

Derome». Et, dans le domaine de la théorie littéraire, certains textualistes se livrant à «[leurs] entreprises grossières habituelles de menuiserie textuelle, d'arpentage prétendument sémiologique, de tricotage syntagmatique...» (p. 171). On comprend l'attrait de *Liberté* (le mot et la chose, la revue et l'équipe) pour un écrivain soucieux avant tout d'ouverture d'esprit (quoique — l'avouerai-je? — il me soit arrivé de subodorer parfois, même à *Liberté*, une vague odeur de chapelle, comme le parfum de l'encensement mutuel...). Ce sommaire tour d'horizon des lectures — les «bonnes» et les «mauvaises» — ne visait qu'à suggérer le grouillant univers d'un essayiste qui habite avec bonheur la «sémiosphère» (p. 9) culturelle.

Je m'interroge toutefois sur cette métaphore *sphérique* des signes de la culture, et il me semble qu'André Belleau, peut-être à son insu (mais non pourtant), la met lui-même en cause. Je me figure le savant, au centre de la «sémiosphère», occupé à une immense entreprise de déchiffrement. Pour ce faire, il a mis à sa main les appareils les plus sophistiqués du discours théorique: sensible à toutes les nuances du texte social, en possession des précieuses clés de la poétique et de la sémiotique, donc muni d'un outillage conceptuel complet et ajusté, le sociocritique peut légitimement ambitionner, semble-t-il, de devenir le grand Déchiffreur du texte littéraire. La «sémiosphère» serait ainsi la propre figure de cette enthousiasmante idéologie du discours critique qui motive si puissamment les chercheurs universitaires. Or ce que je trouve hautement significatif dans l'expérience d'écriture de Belleau, c'est la mise en question du théoricien par l'essayiste. Il m'est apparu, autrement dit, que la démarche de l'essayiste — dans laquelle les antennes de l'homme d'écriture le mènent là où il ne croyait pas aller — vient heureusement interroger la rassurante sphéricité du monde culturel; ou encore, pour ne pas abuser d'une simple métaphore, le postulat d'un monde circonscrit et déchiffrable. Les indices de ce questionnement fécond sont nombreux. J'ai déjà signalé la répugnance instinctive de l'essayiste à l'égard du «formol du formalisme», de la «clôture» textuelle, ou d'un sociologisme simpliste. En sens contraire, sa ferveur pour les écrivains allemands: Hölderlin, Novalis, Kleist, Brentano, etc., sa perception mythique de «l'Allemagne comme lointain et comme profondeur» signalent son intuition de l'inaccessibilité de l'horizon du sens. On peut en dire autant de son admiration pour le «jeune Lukács», écrivain plutôt que théoricien, praticien de l'art difficile du critique littéraire, celui qui, pour s'établir dans son propre texte, doit traverser le texte de l'autre; ou encore de son intérêt pour Bakhtine, attentif au «multiple littéraire», à la structure hybride et carnavalesque de l'œuvre de Dostoïevski ou de Rabelais. Et, à cet égard, j'ai trouvé particulièrement éclairante la lecture par l'essayiste du *Voyage à Ixtlan*, de Carlos Castaneda: «*Homo etiam mundus est.*» Le sentiment de «l'interdépendance universelle», le «panpsychisme», «cette expérience de la solidarité vivante et de la totalité» qu'il découvre dans *Le voyage à Ixtlan* évoquent pour lui la vision séduisante de la Renaissance, laquelle, relayée une dernière fois par ses chers romantiques allemands, finira par s'évanouir à jamais dans la mouvance décisive de Galilée et de Descartes. Après ces observations dont la portée me paraît immense (et que je ne fais que résumer), l'essayiste, frotté de théorie, (comme «un rationaliste du XXe siècle», avoue-t-il), se doit de déterminer à quelle forme typée appartient *Le voyage à Ixtlan*, où il croit reconnaître «une pratique très manifeste et très particulière du discours littéraire fantastique» (p. 51). Grille de lecture qui s'avère opératoire sauf qu'elle ne rend pas justice au caractère insolite du langage de Castaneda qui reste toujours curieusement en deçà de la réalité à nommer. C'est l'essayiste ici qui volera au secours du théoricien frustré, car «l'essai est un outil de recherche. Quiconque l'a pratiqué sait qu'il lui permet de trouver» (p. 9). Effectivement, l'essayiste touche ici du doigt l'ambition présomptueuse de l'idéologie du déchiffrement théorique:

> Il me sembla un instant que ce que j'avais perçu comme l'inscription du code littéraire fantastique pouvait tout aussi bien signaler le caractère instransmissible de l'expérience de Castaneda. Et puis je demeurais comme embarrassé par le superbe épisode de la fin: il s'intégrait mal à un texte produit par la narrativité fantastique. Certes, toute vision critique est condamnée à laisser un résidu mais celui-ci était de taille, si bien que je me demande maintenant si

> nous ne devons pas lire *Le voyage à Ixtlan* de la même façon que Castaneda a «lu» don Juan, c'est-à-dire revenir sans cesse sur nos traces dans le désert de l'écriture afin de deviner puis dessiner de nouveaux parcours (p. 52).

Étonnante intuition. Et si notre «sémiosphère» n'était qu'une construction néo-cartésienne? Si l'utopie qui mobilise toutes nos énergies intellectuelles n'aboutissait qu'à la réduction de l'univers de la culture à des signes déchiffrables par un sujet tyrannique qui, ayant un jour tout rationalisé, aurait enfin pleinement barre sur l'objet (l'autre)? Tout se passe, en effet, comme si l'hyper-discursivité contemporaine était la seule voie d'accès au réel, ou comme si ce superbe sujet archi-déchiffreur (dont l'hypostase suprême serait le scientifique arborant ses conquêtes technologiques) représentait l'instance unique du psychisme humain. Bien sûr, Descartes n'en disconviendrait pas, ni d'ailleurs Freud et sa postérité, tous grands maîtres du discours — mais on reste songeur devant les avenues qu'ouvre à la réflexion l'expérience *critique* d'un André Belleau face à des textes inclassables comme ce mystérieux *Voyage* ou comme ces grandes œuvres carnavalesques qu'il affectionne.

«Toute la place est prise par le discours», écrit Pierre Vadeboncœur, qui éprouve pourtant que le sujet n'est pas tout le psychisme, et qui se référera, pour évoquer la *terra ignota*, à l'«âme», cette entité démodée. C'est cette cruciale prise de conscience, au fond, qui le conduira à se réfugier dans l'attitude négativiste des essais des *Deux royaumes*. Même expérience vécue par Georges Bataille:

> C'est par une «intime cessation de toute opération intellectuelle» que l'esprit est mis à nu. Sinon le *discours* le maintient dans son petit tassement. [...] Bien que les mots drainent en nous presque toute la vie..., il subsiste en nous une part muette, dérobée, insaisissable. Dans la région des mots, du discours, cette part est ignorée. Aussi nous échappe-t-elle d'habitude. Nous ne pouvons qu'à de certaines conditions l'atteindre ou en disposer[2].

L'écriture (ou la «littérature», mais affranchie des canons de l'institution) ne permet-elle pas, justement, de contester l'impérialisme du sujet, de traverser les filets du discours? Ou encore, la spécificité du littéraire n'est-elle pas d'inaugurer la transgression de la suffocante clôture subjective qui limite et contraint le discours? C'est manifeste quand on se réfère au parodique, au carnavalesque ou à cette espèce d'auto-ironie traversant le discours à la manière d'un trans-discours qui transforme l'écrit en écriture. Mais ne serait-il pas possible d'étendre à l'ensemble de la littérature cette constatation, et ainsi d'affirmer que toute écriture est attirée par l'*ex-cès* qui littéralement signale la *sortie* de la clôture discursive? On voit poindre, dès lors, la nécessité d'une sorte de *criticologie*, instituant une mise en question des théories critiques contemporaines les plus avancées, les plus solides (apparemment), les plus suffisantes parfois avec leur dogmatisme censément inattaquable. N'est-il pas essentiel de libérer l'écriture de toute réduction intempestive, de la rendre à son autonomie, à sa pleine liberté d'émergence et de sublimation absolue, de laisser être les textes, de leur permettre (sans mauvaise conscience) de se déployer en tout *excès*? On libérerait du même coup le théoricien et le critique de l'obsession néo-cartésienne de la lecture déchiffrante, souvent astucieuse et fondée (en partie), mais au total défigurante à cause de cette réduction au discours qu'elle fait subir au texte.

Voici que je me suis laissé aller à des propos eux-mêmes *excessifs* peut-être. Mais c'est la faute aussi à ces percutants essais d'André Belleau, véritablement «dialogiques» à leur manière, et qui nous incitent à les répercuter…

❑

Ayant pris connaissance de l'essai qui précède, André Belleau m'adressa, le 28 novembre 1984, une lettre dont je tiens à citer les dernières lignes qui expriment, mieux que je ne l'ai fait, le fond de ma pensée (et même le fin fond de ma propre démarche critique):

> Le point essentiel, c est celui du rapport entre l'écriture de l'essayiste et la fascination qu'exerce sur lui la théorie. Vous l'avez bien vu: la première détourne, subsume la seconde. Elle ira même jusqu'à «bloquer» la théorie si elle

> peut à ce prix s'accomplir davantage Tout ceci n'est pas qu'une figure de style. Pendant toute ma «carrière» d'universitaire, il y eut quelque chose de «littéraire» en moi qui s'est toujours réservé, gardé, refusé en dernier ressort au plein déploiement du «théorique». Et combien de fois n'ai-je pas dit sous une forme ou sous une autre que je n'avais pas le sentiment très vif ni de ma permanence ni de mon identité!
>
> Ce «reste» autour duquel nous nous épuisons nous apprend le silence.

Essayistes d'une cité (plus inquiète que) libre

Ayant à traiter de *l'essai et (ou de) la Révolution tranquille*, j'ai d'abord cherché à circonscrire — sans trop le réduire — ce sujet-bateau. Je me suis mis à la recherche de types ou d'essayistes représentatifs des années quarante, cinquante, soixante, mais il m'a vite semblé difficile d'éviter alors le catalogue et le rabâchage. J'ai donc décidé de me limiter à un ensemble signifiant, une «équipe», un groupe de «camarades» aux visées communes: tels s'étaient voulus, justement, les essayistes de *Cité libre*, qu'on serait fondé à considérer, pour emprunter le vocabulaire de l'époque, comme les *pères spirituels* de la Révolution tranquille. D'un bloc de textes importants, rassemblés sous la couverture grise de vingt-trois petits cahiers publiés entre juin 1950 et juin 1959, j'ai cherché à saisir la ligne directrice. Après quelques semaines de lecture ou relecture tout à fait passionnante, passées à revivre la décennie 1950, non plus, cette fois, de l'intérieur de Monolithe, mais de l'extérieur, en toute liberté, par le truchement des plumes vives, inquiètes, courageuses, parfois acérées, mais nécessairement prudentes, des rédacteurs de *Cité libre* — l'intelligentsia québécoise, en somme, de ces années critiques*, après quelques semaines, donc, de cet exercice, je n'avais toujours pas découvert de filon central lorsque je m'avisai que ce qu'il fallait poser comme prémisses, c'était peut-être, justement, ce vague, ce morcellement, cette disparate, que je n'arrivais pas à tirer au clair. Et il m'a semblé, en définitive, que cette inquiétude multiforme mais sans projet tenait à l'essence même de *Cité libre*, qu'elle en avait constitué le problème majeur, puis la pierre d'achoppement, et enfin le drame, puisqu'elle finirait par entraîner la disparition de cette revue.

Précisons encore que je m'en suis tenu à ces vingt-trois premiers cahiers de *Cité libre*, qui forment déjà un tout, celui de la première série de la revue; mais quelques incursions du côté de la nouvelle série, celle des années soixante, qui se voulait un nouveau départ, me portent à croire que les cahiers gris avaient déjà livré l'essentiel. L'étude de la collection intégrale de *Cité libre* permettrait éventuellement d'étoffer et peut-être de nuancer mon propos; mais je serais étonné qu'elle m'oblige à le modifier substantiellement.

Je présenterai ma pensée en deux temps: le premier consistera en un ensemble plutôt schématique, rébarbatif même, de réflexions générales qui se sont imposées à moi une fois terminée la lecture de ces textes. Ainsi coupées de tout appareil critique, ces réflexions paraîtront discutables; elles auront du moins l'avantage de situer clairement mon propos. Et, du reste, je tenterai, dans un second temps, de les étayer en partant des textes (tirés de *Cité libre* et non d'ailleurs) de trois des rédacteurs les plus importants: Gérard Pelletier, Pierre Elliott Trudeau, Pierre Vadeboncœur. Le témoignage de quelques autres essayistes prestigieux de la revue viendra, à l'occasion, corroborer celui des trois types choisis.

Le drame de *Cité libre*, ai-je affirmé, c'est de n'avoir pu, à partir de son inquiétude originelle, articuler un projet vraiment axé sur la conjoncture, autrement dit véritablement adapté à la situation du Québec des années cinquante. Cela dit, reconnaissons que cette inquiétude ne fut pas stérile, loin de là. Tout a commencé, à *Cité libre*, avec un irrépressible besoin de prendre la parole, alors accaparée par l'orthodoxie traditionnelle, le cléricalisme nationaliste de l'époque, si massivement envahissant qu'il était devenu non seulement l'idéologie dominante mais la culture même du Canada français, dont il imprègne encore, d'ailleurs, la substance. Rien de plus vague, en un sens, que ce besoin urgent de parler, comme une attitude instinctive, comme une structure d'être dans l'attente d'un contenu. On a ainsi pris la parole, au hasard de l'inspiration, des circonstances, comme pour se défouler. C'est ce qui pressait. Et cela a donné un ensemble de textes très diversifiés, presque hétéroclites, allant des considérations les plus générales de type humaniste à une poussière de critiques ponctuelles où le lecteur peine à découvrir la cohérence d'un projet. Au premier genre d'essais appartiennent des méditations de très haute voltige sur l'homme, la sainteté, la justice, l'autorité, la liberté, la philosophie, l'art, etc. La critique de «l'existence canadienne-française» a donné naissance à un deuxième bloc de textes, le plus cohérent peut-être, caractérisé par l'allure critique et même polémique de l'argumentation: sont passés au crible sinon cloués au pilori la politique, l'enseignement, le cléricalisme, la mentalité, l'atmosphère religieuse, l'idéologie, le nationalisme, bref, certaines manifestations de la culture du Canada français. Parmi les têtes de Turc ou boucs émissaires, c'est Duplessis qui a la vedette, mais certains clercs, souvent jésuites (figures, pour ces collégiens brouillons, de l'*alma mater* un peu marâtre de naguère) se font parfois vertement tancer ainsi que des intégristes notoires parmi nos intellectuels et journalistes. Enfin, dans un troisième groupe, on recense bon nombre de textes à tendance réformiste sur des sujets fort disparates comme la querelle des instituteurs, le cinéma canadien, la machine électorale, le syndicalisme, la médecine, la guerre, la femme, la radio-télévision, le mouvement ouvrier, la liberté académique, la grève des étudiants et j'en passe.

À travers les multiples expressions de cette mise en question de la génération précédente, j'ai cru discerner quelques constantes que, dans ce premier temps, je formulerais ainsi, sans nuances, comme des hypothèses de travail:

1) *Cité libre* s'est ancrée jusqu'à l'obsession dans son opposition au nationalisme clérical dont Duplessis fut l'hypostase ou le prototype, si bien qu'il lui devint presque impossible de penser en termes de collectivité ou d'ethnie québécoise, sinon pour s'y opposer. Elle finit par refuser la notion de culture québécoise, au sens global du terme[3].

2) *Cité libre* s'est dite profondément influencée par l'humanisme ouvert de la revue *Esprit* et d'Emmanuel Mounier: avec son insistance sur la Personne libérée de toutes pressions autoritaires, cette pensée française progressiste était singulièrement en

situation au temps de la grande noirceur duplessiste, plus ou moins assimilée par l'avant-garde de *Cité libre* aux fascismes contemporains. Mais on peut se demander si, en s'annexant la pensée d'*Esprit*, *Cité libre* ne l'a pas rapetissée aux dimensions de son inquiétude, autrement dit si la phobie du nationalisme clérical (Duplessis et le clergé intégriste) n'a pas provoqué une fixation sur un bel humanisme intégral, un outillage conceptuel et mythique renouvelé — le mythe de l'Homme s'imposant au mythe de Dieu —, mais divorcé de la culture de *l'homme d'ici* puisque notre pensée continuait à s'exercer à un niveau sublime: l'Homme universel, la Personne ou la conscience individuelle, la liberté, la démocratie, le bien commun, l'ordre moral, la raison, tout à fait comme à l'âge d'or de la philosophie essentialiste du cours classique. On n'échappe pas si aisément aux vingt-quatre thèses qui nous furent inculquées dans la mouvance des dogmes. Et, en ce cas, le personnalisme de Mounier aurait été singulièrement dévitalisé! Au fond, avec notre culture encore balbutiante, étions-nous vraiment mûrs pour le progressisme d'*Esprit*? Il est permis d'en douter.

3) Concrètement, la contestation à *Cité libre* apparaît de nature réformiste, ponctuelle, sectorielle. C'est ainsi que, de plus en plus, elle sera perçue par des lecteurs et même par des collaborateurs. La peur du nationalisme, de l'«État-Nation», de la culture québécoise globale (incluant le politique), éventuellement du «séparatisme» devenu le tabou par excellence, ainsi que l'évasion dans un humanisme essentiellement individualiste lui auront enlevé la liberté suffisante pour articuler un projet axé sur la réalité (nationale, politique) du peuple québécois.

4) À la recherche tout de même d'un projet (qu'on lui reprochera de plus en plus de ne pas avoir), *Cité libre* a sauté sur celui qui s'offrait, mais qui n'avait pas vraiment été pensé à partir de la réalité québécoise d'ici, c'est-à-dire de se rallier à la démocratie libérale d'Ottawa. La «cité libre» «rêvée» (Pelletier), ce n'avait pas été Ottawa, que je sache, mais, en pratique, c'est à Ottawa qu'aboutit l'aréopage de la revue. Libre à chacun d'y voir, selon ses convictions, la conclusion normale ou le tragique rétrécissement d'une quinzaine d'années de réflexion.

Donnons un tour plus humain à notre enquête et arrêtons-nous à trois figures dominantes de *Cité libre* première manière; d'autres se joindront à elles, selon le jeu des affinités. Trois personnalités remarquables et diverses, qui ont vécu le drame dont j'ai parlé et qui l'ont exprimé. Il s'agit plus précisément de certains essais signés par ces trois hommes dans la première série (surtout) de *Cité libre*.

À l'origine de toute prise de position, même flanquée de l'appareil obligé des thèses ou études dites objectives, et très sûrement si elle emprunte l'écriture imprévisible de l'essai, on finit par déceler une sorte de «*cogito* pré-réflexif», selon l'expression de Georges Poulet. Ce *cogito* primordial serait le noyau germinatif de l'essai, son contexte énonciatif. Dans sa subjectivité pleinement avouée et assumée, il est source d'écriture, *la* source, en fait, d'une écriture en principe intarissable puisqu'elle est sans cesse réactivée par les multiples visages du réel. Chez Pelletier — l'homme le plus représentatif de *Cité libre*, à mon avis —, ce *cogito* se ramènerait à une inquiétude fondamentale, presque une angoisse, d'essence religieuse surtout. Des trois, à la lecture, l'homme paraît le plus inquiet, le plus nuancé, le plus humain, le plus humaniste, au sens traditionnel et parfois décrié de ce mot. (Il faut se rappeler qu'à l'époque de Pelletier, le «Versificateur» avait bien hâte d'être promu «Humaniste», «la» belles-lettres étant le sommet des humanités classiques. Mais nous avons changé tout cela: aujourd'hui on ne jure que par la «Méthode»: c'est le cours classique à l'envers!) Quoi qu'il en soit, Gérard Pelletier, humaniste de tempérament et de culture, semblait prédestiné à accueillir la pensée de Mounier et d'*Esprit*: le souci de lucidité, le scepticisme sur soi, la volonté du dialogue, le respect de la personne de l'autre sont presque constamment présents dans la démarche interrogative de sa pensée. Faire de *Cité libre*, selon les termes mêmes de la première livraison de la revue, «un lieu de vérité, de rencontre, de dialogue ouvert[4]», on peut croire que cette volonté correspondait tout à fait à celle de Pelletier, et qu'il faisait sien l'idéal d'un Laski dont «[l']œuvre immense, écrite et vécue, n'a été qu'une recherche continue de la cité libre, où des hommes pourraient vivre dans la tolérance, et éventuellement dans l'amour[5]». On reconnaît en passant le vocabulaire et le bel idéalisme de l'humanisme chrétien: nous sommes à l'heure des Claudel, Péguy, Bernanos, Maritain, Mounier, Béguin, de Lubac, Guardini, Moeller, Urs von Balthazar, maîtres à penser de cette génération. La question se posera de savoir si cette noble recherche de la perfection individuelle pouvait aboutir à une «action efficace». En attendant, Gérard Pelletier *dialogue* (autre mot d'époque), avec une patience vraiment admirable, dont on a perdu le secret, (mais qui finira par s'émousser, si je ne me trompe, dans la nouvelle série de *Cité libre*). Au jésuite d'Anjou qui considère les rédacteurs de *Cité libre* comme des «cas psychologiques», des «malades» sur lesquels on peut s'apitoyer mais avec qui on ne saurait «discuter» (autre trait d'époque: l'engouement pour la psychanalyse; impossible alors de s'enrhumer sans se voir taxer de fixation maternelle...), au matraquage donc de ce jésuite agressif Pelletier oppose patiemment, et avec une prudence encore nécessaire, sa volonté de «dialogue», de «discussion libre», de «conversation honnête», et réclame un dialogue d'égal à égal entre clercs et laïcs, «d'autres relations que celles de professeurs à collégiens», bref un véritable «échange[6]».

Même respect de l'autre, selon la tradition personnaliste, dans la longue réponse à un abbé professeur de collège, qui écrit pour critiquer le «négativisme stérile» de *Cité libre*. La réponse de Pelletier, «Crise d'autorité ou crise de liberté?» est à lire ou à relire pour sa lucidité et sa brillante dialectique. Je n'en retiendrai que la manière, qui jure avec le style *ex cathedra* de l'orthodoxie officielle:

> Le reproche [celui de «négativisme stérile»] est de taille. Je ne suis pas du tout tenté, comme vous le supposez bien gratuitement, de négliger votre lettre en vous «traitant d'attardé, dans mon for intérieur». Au contraire, j'ai beaucoup réfléchi sur les quelques pages dans lesquelles vous développez cette idée. Et je viens maintenant partager avec vous ma réflexion, assuré que nous trouverons tous deux profit à cet échange[7].

L'homme est tout entier dans cette volonté d'accueil. De plus, avec Pelletier surtout, cette action individuelle débouche nécessairement sur la question religieuse, car s'il a, comme Jean Le Moyne,

Robert Élie et d'autres, contesté l'«Évangile édulcoré[8]» par le cléricalisme québécois, ce fut toujours dans le respect de l'Église. «Anticléricaliste», oui, mais non «anticlérical», pour reprendre la distinction de Trudeau, devenu, lui aussi, la cible des intégristes. Nullement anticlérical même, car les convictions religieuses de Pelletier, comme aussi son goût de la culture, figurent au premier rang de ses préoccupations. Il s'en est ouvert franchement dans une rétrospective des cahiers gris, parue en 1960:

> *Cité libre* s'est toujours située fort loin du «politique d'abord». Nous n'avons jamais cru à la préséance absolue du «plus noble des arts» sur toute autre forme d'activité humaine et nos pages ont reflété avec constance des préoccupations religieuses ou culturelles plus aiguës que nos soucis politiques[9].

Dans «Feu l'unanimité», en octobre de la même année, il ira jusqu'à affirmer que la revue a été maintenue, après la mise en question de 1959, pour affronter le «drame» de la désaffection religieuse.

Un dialogue ouvert entre des personnes libres, une maïeutique pascalienne où l'on chercherait la vérité en gémissant, telle est l'approche de cet homme, du moins dans les textes que j'examine aujourd'hui. Mais, si pareille attitude avait un mérite certain dans ce Québec des années quarante et cinquante, figé dans sa possession tranquille de la Vérité, elle pouvait laisser «perplexe» le lecteur qui s'interrogeait sur les intentions précises de *Cité libre*. «Ils veulent savoir qui nous sommes, ce qui nous réunit et pour quelles fins», écrit Pelletier dans un article de 1951 où, selon lui, «*Cité libre* confesse ses intentions[10]». (À plusieurs années de distance, en mai 1958, on retrouvera le même grief sous la plume de Solange Chaput-Rolland: «Nous savons, croyez-moi, tout ce que vous n'êtes pas; le temps est venu, si vraiment vous voulez être pris au sérieux, de nous dire ce que vous êtes[11].») Tout compte fait, la réponse de Pelletier au «lecteur perplexe» de 1951 ressemble fort à une dérobade. Après avoir affirmé son horreur des «simplifications grossières» que comporte tout «manifeste», Pelletier précise, si l'on peut dire, le propos de *Cité libre*:

> Nous travaillons [...] à l'élaboration d'une pensée commune sur un certain nombre de problèmes. Et quand je dis d'une pensée, je dépasse déjà la réalité. C'est une méthode, surtout, que nous avons recherchée jusqu'ici. Nous voulions d'abord établir qu'une dizaine de camarades pouvaient travailler ensemble, utilement, à situer nos problèmes[12].

En fait, la problématique même de *Cité libre*, réflexe de défense ou sursaut de révolte face à la muraille monolithique du Québec, ne pouvait que bloquer l'affirmation d'une «pensée commune», d'«intentions» précises. Il s'agissait de combattre le monstre d'une certaine Unanimité qui avait rendu l'atmosphère invivable, irrespirable; d'affirmer fortement les droits de la Personne et de la Liberté, bref de l'*individu* face à une puissance collective menaçante. Il était impensable, dans ce contexte, de vouloir imposer et même de proposer une autre unanimité: la peur du «caporalisme» idéologique restait vive. Pourtant le texte de Pelletier accuse une certaine ambivalence: l'auteur a beau souligner la largeur de vue de cette attitude libérale, on le voit conscient du danger d'un rassemblement «dans la protestation» qui ne s'accompagnerait pas d'une «action efficace[13]». «[...] l'effort tout entier de notre génération peut porter à faux, s'égarer sur des routes divergentes, à moins que nous ne tentions au plus tôt un rassemblement plus rationnel[14].»

Or, sept ans plus tard, Pelletier va ressasser le même insoluble problème dans un admirable texte intitulé «Matines[15]». Texte «admirable», dis-je, parce que Pelletier me paraît le plus littéraire de ces rédacteurs. Soit dit sans méchanceté, il a l'art de bâtir de belles phrases rythmées pour dire... les laideurs de la cité; n'est-ce pas un des paradoxes de la littérature? Dans «Matines», donc, Pelletier se met en scène, comme le *père spirituel* interpellé par le fils rebelle. Bien sûr, il se donne le beau rôle, c'est l'*apologia pro vita sua* face à ce jeune qui conteste *Cité libre*. Or il se trouve que ce garçon de théâtre reprend, au fond, la question et les objections du «lecteur perplexe» de 1951. «Les jeunes [...] ont besoin de chefs [...] d'une doctrine [...]. Pouvez-vous dire qu'à ces besoins-là, vous avez répondu? [...] C'est votre défaut, je pense, de n'être rien[16].» Bien sûr, Pelletier, en réponse, va réitérer son horreur des «dogmatismes»: *Cité libre* s'adresse à l'homme affranchi de tout système.

> Comme Diogène, écrit-il, nous cherchions un homme. Mais tous ces prophètes n'en avaient cure. L'homme ne les intéressait guère: ils ne songeaient qu'au Canadien français, qu'à l'acheteur, qu'au contribuable, qu'à l'électeur[17].

Mais le jeune homme insiste: «N'avez-vous donc rien trouvé vous-même qui vaille la peine d'être transmis[18]?» Pelletier n'a rien à offrir à ce jeune pragmatique, c'est l'écrivain alors qui le sauve, avec cette réplique bernanosienne: «Et si la seule chose que nous ayons jamais songé à vous léguer était justement le sens de la liberté[19]?» Mais trop lucide malgré tout pour ne pas entretenir un doute profond sur l'à-propos de ce message humaniste qui a su retrouver les accents de *La Relève*, Pelletier s'interroge:

> La cité libre et fraternelle à laquelle nous rêvons, nous n'avons pas réussi à la lui rendre sensible, à l'en faire rêver avec nous. Est-ce là notre défaite ou la sienne[20]?

Et, devant ce *père spirituel* qui, en son for intérieur, ressasse l'«impuissance» politique de *Cité libre*, le fils impatient formule ces questions étonnamment prophétiques (nous sommes en 1958): «Et pourquoi aucun de vous n'est-il encore dans les Parlements? [...] N'est-ce pas là surtout que la liberté doit être défendue[21]?» L'événement donnera raison à ce fils clairvoyant, le comblera même, le jour où *Cité libre* vivra sa grande migration outaouaise.

Une phrase lapidaire, véritable perle verbale extraite du premier article publié par Pierre Elliott Trudeau dans *Cité libre*[22], me paraît la formule même de son *cogito*: «Froidement, soyons intelligents.» Nous voici encore, bien sûr, à l'école d'*Esprit*, avec cet accent mis sur l'intelligence, sur la lucidité. Toute l'équipe de *Cité libre* a œuvré, en fait, à cette valorisation, nouvelle au Québec, de l'humain. Ce sera le cas de Vadeboncœur, souhaitant «de fortes images de la valeur profane», appelant la naissance enfin, dans la théocratie québécoise, d'un mythe de l'Homme.

Jean Le Moyne, dans une méditation olympienne intitulée «Jeunesse de l'homme», survole de très haut l'univers entier pour rendre hommage au «saint», cet «homme formidable» qui accueillera la Parousie. À ses yeux extasiés, l'humanité à son sommet, c'est «l'intelligence pure»: «N'est-ce pas ce qui est premier en nous, la raison n'est-elle pas notre différence spécifique et notre facteur naturel d'évolution le plus riche et le plus impatient[23]?» Quoi qu'il en soit, nul n'a mieux personnifié cet idéal de rationalité que Pierre Elliott Trudeau. Mieux que Pelletier, ce littéraire, dont les textes ne se refusent pas au *rêve*, le mot et la chose. Pierre Elliott Trudeau, lui, ne rêve pas; du moins, il n'y paraît guère, à première vue, tellement se veut rigoureuse la dialectique de ses articles de *Cité libre*, qui, plus que ceux de ses collègues, me paraissent obéir à une ligne directrice. C'est au niveau du *cogito* — «Froidement, soyons intelligents.» — qu'on pourrait débusquer le rêve, celui d'un monde où toutes choses seraient mesurées à l'aune d'une raison absolue, objective, à l'abri de toute émotivité. «Les Canadiens français n'ont pas d'opinions, ils n'ont que des sentiments»: Trudeau citera plus d'une fois la phrase célèbre de Laurier[24]. Cette suprême instance rationnelle, devenue le critère de toute action, et singulièrement de l'action politique, tendrait d'elle-même à la réalisation du «bien commun» de l'humanité, d'une société juste. Il n'est pas question ici de résumer la pensée de Pierre Elliott Trudeau, pas plus que celle des autres; je m'en tiens, selon mon propos, aux articles de *Cité libre*, et surtout à cette orientation essentielle de sa pensée vers une sorte d'*homo universalis* doué d'une faculté qui me paraît beaucoup ressembler à la *ratio recta* du traité de *Morale générale* de la philosophie scolastique. On comprend ainsi que Trudeau, bien plus encore que ses collègues, veuille «exorciser» (le verbe est de lui) «notre diable d'engeance nationaliste» (et la qualification aussi[25]). Suivons la direction universalisante de cette pensée dans le texte étonnant qui suit:

> Au Canada [...] il n'y a, ou aura, de nation canadienne qu'en autant que les communautés ethniques réussiront à exorciser leurs nationalismes respectifs. S'il naît alors un nationalisme canadien, il faudra l'exorciser à son tour, et demander à la nation canadienne d'abdiquer une partie de

> sa souveraineté en faveur de quelque ordre supérieur, comme on le demande aujourd'hui aux nations canadienne-française et canadienne-britannique[26].

Au bout du compte, l'idéal serait d'être délesté de toute appartenance ethnique, d'être citoyen du monde, puisque «[...] l'histoire de la civilisation, c'est l'histoire de la subordination du "nationalisme" tribal à des appartenances plus larges[27]».

Avec son très fort quotient de nationalisme, le Québec était évidemment bien éloigné d'un idéal humanitaire aussi élevé; c'est très sensible dans le domaine politique où Trudeau va s'évertuer à introduire des éléments de rationalité. Cherchant la cause de ce nationalisme honni par *Cité libre*, il la découvre dans le fait que «l'élément français a toujours réclamé l'égalité absolue avec l'anglais, ce que les gouverneurs d'avant l'Acte d'Union de même que la députation canadienne-anglaise d'après, n'ont jamais voulu considérer[28].» Et, en conséquence, «[...] ne pouvant pas aspirer à jouir en égaux d'un bien commun canadien, ils se rabattirent secrètement sur la poursuite de leur bien particulier[29]». Ce réflexe normal de survivance ethnique, ce repli nationaliste aurait constitué le péché originel du peuple québécois, péché que Trudeau définit en parfait moraliste: «Nous avions si bien subordonné le bien commun (canadien) au bien particulier (canadien-français) que nous perdîmes le sens moral de notre obligation vis-à-vis du premier[30].» Voilà la source de l'«immoralité» politique des Canadiens français, dont, curieusement, après l'avoir expliquée comme une réaction inévitable au nationalisme canadien-anglais, Pierre Elliott Trudeau va rendre l'ethnie québécoise responsable. Car, pour rester sur le terrain de la morale souvent évoquée par ces textes, on peut se demander où est le vrai *coupable* ici. Trudeau n'écrit-il pas dans un autre article: «[...] je ne sache pas que le gouvernement central ait bien souvent pris les devants pour redresser quelque injustice dont souffraient les Canadiens français. Ottawa n'a jamais cru vraiment au caractère bi-ethnique du Canada[31]...» Comment comprendre alors le zèle de justicier qu'il déploie contre «notre immoralisme profond», cette sévérité sans proportion avec l'analyse de la conjoncture historique: «[...] nous n'avons jusqu'à présent rien apporté à la société des hommes [...]. Nous sommes en voie de devenir un dégueulasse peuple de maîtres-chanteurs[32].»

Pareilles lacunes dans la démonstration n'ont rien qui doivent surprendre de la part d'un essayiste. À vrai dire, l'essayiste argumente, il ne démontre pas. Mais chez celui dont le *cogito* reflète un haut idéal de rationalité, ce discours lacunaire ne laisse pas d'être suspect. Cette prétention à la sérénité intellectuelle libérée de l'émotivité me paraît curieusement contestée par une écriture paradoxale où la surdétermination logique, scientifique, se trouve mise en question par une rhétorique pamphlétaire souvent très agressive. Il y a discordance entre le privilège accordé au discours objectif de la raison et une passion, une raideur, une hostilité qui ne supportent aucune contradiction. Refoulée, l'émotivité prend sa revanche contre la surenchère rationnelle et pourfend l'adversaire. On est loin du «dialogue» cher à Pelletier. En fait, cette prétendue rationalité serait plutôt un rationalisme qui me paraît former, avec le moralisme et l'agressivité, une assez inquiétante trinité psychologique.

À l'origine de ce *cogito* universaliste et rationnel, je crois discerner une peur — un irrationnel, en fait —, la peur d'un retour du «nationalisme atavique» sous sa forme la plus redoutable: le duplessisme. Cette peur provoquera le recours à une idéologie libérale, individualiste, à un idéal humanitaire complètement coupé des racines de l'appartenance culturelle. Tout compte fait, le principe rationaliste de la primauté d'un «bien commun» universel appréhendé par la *ratio recta* est aussi ouvert que ce «sens de la liberté» dont Pelletier faisait le message suprême de *Cité libre*. Aussi ouvert, mais sur le monde abstrait des universaux.

Pelletier compose, Trudeau argumente, Vadeboncœur ne fait ni l'un ni l'autre, vraiment. C'est peu de dire que ses textes ne sont pas composés; ils seraient plutôt «étoilés», selon l'expression de Barthes; ou encore, ils dérivent librement, semblant obéir à un principe d'éparpillement, au point souvent que le signifiant en vienne à s'affranchir de son signifié. C'est l'écrivain le plus caractérisé des trois, l'homme qui mise sur la magie des mots, lesquels se parlent ou s'entreparlent indéfiniment. J'ai beaucoup pratiqué les textes de cet essayiste, parfois fasciné, souvent irrité, à la recherche, au fond vaine, d'une référence plus ou moins évanescente. Le *cogito* de Vadeboncœur? Un vouloir-vivre effréné, forcené, dont cette écriture torrentielle, cette dérive verbale insensée, me semble la parfaite *mimésis*. Il faut avoir éprouvé une douloureuse carence vitale pour écrire ainsi. Quoi qu'il en soit du for intérieur, qui n'est pas en cause ici, on sent, à lire Vadeboncœur, qu'il a plus que personne intériorisé l'existence diminuée des Canadiens français, cette vie précaire et exténuée si bien nommée *survivance*. Le dynamisme insolite de son écriture constitue, autant que ses idées, un appel à une plénitude vitale enfin retrouvée. Dynamisme de l'écriture: érotisme serait plus juste, puisqu'elle vise les «faibles de désir[33]» que nous sommes devenus: «[...] notre erreur morale a été de tuer le désir[34]...», affirme l'essayiste.

Dès son tout premier texte à *Cité libre*[35], on entend cette invitation pressante à la revitalisation du Québec et des Québécois. La manière est très caractéristique de Vadeboncœur et de l'écrivain qu'est effectivement tout essayiste, on l'oublie trop: se laisser prendre au charme des mots, tourner et retourner certains mots clés, leur rendre leur sens plénier, leur charge mythique. Ici, c'est la «révolution»; ailleurs, ce sera la «foi», ou le «désir», ou l'«esprit», ou la «vie», ou l'«âme»: nous ne nous éloignons guère de l'aire sémantique de la vitalité ou de ses damnables contraires. «Le mythe de la révolution n'a pas réussi à s'installer chez les bien-pensants[36]», constate Vadeboncœur. Et, deux ans plus tard: «[...] nous sommes des contempteurs de l'imagination. Nous ne germons pas de révolutionnaires véritables [...]. Nous sommes sans violence[37].» Pourquoi s'en étonner, au début des années cinquante, dans la *priest-ridden province*, à l'époque de la chasse aux «ismes» comme «communisme», «socialisme»! Mais cet écrivain scandaleux insiste: «La révolution ne se fait pas, nous le voyons bien[38].» Patience, elle se fera, mais tout à fait conforme à «notre psychologie de l'action», telle que la décrit Vadeboncœur: en possession tranquille de la vérité, nous aurons aussi inauguré dans l'histoire des peuples la révolution *tranquille*.

On peut se demander ce que faisait à *Cité libre* cet éternel revendicateur, ce fervent disciple de Borduas, qui, dès son premier article, s'élevait contre la manière réformiste qui sera, tout compte fait, celle de *Cité libre*. Il y a des «problèmes fragmentaires» et il y a la «question globale[39]», tranchait-il. C'est par son anti-nationalisme très catégorique que la pensée de Vadeboncœur pouvait alors s'accorder vaille que vaille avec celle des autres rédacteurs de *Cité libre*. En fait, avant tout préoccupé par «la lutte sociale universelle[40]», Vadeboncœur est d'abord allé très loin dans le sens de ce que Maurice Blain a qualifié d'«internationalisme de l'esprit[41]» avant de découvrir l'itinéraire qui l'a conduit au néo-nationalisme actuel. Pourtant, dès le départ, ses appels à la «révolution» n'ont pas dû plaire outre mesure aux contestataires somme toute modérés de *Cité libre*, et on ne sera pas surpris de voir Gérard Pelletier enregistrer sa «Dissidence[42]» à la suite de la vive «critique» faite par Vadeboncœur de «notre psychologie de l'action». Les divergences vont s'accuser de plus en plus. L'adhésion instinctive de Vadeboncœur au peuple, son anti-capitalisme sans compromission, son plaidoyer en faveur du socialisme, sa manière de radicaliser le débat jurent avec la prudence de *Cité libre*: «[..] on ne saurait parler de liberté à notre époque sans partir à la conquête de la seule liberté majeure qu'il restât à établir, la liberté économique du producteur, c'est-à-dire des masses[43].» Pour son collègue Trudeau, il s'agissait somme toute de s'adapter à la démocratie politique existante, d'apprendre à jouer le jeu franchement, de faire aussi bien que les Canadiens anglais. Pour Vadeboncœur, c'est tout le système qu'il faut remettre en cause, c'est la «question globale» qu'il faut carrément poser, celle d'une vraie «révolution sociale[44]».

> À mon avis, le socialisme est une position si nécessaire, aujourd'hui, qu'en son absence la démocratie elle-même ne peut être que futile, la réflexion politique, indifférente, et les œuvres, quelconques[45].

Dans l'article d'où je tire cet extrait, publié dans la livraison de janvier 1958, Vadeboncœur prend explicitement ses distances par rapport à la revue qui s'était voulue ouverte à une pensée de gauche mais dont l'apport, à cet égard, avait été mince; *Cité libre* se caractérise, en définitive, comme *Le Devoir*, par son «vacuum idéologique», affirme Vadeboncœur; «[...] notre réflexion s'arrête au discours de Notre-Dame, c'est-à-dire il y a cinquante ans[46]». Cette critique de Vadeboncœur sur l'absence à

Cité libre de «pensée économico-sociale» rejoint, en fait, les objections déjà faites à Gérard Pelletier par le «lecteur perplexe» et par le visiteur anonyme de la jeune génération.

Dans un article particulièrement pénétrant, paru aussi en 1958 et intitulé «De quelques obstacles à la prise de conscience chez les Canadiens français», Fernand Dumont me semble avoir mis le doigt sur le problème fondamental de *Cité libre*, souvent évoqué ici, celui qui l'a empêchée finalement de vivre vraiment à l'heure du Québec. Il faut, qu'on le veuille ou non, et quelque discutable qu'elle soit, pleinement assumer sa culture québécoise: «[...] c'est dans et par elle, écrit Dumont, que chacun de nous doit opérer sa conversion à lui-même[47]». C'est ce que n'a pas su faire *Cité libre*, braquée sur son rejet du nationalisme clérical.

> [...] ceux qui sont sortis de la coque nationaliste (et je préciserais: Pelletier, Trudeau, et même Vadeboncœur *première manière*) tentent de passer directement à l'humain, sans médiation par la culture, et alors ils se butent à cette solidarité de la conscience et de la culture que j'ai essayé d'éclairer; et pour tâcher d'être une élite, ils sont les hommes de nulle part. Certains, par le besoin insatiable que l'homme a de se retrouver dans un univers culturel, élargissent spatialement la conscience mythique aux limites du Canada entier, nous gratifiant d'un mythe supplémentaire qu'ils appellent la nation canadienne[48].

Pour conclure, on me permettra, j'espère, après tant de lectures contagieuses, un mouvement polémique. Je me demande parfois si, avec les distances légitimes mais de tout repos qu'il ménage entre le texte et l'analyste, le discours universitaire est vraiment adapté à son objet. Quand il s'agit de l'essai, en tout cas, j'ai l'impression qu'on côtoie parfois l'absurdité, car voici des textes qui visent explicitement la communication avec le lecteur, qui dépendent de lui dans leur existence même, qui l'interpellent, bref, qui sollicitent vivement un écho humain — et non un répertoire de figures. L'absurdité devient proprement insupportable quand l'essayiste traite de questions urgentes, qui vont droit au cœur du lecteur et de son peuple. Aussi, déposant à la fin la toge et le mortier, ferai-je brièvement écho à ces textes. Je pense que *Cité libre* a tenté louablement de nous affranchir de nos peurs. Mais, à son insu, c'est cette même peur inviscérée qui lui aura inspiré de s'évader dans un humanisme finalement abstrait, irréel. Toutes les brillantes raisons d'un Trudeau ne valent pas une Cité vraiment libre. Prisonniers d'un misérable idéal de survivance ethnique, nous n'avons pas encore surmonté notre peur de la vraie vie. Il faudra bien pourtant un jour que nous risquions enfin l'affrontement, car, comme l'écrit Jean Le Moyne, «devant toute puissance, il est dangereux de prendre et il est mortel de ne pas prendre[49]».

Cité libre et *Liberté*

> Un petit fait: un jour, je bouquinais aux Presses universitaires Laval, à Québec. Sur le comptoir, une pile de *Cité libre*. Deux Frères enseignants soupèsent le fruit défendu. Ils finissent par s'informer au vendeur: «Est-ce que c'est bon, cette revue-là?» J'interviens sans qu'on me le demande: «Non seulement c'est bon, c'est indispensable[50].»

Le locuteur, ici, vous l'avez peut-être deviné, ce n'est pas moi, c'est le Frère Untel. J'ai eu l'idée d'aller piquer, dans *Les insolences* et dans *Sous le soleil de la pitié*, quelques passages relatifs à *Cité libre*, le Frère Untel (Jean-Paul Desbiens) me paraissant un témoin typique de cette époque. Desbiens analyse, par exemple, notre «mentalité d'assiégés» et enchaîne: «C'est Gérard Pelletier qui notait la chose, un jour, dans *Cité libre*. (Quelles lectures vous avez, mon petit Frère, quelles lectures[51]!)» *Cité libre*: «fruit défendu», livre à l'Index, avant-garde de l'époque. Et encore: «[…] nous avons peur de l'autorité. Jean Le Moyne l'a dit de façon définitive dans son désormais célèbre article, composé en 1951, et publié dans *Cité libre*, mai 1955: "L'atmosphère religieuse au Canada français[52]".» En juin 1961, pour ses *Insolences*, le Frère Untel reçoit le Prix de la Liberté, décerné conjointement, pour la première fois, par les revues *Cité libre* et *Liberté*[53]. Quant à moi, le jour où je lus dans *Cité libre* l'article de Jeanne Lapointe, «Quelques apports positifs de notre littérature d'imagination[54]», texte flanqué de la «Dissidence[55]» de Félix-Antoine Savard, doyen de la Faculté des lettres de l'Université Laval, j'eus vraiment l'impression d'un renouvellement en profondeur des études littéraires québécoises.

Je voulais illustrer ainsi, pour commencer, le retentissement, la très grande influence d'une revue qui rassemblait en fait l'intelligentsia de cette époque. Il y a quelques années, ayant eu l'occasion d'examiner les vingt-trois petits cahiers gris publiés entre juin 1950 et juin 1959, j'ai cherché à saisir les caractéristiques de la revue. Elles devaient se trouver à l'état pur, pensais-je, dans cette première série. Les résultats de cette enquête ont fourni la matière de l'essai intitulé «Essayistes d'une cité (plus inquiète que) libre». Mais la nouvelle série, celle des années soixante, qui se voulait un nouveau départ, manifestera une évolution, un changement de ton, une paradoxale volte-face par rapport aux attitudes du début. On y reviendra après une brève présentation de la revue *Liberté*, qui nous reconduira à... André Belleau.

Face à la revue *Cité libre*, je disposais d'un certain recul que je ne puis pas prendre vis-à-vis de *Liberté*, toujours bien vivante et dont je ne connais ni la grande ni la petite histoire; mon point de vue est celui d'un lecteur assez régulier mais éclectique. Ma définition de *Liberté* sera donc partielle, partiale, nullement théorique, mais existentielle et opératoire. *Liberté*, c'est André Belleau... Pas exhaustive du tout, ma définition, mais, dans mon esprit, point du tout réductrice. (Sur la même lancée, si on me demandait, à moi qui adore la musique, qu'est-ce que c'est que la musique, je ne pourrais que répondre, par exemple, selon l'humeur du moment: la musique, c'est Vivaldi.) Mais il y a plus. Belleau est un des fondateurs de la revue. C'est au sein de cette équipe qu'il s'est «épanoui», comme il l'écrit dans «*Liberté*: la porte est ouverte[56]». En bon rabelaisien, il trouvait que *Liberté* était le «lieu de l'emmerdement minimum[57]». En quel sens? Les «gars» de *Liberté*, disait-il, forment une espèce de «club», à la manière des clubs britanniques, où des gens qui sont aux postes de commande et qui en ont plein le dos se réfugient pour ne plus rien savoir, pour ne plus «se faire emmerder». Analogie partielle, évidemment, mais qui évoque bien une ambiance sans doute unique. Autre chose encore. J'ai à peine connu André Belleau, mais il m'a suffi de lire ce qu'il avait commencé d'écrire (il n'était qu'au début de son œuvre écrite) pour que je n'arrive pas à me remettre du décès d'un être humain de cette envergure. Je pense que la divination de cet homme — autant en matière politique, socio-culturelle que littéraire — tient du génie. Dans ce bizarre de pays, qui revivait naguère la platitude des «années bêtes», mais qui est maintenant secoué par des soubresauts constitutionnels, nous aurions tellement besoin encore de sa clairvoyance, de son ampleur de vue et de son humour. Mais je préfère parler de Belleau au présent, car l'esprit est indestructible, surtout un esprit de cette qualité. (Quant au corps, il ressuscitera au dernier jour, dans un grand éclat de rire.) Or ce que je trouve à *Liberté*, c'est justement l'indépendance du discours, la liberté d'esprit, la fantaisie, l'érotisme, la santé, le rire, le fantasme qu'incarne André Belleau.

De nos jours, les revues, pour survivre, cherchent à occuper un créneau, comme on dit, pour attirer les subventions. Mais, à l'intérieur d'un créneau, on est logé à l'étroit, gêné aux entournures. Certaines de ces revues — où, intellectuellement, il y a à boire et à manger — se lisent le souffle coupé, le corps raide et les oreilles molles, le regard tiraillé entre un texte clouté de références et un appareil critique inattaquable. Tandis qu'à *Liberté*, enfin, le lecteur que je suis dételle, respire et fantasme. Heureusement! Qu'est-ce qu'un intellectuel qui n'a plus le loisir de rêver?

Donc, à *Liberté*, ni créneau ni cadre. André Belleau, par exemple, se moque des étiquettes: il est Québécois, anti-nationaliste, indépendantiste, fédéraliste. Il s'en prend à «un québécocentrisme réactionnaire tout à fait dans la tradition nationaliste[58]», mais il écrira du même souffle que «l'indépendance demeure la meilleure façon de nous sortir de l'ornière nationaliste» et aussi que «le gouvernement d'un Québec souverain devrait partager diverses compétences avec les collectivités régionales». «On ne dira pas que ma position n'est pas dialectique», observe-t-il. Mais il y a plus encore, et qui a directement trait à notre sujet. Dans la recherche que j'avais menée sur *Cité libre*, j'avais dû m'en tenir, faute de temps, aux cahiers gris des années cinquante, qui m'avaient d'ailleurs paru représentatifs de l'ensemble. J'y avais mis au jour une fort louable volonté d'accueil et de dialogue inspirée par le personnalisme d'Emmanuel Mounier et d'*Esprit*. Mais tout se passe comme si, sous la pression d'un anti-citélibrisme qui s'est exprimé tant à l'intérieur qu'à l'extérieur de la revue, un durcissement s'était opéré à *Cité libre*, comme si on était passé du respect et de la tolérance à une attitude de refus et d'intolérance qui, paradoxalement, n'a pas beaucoup à envier à celle du duplessisme contre lequel on s'était tellement braqué! Cette observation s'applique même à Gérard Pelletier, pourtant si imbu au départ du personnalisme de Mounier, mais elle vaut éminemment pour un Pierre Elliott Trudeau, souvent pris à partie par André Belleau dans *Y a-t-il un intellectuel dans la salle*[59]*?* pour son mépris, justement, des intellectuels, ces gens qui posent des questions au lieu de plier l'échine. De nos maîtres à penser Trudeau est probablement le seul qui n'ait jamais changé d'idée. Il s'est acharné depuis toujours à conjurer l'expression, au Québec, d'un vouloir-vivre culturel global, qui inclurait le domaine politique. Selon lui, le destin de la culture du Québec se limite à s'intégrer docilement dans un ensemble politique pancanadien qui jouirait, lui, d'une priorité d'existence. C'est la vision fédéraliste. Au minoritaire gentil, soit celui qui accepte de jouer le jeu fédéraliste, on accordera une aide généreuse pour mousser une «culture» préalablement réduite à ses composantes artistiques et intellectuelles, comme la poterie huronne, la sculpture esquimaude, le *French sparkle* de la littérature québécoise. Pour être admis à jouer un rôle dans cette fédération de provinces, le Canadien français se doit de réussir brillamment, de percer, sur le modèle de Pierre Elliott Trudeau. Alors, écrit Trudeau dans «La nouvelle trahison des clercs», «les Canadiens français n'auraient plus à se battre pour imposer le bilinguisme: la connaissance du français deviendrait pour l'anglophone un *status symbol*, cela deviendrait même un atout pour les affaires et pour l'administration[60]». Si nous sommes encore loin du compte, c'est sans doute parce que nous n'avons pas encore «exorcisé» «notre diable d'engeance nationaliste[61]».

C'est à André Belleau encore que je dois d'avoir constaté le revirement majeur de *Cité libre* dans la seconde série de la revue, celle des articles publiés après 1960. Belleau a publié dans

Liberté (nº 153, juin 1984) — on retrouve ce texte dans *Surprendre les voix* — l'essai le plus pénétrant que j'aie lu sur la structure psychique et le destin politique du Québécois: «Indépendance du discours et discours de l'indépendance». Ce texte va au cœur de notre sujet car Belleau y contre-distingue la génération des «dignitaires» de *Cité libre* de la sienne; autrement dit, «l'Ancien Québec», «l'Ancien régime», le «Québec traditionnel» des «hommes de 1935-40» (Trudeau et Pelletier en tête) de ceux qui viendront après, à *Parti pris* comme à *Liberté*. Bien sûr, le texte de Belleau est sévère et passionné, c'est un essai. Mais on s'avisera aussi de sa rigueur intellectuelle: il se fonde sur l'analyse du discours de Pelletier dans «*Parti pris* ou la grande illusion» (*Cité libre*, avril 1964) et de celui de Trudeau dans «La nouvelle trahison des clercs» (avril 1962) et «La contre-révolution séparatiste» (mai 1964). L'analyse sémantique et discursive met à nu la volonté des aînés d'assimiler le discours des cadets au discours fasciste ou nazi, donc d'expulser le langage de l'autre, de l'enfermer dans la *prison* de l'indicible et de l'impensable (en attendant le texte de la Loi sur les mesures de guerre). Certes, on est loin du «dialogue» des années cinquante: plutôt, c'est «l'incapacité totale de faire droit à la parole de l'autre».

> C'est pourquoi — et je cite Belleau — le refus péremptoire, monologique, unilatéral que les ténors de *Cité libre* ont opposé au discours de l'indépendance formulé par les intellectuels plus jeunes — discours considéré comme inintégrable, à expulser tel un corps étranger — est un événement dont les conséquences idéologiques et historiques sont considérables. Le conflit inexpiable qui en résulta demeure la source du caractère intensément dialogique de la parole indépendantiste jusqu'à aujourd'hui.

Heureusement, cet interdit de discours a vécu, «l'intégration de l'idée d'indépendance dans le discours social québécois est un fait majeur»: «de ce point de vue, conclut Belleau, l'indépendance est déjà commencée».

À notre tour, concluons. L'aventure de *Cité libre* débouche sur la politique et le pouvoir. À la recherche d'un projet, la revue choisit de se rallier à la démocratie libérale d'Ottawa. L'aventure de *Liberté* est tout autre. Quoique la revue ne se soit pas gênée, à l'occasion, pour traiter de questions d'une actualité brûlante — témoin l'article de Belleau cité plus haut —, elle se tient volontairement à l'écart de tout parti pris idéologique. Son action intéresse profondément *le* politique, c'est-à-dire littéralement le destin de la cité, mais elle reste à l'abri de la politique partisane. *Liberté* est un lieu où rien de définitif n'arrive, où la porte reste toujours ouverte, selon le vœu d'André Belleau. Au moment où d'autres seraient tentés de céder à la tentation du québécocentrisme, *Liberté* s'adonne avec désinvolture à l'internationalisme. Enracinée au Québec depuis trente ans, la revue refuse pourtant de se porter répondante du milieu, elle tient jalousement à son intransitivité. Pour tout dire, *Liberté*, c'est un espace d'écriture: plutôt que de refléter banalement le milieu, elle inscrit dans ses textes sa singularité, en ouvrant la porte à l'expression universelle du désir et de l'angoisse. *Liberté* porte bien son nom.

CHAPITRE VI

Essais critiques sur l'écriture

Note liminaire

J'ai retenu aussi, pour leur rôle spéculaire, un certain nombre d'essais critiques, plus courts en général que les précédents. J'ai voulu m'en tenir à ceux qui comportaient une réflexion sur l'écriture, sur celle de l'essai en particulier. Ce choix n'a pas été facile. À peu près tout ce que j'ai écrit sur l'essai interroge le contenu à travers la forme de l'écriture; le souci de la forme finit toujours par affleurer. Mais il a bien fallu choisir…

Jean-Louis Major et l'exigence d'écriture

Hasard des livres? Jeu des associations? Au cours d'une lente relecture d'*Entre l'écriture et la parole*[1], de Jean-Louis Major, qui m'avait fasciné, j'ai entrepris aussi la traversée du roman de Francine Noël, *Maryse*[2].

Dans *Maryse* — dont je ne souligne ici qu'un aspect — l'institution littéraire se profile à l'arrière-plan ou même envahit parfois la scène: caricature loufoque de l'université, avec ses départements de «littérologie» et de «logologie», hantée par des professeurs démentiels, «logues» et «lacanogues» qui n'ont rien à envier aux médecins molièresques. Caricature? Voire. Quelque diable me poussant, j'ai assisté récemment à un colloque international sur le post-structuralisme. Or je jure que la réalité le dispute parfois à la fiction, et que tel «lacanogue» de la scène parisienne, posant, avec une fatuité démesurée, à l'exégète officiel de l'idole, m'aura semblé tout droit sorti de quelque fiction — tout comme certains analystes s'esquintant, dans leurs *ateliers*, à la «déconstruction» des textes...

L'importance creuse de cet intellectualisme saute aux yeux, dérisoirement, d'être mis en présence de la rare authenticité des carnets d'*Entre l'écriture et la parole*. Car Major c'est l'anti-fumiste par excellence: les «colères» de ce livre, rentrées ou sorties, prennent justement pour cible le faux-semblant, l'alambiqué, l'imposture, bref la littérature qui trahit l'écriture. Nul accommodement ici avec ces modes que l'institution, en occultant l'essentiel, se charge de promouvoir. Il en est tant, malheureusement, que l'asservissement à la *modernité* — «la mode qui se prend pour l'éternité», selon la formule incisive d'André Belleau — aura aliénés... Pas Major. Comment pouvait-on, dans les années soixante-dix, être assez réactionnaire pour s'adonner au diarisme, et, en pleine crise du sujet, malgré les vagissements du «parlêtre» et de la «machine désirante», s'entêter à inscrire dans un cahier: *J'écris*! Ni plus ni moins: un sujet, davantage: un «Individu»; une action pure, intransitive: écrire. Passe encore de s'en prendre à l'institution quand elle sanctionne une mode, passagère forcément. Mais contester le mythe même de la littérature! Car on n'écrit pas, sinon dans les formes approuvées. La littérature, c'est l'écriture qui *se range*, ou qui se laisse docilement enfermer dans les genres: c'est ainsi qu'on récupère cette étrange dissidence du langage, ou qu'on absorbe son inquiétante individualité dans la collectivité anonyme de l'institution littéraire. Ainsi circonvenue, séduite par l'auréole de la communication *at large*, couronnée par l'Académie, récompensée par les Goncourt et autres prix, vraiment *lancée* (dans les circuits de la mode), la littérature ne risque plus de déranger: affaire classée! La littérature, c'est l'écriture qui se donne *du genre*. Et pas n'importe lequel: n'est sacré *littéraire* que ce qui est admis au Saint des Saints de la Trinité: roman-poésie-théâtre. L'essai — fiction *sui generis*, mais fiction — arrive malaisément à trouver grâce auprès des arbitres du goût; des jurys savants le relèguent encore obstinément en vrac dans le hangar de la non-fiction... Quant au résidu: journal, fragments, carnets, etc., on le jugera recevable de la part d'un «créateur» chevronné, d'autant plus volontiers qu'il permet de réduire l'œuvre à l'homme comme-vous-et-moi...

Il est beaucoup d'écrivains authentiques, par exemple parmi les auteurs universitaires, qui sont gênés par l'étroitesse et la rigidité des critères reçus, et qui éprouvent tout de même l'exigence d'écriture. Mais le mythe alimente un tenace complexe d'infériorité:

> [...] me frappent encore une fois l'indulgence béate, la stupidité (au sens latin du terme) que manifestent les universitaires à l'égard des «créateurs». (p. 224)

Porte-parole plus ou moins inconscients de la littérature instituée, les auteurs de feuilletons critiques et même certains «créateurs» se réfèrent trop souvent avec indifférence, résignation ou mépris à la critique littéraire, sans s'aviser d'ailleurs des distinctions essentielles à faire entre le compte rendu, l'écrit théorique et l'essai critique. Très sommairement, à propos d'«un grand et fort beau morceau» de Péguy sur un poème de Hugo, Pierre Vadeboncœur décrète que «Péguy a posé là le principe d'un art majeur dans ce qu'on peut bien appeler un art mineur[3]». Ne serait donc admissible dans le cénacle de l'art critique que la prose d'un «créateur» commentant les textes d'un autre «créateur». Lui-même critique averti, Jean-Louis Major a bien discerné «les illusions des auteurs et le mépris qu'ils affichent pour certaines formes d'écriture et pour la critique en particulier» (p. 140). On comprend dès lors que, subjugués à leur insu par l'institution, et dans l'espoir d'obtenir leur «promotion» littéraire, certains auteurs universitaires se risquent à commettre un roman «sabbatique», sous peine de s'imposer un carcan formel qui les voue d'avance à l'échec.

C'est sous cet angle que le parcours intellectuel de Jean-Louis Major m'est apparu exemplaire. («Parcours intellectuel»: abstraction de cette formule qui prétend coiffer dix années [et plus], au cours desquelles à la fois l'écriture et l'être intime ont été passionnément mis à la question — la *passion* s'entendant ici autant, davantage même, de souffrance que d'amour ou de ferveur!) Voici, si jamais il en fut, un vrai «homme d'écriture». Il n'y a, à vrai dire, dans ces *Carnets*, au centre de ces *Carnets*, qu'un homme tenaillé par l'exigence d'écriture, laquelle permet seule d'accéder à l'«être-moi» ou l'«Individu» (positivité absolue de ce mot). Tout le reste (événements ou incidents, rencontres, menues choses, potins), qu'on verse d'ordinaire dans un journal intime, est périphérique ou carrément absent. Cet homme se restaure-t-il? (Il est loisible de le supposer.) Voit-il? (Comme il est sensible, admirablement, aux jeux de lumière du paysage!) Parle-t-il? (Il est professeur, c'est tout dire, et d'université, par surcroît.) Se définit-il comme homme de gauche ou de droite? (C'est du pareil au même.) Aime-t-il les Français? (Oui, Proust, Montaigne, Racine, Valéry, Mauriac, et quelques autres.) Mène-t-il, comme on dit, une «vie sociale»? (Je ne saurais décider ce qui, du mot ou de la chose, lui déplaît davantage.) Mais coupons court: tout cela, et le reste, qui compose l'humble exister vient se confondre dans le magma de l'inessentiel, ou mieux, devrais-je radicalement affirmer, s'abolir: «Hors de l'écriture, le temps n'est que le rêve de soi.» (p. 69) Et la lecture? Car il lit, beaucoup même, il ne saurait s'en passer. Mais il lit... pour écrire. Sans cesse il fait retour à ses cahiers, feuilles volantes, bouts de papier où il griffonne — d'une calligraphie échevelée, qui va à hue et à dia — des mots palpitants arrachés au silence. L'homme écrit, donc. Mais il doit bien écrire quelque chose? Cet intransitif est «menaçant»... Les *Carnets* renferment maintes ébauches de poèmes; on y a même tâté du roman: l'auteur n'y a pas trouvé son compte:

> En sa trente-cinquième année, il résolut d'écrire des poèmes. Il ne sut produire que de fades imitations. L'année suivante, il décida d'entreprendre un roman. Il écrivit une première phrase puis attendit. (p. 156)

Même ce discours universitaire dans lequel il est passé maître — analyse détaillée des textes, étude sémiotique des œuvres — semble dresser un écran entre l'écriture et lui. Ce qu'il lui faut, c'est une écriture qui soit en prise directe sur le réel vécu, qui se démarque de la parole savante aussi bien que des médiations de la trinité canonique. Aussi, paradoxalement, ce fervent de l'écriture a-t-il perdu foi en la littérature.

> Qu'est-ce que la littérature? Un produit d'embellissement. Comme la peinture, qui sert à la décoration. Mais la littérature permet parfois l'émergence d'une écriture qui, elle, ne coïncide pas avec la littérature. L'écriture n'apparaît pas que dans le cadre de la littérature, même si elle s'y manifeste parfois. (p. 195)

Décisive désaliénation, prise de conscience capitale, combien difficile libération du «cadre» institutionnel (l'université est justement là pour perpétuer le mythe)! La naissance à l'écriture ne peut venir que de la mort à la littérature.

Sur cette lancée, l'écrivain pouvait se tourner vers l'essai, qui inaugure la mort des mythes, aussi bien celui de la Littérature (conventionnelle) que celui de la Science (objective). Écriture de plein droit, fiction («littérature d'idées», dit-on justement), l'essai renonce pourtant aux médiations fictives courantes — mais c'est alors le sujet (construit) de l'écriture qui commande l'activité fictionnelle. Seulement l'essai, tel qu'il a évolué depuis les *Essais* de Montaigne, en disciplinant pour ainsi dire la forme proliférante et vagabonde du discours de Montaigne, s'est constitué en discours argumenté prenant en charge le vécu humain. Le foisonnement discursif n'est pas exclu en principe, mais, dans sa forme habituelle, l'essai en est venu à se fonder sur une argumentation, sur une parole ordonnée, fût-elle d'obédience rhétorique plutôt que logique. Or Jean-Louis Major a déjà maintes fois démontré, par exemple dans *Le jeu en étoile*[4], des dispositions certaines pour l'essai, tant l'essai introspectif, portant directement sur le vécu, que l'essai critique, où le *je* de l'écriture ne réussit à s'implanter dans son propre texte qu'au sein d'un corps à corps avec le texte d'autrui. Et cette première entreprise d'écriture a connu, quoi qu'en pense l'auteur, un succès indéniable: livres et articles se sont accumulés, les témoignages d'appréciation ne manquent pas. L'Académie même s'en est mêlée: ce serait la consécration, si on y croyait... Pourtant, *Entre l'écriture et la parole* révèle un profond désabusement face à l'œuvre accomplie en même temps que la même et toujours aussi lancinante exigence d'écriture:

> [...] écrire n'est jamais qu'un idéal se profilant à travers un non-écrire, à travers un inessentiel non-écrire... (p. 61)

J'aurais le goût de prendre la défense des essais critiques de Jean-Louis Major contre les attaques du diariste. Plus radicalement encore, c'est au secours de la critique *comme écriture à part entière* que je volerai, comme j'ai déjà commencé de le faire plus haut. Mais alors, on le verra, je ne ferai qu'enfoncer magistralement des portes ouvertes puisque mes arguments «décisifs», c'est dans *Entre l'écriture et la parole* que je les trouverai... Bien sûr, la critique n'a jamais pu s'introduire dans les processions de la Trinité instituée: en lui attribuant une simple fonction ancillaire, on l'a tenue à l'écart de l'Institution. Les critiques eux-mêmes, ai-je dit, ont intériorisé cette idéologie, et ils ont accepté de jouer ce rôle subalterne. À peine, depuis Thibaudet, s'est-on contenté d'opposer la critique ordinaire, soit la critique professionnelle plus ou moins universitaire, à la critique des «créateurs»; autrement dit, l'«art mineur» évoqué par un Vadeboncœur à l'«art majeur» du Baudelaire de *L'art romantique* ou du Péguy de *Victor-Marie, comte Hugo*.

Quelques distinctions me paraissent tout de même devoir être faites. Les écrits portant sur la théorie littéraire: réflexion sur les genres, analyse des discours, sémiotique, etc., donnent lieu à des études extrêmement éclairantes, mais ne relèvent pas, du moins en principe, de la critique, au sens précis du terme. Le *compte rendu*, comme on en trouve de nombreux exemples dans les journaux ou dans une revue comme *Livres et auteurs québécois*, si utile soit-il, ne ressortit pas non plus à la critique littéraire: il se contente d'ordinaire de décrire plus ou moins longuement une œuvre, sur le ton du rapport écrit, et à l'intention des lecteurs éventuels de cette œuvre, en assortissant ou non cette présentation d'une recommandation négative ou positive. Sans doute y a-t-il des cas d'espèce, mais ce qu'il importe de souligner, c'est que ni l'écrit théorique ni le compte rendu ne participent de l'écriture au sens que Major donne à ce vocable, tandis que l'essai critique, indéniablement, comme d'ailleurs tout essai, inaugure une écriture. L'admirable *Rousseau* de Starobinski tout comme le *Flaubert* de Richard ou *L'intérieur et l'extérieur* de Rousset sont vraiment «de la littérature sur de la littérature» ou «de la littérature au second degré». Je ne voudrais pas, en affirmant cela, privilégier hautainement la critique aux dépens des autres discours sur la littérature. J'essaie de rendre compte de l'expérience complexe de la critique dans sa quête de l'écriture. «La critique doit prendre, elle aussi, le caractère d'une libre invention, d'une exploration personnelle.» (p. 154) Major connaît mieux que quiconque les épreuves de la *traversée* critique:

> Dira-t-on à quel point l'écriture, lorsqu'elle se veut au service d'une autre œuvre, peut être difficile, et qu'elle n'est pas servitude. Elle exige qu'on traverse l'épaisseur d'une œuvre — il faut bien le dire — étrangère, pour s'y retrouver; que l'on s'acclimate à ce monde, malgré tout, lointain, pour s'implanter dans son propre texte. (p. 261)

Se mettre à l'écoute d'une voix «étrangère» tout en restant à l'écoute de soi. Habiter l'autre texte, inventer le sien. Et si l'autre parle et résiste, ne se laisse pas tout uniment apprivoiser, l'aventure est difficile mais, en définitive, gratifiante. Mais que faire lorsque, comme il arrive, c'est la *traversée du désert*, et que le critique, à la fin, tombe d'inanition, alors que cette métamorphose de sa lecture en écriture exige un puissant investissement personnel!

> Idiot de vouloir que mon article soit écriture. Je devrais me contenter de rendre compte d'un livre. D'arracher les phrases au silence me met en retard pour tout le reste. Qui même y lira une écriture? Je n'y puis rien, tout me devient exigence d'écriture... (p. 337)

Si sévère pour lui-même — impitoyable serait le mot juste —, ce critique éprouve parfois (rarement) devant ce qu'il a fait une satisfaction partagée:

> Dans *Le jeu en étoile*, l'étude ne devient écriture qu'en s'approchant de l'essai. Avec *Paul-Marie Lapointe I*, la critique atteint et justifie son statut d'écriture. (p. 286)

Mais la critique... Pleine écriture: il importait de le souligner, face à la rigidité des cadres, face à l'ambivalence même de l'auteur des *Carnets*, pourtant si lucide en ces matières. Mais la critique, comme le récit, s'encombre, si on peut dire, d'une médiation: en ce cas, l'œuvre de *l'autre*, qu'il faut honnêtement, patiemment explorer à fond pour lui rendre justice. C'est à la lecture-écriture que s'adonne le critique, soit à une lecture qui exige de déboucher sur l'écriture (sinon elle avorte dans le compte rendu). Or une utopie habite notre auteur, conférant à ce livre, malgré le morcellement inhérent au diarisme, son unité organique. À vrai dire, cette fragmentation du texte, plus fidèlement que la continuité artificieuse d'un récit autobiographique ou même d'un essai, obéit à la démarche capricieuse de ce parcours individuel tourmenté. Continuité il y a, projet, approfondissement d'être — dont, à travers blancs et ruptures, on distingue peu à peu le profil hésitant. Cette utopie, insistante comme une obsession: court-circuiter toute médiation, s'inventer une écriture totalement sienne, proliférante, comme le trop-plein de l'élan vital, compagne. Mieux: doublure du vécu; je pense à ce «vécrire» du *Salut Galarneau!* de Jacques Godbout, auquel Jean-Louis Major, analyste fasciné, a consacré dans *Le jeu en étoile* une étude virant à l'essai.

Car ce n'est pas tout, l'autonomie individuelle retrouvée, de faire table rase des genres canoniques: reste à inventer une forme personnelle d'écriture. S'il y a une histoire (un drame) dans les *Carnets*, c'est bien celle de cette tumultueuse relation quotidienne (nuit comprise) avec l'écriture. Paradoxe: voici un professeur notoirement au fait de la méthodologie critique de pointe, et dont les cours sont pensés, organisés, voire même rédigés; ce spécimen assez rare éprouve pourtant, comme bien d'autres, mais avec une intensité particulière, les affres de l'écrire. Il travaille souvent — nous en sommes tous là — «sur commande»: comment alors mobiliser l'enthousiasme requis pour que l'écriture coule vraiment de source? Heureusement, l'enthousiasme vient vite à un tel lecteur, pour peu que les textes proposés *existent* (ce qui, hélas, ne va pas de soi): et alors s'amoncellent les notes prises à chaud, vivement, comme en se jouant. Mais sonne l'heure de la redoutable épreuve «syntagmatique»... Tâtonnements. Piétinements. Impatiences. Nuages de fumée (de pipe).

Et cette envie d'envoyer valser dans le paysage, avec les oiseaux, toutes ces feuilles volantes! Que faire de tant de notes vives, témoins d'heureux moments de sensibilité, mais si disparates, amorçant chaque fois un nouveau départ de l'écriture? Réponse attendue (du Professeur): faites un plan, classez, puis adonnez-vous à l'écriture... Mais, à tout ordonner ainsi, j'ai perdu la ferveur de l'élan initial. La pensée «prend», oui, mais comme feu ou comme glace? (p. 40)

Ce drame de la méthode n'est pas propre à cet auteur. Pour chaque critique le problème se pose de trouver le «ton» fondateur d'un essai, l'écriture exacte qui fonde ensemble tant de notes diverses. Mais ce problème, l'auteur des *Carnets* le vit sur le mode aigu parce que c'est justement son style d'écriture qui est ici directement en cause, comme il en prendra conscience au cours de ce livre. Après une citation de Marguerite Yourcenar, il note:

> Copié et recopié cette phrase en me demandant comment je l'aurais écrite, comment j'en aurais formulé la suite, une fois tel mot posé; me rendant bien compte que l'écriture de Marguerite Yourcenar a un glacé, une élégance intellectuelle dont je suis bien éloigné. (p. 95)

Et pour cause! À rebours de ce «glacé», de cette «élégance intellectuelle», l'écriture propre à ce diariste c'est l'éruption émotive, le trait de flamme et de lumière, le fragment brûlant ou le raccourci qui fiche vivement l'idée dans l'esprit. L'essai critique, on l'a vu, ne s'édifie que dans la dialectique difficile de la distance et de l'identification: trouver le ton juste, dans ces conditions, représente l'art unique auquel bien peu atteignent. (Il est combien plus facile de verser dans l'impressionnisme, ou, à l'inverse, dans le compte rendu, même savant.) Mais on comprend que le tempérament de ce diariste s'accommode particulièrement mal de toute distanciation. L'écriture, chez lui, exige d'être en prise directe sur l'être:

> Écrire dru, serré. Comme un souffle dur, haché. Écrire avec une idée fixe. Une idée qu'on ne lâche pas, qu'on tourne et retourne, une idée qui ne nous lâche pas, une idée qui s'est

> mise à la place de tout le reste. Écrire comme on est. Écrire comme on est au plus vrai de soi. Écrire pour rejoindre ce qu'on a de plus vrai, pour s'accorder au rythme qu'on entend, toujours le même, quand on n'écoute qu'en dedans. (p. 247)

Et c'est bien pourquoi la grande *invention* (à la fois découverte et création) de ces *Carnets*, *(sur)prise* de conscience capitale au terme de ces dix années (et bien davantage) d'écoute intérieure, est-elle cette forme d'écriture enfin totalement *individualisée*:

> La forme pratiquée ici — journal, carnets, fragments? — serait-elle la seule qui me convienne? N'est-ce pas celle à laquelle je m'adonne — et m'abandonne — avec le plus de facilité, avec le plus sûr plaisir? Serais-je l'homme des écrits intimes? La forme en est une de l'être, tout autant que de l'écriture. (p. 361)

Utopie, ai-je écrit plus haut, pour désigner cette quête intense, ininterrompue d'un écrire donnant accès à l'unicité d'existence. Mais ayons soin de charger le mot *utopie* d'une entière positivité, celle de cet horizon de sens et de liberté qui échappe à l'inerte *idéologie* où s'enlisent nos vies. Un homme n'en peut plus de fouler servilement avec les autres les sentiers battus du *conditionnement* (plus psychique que physique), de se laisser abrutir par la parole des modes et propagandes. Cet homme n'est ni hautain ni méprisant pour autant. Bien au contraire, c'est à lui-même qu'il s'en prend d'abord, sans pitié. C'est lui-même tout le premier qu'il refuse, ce *personnage* qui doit trop souvent s'arracher à ses cahiers pour aller jouer le rôle convenu, prendre la «parole» à son tour dans le «dialogue» bien rodé de la communication attendue... (Au moment où j'écris ces lignes se déroule la foire de l'investiture libérale où les paroles, gonflées du sens prescrit, s'envolent allégrement comme les ballons de la fête...) Comment peut-il se laisser ainsi aspirer par cette collectivité sans visage qui tue chaque jour des milliers d'humains, empoisonne l'environnement, consacre des milliards à préparer la guerre des étoiles et l'autodestruction? Y aurait-il quelque part un havre de paix où la parole fût tout à fait rencontre et ressourcement? L'université, peut-être, que l'adolescent passionné de lecture et de connaissance avait idéalement imaginée comme une sorte de monastère fraternel où les hommes vaqueraient librement à la recherche de la Vérité... Mais, happée par le Système, l'université s'est muée en usine à diplômés, avec syndicat et relations publiques à l'avenant. Le «personnel enseignant» — où l'unicité individuelle se dissout dans le «groupe» — poursuit ses recherches sous la surveillance d'administrateurs sourcilleux, qui gèrent le *curriculum vitae* d'un chacun en évaluant la rentabilité des entrées: carrière oblige, cherche mais trouve, publie ou péris! Le risque est grand lorsque, avec la bénédiction de l'université, on s'est engagé à fond dans la *carrière* où l'on peine à se tailler... une réputation, le risque est grand, dis-je, de se transformer insensiblement en monument. Écœuré, l'homme se détache de cette collectivité absurde, rentre chez lui et, face à ses cahiers, s'adonne à l'unique recherche qui le mobilise à fond en lui permettant enfin de rejoindre le plus vrai de lui-même, le seul vrai. «Nous travaillons, écrivait Lautréamont, à conserver cet être imaginaire qui n'est autre que le véritable[5].»

> Qui a choisi d'écrire se sépare. [...] Choisir d'écrire, c'est choisir d'exister à contre-courant, hors-courant; c'est choisir de mener à ses limites le besoin d'être unique, dissemblable... (p. 41)

> Se recoupent mes exigences en littérature et la quête de soi [...] n'est-ce pas le destin de chacun que d'accorder peu à peu sa vie à ce qu'il reconnaît de plus vrai en soi? (p. 109)

Parvenus «à l'orée de l'écriture» (p. 147), redoutable et fascinant domaine, seuls les écrivains absolus franchissent le pas qui dégage enfin «l'être-moi» compromis dans le babil de la parole, ou mieux dans le *parlement* dérisoire où se dévoie toute parole authentique.

> Privilégier l'écrire, c'est instituer une morale et une métaphysique. Je le sais. Mais privilégier la parole, c'est aussi instituer une morale et une métaphysique. Entre les deux, je

> choisis. Je sais que mon choix ne peut avoir valeur collective. Je le sais et choisis encore. (p. 186)

Rares «Individus»: au Québec, par exemple, où trop souvent la volonté d'affirmation individuelle a été détournée au profit de la «parole» collective, je pense, en dépit de ses défaillances langagières, à ce Saint-Denys Garneau, rêvant, dans la solitude de son manoir, à l'écriture absolue — sur fond de mort... La mort est omniprésente aussi dans *Entre l'écriture et la parole*, horrible et familière instance, comme l'arrière-plan de tout. Le culte de l'écriture ne serait-il aussi exclusif, aussi excessif, que parce que l'écriture est vue dans l'absolu, depuis l'absolu, du point de vue de la mort? Mots arrachés au silence: vie arrachée à la mort. C'est ainsi que l'écriture est véritablement devenue l'essentiel. Le lecteur s'étonnera peut-être de voir prononcer un refus aussi global, inscrire une dissidence aussi totale face non seulement aux normes de l'institution littéraire mais à celles de toute parole constituée (les mêmes, au fond), rompre radicalement et édifier autour de soi une «muraille» de solitude et de silence. Éternel malentendu entre l'homme *du juste milieu* et «l'homme d'écriture»! Les *points de vue* sont inverses: depuis l'absolu de la mort et de l'idéal, l'homme d'écriture ne saurait éprouver que *spleen* devant la désespérante contingence du réel, tandis que l'homme (dit) «normal» ne peut que réduire l'art à la triste mesure de cette réalité misérable, comme en témoigne un certain léché «réaliste», «produit d'embellissement», «art mineur» à coup sûr, cette fois!

Tour d'ivoire d'un hautain retranchement? Surtout pas, car, en profondeur, écrire c'est «ce geste par lequel un individu exclut tous ceux qui l'entourent, pour mieux les rejoindre» (p. 164-165). Certes, on n'entend pas, dans les *Carnets*, les accents du généreux lyrisme fraternel d'un Brault — dont pourtant, c'est hautement significatif, l'auteur se sent si proche. Secrète complicité, qui vient sans doute de ce que, bien au-delà des simagrées de la sociabilité, la nostalgie d'une profonde solidarité humaine hante ces pages: peut-être en percevra-t-on le sourd appel déchirant pourvu qu'on accepte de se mettre à l'écoute d'un «être d'écriture» qui a choisi sans compromission de rallier en soi l'Individu, témoin jaloux de l'essentiel.

Une étude magistrale sur l'essayistique

Il est plus facile de railler le «jargon» de la théorie littéraire que de mettre la main à la pâte et d'essayer d'y voir clair. Sans doute règne-t-il encore en ce domaine un certain confusionnisme à cause des multiples emprunts faits par les théoriciens de la littérature au vocabulaire des sciences humaines — linguistique, psychanalyse, sociologie, etc. — dont l'apport est devenu indispensable à l'étude du fait littéraire. Pour Marc Angenot, l'objectif le plus urgent du chercheur serait de fixer les significations des termes: dès 1972, il publiait un *Glossaire de la critique littéraire contemporaine*[6]. Cette rigueur sémanticienne porte tous ses fruits dans *La parole pamphlétaire*[7], où se manifeste encore cette conviction que le discours théorique comme le discours critique exigent un ajustement lexical serré. Certes, si on considère l'ampleur du corpus étudié, les vastes perspectives littéraires, philosophiques, socio-culturelles qu'il découvre, un livre aussi substantiel va bien au-delà d'une étude de *mots*. Mais je tenais à souligner, justement, que voici un auteur qui *ne se paye pas de mots*, qu'un «penchant [...] à la suspicion» (p. 13) incite à soigneusement définir les concepts clés de son discours. Témoignent de ce souci caractéristique les diverses «Annexes» de ce livre: un panorama chronologique du corpus; une étude étymologique du mot «pamphlet» et autres genres affiliés; un examen des principaux *lieux communs* d'Aristote, illustrés d'exemples modernes; une bibliographie de pamphlets représentatifs du genre ainsi que d'ouvrages théoriques pertinents. Le lecteur exigeant pourra regretter l'absence d'un index des mots importants, vu la qualité du déchiffrement sémantique, et aussi d'un index des noms propres dans un volume où abondent les références culturelles.

Cette dernière remarque m'amène à signaler les dimensions imposantes du cadre chronologique: un siècle de pamphlets, de mai 1868 (date du premier numéro de *La Lanterne* d'Henri Rochefort) à la contestation culturelle de mai 1968. Les très nombreux exemples d'où l'auteur a tiré sa typologie du pamphlet proviennent donc d'un corpus énorme où l'on retrouve des écrivains comme Bloy, Zola, Péguy, Benda, Bernanos, Berl, Céline, Sartre, Clavel, et bien d'autres. Ce corpus englobe même des textes parus hors de l'Hexagone: en Belgique, en Suisse, au Québec. Professeur à l'Université McGill, directeur d'un numéro spécial de la revue *Études littéraires* (août 1978) sur le pamphlet, Marc Angenot pouvait se référer en connaissance de cause au corpus québécois; dans la bibliographie, on trouve quelques œuvres d'Olivar Asselin (pourquoi pas l'excellent Jules Fournier?), Pierre Baillargeon, Paul-Émile Borduas, Arthur Buies, Jean-Paul Desbiens, Claude-Henri Grignon, Jean-Charles Harvey, Jean Marcel, Pierre Vadeboncœur, Pierre Vallières, assez représentatifs, je crois, de notre tradition pamphlétaire. Toutefois, il est permis de se demander si les quelque cinq citations noyées dans la masse des exemples cités suffisent pour affirmer que «les textes parus au Québec ont été fréquemment mis à contribution dans ce livre» (p. 371)...

Mais passons. Ce qui importe, c'est la riche synthèse théorique réalisée par l'auteur, laquelle, bien au-delà de la *parole pamphlétaire*, vise à la constitution d'une véritable *essayistique*, selon le terme allemand, englobant toute la prose d'idées.

À vrai dire, c'est la première démarche — taxinomique — de l'auteur qui m'a paru la plus discutable. Disons, pour l'instant, qu'elle détermine une typologie (p. 27 à 56) regroupant le *pamphlet* flanqué de ses satellites: la polémique et la satire, pour les distinguer de l'*essai*, dit «littéraire», subdivisé en «essai-diagnostic» et en «essai-méditation». Je reviendrai sur cette taxinomie, claire, sans doute, dont la valeur heuristique a été éprouvée (cet ouvrage en témoigne), mais qui ne me paraît pas assez résister à la confrontation avec les textes mêmes.

L'étude de la *thématique* du pamphlet rassemble les traits caractéristiques ou les invariants du corpus; ceux-ci correspondent à «une certaine manière d'instituer une image de l'énonciateur, de son adversaire et de son destinataire (problématique) dans un champ imaginaire des antagonismes sociaux» (p. 67-68). Très concrets, ces thèmes permettent de tracer une sorte de portrait-charge du pamphlétaire: sujet plein (ou qui *s'imagine* tel), homme libre (croit-il et croit-on), ce soldat de la plume s'hypostasie à la Vérité par une prise de parole (dire, c'est faire) que le délabrement d'un monde déchu a rendue urgente, vitale. Nullement mandaté, sinon par l'évidence du Vrai dont il est le seul dépositaire, ce «chevalier à la Triste Figure» (ou cette Jeanne d'Arc obsédée par ses voix) dénonce le scandale d'un monde voué à la perdition au sein d'une imposture généralisée qui aura réussi à travestir le visage même de la Vérité! Mais cette parole, hélas, vient trop tard. L'âge d'or des Valeurs a vécu, et le monde «moderne» se meurt: on n'a plus d'yeux pour voir ni d'oreilles pour entendre. Le message désespéré du pamphlétaire ressemble donc à la bouteille-à-la-mer, mais, fût-on seul à avoir raison, et victime d'une conspiration universelle, on se doit quand même d'écrire et de «gueuler» la Vérité: «Je ne m'en tairai jamais», clamait le prophète Péguy.

L'approche *sémantique* révèle la rigidité d'une telle pensée, forcément courte, violente, totalisant le monde dans la «toile d'araignée des concepts» (Nietzsche). Comme toute idéologie, elle actionne les mécanismes d'une simplification plus ou moins grossière: le «couple axiologique» (p. 117) dresse l'un contre l'autre ce que Jacques Ferron appelle «le bon et le mauvais côté des choses». Toute valeur sécrète son anti-valeur: cette forme de «pensée antithétique» — mystique *vs* politique, spirituel *vs* temporel, ordre *vs* désordre, peuple *vs* bourgeois —, avec la tension inhérente à une discursivité systématique bipolaire, réactive chez le polémiste l'instinct de la croisade. Autre simplification, qui donne carrément dans le terrorisme intellectuel: «l'amalgame» ou le «concept synthétique». L'agressivité trouve à se défouler en se mettant sous la dent un bouc émissaire chargé de tous les péchés imaginables: «le moderne», «l'américanisme», «le bourgeois», «le juif», «l'intellectuel», etc. Ou bien, changeant de signe, elle se mue en fascination pour une idole ou une valeur mythique: «le Peuple», «la Mission de la France», «l'Enfance», «la Langue gardienne de la Foi», etc. Un conceptualisme aussi sommaire déterminera évidemment chez l'écrivain la polarisation axiologique de certains mots clés (voire mots fétiches) dont le dynamisme tantôt positif tantôt négatif irradiera dans l'ensemble du discours.

À mon avis, le chapitre le plus neuf de cet ouvrage est celui qui traite de la dialectique et de la topique particulières du pamphlet — de tout essai, en fait. Ce dernier relève de la fiction — on commence à s'en douter —, mais d'une fiction *sui generis*, de nature *idéelle*: il s'agit littéralement, pour une fois, de *littérature d'idées*. Ainsi la différence spécifique de l'essai consiste-t-elle dans l'*argumentation* particulière (*singulière* souvent) que suit le parcours discursif. Cette argumentation n'a souvent pas grand-chose à voir avec une démonstration; elle n'a rien de scientifique ni d'autocritique: elle se contente, surtout dans le cas du pamphlétaire, d'aligner des enthymèmes, soit des énoncés lacunaires par définition, des jugements où ce qui est dit explicitement (ou posé) s'appuie sur un non-dit (ou présupposé) comme sur le principe et fondement de l'ensemble du propos. (Le non-dit, dans certains pamphlets particulièrement virulents, peut dégénérer en *indicible*...) L'intérêt principal de la recherche d'Angenot, m'a-t-il semblé, c'est d'avoir mis en lumière la portée exacte des propos d'Aristote sur les «lieux communs». Les disciples et les exégètes du Stagirite, relayés par la nombreuse postérité des professeurs de Rhétorique, ont banalisé à qui mieux mieux cette topique en la réduisant à la célèbre collection des clichés destinés aux discoureurs et dissertants en panne d'inspiration. En réalité, le projet d'Aristote visait le «dévoilement de l'implicite régulateur des discours» (p. 163), ce qui est autrement profond et autrement intéressant pour qui scrute la nature de l'argumentation chez l'essayiste. Le philosophe grec faisait donc œuvre de précurseur; il inaugurait une enquête féconde sur la sémantique de la *présupposition*, poursuivie par les logiciens d'Oxford et des chercheurs français comme O. Ducrot et R. Zuber. L'analyse présuppositionnelle montre que l'implicite ou le non-dit, ciment du discours argumentatif, fait vraiment corps avec la signification littérale des énoncés. Angenot prolongera cette enquête en reliant la présupposition à l'idéologie et en démontrant ainsi comment «les notions de présupposé, de *topos* et de maxime idéologique s'appellent l'une l'autre et constituent les fondements d'une critique du discours social» (p. 172). L'analyse du non-dit met à nu l'essentiel du texte: c'est, du moins, ce que tendrait à démontrer (p. 322-336) la lecture fouillée d'une page de *Notre jeunesse*, où le caractère équivoque des positions impensées du pamphlétaire ne manquera pas de faire frémir certains dévots de l'Amitié Charles Péguy...

Le langage de l'essayiste — et, *a fortiori*, celui du polémiste et du pamphlétaire — est naturellement (si on peut dire) performatif: la parole s'entoure d'une mise en scène qui aura recours à toute une panoplie de procédés rhétoriques. Il ne s'agit que de «la modulation superficielle du discours» (p. 235), mais la virtuosité rhétorique, dans un discours régi par l'humeur et le *pathos* autant que par l'argument, permet de ménager ses effets de sens. Il était donc indispensable d'examiner et d'illustrer copieusement toutes ces figures de l'assertion, du contraste, du paradoxe, de l'agression, de la discordance métalogique, du dialogisme, qui «émaillent» l'éloquence (et souvent la grandiloquence) de ce discours.

Restait à observer la rencontre, dans la stratégie globale du pamphlet, de la dialectique lacunaire déjà mentionnée avec tous ces ornements rhétoriques. Résultat prévisible: un texte «humoresque», un discours argumenté transformé en spectacle, et dont la visée essentielle est d'envelopper l'allocutaire dans une ambiance pathétique.

En conclusion, l'auteur propose un bilan critique de l'ensemble de sa recherche: deux citations souligneront le rôle démystifiant de la lucidité. Notons que, dans la première, les pamphlétaires se voient affublés de ces capitales qu'ils affectionnent tant:

> Toute culture se donne probablement des Énonciateurs de Paradoxes: leur principal avantage est que leur hétérodoxie n'est qu'apparente: ils prennent le *contre-pied* de la *doxa*, ce qui revient à dire qu'ils demeurent dans la mouvance de celle-ci. (p. 339)

Qu'adviendra-t-il de tous ces Don Quichottes et de leurs Valeurs bafouées?

> Il se peut que nous assistions aujourd'hui à la «mort» de ce modèle polémique dont Bloy, Péguy, Bernanos, Berl ont successivement fourni le modèle et dont les Jean Cau et les Maurice Clavel seraient parmi nous des représentants «attardés»; il est possible qu'au modèle du *quidam* pourvu d'un mandat dénonciateur, attaché à des formes de pathos et d'éloquence dépassées, un autre type institué de «critique radical» (car la critique véritable se passe par définition de

> modèles) vienne se substituer, appuyé sur le prestige d'un savoir technique et non plus sur les vérités de la bonne foi et du courage individuel. (p. 320-321)

Pour terminer, trois observations.

1. Je vois mal (pour l'instant) comment le «discours du savoir» pourrait relever du «discours enthymématique». En effet, le discours scientifique m'apparaît une opération référentielle rigoureuse qui s'oppose — du moins, en principe — à la condition lacunaire du discours enthymématique. En présence des textes, il m'apparaît difficile de ne pas contre-distinguer, eu égard à la nature de la démonstration, la *thèse* et l'*essai*, ou encore le traité d'algèbre et *Les insolences du Frère Untel.*

2. Autre problème d'ordre taxinomique: la frontière établie entre l'essai-diagnostic et l'essai-méditation, d'une part, et les formes du «discours agonique» — polémique, pamphlet, satire —, de l'autre. Cette typologie a l'avantage de la clarté: toute la littérature dite de combat se trouve ainsi nettement circonscrite. Mais, face à des textes précis, encore une fois — la notion de *genre* est décidément d'un maniement délicat —, je rencontre la *polémique* comme un des registres possibles de l'essai: comment la *littérature d'idées*, marquée par définition au coin de la subjectivité, même si l'énonciateur affecte de s'effacer, pourrait-elle en fait se passer du *choc* des idées? Des marques irrécusables signaleraient *Les deux royaumes*, de Pierre Vadeboncœur, comme un «essai-méditation», et pourtant, de vastes expansions polémiques manifestent que l'auteur de *Lettres et colères* a encore toutes ses griffes... D'autre part, Angenot compare la «conviction modérée» du polémiste au «tout ou rien» (p. 41) du pamphlétaire; la «différence d'intensité» (p. 21) permettrait de décrire le pamphlet comme une forme démesurée, outrée, de la polémique. Ce qui semblerait corroborer l'énoncé suivant: on peut distinguer, dans le genre littéraire de l'essai, un registre cognitif («essai-diagnostic»), un registre introspectif («essai-méditation»), mais aussi un registre *polémique.*

3. Enfin, je me permets moi aussi un mouvement de «suspicion». L'auteur se montre très critique à l'égard de tout ce qui pourrait avoir quelque relent d'idéalisme, de spiritualisme, d'esthétisme. Son ardeur sémanticienne, de même que le recours

constant aux guillemets distanciateurs, me paraissent un indice de cette volonté de juguler le «trémolo idéaliste» (p. 135). «Tout système idéologique aboutit [...] à poser des verrous...» (p. 113): il est donc légitime de dénoncer la «fausse conscience» pervertie par les Valeurs ou contenus axiologiques traditionnels. Tâche énorme, si je comprends bien: ce serait l'ensemble des opérations discursives de l'Occident qui seraient compromises par des philosophes réactionnaires d'obédience aristotélicienne. Il faudrait tout repenser suivant d'autres catégories. La coupure épistémologique séparerait les philosophies de Nietzsche, Hegel, Marx, des systématisations dépassées. Ce n'est qu'à partir d'une épistémologie radicalement critique, aboutissant à «l'extraction des présupposés», qu'on pourrait proposer enfin des pensées rectifiées. On entrevoit ainsi l'ère nouvelle (l'âge d'or?) de la virginité idéologique... Vision exaltante, peut-être, si elle pouvait dissiper le doute. De quel intérêt, en définitive, est l'étude des textes littéraires, «belles» machines à signifier, s'il faut postuler l'inanité des contenus? Et si la virginité idéologique n'était que le masque scientifique de l'Utopie?

On le voit, cette typologie des discours modernes, aussi attentive aux présupposés idéologiques des textes qu'à leurs énoncés explicites, pose à la critique littéraire des questions fondamentales.

Écrire pour entendre enfin sa voix

Il y a longtemps qu'une lecture ne m'a aussi profondément remué. Au point que, balançant mes soucis d'universitaire pressé (par le «père» tyrannique de la Recherche), je me suis installé confortablement à *La table d'écriture*[8] et, à l'exemple de Philippe Haeck, lecteur des *Chroniques souterraines* de Lise Harou, «pressé par rien d'autre que la vie j'ai lu son livre tranquillement durant tout ce mois...» (p. 219).

Réglons son compte à la disparate (apparente) de ces essais qui courent de 1973 à 1983. Il n'en est rien, en réalité: qu'il s'agisse de l'enseignement de l'écriture, de l'aventure personnelle de l'auteur dans les «lieux de l'écrire» québécois, des nombreux essais critiques du livre, et, en particulier, des «forces liantes» irradiées par certains hommes et certaines femmes (mentionnons, entre autres, Patrick Straram le Bison Ravi, Victor-Lévy Beaulieu, Jacques Ferron, Hélène Cixous, Madeleine Gagnon), lesquels ont permis à l'auteur d'accéder aux «certitudes touchées» de la fin de l'ouvrage — c'est toujours la même *voix* qu'on entend, lovée dans l'écriture. Et de plus en plus juste, avec le passage des années, de plus en plus d'accord avec le vécu, au prix de cet exigeant «roman d'apprentissage» que ne doit pas faire oublier le bel appétit de vivre de l'auteur!

> Maintenant tu connais les quatre brins de la corde du langage: il y a le discours et au milieu la parole, il y a l'écriture et au milieu la voix. Le discours et l'écriture sont les bords, plusieurs s'en contentent ne découvrant jamais leurs sources: la parole et la voix qui sont les milieux. (p. 30)

De cette voix je ne dirai pas — dans la mouvance de l'institution littéraire — qu'elle est originale, inimitable, supérieure, etc.: ce serait fausser la vision, le propos de Philippe Haeck; autrement dit, commettre un fameux contresens tout en donnant dans la «névrose de dépassement» du psychanalyste Bigras (p. 223-240). Je dirai plutôt, sans fioritures, qu'elle est *une voix de la vie*. Affirmation banale, à première vue; qui, à *La table d'écriture*, devient prégnante, éventuellement énorme, «haeckcentrique» (p. 61) — de quoi ameuter toute la Théorie —, mais je n'en démordrai pas: quoi que je *sache* de «l'impossible réalisme», c'est l'accent même du vécu que j'entends dans ces textes, la «pomme de vie [...] de bonté [...] de joie...» (p. 255) qui me fait saliver et que je croque.

Livre frais, donc, tout en jeux, jus et fantaisies, comme une enfance retrouvée: dès le début, sous ce rapport, il m'a fait penser à Saint-Denys Garneau (ces affinités n'excluant pas la différence spécifique sur laquelle je reviendrai). Même authenticité de l'aventure *poéthique*, celle d'une rencontre avec les mots qui soit indissociablement rencontre avec la «viemort». Intrigué — car j'avais en mémoire un article fracassant: «Naissance de la poésie moderne au Québec[9]» où Garneau en prend pour son rhume! —, je suis retourné lire ce texte dont la raideur m'avait choqué.

Accompagnement de Saint-Denys Garneau et *Marine* d'Anne Hébert y sont mis *grosso modo* dans le même sac. «[...] l'auteur est plus angoissé par son moi que par son métier»: incroyable mais il s'agit d'Anne Hébert! Quant à *Accompagnement*, ce poème est classé tantôt comme «prose didactique» tantôt comme «texte de journal intime», d'ailleurs intéressant comme témoignage (daté); mais, sur le plan de l'écriture, ce n'est que du «langage habituel»; aucune «transformation de langage», d'où «valeur poétique [...] presque nulle». Que Philippe Haeck ait pu juger qu'il n'y avait pas chez ces deux poètes, contrairement à ce qu'il apprécie chez Grandbois et Paul-Marie Lapointe, ce «patient travail sur le langage» réclamé par Ricardou me paraît carrément une erreur de lecture. Mais c'était là du Haeck première manière, monté contre ses «pères», manieur agressif de grilles théoriques dont il est bien revenu, c'est lui qui l'affirme à plusieurs reprises (p. ex. p. 61, 336, 338). Si j'ai souligné ce premier état d'une pensée critique qui n'a cessé de se renouveler, ce n'est pas pure malice. (Je serais d'ailleurs malavisé de jeter la pierre à Haeck, ayant moi-même à me reprocher d'avoir trop lu le *Journal* et les *Lettres* de Garneau à la lumière de la mesquine «normalité» psychique dont un Jean Le Moyne s'est fait le prédicateur: cette lecture paternaliste passe tragiquement à côté de l'essentiel, comme l'a manifesté le profond essai d'Yvon Rivard, «Qui a tué Saint-Denys Garneau[10]?») Mais je tenais aussi à souligner que le ton tranchant de cet article ne réussit pas à étouffer une *voix* qui s'est donc fait entendre bien avant *La table d'écriture*:

> La modernité est ce caractère qui nous révèle une œuvre: quelque chose de neuf, une espèce de fraîcheur qui anime toute la littérature, ce je-ne-sais-quoi qui nous empêche de brûler notre bibliothèque parce que chaque livre semble nous promettre cet air frais dont nous avons besoin pour vivre[11].

«Vivre» pleinement, goûter la vie, en jouir — et non pas seulement «tenter de vivre», comme Valéry, ni surtout *choisir la mort*, comme Saint-Denys Garneau. Sous cet angle, les voies de Garneau et de Haeck sont inverses; ces deux-là appartiennent à des familles d'écrivains radicalement différentes; Haeck se réfère souvent, c'est significatif, à la lignée Freud-Nietzsche-Marx, alors que Garneau était aux prises avec le spiritualisme désincarné de *La Relève*. Yvon Rivard rétorquera que ça n'explique que «la couleur de l'encre», et il a raison *dans l'absolu*; il me paraît néanmoins que l'influence des «pères» est marquée dans l'œuvre de Haeck. Garneau, pour sa part, est de la race de ces écrivains absolus qui errent à l'ombre de Mallarmé (et de Blanchot): il n'y a que l'Œuvre et son espace; autour, c'est le vide, le néant, la mort. Je reconnais le même engagement entier, pur et dur, dans *Entre l'écriture et la parole*, de Jean-Louis Major. Ou dans le «projet mallarméen» de Nicole Brossard, pour reprendre une expression de Pierre Nepveu[12]. La réaction (nuancée) de Philippe Haeck face à l'œuvre de Nicole Brossard m'a paru éclairante:

> [...] j'ai relu *Suite logique*, *Le centre blanc*, et j'y ai vu un vertige avec au centre le vide ou la mort: cela ne m'a guère plu parce que trop semblable au discours religieux qui sacrifie la vie au profit d'un absolu innommable. [...] Quand je dis cela je ne dis peut-être pas sa vérité mais la mienne: ma crainte du vide, du rien, de l'innommable, du désert. Je sais que le vide existe, ne serait-ce que par la mort qui m'attend, [...] mais j'aimerais bien qu'on en sorte, qu'on ne s'y complaise pas, qu'on travaille à nommer la vie, à lui frayer un chemin dans nos histoires, à faire de nos vies le paradis tout de suite. (p. 101)

Rien de plus anti-garnélien, sous ce rapport, que la «poéthique de la modernité» de Philippe Haeck. Il n'est pas question d'évaluer; il y a bien des demeures dans l'écriture; on ne peut qu'*être d'accord* ou non, au sens musical du terme, c'est tout.

Poéthique, donc: pour prendre résolument ses distances vis-à-vis de la *poétique* intellectualiste des années soixante, ce «discours critique parisien dernier cru» (p. 336) qui avait d'abord subjugué l'essayiste. À rebours de cette «mort déguisée en science» (p. 338), Haeck éprouve l'«envie de risquer que notre parole rejoigne notre vie» (p. 48) et il finit par toucher la certitude d'écrire «la vie qui vit vive» (p.60). Je sais bien que l'ordre du langage implique nécessairement la pensée, que le réalisme est une illusion; mais cet écrivain me paraît littéralement réussir à faire trembler la vie. «J'écris cru, je ne crains pas les références à la vie quotidienne», notait-il déjà dans *Polyphonie*[13]. Cette poéthique se détourne de la complaisance morbide dans l'existence passive, «merdique», qui s'étale dans *La nausée* ou *Le libraire*; elle parie pour la santé et la jouissance de «cet écrire qui rit dans la langue» (p. 47) parce que des «liens» se forment «entre le geste d'écrire et celui de devenir libre» (p. 17). Est-il possible que la critique, comme au temps du *retentissement* bachelardien, puisse encore se transformer en poésie, donner envie de «bien respirer» (p. 337), d'embellir la vie, ou simplement d'y mordre à belles dents, d'en jouir! Tel est, pourtant, le propos le plus insistant de Philippe Haeck:

> [...] l'écriture, j'espère l'avoir fait sentir, n'est le fait que de qui met l'amour, la jouissance de la vie au-dessus de tout, ou plutôt partout. (p. 240)

«Poéthique de la naïveté[14]», pourrait-on dire en détournant à ses fins une citation de Haeck. Jugement sommaire car — il importe de le souligner — l'accent est mis aussi sur la *modernité*, soit sur «une pensée critique qui a commencé à faire vaciller nos anciennes représentations[15]». L'écriture de Haeck se démarque nettement à la fois du traditionnel commentaire impressionniste ou humoral et de ce «spontanéisme» (souvent banal) dans lequel a pu verser une certaine écriture contre-culturelle. En fait, cet écrivain a choisi un «lieu de l'écrire» particulièrement difficile à occuper, «entre la critique et la célébration» (p. 266). J'ai souligné plus haut le versant *festif* (le plus délectable, évidemment) de ce «livre de gai savoir» (p. 14). Il est pourtant indissociable du versant *critique* qui permet de libérer l'écrire et d'entendre enfin sa voix.

Je dois au livre de Haeck de m'être réconcilié avec le mot «critique». Tout en sachant que celle-ci peut être, de plein droit, écriture, relevant, plus précisément, de l'*essai*, je restais embourbé dans les connotations d'un terme revêche accolé à un genre littéraire précis: littérature, oui, mais au second degré, vouée à traverser l'œuvre de l'autre; basculant souvent dans le ton hautain ou grincheux du juge; plus ou moins frottée d'abstraction théorique. Philippe Haeck semble bien avoir, lui aussi, jonglé avec ce mot, ne trouvant finalement son salut que dans une métaphore particulièrement heureuse:

> Dans les propositions que je soumets ici sur mon usage du discours critique j'ai cherché à ce que le harpon devienne une harpe qui sache faire entendre les résonances de chaque œuvre; ce n'est pas à moi de dire si j'ai réussi mais j'aurai toujours au moins la consolation d'avoir essayé d'indiquer l'é-motion souveraine qui travaille par en dessous le discours critique apparemment éloigné de tout lyrisme[16].

Mutation substantielle, mais qui n'affecte encore que le genre littéraire désigné formellement par ce terme. Alors que la «critique» pratiquée dans *La table d'écriture* me paraît l'attitude fondamentale de qui exige de passer au crible tout écrire, quel qu'il soit. Ce n'est pas un hasard si on doit «s'acharner à entendre sa voix» (p. 27): la littérature s'accommode de tant de masques que la justesse ne va pas de soi: «[...] il n'y a pas moyen d'être dans ma voix sans une attention critique constante.» (p. 338) D'où la fonction essentielle de la «critique» ou de l'exigence *poéthique*:

> Pas de critique sans position éthique, sans questionnement des valeurs, sans savoir qui ne soit un geste vers quelqu'un. (p. 17)

Haeck refuse donc le «spontanéisme» qui écrit tout ce qui vient, sans discernement. À l'autre extrême, il rejette l'approche formaliste des ingénieurs du texte — le «harpon» de sa jeunesse — où il diagnostique maintenant la mort de l'intelligence, cette intelligence qu'il tient en si haute estime qu'il se passionnera pour tous ces savoirs que procurent les sciences humaines, la philosophie notamment. Il ira jusqu'à privilégier les lectures les plus difficiles, ces livres denses, secs, qui lui résistent et le mettent en question: «Seules la lenteur et l'étude mènent au chant de la voix...» (p. 338) Et ce qu'en art il recherchera, c'est la «beauté intellectuelle», celle qui «vient d'une écriture plus réfléchie, plus consciente de ses moyens» (p. 333), cette «écriture serrée» (p. 15) à laquelle, à sa «table», il s'adonne avec *acharnement*.

Précisons aussi, pour éviter un facile malentendu, qu'il se garde bien de faire du langage un absolu, selon la mode du jour. En témoigne la rupture avec les *Herbes rouges*; les formalistes sont souvent pris à partie dans ce livre. (J'admire pourtant comment ce critique, cédant à «l'envie de la bonté» (p. 15), s'est libéré de toute hargne ou méchanceté.) Chez Lacan, le langage a dévoré l'existence entière, y compris l'inconscient, d'ailleurs «structuré comme un langage»; un nouveau mode de vie s'instaure: l'amour et la sexualité vécus sur le mode du discours, le monde ne tirant son existence que du fait du langage. Ainsi pour l'intellectuel petit-bourgeois et beau parleur des années soixante-dix, la psychanalyse sera-t-elle devenue «le terrain idéal pour faire valoir sa parole» (p. 197). Rien de plus opposé à la poéthique haeckienne, d'inspiration marxienne, que l'idéalisme lacanien enchâssé dans un discours ironique et précieux à l'adresse des habiles...

> Commençons à devenir [...] cet enfant curieux qui sait qu'au commencement n'est pas le verbe-qui-demande-respect mais le corps-qui-jouit-qui-crée... (p. 240)

C'est pourquoi l'essayiste se tourne vers la vie mouvante à savourer, à changer, à écrire. Cette poéthique est une pratique: un agir et un faire. D'où son intégration naturelle dans le métier d'enseignant qui est celui de l'auteur. Je ne connais pas de traité «pédagogique» qui puisse rivaliser avec les essais à saveur à la fois didactique et poétique que l'auteur consacre ici (dans *Naissances* aussi) à une activité créatrice où la traditionnelle «salle de cours» est convertie en *atelier* d'écriture où chacun, chacune travaille à ajuster sa voix et son vécu. Soulignons une dernière fois le côté ascétique de cette *recherche* où il est essentiel de dépasser le «lyrisme» spontané et attendu (dont Haeck se défie tant) pour réaliser le difficile alliage de la célébration et de la critique en articulant cette «parole objective-subjective» (p. 48) où s'entend enfin une voix de la vie. On est loin, dans l'ambiance fraternelle, chaleureuse de ces ateliers, du discours apprêté de l'écrivain rêvant du best-seller et de la gloire. C'est dans les termes les plus forts que l'essayiste se dissocie de cette «littérature» élitiste qui jure avec l'écriture authentique de chacun, chacune:

> L'écriture est un combat à mort contre la langue de la renommée, c'est l'effacement du nom propre, l'envie de la douceur du neutre, le dégoût extrême d'être un nom seulement, le renom est fui comme une maladie terrible. (p. 232-233)

À lire, donc, si tout simplement vous aimez les belles choses: cette *Table d'écriture*, avec sa maquette, ses illustrations, ses grands blancs — «[...] j'aime les livres aux larges marges, aux grands espaces où se perdre trouver...» (p. 149) — est d'une rare beauté. À lire aussi si vous n'êtes pas encore au monde mais avez envie d'y goûter plutôt que de rallier le défilé «des cadavres [qui] marchent dans les rues» (p. 32). Enfin, à lire absolument si vous êtes un intellectuel pressé, avant de vous abîmer définitivement dans la *carrière*...

L'ironie radicale de la prose

Grâce au recul de son «arrière-plan méditatif», pour reprendre la belle expression de Milan Kundera, l'*essai critique* me paraît effectivement d'un bien autre ordre que le feuilleton critique des journaux, voué, par souci d'actualité et de promotion mass-médiatique, à l'interprétation hâtive. Car, avant d'en écrire, il faut, à l'exemple de Jacques Brault, s'être laissé pénétrer, habiter (hanter) par une œuvre: «[...] un peu comme un musicien ou un comédien, j'interprète le texte, je le joue sur moi, en moi[17]...» Quand on a su *gagner*, avec le temps, ce lieu retiré de l'essai critique — au prix de combien de relectures, renoncements aux impressions superficielles, écritures et ratures —, alors l'œuvre se met à rayonner, et, fût-elle morcelée (en apparence), on finit par discerner une intuition centrale, on se met à entendre un certain ton.

Modeste, l'auteur de *La littérature contre elle-même*[18] a averti son lecteur qu'il s'agit d'un livre «fragmentaire», «composé de textes épars, écrits dans la discontinuité, sans projet d'ensemble, un peu au hasard des lectures et des pensées» (p. 13). Mais le recueil, ici, est bien plus que la somme de tous ces textes dits «épars»; mieux, il jouit d'une densité singulière qui est le fruit de leur convergence, comme s'il y avait un destin de tous ces textes, qui, en profondeur, les aimantait. Les titres des diverses parties du livre: «Phares», «Écrits théologiques», «Écrits moraux», «Modestes leçons du passé», «Provinciales», me paraissent inspirés par le sens de la plus décapante ironie: un écrivain qui écrit ainsi, comme Valéry, en s'observant écrire, et qui sait si bien se relire, avec un certain sourire, sait très bien où il va, à moins qu'il ne le *réalise* (je pense au *real assent* de Newman) en composant *La littérature contre elle-même*.

J'ai souligné l'influence séminale de Valéry (p. 26, 31, 65), mais il faudrait citer aussi, comme appartenant à la même famille d'esprits, Montaigne (p. 40-41), Léonard de Vinci (p. 40), Voltaire (p. 41), Stendhal (p. 41), Goethe (p. 68), et, sur cette lancée des affinités électives, tous ces ironistes modernes: Kundera, d'abord et avant tout, puis Brelich, Savinio, Calvino, Borges, Henry James, Wilcock, Philip Roth, Carlos Fuentes, André Major, Gilles Archambault, etc., que Ricard fréquente «avec ravissement» (p. 83). Depuis le belvédère de *Liberté* on a volontiers (pourquoi pas?) une vision «européenne» (sinon «mondiale») des œuvres, mais la littérature québécoise n'est pas exclue, quoi qu'on ait pu dire, sauf que le choix de l'auteur se limite à des œuvres qui n'ont pas été contaminées par «cette vieille maladie hégélienne: le sérieux» (p. 83): tant de livres, donc, à retrancher, braqués sur le militantisme religieux ou nationaliste, obsession typiquement québécoise que nous n'en finissons plus de conjurer...

La vision, ici, s'avère résolument moderne, ou même — c'est le dernier cri — «postmoderne». Sauf que je ne suis pas sûr que ce rapprochement soit pertinent, Ricard s'étant toujours, à ma connaissance, tenu à l'écart de la ligne pure et dure de l'orthodoxie avant-gardiste qui, en ce moment, battrait de l'aile, selon Guy Scarpetta. Tout de même, émergeant de la lecture de *L'impureté*[19], je suis frappé par des points de contact importants entre ces deux esprits. Un des leitmotivs de Scarpetta, c'est le couple décodage/surcodage. Le «décodage» aurait été la hantise de l'avant-garde: par exemple, pour m'en tenir au domaine littéraire, l'analyse du fonctionnement de la machine textuelle pour en isoler la formule, la recette. Le «surcodage», lui, caractériserait l'époque «impure» du postmodernisme, la nôtre, en ce sens qu'il ne serait plus rétrograde ni même honteux, comme à l'époque terroriste du nouveau roman et de la Structure, de faire retour, par exemple, à l'âge baroque ou à la Bible ou aux procédés traditionnels des romanciers du XIXe siècle — à la condition, toutefois, de les traverser, de les traiter, en les *surcodant*, donc, par l'intervention d'une sorte d'humour au second degré. Il s'agirait, en fait, d'une subversion de la nature en culture, impliquant, au fond, une perte radicale et définitive de l'innocence. Or, dès 1978, dans «Le point de vue de Satan», Ricard s'était avisé qu'il fallait dépasser une lecture «innocente», toujours possible, de Kundera, qui ne pouvait conduire qu'à la «récupération», soit au «refus de suivre vraiment et jusqu'au bout l'appel d'une œuvre» (p. 25). Il importait, autrement dit, d'accepter sans échappatoire la foncière subversion de cette œuvre diabolique. Mais allons plus loin: ces affinités avec Kundera et, de façon générale, avec «l'être tchèque» sont au cœur même de ce livre. Cette espèce de doute méthodique, cette méfiance systématique à l'égard des pièges de l'existence (et même de la littérature: ne sait pas lire qui veut) sont peu à peu devenues la marque distinctive de l'essayiste Ricard.

Il m'a semblé que la virtuosité étonnante, affichée dans *L'impureté* de Guy Scarpetta — dont la culture embrasse autant la musique, le cinéma, le théâtre, la peinture, la danse, etc., que la littérature —, il m'a semblé, tout compte fait, que tant de brio restait en surface et que l'essayiste *s'amusait*, se contentant de jouer (et jouir sensuellement) de l'actuel chassé-croisé des formes détournées par la culture. Par sa radicale ironie, par son refus (grave, au fond) de tout «sérieux», le livre de Ricard m'atteint plus profondément. En dépit de son rejet de toute «vérité» péremptoire, l'essayiste n'en esquisse pas moins, d'article en article, une sorte de «métaphysique du concret» (p. 83), qui n'a rien à voir (surtout pas!) avec un système philosophique ou une ontologie de type hégélien, parménidien ou thomiste, mais qui finit tout de même par constituer une pensée, ou, à tout le moins, une dérive héraclitéenne de la pensée, vécue dans l'ironie radicale de la prose. On trouve donc, chez Ricard, comme chez les écrivains qu'il affectionne, «tous habitants de ce pays dévasté qui a nom ironie» (p. 83), le refus de toute synthèse «supérieure» qui prétende à l'explication de l'existence, et, tout au contraire, l'adhésion lucide à l'ambiguïté, à l'interrogation sans fin comme seul lieu (mouvant) de la «philosophie», sans échappatoire vers l'au-delà, vers la magie de l'idéalisme. Cette «métaphysique du concret» — infailliblement les ornières linguistiques nous tirent vers la grandiloquence —, cette prétendue «métaphysique», dis-je, s'affiche sans mystère comme ouvertement pragmatique et terre à terre. C'est «l'extase prosaïque», quoi, ou l'imagination œuvrant à rebours: toute la manière de Ricard est dans cette antiphrase. Au mépris de tant de Métaphysiques «sérieuses» (l'essayiste, encore une fois, se gausse de tout ce qui se veut «sérieux»), on doit se contenter de se promener dans l'existence en arborant un sourire ironique.

> C'est le sourire de qui regarde les choses en face, c'est-à-dire *d'en bas*, dépouillées de leurs «valeurs» et ramenées à leur «réalité»: cette existence contradictoire, incertaine, fluviale, qui les fait à la fois être et ne pas être ce qu'elles sont. (p. 81-82)

Soulignons, c'est essentiel, que cette conviction que le chaos est la loi (si on peut dire) du monde ne provoque pas de «hauts cris» (p. 23): ni Désespoir, ni Révolte, ni Pathos gesticulant, mais plutôt l'espèce de stupeur de vivre qui fige les traits anguleux d'un Gilles Archambault ou encore le sourire à la Pina Bausch de la photo de notre essayiste.

Ironie du sort: je suis d'autant plus frappé par les traits de cette pensée à ras de terre que le hasard (commandé, comme toujours) m'a fait aussi ces derniers temps fréquenter Novalis et les romantiques allemands, dans la mouvance des essais de Fernand Ouellette... Or, Novalis et Ricard, c'est la thèse et l'antithèse qui eussent réduit à quia Hegel lui-même! Mais ce contraste violent, irréductible, me permet néanmoins de situer nettement la pensée de l'un et de l'autre, pendant qu'il m'accule à me situer moi-même vis-à-vis de l'un et de l'autre (ou à tenter de le faire, devrais-je dire). Partons de ces mots tabous (pour Ricard) que suscite spontanément le souvenir de Novalis: «authenticité», «transcendance», «valeur», «innocence», «lyrisme», «romantisme», «poésie», «sacré», avec l'accompagnement obligé «des poncifs nobles comme la signification de l'écriture, l'importance de l'art, la grandeur de la littérature, la mission de l'artiste ou la difficulté d'écrire» (p. 108). Contrairement aux romantiques français (Lamartine, Musset et autres) et à cette littérature subjective de la confession lyrique, Novalis et les romantiques allemands espèrent aboutir à la véritable connaissance objective et retrouver l'harmonie primitive de l'homme avec la nature en échappant aux limites de notre existence, en s'ouvrant, grâce aux révélations de la vie inconsciente, à l'Autre Réalité à laquelle nous appartenons. Pour tout dire, Novalis, c'est le Voyant, dont la filiation, en France, est à chercher du côté de Nerval et de Rimbaud. Or, justement, ce que récuse carrément et ironiquement Ricard, c'est l'idéalisme magique de la Poésie, «entendue comme rédemption et comme esthétisation du monde» (p. 61): ce recours à la transcendance nous entretient dans les voies faciles de l'illusion. (Et Valéry, objectera-t-on? Mais la poésie, chez ce dernier, est constamment guettée par l'intelligence.) Ricard a donc, quant à lui, opté catégoriquement pour la prose, pour *la radicale ironie de la prose*, laquelle aurait la vertu de ramener sur terre les incurables nostalgiques que nous sommes. À l'instar de ses auteurs de prédilection, il a choisi de pratiquer, à l'égard de tout ce qui passionne et amuse les humains: valeurs humaines, grandes idées, sentiments nobles, lyrisme poétique, mais aussi politique, histoire, art et littérature, ce «recul de l'*incroyance* dont — à la différence des autres — on ne revient pas» (p. 27). Ce qui malgré tout l'attache si fortement à la littérature, préalablement dépouillée de sa majuscule auréolée, telle, donc, qu'il l'entend dans ce livre, c'est qu'elle seule a le pouvoir d'instaurer une «démystification radicale» (p. 27), d'adresser à «la magnifique bouffonnerie du monde» (p. 86) «un immense éclat de rire» (p. 27).

Rien de tel, en effet, pour dégonfler le «sérieux», qui menace toujours de nous envahir avec l'universelle tromperie, que le *rire* (p. 27, 31, 37, 55) — «le rire de Satan» (p. 31) — relayé par un dévastateur «sourire ironique» (p. 81): alors, en effet, «l'antiphrase triomphe, et avec elle la littérature» (p. 55). Déjà terriblement efficaces, ces signes s'explicitent en énoncés non équivoques sur la *banalité* de tout (p. 18, 69, 101, 107), «l'inexistence suprême de notre existence» (p. 34, 81), «le sentiment, la connaissance intime de l'universelle répétition» (p. 81), la conscience de la non-transcendance du monde (p. 35) se donnant libre cours dans «le pastiche de notre irrépressible désir de cohérence» (p. 36).

Rien de tout cela n'est *grave*, sinon la tendance incoercible du commun des mortels à contaminer par l'esprit de «sérieux» ce qui «va de soi» (p. 18) et «qui est donc d'une parfaite banalité» (p. 107). Le lyrisme et la poésie, faux comme tout pathos, entravent singulièrement la reconnaissance du fait brut. «Il faut, disait Goethe, regarder les étoiles sans désir.» (cité, p. 68) S'adonner, donc, à la seule *prose*, bardée d'*ironie* contre l'illusion récurrente. Tels ils sont tous, les admirables maîtres-ès-prose discernés par Ricard. Avant tout, le Tchèque Kundera, son âme damnée («Le point de vue de Satan»), qui pratique la subversion absolue, en majeur mais surtout «en mineur», aboutissant à «la destruction des ultimes remparts de l'innocence» (p. 30): «pure subversion», et donc «pure littérature» (p. 31), conclut l'essayiste. Poète, l'Argentin J. Rodolfo Wilcock a réussi à s'affranchir «des facilités et de l'idéalisme poétiques» (p. 33): «l'entrée dans la prose» (p. 33) a inauguré «une espèce de religion du chaos» (p. 35) dont Wilcock sera le missionnaire ironique. L'Italien Alberto Savinio, «le vrai Montaigne de notre temps» (p. 41), s'adonne, par pure ironie, à la rédaction d'une *Encyclopédie*, «connaissance *non sérieuse* [...] qui éprouve constamment l'impossibilité de son achèvement» (p. 40). Anagramme (et caricature) de la *théologie* biblique, «Une éthologie de Dieu» souligne le «long sacrilège obséquieux» (p. 55) de l'Italien Mario Brelich, furetant dans «la boutique de Dieu le père» (p. 54). «L'extase prosaïque», pénétrante analyse des *Histoires de déserteurs* du Québécois André Major, s'en prend au ballon de la «rhétorique nationale» (p. 58) — bête noire de Ricard — qu'André Major dégonfle sans pitié en liquidant la fameuse thématique du pays: «effet corrosif de la prose» (p. 63). «Le grumeau divin», avec son insistance voltairienne sur «notre beau pays» (p. 67, 71), est une satire féroce de la vogue orientaliste au Québec. Il est vrai qu'on touche ici à cet européisme (et occidentalisme) cher à l'auteur: le texte final (que j'aurais souhaité plus étoffé) de *La littérature contre elle-même* s'intitule justement «Le relais européen». «Être tchèque» atteste avec ferveur cet européisme, au point de faire de «l'âme tchèque» la forme même de la modernité:

> Seraient tchèques, dans ces conditions, non seulement Hasek et Kundera, mais aussi Wilcock et Roth, Perec et Calvino, et, pourquoi pas, Montaigne et Mozart et même chacun de nous, dès qu'à notre désir nous préférons la conscience de sa naïveté, à l'originalité effrénée la connaissance de l'universelle Répétition, aux grands mots et aux grandes idées le moindre accroc par où apparaît la Justice, dérisoire et définitive. (p. 84)

Cette vigoureuse prise de position s'applique à coup sûr à la pratique «strictement *privée* et *ironique* de l'écriture» (p. 101) du Québécois Gilles Archambault dont l'œuvre est heureusement mise en valeur dans «Une suprême discrétion». Autre prose exemplaire, celle du tandem turinois que forment Carlo Fruttero et Franco Lucentini, «une prose où ne s'insinuent aucun lyrisme, aucune dénonciation, aucun remplissage quel qu'il soit» (p. 105). Les *Carnets* de l'Américain Henry James nous présentent «le chantier», ni plus ni moins, d'un écrivain «qui a dépassé le stade des angoisses existentielles, des doléances et des théories...» (p. 108). Enfin, dans le même sens, un texte percutant, justement intitulé «Écrire et se taire», où l'Américain Philip Roth déboulonne la statue de l'Écrivain mythique qui «n'était qu'un Fantôme» (p. 121)... (Et la liste pourrait s'allonger de ces ironistes dissolvants...)

Après avoir donné la préséance à ses maîtres-ès-ironie, François Ricard va s'y exercer lui-même, brillamment, dans «Modestes leçons du passé» et «Provinciales». Je souhaiterais que nos historiographes, si «sérieux», méditent l'«Autobiographie d'un profane passionné». Bien sûr, ils se voileront la face devant le concept de l'énonciation historienne: «création rhétorique d'un passé en fonction des attentes et des partialités du présent» (p. 149). Mais ce texte est passionnant: on y voit Ricard émergeant, de «couche» en «couche», de l'innocence... Quant à

«Langues du monde/World Languages», Voltaire n'aurait pas mieux fait: l'idéologie de l'État fédéral est si grosse qu'il vaut mieux, en effet, en rire qu'en discourir.

Le sourire ironique de François Ricard se veut signe de lucidité, d'allégement, de liberté: «Une approche de ce qui pourrait peut-être se nommer le "bonheur".» (p. 82) Mais je résiste, malgré tout. Dire adieu à la poésie pour me cloîtrer dans l'ironie! (J'y retrouverais Mozart, semble-t-il — mais le poète Fernand Ouellette revendique aussi comme sien Mozart, «l'ange», le «dieu blanc», en compagnie de Novalis!) Ce n'est peut-être plus l'heure d'invoquer le «salut» par la littérature (formule qui a de la barbe), mais enfin, grâce à la littérature, une certaine transformation de la conscience ce qui, à mes yeux, n'est pas rien, et qui vise même à «transfigurer» le réel (qui en a bien besoin). Dans un grand éclat de rire, Satan alléguera que ce vœu pieux est parfaitement inutile, et pourtant l'imaginaire ne serait-il rien? Pour tout dire, cette ironie radicale me paraît relever d'un nihilisme — que je respecte d'ailleurs et que je finirai peut-être par professer moi aussi, qui sait, quand, comme notre essayiste, j'aurai «vieilli» (p. 18)... Mais, pour l'instant, le «recul de l'incroyance» est hors de portée: je suis encore victime de quelques illusions (peut-être en faut-il pour vivre?). Sonne donc l'heure de la vieillesse joconde et désabusée!

Une lucidité aux lueurs aveuglantes

Le 21 octobre 1984. Assisté au débat Reagan-Mondale, à la télé: étonnante illustration des idées de Godbout[20]. Oui, tout est affaire d'image, de «représentation». Mais la «pensée»? On la tolérera pourvu qu'elle soit récupérable par le «spectacle». Certes, devant l'argumentation sensée et serrée de Mondale sur la folie de la course aux armements («*the arms race madness*»), celle de Reagan, courte, superficielle, parfois même incohérente, ne faisait pas le poids. Mais qu'est-ce que la «pensée»? C'est la guerre des *images* qu'il importait de gagner, domaine où l'acteur-président est passé maître: maquillé, programmé (faire rire *on cue*), le sourire solidement accroché, il interprète ce soir le rôle de sa vie, mariant la *tough proposition* du Pentagone au paternalisme rassurant du docteur Quincy... Dans une échappée lyrique quelque peu improvisée, au risque de donner des sueurs froides au *gars des vues*, ce grand esprit nous fit l'aveu de son rêve le plus cher: découvrir enfin l'arme invincible de la totale dissuasion en portant la guerre au royaume des étoiles! Intellectuel impénitent, je rageais: «C'est du délire!» Les Américains, eux, buvaient du lait — et ils voteront massivement pour un *cowboy* guetté par la sénilité, le doigt sur la gâchette...

En viendrai-je à donner raison à Godbout affirmant qu'à l'ère de l'audiovisuel, le spectacle s'est substitué à la pensée? (Lui qui ne doit pas avoir l'esprit de l'escalier rétorquera aussitôt qu'il est inutile d'*avoir raison*: que peut aujourd'hui la raison?) J'avoue avoir éprouvé, au cours de ma lecture, un sentiment d'irritation: depuis 1976 que cet essayiste — il le reconnaît lui-même volontiers (p. 7) — ressasse le «murmure marchand». Et sur un certain ton, effet perlocutoire d'une écriture, celui des habiles... Mais n'est-ce pas justement le lot doux-amer de l'essayiste que d'être aux prises avec des idées qui s'entreparlent et s'entrechoquent indéfiniment comme les protagonistes d'une fable: tempête sous un crâne! Avouons-le, d'ailleurs: quelque réserve qu'on ait, il n'est pas facile de résister au brio de cet écrivain, essayiste impur attiré par le journalisme et le cinéma. Le goût de la formule brillante ou — paradoxalement, vu le thème même de ces textes — de l'*écriture-spectacle* tend à court-circuiter chez Godbout la recherche nuancée et souvent tâtonnante de l'essai. Mais accordons-lui qu'à force de chercher l'effet, il finit par le produire, et le lecteur en viendra peut-être à se sentir lui aussi «obnubilé» par l'«idée fixe» de l'essayiste.

Quant à moi, oui, je me suis surpris à me hérisser à mon tour (comme l'homme de la maquette) devant le «murmure marchand» du petit écran, en constatant qu'effectivement les ritournelles publicitaires tendent à évincer les admirables contes et comptines d'autrefois, et se gravent dans la *psyché* malléable de mes enfants:

> Les contes de fées de nos enfants durent une minute et racontent la tentation des chocolats aux cerises. [...] les comptines ancestrales sont remplacées par les airs de la pub... (p. 21, 44)

«Dites-moi, est-ce que l'homme est sur terre pour produire des marchandises?» La question provocante de Henri Laborit sert d'épigraphe à l'essai clé d'une quarantaine de pages, dont le titre coiffe d'ailleurs l'ensemble du recueil: «Le murmure marchand. (Quelques notes prises devant le petit écran)». C'est cette même question qui, avec une impatience grandissante, monte aux lèvres, à la lecture de chacun de ces textes. Le recueil est donc solidement structuré autour de cette troublante «idée fixe» qu'il est malaisé de résumer, qu'il faut *vivre* plutôt par la lecture: il n'y a plus de «citoyens», il n'y a que des «consommateurs»; pensée et culture sont mortes, ou, pis encore, soumises au «détournement de sens»; c'est le règne du discours marchand. J'ai évoqué les enfants, victimes consentantes de cette mutation culturelle. Car l'auteur de l'essai et vraisemblablement ses lecteurs auront conservé, par un pur effet de situation et donc sans mérite de leur part, la faculté de mettre à distance la fascination électronique. Dans «Le bébéboume», l'essayiste se réfère justement à «ces enfants nés entre 1946 et 1962»:

> Ils auront été les enfants de la télévision comme ceux des années quatre-vingt seront les enfants de l'ordinateur et des jeux électroniques alors que nous étions des enfants de chœur. (p. 96)

Irrésistible drôlerie, parfois, de ces raccourcis fulgurants dont l'essayiste virtuose émaille son texte!

Sauf que la réalité visée n'a rien de drôle: ces enfants seront devenus, à leur insu, les «télesclaves» d'aujourd'hui. On entre dans la société de consommation comme on entrait autrefois en religion, soit dans un univers imaginaire régi par des valeurs et des rites. Le «consumérisme» est fondé, en effet, sur un principe, absurde tant qu'on voudra mais irréfutable comme un *dogme*: «Production! Production!»; ou encore, pour détourner à mes fins l'énoncé à saveur ignacienne de Laborit: *l'homme est sur terre pour produire des marchandises*. Mission impossible: l'offre des biens manufacturés a fini par dépasser la demande, en variété autant qu'en quantité. Le «consumérisme» s'inspire alors de la *foi* qui transporte les montagnes: une *grâce* vous touchera qui vous fera désirer ce dont vous n'avez pas besoin... Les experts du marchandisage auront recours à des sirènes grassement payées, ou plutôt — pour ne point sortir de mon champ sémantique — aux *missionnaires* de la publicité: ces derniers n'ont-ils pas inventé «l'appareil à accroître les désirs» (p. 25)? La plupart des téléspectateurs, si je ne m'abuse, font la fine bouche devant les «commercials», se croyant *au-dessus de ça*: c'est le mérite essentiel du livre de Godbout de dénoncer, sur un ton alarmiste trop justifié, le caractère envahissant de ce «ronronnement» marchand qui agit *ex opere operato*, comme une formule *sacramentelle*. Les «grands films», les «beaux dimanches», Guy Lafleur lui-même, passeront... mais Brador, «la plus-que-bière», savourée dans un décor de rêve, ne passera pas: jour après jour elle reviendra titiller vos papilles...

> La publicité à la télévision est inévitable... qui donc peut l'éviter? Elle a conservé du rituel les rites, les cantiques, les répétitions, les promesses de paradis, elle est la religion des manufactures, c'est grâce à elle que les hommes et les objets peuvent vivre ensemble, assujettis. Et les hommes sont heureux... (p. 36-37)

La «publi-société» a créé de toutes pièces une (télé)vision de la vie rassurante, sereine, joyeuse — donc forcément désirable. Astucieusement la sirène marchande exploite l'antithèse entre le discours catastrophique du *terrible* quotidien (informations, violence, sexe, famine, grandes histoires tristes de téléromans tissés à même la «maudite vie plate») et l'oasis providentielle dont nous gratifient les «bons moments» des annonces publicitaires. Incroyable tour de passe-passe: plus radical que la religion et l'art, aussi fort que l'amour, le «bonheur électronique» aura même réussi à vaincre la mort!

> L'art et la foi sont un perpétuel dialogue avec la mort. Les statues disent l'éternité impossible, l'au-delà désiré. La publicité a exclu la mort de son système de références, même quand elle produit des annonces d'assurance-vie: on présentera plutôt, avec un texte correctement compassé, un mioche dans les fleurs, une épouse qui se berce sur la véranda, c'est-à-dire voilà: si vous mourez la vie continue;

> et l'homme visé, père consommateur, se sentira coupable de sa mort, et le marchand encaissera. (p. 35-36)

Sondages à l'appui, on a démontré que la plupart des téléconsommateurs ne supporteraient pas sans angoisse la disparition des bandes publicitaires. Si artificielle soit-elle, le «télesclave» a besoin comme d'une drogue de cette «joie» de la société marchande.

«Sidéré», et pour cause, l'essayiste joue à fond de la distanciation ironique et du paradoxe afin que soit rompu le charme électronique. Qui n'est pas tantôt fasciné tantôt abruti par les médias? L'illusion marchande est en passe de tout fausser; le mensonge dévore l'existence: vie *spectaculaire*, mort occultée, marchandises «en représentation», commerce de l'angoisse, inflation et dévaluation des idées, détournement de la poésie et de l'art! *Nous ne sommes plus au monde*, c'est le cas de le dire, à moins que le monde ne disparaisse quand s'éteint le petit écran...

En fait, l'humanité entière est en train de négocier un virage particulièrement difficile. «La mutation technologique en cours, écrit Jacques Robin, constitue sans aucun doute la plus importante de toutes celles affrontées par l'espèce humaine[21]...» C'est la culture dans son ensemble, porteuse de valeurs considérées jusqu'ici comme sacrées, qui est en cause. Nous ne sommes donc pas du tout hors du sujet lorsque, dans un livre sur le marchandisage, sont mentionnés, entre autres, l'influence de la France au Canada français, les avatars de la littérature, la fin des temps historiques, et jusqu'à la célèbre question de la souveraineté politique du Québec. (Tout essai est une vision du monde autour d'une pensée.) L'indépendance du Québec: les «révisionnistes» la perçoivent de plus en plus comme un objectif à long terme, qui viendra à son heure comme un fruit mûr, un «plafond» plutôt qu'un «plancher», dirait Pierre-Marc Johnson — le «toit» qui manque au «stade», ajoute malicieusement l'essayiste (p. 93). Compte tenu de la sécurité matérielle et psychologique acquise depuis les années soixante, les Québécois n'ont-ils pas beaucoup progressé? Les souverainistes ont même réussi à gagner le débat référendaire, à l'Assemblée nationale, c'est-à-dire l'indépendance *du discours*: l'essentiel, somme toute, comme l'a si bien montré André Belleau dans un essai véritablement inspiré, intitulé «Indépendance du discours et discours de l'indépendance[22]». À vrai dire, nous nous percevons déjà d'emblée comme autonomes, nous avons même l'«autonomie sereine» comme nous eûmes jadis la «révolution tranquille» (p. 93). Qu'il est difficile de vendre aux gens ce qu'ils ont déjà!

Les «purs et durs», au contraire, ont l'indépendance impatiente. Ils la vivent comme l'adolescent sa crise de puberté: laborieux passage vers la vie adulte. Mais leur schéma psychologique de la situation a un inconvénient majeur, celui de ne pas coller à la réalité québécoise. Les Canadiens français, comme leur nom l'indique, sont habitués à vivre les choses «moitié-moitié» (p. 78). Ils ne sont pas pressés d'être indépendants. Pourquoi le seraient-ils? Ils sont déjà largement autonomes, si on les compare à nombre de peuples qui font laborieusement les frais de leur «indépendance». Peut-être ont-ils perdu, après un si long conditionnement clérical, le goût même de la conquête politique: «Que sert à l'homme de gagner l'univers s'il vient à perdre son âme?» — la leçon a fini par porter!

Bien comprise, cette leçon, d'ailleurs, était magnifique et nullement dénuée de sagesse ni d'actualité, loin de là! Et ainsi, «par quatre chemins», voici notre essayiste reconduit vers son thème obsédant. Le contexte socio-culturel a complètement changé; les Québécois, comme tout le monde, sont entrés dans l'ère technologique, à la remorque des transnationales. Nos idées (celle de la «souveraineté», entre autres) sont françaises, mais tout le reste est américain: voilà la réalité brute. Les «intellectuels» (ceux qui ont des idées) voteront logiquement avec leur tête. Mais les gens, règle générale, votent avec leur corps: au lieu de les en blâmer, il faudrait trouver moyen de raccorder tout ça! L'essayiste, au fond, ne croit plus tellement à la fameuse «quête d'identité»: que peut bien signifier, à l'heure des transnationales, l'indépendance «politique»? Que peut la politique? De nouvelles idoles, déjà, les «dieux électroniques» (p. 104), nous régissent, corps et âme, par le truchement des *mass media*. Conjoncture autrement périlleuse que la petite chicane des Français et des Anglais:

> Quitte à me répéter, je considère le consumérisme, c'est-à-dire la percée des transnationales dans notre vie privée, émotive, symbolique, comme le plus grand danger sur le chemin de la maturité. (p. 91)

Et on pourrait continuer, mais il faut lire plutôt: chacun des textes de l'essayiste offre un brillant étalage de lucidité, qui provoque la réflexion. Pourtant, ce type d'écriture comporte aussi ses irritants: j'en suis venu à m'interroger sur les limites de la lucidité. Il me semble d'abord que l'écrivain a changé (pourquoi pas, après tout?), si j'évoque l'auteur narquois du *Couteau sur la table* ou d'*X-13* qui ironisait allègrement sur le cléricalisme de la société duplessiste. Le rire s'est figé en rictus, les traits de l'homme (de la maquette) se sont durcis. Sous le couvert de l'ironie, l'accent global de ce recueil d'essais a quelque chose de crépusculaire. Pour un peu ce grand garçon gouailleur regretterait les «valeurs» qu'il fustigeait jadis... Je comprends son désarroi devant la superficialité des modes et engouements, qui jurent avec la sereine pérennité de la culture judéo-gréco-latine. Mais s'ensuit-il que l'ère qui vient ne soit que négativité et que les générations du «biberon électronique» manquent à ce point de créativité que ne pourraient naître d'autres valeurs? Pour mes étudiants, le «cours classique» relève de la muséologie; certes, ils sont autres que nous étions. Ils n'en sont pas moins capables d'intuitions étonnamment fécondes sur le sens des textes. Très enlevé (comme toujours), provocant à souhait, un essai comme «L'écrivain d'affaires: la littérature mise à prix», qui décrit sur un ton entendu la nouvelle «vision économique de l'écriture» (p. 117), me paraît un exemple type du schématisme réducteur qui résulte de la pratique systématique de l'ironie. Rarement, en effet, a-t-on autant que de nos jours réfléchi sur le sens profond et la portée de l'écriture. Il n'y a qu'à lire *La table d'écriture*[23] pour découvrir un style admirablement proche de la «viemort», aussi éloigné d'une «conception romantique» que d'une «vision économique» de l'écriture. Dans le même sens aussi, les propos de Paul Chamberland dans *Mise à distance de toute technologie*[24], ou, mieux encore, la lancinante méditation de Jean-Louis Major dans *Entre l'écriture et la parole*[25] sur l'écriture comme refuge de l'essentiel. Mis en présence de tels textes, les paradoxes de Godbout paraîtront peut-être légers.

Le *flash* ironique jouit, bien sûr, d'une grande visibilité rhétorique. Mais les vifs raccourcis de la lucidité n'éclairent trop souvent qu'un aspect de la situation, laissant tout le reste — et parfois l'essentiel — dans l'ombre... La complaisance dans le paradoxe à succès, aux dépens de l'approche hésitante et précautionneuse de l'essayiste, se solde par une vision réductrice du réel. Fulgurantes, les lueurs de la lucidité pourraient-elles devenir aveuglantes?

La perversion des maîtres à penser

Le discours sur la publicité adopte volontiers le ton critique, voire moralisateur. Qui, hors les auteurs de *L'inconscient qu'on affiche*[26], oserait avouer y prendre goût? (La psychanalyse, sans doute, fait crouler quelques systèmes de défense...) Ainsi l'essai de Jacques Godbout, *Le murmure marchand*[27], en est-il resté à la dénonciation, d'ailleurs largement fondée, du marchandisage audiovisuel. C'est le saisissement et le recul instinctif qui l'emportent face au caractère envahissant du ronronnement marchand et à l'abrutissement des «télesclaves» que nous serions devenus. Aux yeux de Godbout, le consommateur a supplanté le citoyen, le spectacle s'est substitué à la pensée. La démonstration est si brillante qu'on serait tenté d'y souscrire. Mais le livre de Haineault-Roy m'a paru beaucoup plus profond. Il n'y a pas un champ pur, élyséen, de la «pensée», de la signification. La psychanalyse nous a appris à prendre en considération les méandres de la *signifiance*, qui mobilisent toutes les ressources de nos puissances psychiques depuis le monde trouble de l'inconscient jusqu'au niveau de la pensée dite claire. En ce sens, le «spectacle» de la publicité serait plus adapté à notre réalité que les messages rationnels de la «pensée». Ce que Godbout occulte (et refuse) n'est rien moins que le Désir qui occupe dans *L'inconscient qu'on affiche* la place d'honneur.

Le livre de Haineault-Roy est critique aussi, à sa manière, mais il se fonde d'abord, à l'encontre de l'attitude courante, sur une considération *positive* du phénomène de la publicité, à partir de la recension et de l'étude de plus de 25 000 affiches ou publicités statiques, à quoi s'ajoutent quantité de publicités cinétiques ou séquences filmiques. Loin de faire la fine bouche sur les œuvres des publicitaires, les auteurs montrent, avec un luxe d'exemples à l'appui, l'étonnante connaissance de nos ressources libidinales, de nos pulsions les plus intimes que ces œuvres supposent. Effectivement, la publicité, «murmure marchand» tant qu'on voudra, nous fournit l'image, partout étalée, de ce que nous sommes: il le faut bien, si on veut qu'elle accroche le regard et éventuellement la bourse des désirants auxquels elle s'adresse. Encore faut-il savoir déchiffrer ces images si subtilement astucieuses parfois. Avec quelle perspicacité les auteurs s'adonnent-ils à cette tâche sans que le savoir psychanalytique vienne jamais faire prétentieusement écran au propos. Ce livre est écrit avec soin, souvent même *bien écrit* (comme on disait sans hésitation, à l'époque du «style»), ou tout simplement *écrit*, pour désigner ce courant qui souvent passe dans les mots lorsqu'est évoquée, par exemple, la fascinante béance du Désir (p. 219). Devenus écrivains instinctivement (inconsciemment!), les auteurs ont même expérimenté la fonction heuristique de l'écriture de l'essai (p. 217-219).

Reconnaissons-le: la publicité s'adresse au devenir de nos pulsions les plus foncières. L'emploi du mot «pulsions» constitue déjà un aveu: il s'agit bien du Désir, à l'origine, mais détourné, récupéré... La publicité s'intéresse donc à nos réserves libidinales dans le sens d'un *comment* (surtout pas d'un *pourquoi*) les exploiter. Reste que ce Désir dégradé en pulsions, elle se doit de le connaître à fond pour en tirer tout le parti possible, alors que l'attitude légaliste, mort d'une question possible, se contente de le castrer: avant tout, *law and order*! Articulée sur le manque fondamental du Désir, l'affiche, au contraire, réveille les affects inacceptables, voire inavouables, du désespoir, de la révolte, de la liberté subversive, de l'homosexualité, de la mort. Elle mise sur notre goût de retour à la primitivité, à l'être naturel, sauvage, absolument libre.

> Ce qui captive le preneur au moment d'aborder une proposition publicitaire [...] ce sont de grandes questions étonnamment fondamentales: la solitude, l'amour, la mort, le travail, la différence, le quotidien de nos relations intimes. (p. 174)

En ce sens, interroger la publicité nous conduit très loin dans la connaissance de nos instincts les plus fondamentaux, tout en révélant brutalement le malaise de notre civilisation. Toutes ces affiches qui nous environnent constituent autant de signaux d'alarme; elles crient «notre perte de contact avec le primitif en chacun de nous», notre inassouvissable «soif de liberté», notre pressante «envie de créativité» (p. 168-169). «Les publicitaires gagnent leur vie à savoir mieux que quiconque ce qui ne va pas en chacun de nous.» (p. 136)

C'est donc la «machine désirante» (cette expression, que je n'aime guère, est ici exactement en situation) que vise la publicité: mais, cela dit, il est capital, pour éviter un grossier contresens, de présenter la contrepartie d'un tel énoncé. Ce n'est pas tant au Désir que s'adresse la publicité qu'à la défense contre le Désir. C'est en ce sens que Haineault-Roy, conscients de l'importance majeure du phénomène, peuvent, sans exagération, assimiler son message à une «homélie cathodique». Dans un monde où morale et religion sont en perte de vitesse, la publicité, paradoxalement, a assumé le discours de l'idéologie, le rappel à l'ordre et au conformisme du *même* sécurisant. La publicité enseigne donc d'abord à détourner le Désir vers la pulsion, puis à gérer ces pulsions, à les canaliser (banaliser) en direction d'un produit quelconque à consommer, éteignoir du Désir. (Où l'on rejoint le «consumérisme» qui tant excède Godbout.) Du moins aura-t-elle piqué ce Désir (du naturel, du primitif, du sauvage, de l'être libre), elle le laissera même quelque peu fermenter, mais pas trop, pas le temps d'un approfondissement, d'une subversion, car il s'agit de le manipuler (perversion, en ce sens) aux fins d'une action spécifiquement publicitaire. Elle nous aura, du moins, parlé de notre intimité, mais pour aussitôt s'en défendre, la désavouer, l'entraîner, loin de la lucidité, vers un rassurant discours du *même*: idéologie et *togetherness* sont saufs, et le surmoi, charmé par cette élégante solution du conflit, est disposé à consentir au sacrifice de l'achat!

Je cède ici à l'envie de donner quelques exemples de ce jeu habile avec le feu du Désir. On nous aura conduit au bord de la rencontre avec la béance redoutable, on sera venu si près de pénétrer dans l'abîme féminoïde du Désir, mais il ne fallait pas, surtout pas, jouir, mais «fournir au désir un lieu d'exécution au sens mortifère de ce terme: un lieu où s'assouvir pour ne pas s'accomplir» (p. 220). Les textes (et le texte n'est qu'une des instances de l'affiche) sont déjà admirables d'astuce. «Jontue»: nom «tripatif» pour un parfum, dirait Jacques Languirand, subodorant maintes connotations qui font rêver: «*sensual... but not too far from innocence*». «*It lets me be me*», promet le masque *Nice'n Easy*, «*precious, sensual, slightly dangerous*». Et voici une poétique homélie à saveur sartrienne:

> Comme j'ai osé, à travers les modes, choisir mon style; comme j'ai osé, à la banalité, préférer la beauté; comme j'ai osé, malgré les autres, être moi-même; j'ai osé mon parfum. *J'ai Osé*, nouveau parfum de Guy Laroche. (p. 204)

Il faut être écrivain, ou presque — et davantage, puisque le texte ne figure que comme support de l'audiovisuel —, pour savoir titiller ainsi le Désir...

Donc — pour y aller à mon tour d'une «homélie» —, ne détournez pas hautainement (ou pudiquement) les yeux devant ces gorges interdites ou ces fesses impies: étudiez-les plutôt pour ce qu'elles recèlent de science de l'humaine condition. Et, de toute manière, si elles vous allument, elles ne vous permettront jamais de vous enflammer tout à fait: la raison publicitaire y veille!

Pourtant, ce qui, plus encore que la savante perversion de la publicité, m'a frappé dans ce livre, c'est la *subversion* de l'œuvre d'art, point de référence essentiel dans la recherche des auteurs. Le panneau publicitaire ne comporte qu'une invitation à rêver, donc un enclenchement du Désir, aussitôt contrôlé, refoulé. Mais le Désir, en réalité, ne se satisfait de rien moins que de l'absolu, se laisse aspirer par le vertige de la béance... «*Irrequietum est cor nostrum donec requiescat in te*», écrivait dans ses *Confessions* l'évêque d'Hippone: l'absolu, pour lui, c'était la divinité; pour le psychanalyste, ce pourrait être le dévorant fantasme maternel. Face à cette chute angoissante dans l'abîme de la transgression, la publicité engendre la rassurante voie d'évitement du produit, donc de la perversion dans le *même*, du consentement agréable aux sollicitations de l'idéologie régnante. Rien de plus conformiste, encore une fois, que la publicité, en dépit de l'appel romantique à la liberté primitive. On aura joué avec le Désir comme les enfants jouent avec le feu, mais c'est la *perversion* qui l'aura emporté, littéralement le dévoiement. On aura éludé la rencontre redoutable avec soi et avec l'autre qu'eût entraînée la pénétration dans l'abîme du Désir: avec l'achat du produit (auto, parfum, montre), qui est le prix à payer pour cette reddition intime, l'aventure tourne court, comme une éjaculation précoce. «Le publicitaire table sur ce fait très simple qu'on a plus envie de rêve que de lucidité, de perversion que de respect intégral de la totalité de l'autre.» (p. 116)

Face à «l'homélie cathodique» des publicitaires devenus nos maîtres à penser — pas rêveurs pour un sou et pourtant spécialistes du détournement des rêves —, l'œuvre d'art propose la voie de la *subversion*. Elle suscite, elle aussi, le Désir, mais ce n'est pas pour lui substituer la pulsion et le faire avorter dans le *même* de la propagande idéologique, c'est, au contraire, pour faire du *différent*. Devant les œuvres d'art, «on n'est pas soulagé, mais renvoyé à son *désir*, émerveillé parce que questionné. On n'achète pas: on pense» (p. 175). En ce sens, l'intentionnalité de l'art est extra-idéologique. Bien sûr, les forces de la récupération veillent au grain. Mais l'art (véritable) n'en prend pas moins le risque de s'aventurer dans le gouffre de la béance, vers l'approfondissement du Désir. Jusqu'où nous mènera le Désir? Ce beau mot, à mon avis, mérite la majuscule dont je l'honore: lui seul, à l'abri du sens prescrit ou des réponses toutes faites, peut ouvrir la voie à la «progrédience» de l'humain évoquée par les auteurs psychanalystes. Jusqu'où nous mènera le Désir? Voie de dégagement vers l'élaboration du fantasme, vers la création, mais source aussi de tension, de détresse, de questionnement indéfini, d'autocritique parfois dramatique. (Je ne peux m'empêcher de rappeler le destin tragique de deux artistes d'ici, Borduas et Hertel, qui ont *choisi* l'exil, voire la misère, pour aller au bout de leur Désir.) Mais cette voie de la béance (et de la détresse), cette exploration douloureuse du manque fondamental, conduit à la seule ouverture possible vers une existence du sujet comme auteur de sa vie: «symbolise-toi toi-même» (p. 91), au lieu de produire du *même*!

Ce qui m'amène à signaler un rapprochement que j'ai trouvé singulièrement pertinent, et qui confère à cet essai psychanalytique sur la fascination publicitaire une ampleur étonnante. «Le tapage autour du discours est identique au bruit qu'on fait autour de la dernière des voitures américaines.» (p. 217) La mode ou «la dernière pâmoison intellectuelle» (p. 189) ne fonctionne pas autrement que la publicité: elle n'est pas moins «perverse», au sens où elle banalise, stérilise, *mêmifie* (momifie!) la pensée. Sa fonction est de lancer le «prêt-à-penser» (p. 190)! *Maîtres à penser*, croit-on bien dire, en s'inclinant bien bas, mais on oublie la sujétion qui est la rançon d'un tel prestige. *Au seul nom* de certaines sommités (Lacan, Sollers, Kristeva, etc., — qu'on les ait lus ou pas importe peu), la libre pensée s'arrête. Quel professeur n'a pas connu des étudiants (et parfois des collègues) branchés sur la centrale parisienne, comme dit sauf erreur André Belleau; incapables de penser par eux-mêmes, accouchant de thèses et d'articles pseudo-savants, poudre aux yeux prétentieuse et impersonnelle. (Les étudiants, c'est nous au fond qui les «formons» ainsi, ce qui devrait nous faire réfléchir...) En se conformant à la mode intellectuelle, comme on cède à la séduction publicitaire, ils auront sabordé leur propre Désir. Qui sait ce qu'ils auraient pu accomplir s'ils n'avaient été disposés au complet reniement d'eux-mêmes, comme ces élèves tragiquement silencieux et dociles, évoqués par Borduas dans *Projections libérantes*? Les jeunes surtout (*adolescents* au sens latin du mot, c'est-à-dire en route vers la maturité, «progrédients»), inquiets par nature, n'ont que trop tendance à hypostasier une pensée toute faite, à s'aligner sur une *méthode* (chemin ou ornière?). Petit troupeau fidèle à la voix de son maître, ils se croient différents, ils ne sont que des copies conformes. Ces fixations en valaient-elles la peine? «[...] l'on voit maintes pensées, en apparence subversives mais finalement fort complaisantes, trouver preneurs en vertu d'un facteur promotionnel analysable» (p. 216), certains petits maîtres ayant l'art d'assurer de façon remarquable leur auto-publicité!

Pour finir, je soumettrai respectueusement une observation critique. Parallèlement aux notions de *perversion* ou de *subversion* — et pour éviter ce qui m'a paru réducteur dans l'avant-dernière section du livre: «Le monstre maternel et l'acte illocutoire» (p. 219-222) —, je proposerais d'introduire, préalablement dépouillée de toute connotation religieuse, une notion de *conversion*. Le *pervers* se laisse aller à la banalisation, à l'étouffement de son Désir. Le *subvers* ose affronter le déferlement des énergies instinctuelles, au risque d'être emporté par une irrésistible lame de fond; du moins est-ce là la voie d'une possible «progrédience». Mais pourquoi, compte tenu de l'évolution de la personnalité dont il est fait état (p. 169-170), et de l'évolution parallèle de la «problématique», n'y aurait-il pas une conversion possible du Désir? Le *convers* serait alors celui qui aurait réussi à canaliser les puissantes instances libidinales dans le sens, par exemple, de l'ad-altérité consentie qui serait le fruit de la «progrédience» psychique et, selon l'hypothèse des auteurs, de la maturation des «problématiques». Cette section, encore une fois, m'a paru courte pour ne s'être pas située dans le droit fil de l'argumentation de ce bel essai. On revient, me semble-t-il, à ce «monstre maternel» (p. 220) à l'état sauvage, lequel est peut-être «l'objet grand A» ou le «pare-béance» du nourrisson, mais qui peut aussi, au cours des épreuves existentielles, avoir été quelque peu apprivoisé. Sinon, à quoi servirait-il d'évoquer la «progrédience» de l'être humain ou l'évolution des «problématiques» si, au terme de tant d'expériences, on devait retomber dans le magma du sein maternel? Sans doute la fascination maternelle ne cessera-t-elle jamais d'exister, mais ne pourrait-elle changer de signe, être *convertie*?

Le manifeste *Refus global* répercuté par François Charron

Au moment où je lisais *La passion d'autonomie*[28], j'ai eu l'occasion de voir *Paroles du Québec*, film de Jean-Claude Labrecque (1980), récital de sept poètes québécois filmé lors du festival de La Rochelle, en France, et l'essai de François Charron m'a frappé comme un trait de lumière. Il me permettait d'objectiver un malaise éprouvé devant les déclamations passionnées de ces Nuits de la poésie, le sentiment d'une discordance fondamentale, comme si des poètes s'étaient mis à chanter faux. Par le jeu d'une tacite complicité avec les spectateurs, la poésie *s'engageait*, cette nuit-là, à transmettre le flambeau d'un Message, les poèmes les plus directs permettant de récupérer l'obscur du reste, tant bien que mal. Les poèmes les plus explicites, ici, sont les poèmes les plus beaux: c'est une loi du genre; le reste est littérature, justement. Le reste: les souffles libres, étranges, déviants — heureusement sauvés par la norme. La règle — qui faisait ruer dans les brancards Jacques Godbout —, c'est le «chantage» du Pays. Une pittoresque envolée de René Lévesque (tout à fait valable, dans son ordre, là n'est pas la question) y trouverait sa *juste* place, en plein dans le ton. Mais le modèle du genre, le clou de la soirée (ou de la *nuit*), c'est un texte vibrant — dont je reconnais d'ailleurs la valeur réelle —, récité avec l'assurance du triomphe par une émouvante porte-parole de la Patrie auprès du «petit peuple» fasciné... *Speak White* est un texte admirable, un des morceaux de bravoure de la littérature québécoise, que je serais porté à considérer, avec sa rhétorique conative et ses références socio-politiques, comme un *essai* polémique particulièrement enlevé. D'où son aptitude éminente à donner le ton de ces nuits plus historiques que poétiques, à mon avis.

À ces intuitions autour d'un malaise *La passion d'autonomie* venait fort à propos donner corps, dans un texte dense, construit, mais passionné aussi, inquiet, chercheur: quelle meilleure description aussi bien de l'écriture de l'*essai* que de la tension inhérente à «l'autonomie» que celle de cet avant-propos:

> Je poserai dans cet essai la question de la littérature et du nationalisme sous l'angle précis de l'écrivain et de sa pratique. [...] Je le ferai d'une manière à la fois coordonnée et impulsive, dans toute la gratuité du geste de penser [...] parce que je ne crois qu'aux tentatives, qu'à ces certitudes et ces incertitudes, qu'à ces motifs entremêlés, qu'à ces régions de pénombre où nous cherchons un nom pour appeler le réel. Il y a des réponses, puis des questions. Puis, soudainement, on ne sait pas. (p. 8-9)

Le refus nécessaire, si difficile soit-il, de la fixation du sens dans le canon d'un Message sacré (nationaliste-religieux), le choix impossible, utopique, non moins nécessaire pour autant, de l'absolue «liberté des souffles» auront incité cet essayiste (et poète) à mettre en présence l'un de l'autre, à faire s'affronter l'écrivain «organique» et l'écrivain «indépendant«. Il y va, en réalité, de l'authenticité, du salut de la poésie, de toute littérature.

Soucieux de donner à son propos des assises solides, de chicaner sur référence et non dans l'abstrait, François Charron procède à des analyses et comparaisons de textes. Les deux premiers, dont il faudra bien convenir des affinités étonnantes, sont un texte-manifeste de Lionel Groulx, «Une action intellectuelle[29]», et un autre de Michèle Lalonde, «Les écrivains et la révolution[30]». En face d'eux, radicalement opposé à l'esprit qui les anime, le manifeste surrationnel *Refus global*[31], la plus pure expression de la passion d'autonomie. Avant d'examiner les textes, l'essayiste met au jour le lien indénouable (surtout au Québec) entre religion et nationalisme. Les mêmes postulats sous-tendent ces deux entités: une histoire archétypale (Histoire sainte ou épopée des aïeux) régit, en leur donnant sens et direction, nos pensées présentes et futures. Nous relevons d'une orthodoxie sécurisante (et répressive), et la vertu consiste dans la fidélité à la Loi (du Père éternel et des pères), garante de notre valeur présente et future, laquelle nous méritera un pays bien à nous (et le paradis à la fin de nos jours). Certes, je schématise, mais c'est pour mieux souligner l'intérêt du propos de Charron marquant vigoureusement l'articulation de ces deux types de *croyances* qui ont tous deux pour effet inévitable d'insérer le sujet ou l'individu dans un projet collectif.

La langue elle-même est consacrée au Sens unique: «gardienne de la foi», l'a-t-on assez dit, dépôt sacré à préserver de l'étranger et de l'étrange (le non-conforme). Par elle, nous rejoignons le sujet principal de l'essayiste: l'*écrivain*, représentant le plus pur de ces êtres de langage que sont tous les humains. Qu'adviendra-t-il de lui dans cette Histoire toute faite? Lionel Groulx, qui encense l'Inspiré avec l'emphase obligée de l'époque, le *met* aussi *à sa place*: l'écrivain se doit d'être l'instrument, le porte-parole de la fidélité française («québécoise», précisera Michèle Lalonde). La Providence l'a gratifié de dons spéciaux, lui signifiant ainsi sa vocation: devenir, avec les autres intellectuels de sa race, un «guide» et un «donneur de mots d'ordre».

Nous voici en présence d'une idéologie fortement utilitariste de la littérature, où, s'inquiète Charron, il n'y a guère de place pour «les fous, les déviants, les rêveurs» (p. 26). (Et pourtant, est-ce que ce ne sont pas eux les vrais poètes: Nelligan, Saint-Denys Garneau, Anne Hébert, Grandbois, Paul-Marie Lapointe, et leurs frères et sœurs marginaux?) En service commandé on exige la lisibilité ou la transparence des textes: l'inquiétante obscurité, le manque de bon sens (de ce Sens qui est le bon) de bizarres poètes échevelés, sans ponctuation, seront la bête noire d'une certaine critique québécoise fonctionnant comme un bureau de censure.

Pourtant, le plus original, le plus audacieux de l'exégèse démythifiante menée par Charron reste à venir, car la statue de l'Historien national n'en est pas à un déboulonnage près, et elle se redresse aujourd'hui plus fière que jamais. C'est quand il convertit en fille spirituelle du Maître à penser l'auteur de *Défense et illustration de la langue québécoise* que l'essayiste peut sembler forcer la note. Et pourtant, les citations sont limpides et le commentaire rigoureux — mais jamais méchant, précisons-le, car quel Québécois peut vraiment se targuer d'être coupé de ses racines groulxiennes? La fonction instrumentale de l'écrivain, le détournement de la littérature au service de la Cause sont affirmés par Michèle Lalonde avec l'accent même de la rhétorique traditionnelle:

> [...] nous autres, écrivains québécois, serions occupés de Montréal à Matane et de Hull à Natashquan à servir un peu partout d'antennes et à mettre fébrilement en mots les manifestations de la pensée, de la sensibilité, bref de la vie québécoise [...]. Car à quoi peut bien servir une littérature nationale sinon à mettre un peuple en communication avec lui-même? (cité p. 41)

Une fois de plus, l'écrivain se trouve réduit à un rôle de transmetteur, sans que lui soient épargnés non plus, au besoin, les rappels à l'ordre et à la discipline nécessaires aux chevaliers de l'Indépendance nationale. Toutefois, reconnaissons que l'essayiste de *Défense et illustration de la langue québécoise* se montre sensible à ces nuances qui pourraient signifier une dissidence face à l'auteur de *Notre maître le passé*, comme cette invitation, par exemple, à «la recherche de formes complètement inédites». Mais ces dérogations apparentes en faveur d'une modernité poétique viennent hélas s'annuler elles-mêmes dans la conversion finale de tous aux grands idéaux centralisateurs de la Vérité nationaliste.

Je vois deux inconvénients majeurs, d'ailleurs en prise l'un sur l'autre, à la pédagogie autoritaire, paternaliste, de cet esprit de système: la méconnaissance du sujet, dévoré par la collectivité, et un radical malentendu sur la nature même du texte littéraire. J'y suis poussé par l'essayiste lui-même dont le texte se sature d'émotion, change de ton et de rythme, vire à l'incantation pour dire l'autonomie du *je* et la spécificité du langage littéraire. Il est piquant de voir, par un juste retour des choses, cet écrivain à la fine pointe de la modernité donner résolument la parole au sujet. Comment, à l'époque de *la révolution structurale* qu'un Jean-Marie Benoist a salué avec tant de fougue polémique[32], et qui bannit la subjectivité et l'instance humaine en faveur des codes objectifs de la Structure, comment peut-on être *sujet*? Et dire «Je parle», comme ce René Char, cité en exergue à *La passion d'autonomie*? Chose certaine, nul doute, pour Charron, le sujet existe et parle (et comment!) autant que *ça parle*. Il s'agit d'un sujet qui défend mordicus son autonomie, qui «ne donne sa langue à personne» (p. 10). Laissons-lui donc la parole!

> L'écrivain affirme, envers et contre tous, mais avec tous (c'est là son intolérable travail d'écriture) ce *je* interminé et interminable que toutes les censures idéologiques doivent faire taire pour rendre conforme dans la communication. [...] Un *je* qui invite les autres *je* à se défaire inlassablement de ce mur d'amour/haine qui pétrifie à chaque fois la pensée par une régression vers le Sens — le bon, le propre, l'incontestable — celui du Père-Mère, de la Patrie, de la Raison. [...] Impardonnable expérience des limites que le nationalisme ne peut se permettre de laisser surgir. (p. 37-38)

Ce qui nous amène à la question de fond, celle qui est au cœur de cet essai, «celle d'une définition du sujet de la pratique de l'écriture» (p. 36). Sur ce point, la conception de Groulx et de

Lalonde sur la fonction instrumentale de l'écrivain implique un malentendu fondamental sur l'essence même du texte, perçu comme une confidence du *moi-je* d'un auteur, ou mieux, ici, comme l'efficace courroie de transmission du Message que cet auteur, mandaté par l'Histoire et les Pères, destine aux siens pour l'édification de la cité (de Dieu ou des hommes, selon le cas). À rebours de cette écriture convenue du *je*, le texte est un JE de l'écriture. Le sens ne préexiste pas au texte comme la pensée d'un auteur (ou d'une nation) dont la forme ne serait que le véhicule: «innocence des formes, responsabilité des contenus!» (p. 41). Le sens est enfoui dans les replis matériels du texte, dans le matériau des mots; il est indécidable pour l'auteur même du texte; il ne se révèle que dans le jeu complexe, vivant, mouvant, imprévisible des pulsions de désir ou d'angoisse d'un sujet en procès, pulsions qui *informent* la matière même du langage. Compte tenu de la nature du texte, n'est-ce pas littéralement faire violence à la littérature, la dénaturer, que de prétendre l'annexer ou l'*engager*?

> Forclusion du sujet et des minorités culturelles, disais-je, mais aussi forclusion du langage et du texte comme matérialité historique et productive jamais immanente à la chose ou à l'être, mais constituant plutôt la chose pour un être dans une mise au monde de l'être à travers la chaîne du langage. (p. 42)

Situé face aux «manifestes» nationalistes de Groulx et de Lalonde, et répercuté par le verbe tendu, grave, ardent de François Charron, *Refus global* m'a paru redevenir le texte brûlant, explosif, l'Utopie essentielle de tout écrivain comme de tout véritable vivant. Redevenir, dis-je, car on avait peut-être réussi à désamorcer et récupérer le manifeste surrationnel, perçu comme une «libération lyrique», mais irréaliste, comme un texte étrange et marginal. À la lumière du commentaire de Charron, qui réussit admirablement à le mettre enfin pleinement en situation, *Refus global* reprend vie, révèle sa pleine exigence, non pas comme loi ou dogme, mais comme parole libératrice du sujet et de l'écriture, invitant à «réinventer fiévreusement la vie» (p. 50). L'essayiste s'est véritablement identifié à ce texte. Je l'ai perçu à cette manière borduasienne, il me semble, de substantifier l'épithète: l'irréconciliable, l'étrange, l'indécidable, le tressaillant, etc., mais, de façon plus centrale, dans l'action, au cœur de l'essai de Charron, d'un grand axe métaphorique d'opposition, qui anime aussi le texte de Borduas, et qu'on pourrait subsumer sous l'image du *mur* et de la *brèche*. Ce système d'images sert de forme organisante à *La passion d'autonomie*: d'une part, du côté de la continuité traditionnelle, fixiste, le «mur», le «blocus», la «clôture», la «fermeture», l'«épaisseur du passé», le «bloc compact et indénouable», l'«unanimité» et la «conformité» dont le «ciment» «colmate le dire» et vous «coule dans la norme». En revanche, «des perles incontrôlables suintent hors les murs» (Borduas): dès lors, ce «nationalisme compact» est pris d'assaut par le sujet, provoquant «fissures», «brèches», «cassure», «déchirure», «fente», «vide», «béance».

«Cette folie de mettre la libération au pluriel» (p. 33) évoque, pour moi, l'expérience de l'auteur d'*Indépendances*: l'opposition, chez Pierre Vadeboncœur, entre une écriture du *faire* et une écriture du rêve, entre le polémiste et l'artiste, entre l'engagement syndical et nationaliste de Vadeboncœur et le décrochage absolu des *Indépendances* (à l'*s* anarchique) et des *Deux royaumes*: c'est l'*écrivain*, ici, qui vient signifier à l'*homme* (militant péquiste, syndicaliste) la «dignité absolue», la «passion d'autonomie» du sujet, ainsi que les exigences essentielles de l'écriture littéraire.

On aura d'abord frappé d'ostracisme Borduas, condamné à la solitude et à l'exil. Puis on aura récupéré (c'est pire) cet excentrique en réduisant son *Refus global* à une «libération lyrique». On sera tenté de faire le même coup à *La passion d'autonomie*. C'est pourquoi il est capital de souligner que ni Borduas ni Charron ne sacrifient le *nous* au *je*, le collectif à l'individuel. C'est la tension entre les deux qui est revendiquée comme une attitude vitale pour l'écrivain comme pour tout homme.

> Là où les uns comme les autres ont voulu rabattre le singulier sous le collectif et le collectif sous le singulier, là le *Refus global* maintient la tension dans l'*irréconciliable*. (p. 59)

La teneur politique de tels textes ne fait pas de doute, à mes yeux, seulement elle soustrait le politique à la mesquine ligne de parti pour le reconduire au cœur de l'existence et ainsi rejoindre le sujet de l'écriture (comme tout vivant) dans son intimité même (n'est-ce pas à cette condition que la politique pourrait enfin devenir pleinement humaine?).

> Dans la conjoncture québécoise actuelle, il me semble qu'il [l'écrivain] se doit, à la fois, et dans une tension ravivée, de combattre pour [la] reconnaissance politique du fait québécois, son auto-détermination [...] tout en poursuivant le refus radical que cette reconnaissance recherchée ou trouvée ne se gèle en un endroit imposé du savoir, des comportements, de la culture. (p. 44)

Utopie, donc, que cette «passion d'autonomie»? Oui, tout comme *Refus global*, et il me paraît vital de s'exposer à la luminosité et à l'attraction d'une utopie qui incite à respecter la dialectique ininterrompue entre le *je* et le *nous*, entre le pouvoir et le désinvestissement du pouvoir. Rayonnement intense d'un tel texte, pour qui tient à la «spontanéité essentielle», à la «liberté des souffles»!

De la philosophie comme écriture

C'est avec des sentiments mêlés qu'ayant entrepris la lecture du gros livre de Jean Theau[33], je me suis entêté à poursuivre jusqu'à la fin, tantôt avec intérêt, voire avec passion, parfois aussi, je l'avoue, en serrant les dents et en prenant mon courage à deux mains! Et pourtant, non seulement ai-je réussi la difficile traversée de cet «ouvrage de philosophie générale» (p. 201), mais je me suis précipité ensuite sur un autre essai de ce philosophe prolifique, *Le crépuscule de l'homme*[34], paru presque en même temps que le premier. Sans doute tournais-je autour d'une question, pour moi, essentielle.

Il y a plusieurs raisons à cet intérêt d'un «littéraire» pour la philosophie. D'abord, celle-ci nous aura marqués — cette «philo» (philo I, philo II) à laquelle on consacrait tout de même deux ans du cours classique, et qui a pour ainsi dire disparu, comme d'ailleurs, si j'en crois une enquête sur la situation de l'enseignement primaire au Québec[35], on fait de moins en moins de grammaire, de mathématiques, tout en négligeant aussi, pour s'adonner au bricolage généralisé, les «connaissances générales» ou le domaine de la culture. La philosophie sera donc restée un pli. Malgré les lacunes du discours bêtement systématique qu'on nous infligeait (Aristote et saint Thomas d'Aquin passés au crible du Grenier latin — le manuel de philosophie —, et surtout pas des pensées suspectes comme celles de Kant, Hegel, Bergson, Nietzsche, Heidegger, etc.), malgré toutes ces lacunes, dis-je, l'étude de la philosophie aura constitué cette invitation à la réflexion dont nous avons plus que jamais besoin à une époque où la pensée est constamment sollicitée et abrutie par les stimuli d'une publicité tant idéologique qu'explicitement commerciale.

Il y avait aussi, pour moi — «philosophe»-étudiant jadis exclu par une orthodoxie étroite des riches territoires de la pensée philosophique —, l'attrait singulier de la somptueuse culture philosophique d'un Jean Theau. Les lectures de cet écrivain sont impressionnantes (un index onomastique en eût suggéré l'ampleur), et cet ouvrage global et synthétique me fournissait l'occasion de refaire ma philo dans une tout autre perspective (ou du moins l'espérais-je). Méditation sur un héritage de pensée, *Certitudes et questions de la raison philosophique* s'ouvre sur le mode heuristique de l'*essai*: c'est à la recherche de la vérité que va s'adonner, à son tour, notre philosophe:

> Notre itinéraire se précisera, tel un chemin qu'on ouvre en forêt sans autre tracé qu'une direction, par le progrès de notre marche... (p. 7)

Démarche qui rappelle celle de cet autre chercheur itinérant que Péguy imagine ainsi:

> Descartes, dans l'histoire de la pensée, ce sera toujours ce cavalier français qui partit d'un si bon pas[36].

Il s'agit d'aboutir, si possible, après avoir intériorisé cet immense héritage de pensée, à une création philosophique originale, ou, du moins, de se situer, en tant que philosophe contemporain, face aux grands aînés. Jean Theau avouera donc ses adhésions mais accumulera aussi les refus. Enthousiasmé par le platonisme, il ne saurait pour autant renier le legs du matérialisme, du positivisme, auquel il s'accroche solidement. Il est fasciné par le génie de Kant, et sa synthèse personnelle se fera autour de la notion de *catégorie*, mais ce sera finalement pour détourner les catégories à ses fins, car il est radicalement opposé à l'idéalisme transcendantal de l'auteur des *Critiques*, avec son corollaire, l'agnosticisme métaphysique. De même, il admire et pratique la rigueur de l'analyse dialectique, mais sans adhérer à l'hégélianisme. Si Sartre le retient — l'écrivain autant que le penseur —, il rejette comme un non-sens le projet d'une existence en quête de son essence. Le pouvoir de commencer, de construire, de faire du nouveau n'est pas le tout de l'homme, assujetti à un certain déterminisme. Car ce qui précède l'homme importe tout autant que ce qui en procède: l'homme est libre, oui, mais il a une *nature* à laquelle est lié le destin de cette liberté.

L'auteur a aussi ses bêtes noires: le structuralisme, la «déconstruction», la philosophie du langage. Fidèle à l'héritage matérialiste (aussi bien aristotélicien que marxiste), et à l'encontre de tous les idéalismes, ce philosophe voué au «bon usage de la raison» s'agrippe à ses «certitudes»: la primauté de l'être en soi, de l'objet connu sur le sujet connaissant. Autrement dit, pour cette pensée foncièrement réaliste, il existe une nature indépendante de nos visions sensibles et intellectuelles. Contre le structuralisme il soutient, en humaniste classique, que l'homme, avec sa conscience intelligente et libre, est bien le centre de la philosophie. Agnosticisme et solipsisme ne sont que poses de salon qui ne résistent pas au sens commun: notre philosophe a une confiance inébranlable dans la capacité de la raison à penser l'objet. (M'est revenu en mémoire *Orthodoxy*, un livre stimulant de Chesterton sur l'Aquinate affirmant l'être d'un grand coup de poing sur la table...) Les *a priori* kantiens ne sont recevables que si on en fait des déterminations non plus de la pensée des objets mais des objets réels eux-mêmes.

Toujours ce recours à l'*expérience* fondatrice. Et, pour lui servir de point d'appui, Jean Theau n'hésitera pas à exhumer (à la barbe des philosophies contemporaines) la notion traditionnelle de *substance*, «[ensevelie] dans un mépris silencieux» (p. 42). Depuis l'avènement des certitudes scientifiques, le doute hyperbolique de Descartes n'est plus de saison, et le célèbre *Ergo sum* devient, dans cette réinterprétation du cartésianisme, l'affirmation de la substance. Il faut sans doute un sens aigu de la protestation (ou le goût de la provocation) pour tenir encore à une ontologie aristotélicienne qui prenne appui sur la substance comme fondement connaissable du réel. Quel contraste avec la pensée d'un Lacan, par exemple, chez qui il n'y a que le *signifiant*, lequel se produit à la place de ce qui manque, ce *réel* qui ne saurait laisser que des traces, c'est tout. L'ordre du réel lacanien, c'est la rencontre manquée: d'où déception, angoisse, castration. Rien de tout cela pour qui choisit de faire retour à la raison commune. Le questionnement n'est pas aboli pour autant; du moins peut-il miser sur ce fond de «certitudes», de convictions naïves, si je puis dire, données à notre conscience, indépendantes de la pensée et du langage: c'est tout ce qu'implique, au fond, cette primauté de la substance.

Pour affirmer sa propre philosophie, Jean Theau aura donc accumulé les refus, sous la forme tantôt d'un rejet clair et net de telle ou telle doctrine, tantôt aussi en recourant à un détournement de la pensée d'autrui pour sa propre pensée. Mais le refus est ambigu. On peut refuser parce qu'on a autre chose de plus positif, de plus dynamique, à proposer. On peut refuser aussi parce que, instinctivement, on s'accroche à ses «certitudes», on redoute d'avoir à se remettre en question et à évoluer.

Et c'est ici — paradoxalement — que se situe un autre intérêt singulier que j'ai pris à ces ouvrages. Car je n'ai pas été long à ressentir, au cours de ma lecture, un sourd malaise, devenu peu à peu de l'irritation. Mais, au lieu de m'inciter à fermer le livre, ce malaise fut l'aiguillon de ma recherche: comment démêler ces impressions confuses? Puis, comment exprimer cela avec toutes les nuances requises? Il m'aura fallu du temps (et je ne suis pas sûr d'y être parvenu). Moi qui ai subi, justement, tout au long de mes études philosophiques, l'esprit de système le plus borné — quel temps nous aurons perdu! — et que la vaste culture d'un Jean Theau étonne et ravit, je comprends mal que des influences aussi diverses puissent aboutir à une réflexion que j'oserais qualifier de *crépusculaire*. Je risque, sans vouloir jouer sur les mots, cette épithète parce que l'impression massive mais encore obscure qui m'a peu à peu gagné, à la lecture de *Certitudes et questions de la raison philosophique*, je l'ai enfin tirée au clair en lisant *Le crépuscule de l'homme*, où l'écriture de l'essai, plus abandonnée, se laisse aller à ses hantises. Bien sûr, l'auteur se défend de donner dans le genre catastrophique, mais ce «crépuscule» est sombre à souhait, et les accents moralisateurs que je croyais avoir déjà perçus dans l'ouvrage de philosophie générale (au cœur du texte, parfois, souvent aussi en bas de page, dans des notes acidulées et ironiques) s'affirment sans vergogne dans *Le crépuscule de l'homme*. Il y a bien des maux à dénoncer, à notre époque, et les polémistes ne manquent pas. Et sans doute bien des penseurs contemporains ont tourné le dos à la philosophie traditionnelle et même à Bergson, Sartre, *et alii*, pour écouter Nietzsche, Marx, Freud, Heidegger et autres empêcheurs de danser en rond. Mais je ne peux me retenir de regretter sincèrement qu'un philosophe de l'envergure de Jean Theau ferme si catégoriquement la porte à des courants contemporains de pensée (philosophie du langage, structuralisme, nouvelles orientations de la psychanalyse, etc.), tous enveloppés dans une même réprobation à l'adresse de la *mode*. On lira, dans *Le crépuscule de l'homme*, nombre de dénonciations sur le ton du morceau de bravoure: «Suivez le guide.»

Cette pensée, qui semble accueillir tant de pensées diverses, ne s'ouvre pas vraiment, elle ne fait toujours que se refermer sur l'étroitesse de sa vision, comme si la lecture des autres et le spectacle du monde contemporain ne faisaient que réactiver de vieilles hantises. L'«entière rigueur» (p. 183) de Jean Theau n'est pas qu'intellectuelle, elle est affective aussi, et combative. Dans cette raideur polémique coupant court à tout échange de vues, j'ai cru apercevoir l'ombre inquiétante d'une mentalité de droite. Cette méditation sur un héritage, qui aurait pu inaugurer un dialogue, difficile sans doute mais positif, avec les pensées d'aujourd'hui — et qui serait mieux équipé qu'un Jean Theau pour l'entreprendre? —, cette méditation, dis-je, se rabat prudemment sur la sécurité des idées toutes faites. Car, tout compte fait, en dépit de l'impressionnante intertextualité de ces livres, si prometteuse pour le *one-track mind* que voulaient former nos études classiques, il m'a semblé retrouver ici, *mutatis mutandis*, les prises de position traditionnelles de mes «maîtres» d'autrefois...

En revanche, il y a dans ce texte, sur un autre point que je trouve essentiel, ample matière à réflexion. Car, qu'on soit d'accord ou non avec le contenu doctrinal, il est difficile de ne pas reconnaître ici une *écriture*, laquelle épouse d'ailleurs solennellement la forme de cette pensée. «Solennellement», dis-je: la longue phrase éloquente de cette écriture méritoirement soignée est constamment à l'affût de la cadence obligée, donc musicale, à sa manière; mais, sévère, lourde et corsetée, avec ses rythmes attendus, sans nuances ni surprises, elle m'a paru d'un autre âge, immunisée contre tout imprévu stylistique (Comme on est loin de Proust!) Mais qu'on aime ou qu'on n'aime pas (c'est matière de goût), l'essentiel, à mes yeux, c'est qu'il s'agit bien d'*une écriture de la philosophie*. Sans doute existe-t-il un discours de la philosophie, mais ce qu'on touche du doigt en lisant ces livres de Jean Theau, c'est qu'il y a aussi une écriture de la philosophie, laquelle, chaque fois individualisée, résulte de l'attirance sémantique mutuelle des mots dans l'énoncé, donc d'un phénomène d'énonciation. Peut-être la philosophie a-t-elle ambitionné parfois de s'affranchir, comme la science, de la subjectivité de l'écriture et d'atteindre à la pure transparence du langage (je me souviens de ces chaînes de syllogismes, façonnées dans le latin des sorciers!). Mais, à lire Theau (et Bergson, Merleau-Ponty, etc.), on ne peut qu'être sensible à l'action constante de la rhétorique et des images. Tant mieux, d'ailleurs, si l'angélisme conceptuel rêvé s'avère impossible. C'est grâce à l'écriture que le propos philosophique prend corps et s'affirme efficacement en prise sur le vécu de la culture ambiante. Autrement, il rejoint les stériles abstractions de la scolastique décadente dont on nous accablait au lieu de nous inviter à lire les grands écrivains philosophes.

C'est pourquoi on peut s'étonner qu'un auteur qui se laisse si volontiers porter par le langage et l'écriture (comme Bergson, son maître[37] et Péguy, qui aura inscrit dans son écriture la *durée* bergsonienne), que cet auteur, dis-je, manifeste tant de défiance à l'égard de l'«autonomie impériale» (*Crépuscule*, p. 46) du langage, «ce dieu du jour» (*Crépuscule*, p. 27). Contre l'idéalisme transcendantal il prône le retour à l'expérience, et pourtant il se réfugie dans l'abstraction sécurisante de la «substance», de la «nature humaine», des «catégories», ces «certitudes» qui seraient peut-être aussi une voie d'évitement. Les problèmes sont réglés sur le mode de l'affirmation conceptuelle massive, à coup de transcendantaux, ce qui ne règle rien, en fait. Tandis que pratiquer une philosophie du langage, fondement du *je pense*, c'est s'aventurer dans l'inconnu, c'est risquer la découverte qui dérange radicalement. Au-delà des thèses de ce philosophe catégorique, que ne pressentons-nous pas en auscultant son écriture crépusculaire? L'idéal abstrait d'un certain discours philosophique, c'est l'accès au pur concept, à la rigueur impeccable de la dialectique — manière de conjurer les contradictions du vécu: heureusement que l'écriture nous y ramène! Éloquence de l'écriture de l'auteur: la rhétorique, ici, est voyante, voire clinquante, parfois. Mais cette écriture est *éloquente* en un autre sens: elle avoue un non-dit (un indicible), elle manifeste la contradiction entre le propos d'«une entière rigueur» (*Certitudes*, p. 183) dialectique et les accès (et excès) d'une intolérante agressivité (celle du pamphlétaire). La passion et l'ironie affleurent déjà souvent dans *Certitudes et questions de la raison philosophique*, mais elles se donnent libre carrière dans *Le crépuscule de l'homme*:

> [...] nous entendons proposer ici une suite de réflexions sans nous astreindre aux règles rigoureuses de la discussion dialectique... (*Crépuscule*, p. 111)

En effet. Et cette «ironie iconoclaste» (*Crépuscule*, p. 31) vise essentiellement les pensées et modes contemporaines et ceux qui les ont marquées: «la trinité Marx-Nietzsche-Freud» (*Crépuscule*, p. 66) avec son influence délétère; «les sphinx plus légers du "degré zéro de l'écriture", du "simulacre" ou de la "trace"» (*Crépuscule*, p. 63), «les maniaques plus ou moins sincères de la "déconstruction"» (*Certitudes*, p. 505); et, en général, «l'obscurité, la sclérose et la maigreur croissante de la philosophie moderne» (*Certitudes*, p. 213). Dommage, encore une fois, qu'un philosophe aussi averti ne se soit attaché à penser la modernité plutôt que de la prendre à partie! Le réalisme ontologique qu'il enseigne, proche de celui d'Aristote, se défend, sans doute — mais il y a d'autres approches philosophiques, comme la phénoménologie d'un Merleau-Ponty ou celle d'un Austin, proches du vécu véhiculé par le langage: attentives au réel concret de la situation, elles sont moins «catégoriques» mais combien plus suggestives... De toute manière, toutes ces philosophies diverses et divergentes constituent autant de grandes fictions (ou constructions intellectuelles) dont aucune ne peut s'hypostasier à la Vérité. Autant vaut se montrer accueillant, même à l'égard des «inconditionnels de la modernité» (*Certitudes*, p. 504).

De ces livres irritants j'aurai tout de même beaucoup appris. Et, en particulier, touché du doigt le lien entre la philosophie et l'écriture de l'essai. Lukács, déjà, avait discerné les rapports entre le discours philosophique et l'intentionnalité de l'essai. L'essayiste, selon lui, était à l'affût de *la* vie, c'est-à-dire d'une réalité substantielle derrière les apparences, les contingences, les accidents, la surface des choses. Pour lui, Platon fut le propre paradigme de l'essayiste, le plus grand essayiste qui ait jamais vécu ou écrit, puisant son inspiration dans la pensée de ce Socrate «toujours plongé dans les questions ultimes». La forme de l'essai, dans la perspective de Lukács, ce sont les idées, concepts, valeurs dans lesquels s'insère la vie, comme dans un moule, devenant ainsi *la* vie. Évidemment, il s'agit là de l'essai dans sa grande tradition allemande (Hugo Friedrich, Schopenhauer, Schlegel, Musil, etc.), et non pas du type de l'essai plus léger comme on en trouve davantage du côté des Anglais. Pourquoi, en effet, l'essai ne se laisserait-il pas attirer par la philosophie ou, de façon plus générale encore, par la théorie? Peut-être l'a-t-on indûment limité à la prose qui s'amuse, qui divague, qui n'achève rien. Pourquoi un essayiste ne serait-il pas, comme un Jean Theau ou un Valéry, harcelé par l'aiguillon de la rigueur ou, comme Descartes, par la hantise de l'idée claire et distincte? Passionné par une volonté de mise en ordre du monde, au nom d'une logique absolue? De telles obsessions ne pourraient-elles, au même titre que la fascination de la flamme chez un Bachelard, ou, chez Rousseau, le vœu de transparence, être des déclencheurs d'écriture?

Une anthologie de l'essai au crible de la théorie

Comment peut-on être «anthologiste»? Selon l'étymologie (gr. *Anthos*, «fleur» et *Legein*, «cueillir»), il faut aimer les fleurs. (Et je revois la robuste silhouette de Laurent Mailhot, au bord du lac Napoléon, semant, sarclant, cueillant...) Cette fois, il s'est attaqué à un domaine si énorme, avec ses pans de forêt presque vierge, qu'il faudrait parler de défrichement!

C'est la première fois qu'au lieu de jouer les lecteurs-colibris, comme on fait d'ordinaire, je m'adonne à la lecture «syntagmatique» d'une anthologie[38], histoire de retentir devant la composition d'un aussi vaste ensemble textuel. Étonnement d'abord face à la riche tradition de l'essai québécois, qu'on mesure bien abstraitement en tournant les pages d'une bibliographie, mais qu'on touche ici du doigt en pénétrant quelque peu — si peu — dans la substance des textes. Si peu: j'ai trouvé frustrante souvent, au fil de la lecture, l'expérience des ruptures: à peine avais-je trouvé le ton d'un écrivain qu'il fallait passer à un autre, tout à fait *autre* la plupart du temps. Malgré tout, il y a le plaisir des retrouvailles: relire les textes de vieilles connaissances, mais rajeunies par le choix (toujours discutable, c'est fatal) de l'«anthologiste». Surprise aussi des découvertes: pour moi, ç'aura été celle des essayistes du XIXe siècle, que j'ai beaucoup moins fréquentés que les autres, et que, curieusement Laurent Mailhot — qui les connaît bien — présente avec une certaine parcimonie (93 pages dans un ouvrage de 658 pages): mais Arthur Buies, Hector Fabre, Octave Crémazie, Napoléon Aubin sont effectivement des écrivains savoureux, et le vigoureux Étienne Parent, que Laurent Mailhot tient en prédilection, mérite certes d'être mieux connu. Quant aux essayistes du XXe siècle, gratifiés de la part du lion, on retrouve, parmi ceux que j'aime (à chacun ses caprices anthologiques!), les Edmond de Nevers, Jules Fournier, Paul-Émile Borduas, Saint-Denys Garneau, Pierre Vadeboncœur, Jacques Ferron, Jean Éthier-Blais, Gaston Miron, Hubert Aquin, Fernand Ouellette, Jacques Brault, Jean-Louis Major, Jean Marcel, André Brochu, Gilles Marcotte, Victor-Lévy Beaulieu, François Ricard, etc. Il m'arrive de tiquer devant certains choix: Alphonse Poitras, Claude Jasmin, Thomas Pavel —, non surtout pour eux-mêmes mais en regard des autres qu'on a par principe exclus (j'y reviendrai). Et j'aimerais tellement croire qu'un écrivain comme Robert Marteau est vraiment un essayiste *d'ici*: mais qui, au Québec, écrit une langue aussi sûre de ses moyens? Quoi qu'il en soit, les anthologistes Laurent Mailhot et Benoît Melançon nous auront présenté des œuvres souvent dispersées et plus ou moins accessibles, où en dépit des brutales ruptures, inhérentes à la disparate de l'anthologie, on a parfois la chance de voir revenir des thèmes ou lignes de force grâce à quoi des liens fragiles se tissent au sein de la bigarrure textuelle.

Force m'est d'avouer pourtant que le plaisir éprouvé à ces retrouvailles (et trouvailles) est passablement émoussé par des réserves théoriques importantes que je souhaiterais formuler de la manière le plus constructive possible. Car Laurent Mailhot a déjà tenu sur l'essai des propos soignés et convaincants. Je pense, en particulier, à la remarquable étude sur les «Essais (littéraires) au XIXe siècle», parue dans *Le Québécois et sa littérature*[39], où on peut lire des énoncés théoriques fort pertinents. L'engagement des essayistes «ne se limite pas à l'action et à la parole, il a lieu dans l'écriture. Et l'écriture ne va pas sans dégagement, jeu, liberté». Étienne Parent serait-il «un penseur, une sorte de philosophe de l'histoire? Oui, à condition de voir l'histoire en mouvement, la philosophie concrète et la pensée éprouvée dans l'écriture». Ou encore: «Passant le discours au crible de l'écriture, [l'essai] redonne à la sensibilité et à l'imagination ce que la raison avait usurpé.» De telles observations, fondées sur la théorie littéraire, mais nuancées par une recherche admirablement éclairante sur le sens de la notion de *littérature*, à l'époque des Garneau, Parent, Gérin-Lajoie, permettent d'aboutir à des conclusions avisées sur la situation de l'essai au XIXe siècle. Ce genre littéraire est d'emblée considéré comme forme d'art, comme écriture: c'est ainsi qu'on arrivera à surmonter les préjugés de l'institution qui le rejette en vrac, avec le reste de la prose d'idées, dans le hangar de la non-fiction.

Tout autre m'apparaît le texte décousu, faible et dépourvu de rigueur, de l'introduction à l'anthologie, comme aussi celui de maintes présentations des essayistes. Au lieu d'assumer vigoureusement ses propres énoncés, l'auteur de ces textes est enclin à s'entourer de la sécurité de l'intertexte, à se mettre à la remorque du texte des autres: serait-ce le pli de l'«anthologiste»? Mais une brochette de citations ne fait pas une pensée. Plus ou moins heureusement intégrées dans le texte, les citations finissent par nuire à la cohérence du propos et au vécu de l'écriture.

En dépit de quelques formules heureuses sur l'essence de l'essai — «une manière plutôt qu'une matière» (p. 4), «en marge de l'institution mais au cœur de l'écriture» (p. 13) —, l'auteur me paraît empêtré dans des étiquettes relevant du *contenu*, ce qui finit par avoir des répercussions importantes (à mes yeux, majeures) sur le choix même des textes. Pourtant, «tout PEUT être littéraire»: c'est lui-même qui insiste (p. 13) en citant André Belleau. Pour éviter à tout prix les affirmations gratuites, je tiens à examiner de près, en partie du moins, le jeu souvent confus des étiquettes et classifications. Presque toujours, à quelques exceptions près, l'auteur distingue nettement l'essayiste du «philosophe» et du «critique» (mais aussi, nous le verrons, du «théoricien», du «moraliste»).

> Depuis quelques décennies, bon nombre d'essais sont produits par des philosophes, des critiques, des romanciers et plus encore par des poètes. Et les auteurs qui sont exclusivement essayistes — Gagnon, Le Moyne, Leclerc, Vadeboncœur — sont reconnus comme écrivains à part entière. (p. 5)

Va pour les «romanciers» et les «poètes» que certains traits formels permettent encore de distinguer, je crois, des «essayistes». Le cas des «philosophes» et des «critiques» est beaucoup moins clair. On retrouve fréquemment dans l'écrit philosophique — celui, bien sûr, qui ne s'enferme pas dans la rigidité du système — le discours inachevé, voire la féconde dérive de l'essai: d'où de profondes affinités entre «essayiste» et «philosophe». Ainsi, pour donner un exemple, Joseph Pestieau, professeur de philosophie et auteur de *L'espoir incertain. Essai sur le pouvoir*, se regarde-t-il écrire:

> Cet essai de philosophie pratique fera souvent appel aux sciences sociales. [...] Par ailleurs, les digressions et les exemples prendront beaucoup d'importance dans cet essai.

> [...] bien des détours seront nécessaires. Nous ne pourrons même pas aboutir à une conclusion satisfaisante pour certains esprits systématiques [40]...

Et, en conclusion, cet énoncé, bien caractéristique du recours à l'essai comme moyen de connaissance: «Cet essai n'a pas répondu à ces questions mais a tâché de bien les poser[41].»

Mais surtout — et j'insisterai — le «critique», lui, peut être un essayiste — au point que, pour Lukács, dans *L'âme et les formes*, l'essayiste, sauf exceptions géniales (Platon, par exemple), n'est pas autre chose qu'un «critique», dans la mesure où, pour penser la vie, il a besoin de la médiation de l'œuvre artistique ou philosophique. Or Laurent Mailhot ne semble tenir aucun compte de l'*essai critique*: il en résultera, à mon avis, un choix fâcheusement réducteur des textes à retenir pour une anthologie. On s'élève déjà contre le cloisonnement des *genres*; il serait malavisé, en excluant tel ou tel registre de l'essai, d'ériger de nouvelles cloisons.

Entendons-nous clairement sur le sens des termes. L'*essai critique* exige une mobilisation intime de l'écrivain et commande une écriture qui le démarque radicalement du *compte rendu* ou de l'*étude théorique* ou de l'enquête d'*histoire littéraire*[42]. L'investissement personnel du critique se réalise à travers une dialectique de la distance et de l'identification, souvent éprouvante à vivre, et qui ne trouve sa résolution que dans la découverte d'un certain ton de l'écriture. Être (en toute justesse et justice) à l'écoute d'un autre texte, vraiment *autre* parfois, tout en s'implantant dans le sien: art délicat et combien difficile! Un praticien éminent de cette lecture-écriture, Jean-Pierre Richard, en témoigne ainsi:

> [...] au commencement de tout acte critique doit se placer un geste de pure sympathie par lequel une originalité, celle d'un lecteur, adhère absolument à une autre originalité, celle d'un auteur[43].

Pareille intériorisation du texte lu ne correspond-elle pas intimement à la démarche de l'essayiste? Dès lors, l'expression «critique littéraire» ne concerne que le contenu de l'essai. Bien sûr, il ne s'agit que d'un des *registres* possibles de l'essai, que je qualifie, dans la typologie proposée plus haut, de *cognitif* pour le distinguer du registre *introspectif* (ou intime) et du registre *polémique*. (Sur ce point, la terminologie de l'avant-propos de l'anthologie de Mailhot et Melançon évoquant «les genres ou les registres de l'essai» [p. 1] est inexacte: il n'y a qu'*un* genre de l'essai, c'est bien assez, subsumant plusieurs registres ou types d'essais.) Fernand Ouellette, dans ses «Divagations sur l'essai» — texte par ailleurs richement intuitif — tient des propos réducteurs sur l'essai critique: comme bien des «créateurs», il observe de haut la critique littéraire, l'ayant préalablement limitée à la «lecture structurale» ou à «l'établissement d'une synthèse socio-historique» (cité p. 485): nous sommes loin alors de la lecture-écriture dont j'ai parlé plus haut. Pourquoi Laurent Mailhot, lui-même critique averti à ses heures, donne-t-il dans le même préjugé institutionnel?

Un des effets les plus malheureux de cette tendance au compartimentage, qui aboutit à l'exclusion de l'essai critique, c'est le sort «anthologique» réservé au couple Brochu-Marcotte. Du critique Brochu on écrira que «ses meilleurs textes sur la littérature québécoise [...] ont été rassemblés en 1974 dans *L'Instance critique* (Leméac)» (p. 593). Bien d'accord, mais on ne retiendra aucun de ces essais critiques. Quant à Marcotte, il est reconnu «comme un des plus solides critiques québécois: *Une littérature qui se fait* (1962 et 1968) et le *Roman à l'imparfait* (1976) sont aujourd'hui des classiques» (p. 593). Aucune citation, pourtant, de ce «classique». Le seul «essai» (?) retenu, c'est l'échange épistolaire de *La littérature et le reste*. Or non seulement ces deux écrivains sont des essayistes majeurs (même s'ils traitent de littérature plutôt que de culture, de politique ou de condition féminine), mais ils me paraissent si personnels, si différents l'un de l'autre qu'ils eussent amplement mérité d'être présentés séparément. Cas analogue: «Jean-Louis Major [...] remarquable critique de la poésie (Anne Hébert, Paul-Marie Lapointe) et des écrits autobiographiques (chroniques de *Lettres québécoises*) est aussi un essayiste.» (p. 513) Essais ou études, les écrits sur Hébert ou Lapointe? Il faudrait y regarder de plus près. Quant à ceux de *Lettres québécoises*, je les ai toujours lus comme des essais critiques, et il me semble que c'est bien ainsi que Major lui-même les a voulus.

Laurent Mailhot déplore (note de la p. 1) l'absence dans cette anthologie du critique André Belleau, «sauf en tant que théoricien de l'essai». Magie des étiquettes, encore, car il se trouve que les deux textes de *théorie* indiqués dans la biliographie sont bel et bien des essais. On eût donc pu inclure dans l'anthologie «Petite essayistique» et «Approches et situation de l'essai québécois», et le tour était joué. Ces deux textes figurent d'ailleurs comme essais dans *Y a-t-il un intellectuel dans la salle?* On s'est laissé une fois de plus obnubiler par le contenu: il y aurait, d'une part, la théorie et la critique; et d'autre part, l'essai. Mais Belleau, qui a une conscience si vive de la fonction heuristique, de la créativité de l'essai, est un essayiste passionné de théorie, tout comme son modèle Lukács: «Relire le jeune Lukács[44]» manifeste justement comment le grand esthéticien «se choisit et se désire lui-même écrivain». J'en dirais tout autant d'un Bachelard, indissociablement essayiste et philosophe (phénoménologue) de l'image.

«Pierre Baillargeon (1916-1967) est un moraliste plutôt qu'un essayiste au sens strict.» (p. 245) En quoi «moraliste» et «essayiste» s'opposent-ils? Montaigne et Pascal, ces sommités de l'essai, sont des moralistes. C'est le propre de l'essayiste, comme du moraliste, d'avoir une conscience aiguë de la distance entre l'Idéal contemplé et les pauvres réalisations contingentes: d'où ces accents ironiques qui font écho si souvent à ses propos. Et même si le moraliste pratique à l'occasion la formule lapidaire ou la maxime, ce n'est là qu'une forme particulièrement efficace du discours argumenté de l'essai. Exceptionnellement, Éthier-Blais, «moraliste nostalgique», a droit de cité comme essayiste, mais le pauvre Baillargeon peu ou prou, tiraillé qu'il est entre ses étiquettes: «Fabuliste, moraliste plutôt que critique ou romancier — même dans *La neige et le feu*, en 1948 —, Pierre Baillargeon n'est essayiste que brièvement, accidentellement.» (p. 246) À force de pourchasser la formule, l'auteur de l'anthologie verse dans le nominalisme.

Un sort particulièrement étrange est réservé à l'essayiste Madeleine Ouellette-Michalska. «Malgré sa mise en scène textuelle et artistique, *L'échappée des discours de l'œil* relève de l'anthropologie.» (p. 9) C'est plutôt dans les limbes que la logique de cette évaluation conduirait à l'exiler. Pierre d'achoppement du contenu, encore: pourquoi ne pourrait-on pas faire un essai à partir de matériaux anthropologiques? Qu'on l'aime ou pas (c'est une autre question), il paraît pour le moins arbitraire de bannir du domaine de l'essai un livre dont, avant de le reléguer dans «l'anthropologie», on se plaît à souligner la beauté artistique ainsi que les marques textuelles qui signalent une écriture: «intermèdes en italiques, pauses, commentaires ironiques, évocations lyriques», «postface inaugurale», «prologue final», «passages théâtralement efficaces», etc. (p. 9)

L'amenuisement typologique résultant de toutes ces distinctions de contenu aura des conséquences importantes sur l'organisation de l'anthologie. On n'a pas retenu, ai-je noté, les essais critiques des Brochu, Marcotte, Major, etc. Mais l'absence d'Henri-Raymond Casgrain, de Camille Roy, d'Albert Pelletier, de Louis Dantin, de Marcel Dugas, de Roger Duhamel, de Jacques Blais, de Philippe Haeck, etc., en regard de l'accueil fait à un certain nombre d'auteurs mineurs, me paraît relever du même principe d'exclusion de l'essai critique. Nuance, tout de même: la critique d'art semble recevable (voir Borduas), ou la discussion sur la critique littéraire en général (voir l'index thématique), mais pas la critique littéraire spécifique. Seraient admissibles, en vertu de ce principe, les essais intimes de *Chemin faisant* (Jacques Brault), mais pas *Miron le magnifique* ou les textes sur Saint-Denys Garneau, Baudelaire, etc. Comment justifier pareil cloisonnement? Chez les critiques littéraires, on aura dû se rabattre sur les textes les plus proches de la confidence ou de la confession brute: la lettre, le journal, comme relevant de l'essai. (Pourtant, il y a tant de façons indirectes de se dire, fût-ce en parlant de l'œuvre d'autrui!) C'était une occasion unique de signaler la critique comme essai à part entière, comme fiction[45]. On l'aura ratée. Et qu'on n'objecte pas que cela eût gonflé une anthologie déjà copieuse: c'est la structure même de l'ouvrage qu'il eût fallu alors modifier en même temps que le choix des «élus» et le découpage des extraits.

Je dirai quelque jour (ce serait trop long ici) pourquoi l'adjonction d'une béquille «littéraire» au beau mot d'*essai* m'horripile[46]. Il incombe aux spécialistes de l'essai, me semble-t-il, de chercher à rectifier la malencontreuse tradition lexicale française. Quant au sous-titre d'*anthologie littéraire*, je flaire là-dessous quelque mystérieux effet de sens pléonastique dont la vertu m'échappe...

La présentation chronologique a pour effet l'accumulation en vrac des essayistes, qui dessert le lecteur, surtout le non-spécialiste, incapable *a priori* d'opérer des regroupements éclairants. Surtout qu'on signale en introduction la possibilité de tels regroupements, la récurrence de «figures», «thèmes», «lignes de force», «points de rupture» (p. 12). Pourquoi alors ne pas avoir balisé tant soit peu la route? Cet étalage interminable de textes, de 1837 à 1983, ressemble à une vente-débarras: est-ce la jeunesse (relative) des auteurs qui fait que l'ouvrage prend fin, ou la force d'inertie, on ne sait trop. En tout cas, la simple chronologie ne me paraît pas constituer un principe d'organisation. Lire à la queue leu leu Georges-André Vachon, Jean-Paul Desbiens, Fernand Dumont, Naïm Kattan, Gilles Leclerc, pour ne nommer que ceux-là, c'est s'exposer à des mélanges indigestes. L'étymologie, pourtant, promet un *recueil de fleurs*. D'un bouquet on exigera un heureux assortiment de couleurs et de formes: pourquoi pas d'une anthologie?

On aura voulu mettre à la disposition du grand public «un ensemble de textes représentatifs, parfois rares, en tout cas dispersés» («Avant-propos»). Mais un «ensemble de textes» ne fait pas une anthologie, c'est-à-dire un ouvrage vraiment *pensé*. La mise au point de l'«étude sur les essais» (p. 1), à paraître dans l'*Histoire littéraire du Québec* que prépare Laurent Mailhot, eût peut-être permis d'établir des fondements théoriques rigoureux, notamment une typologie qui prenne en considération l'essai dans toute la variété de ses registres, référence indispensable pour la préparation d'une anthologie. L'auteur a préféré la démarche inverse. Il nous avertit d'ailleurs lui-même que le présent choix de textes «ne peut être une anthologie définitive» (p. 3). Je le crois aussi comme je regrette de devoir mettre en doute sa représentativité.

CONCLUSION

L'essai, texte moderne. Vie et mort de la littérature

Avec mon insistance sur la fiction de l'essai, me serais-je laissé prendre dans l'encombrante distinction entre la fiction et la non-fiction? Pourtant, je crois toujours au caractère fictionnel de l'essai, tel, du moins, que je l'entends dans «L'essai. Synthèse théorique», et à condition, bien sûr, de donner au mot *fiction* une extension qu'il n'a guère dans le sens courant du terme anglais, mais qui se justifie par l'étymologie du mot. L'énonciateur construit un monde autour de ses «idées érotisées» (Belleau) en mobilisant les réserves de son imaginaire et en puisant dans les ressources si variées du langage performatif: que cela aboutisse à un essai plutôt qu'à un roman ou à un poème n'enlève rien au caractère fabriqué, donc fictionnel, du texte. À l'instar du romancier jouant avec ses personnages, ou du poète aménageant l'espace-temps d'un monde d'images, de mots, de sons, de couleurs, de rythmes, l'essayiste argumente ses idées, idées-forces, nullement abstraites, survoltées plutôt et magnifiées par l'imagination.

Cela dit, on gagnerait sans doute aussi, dans le domaine littéraire, à inaugurer la *tabula rasa*, à se débarrasser résolument de catégories vétustes, qui prennent la forme d'oppositions tranchées. Voici quelques exemples, qui se recoupent d'ailleurs, de ces couples brouillons que l'on croise presque inévitablement lorsqu'on veut parler de littérature, et qui peuvent bloquer l'évolution de la réflexion théorique: fiction/non-fiction; subjectivité/objectivité; processus intellectuels/mouvements affectifs; énergie subjective/savoir objectif; essai scientifique/essai littéraire, etc. De tels cloisonnements aboutissent à une vision stéréotypée de la littérature — domaine obligé du flou, de l'état d'âme, du subjectif, de l'affectif —, vision qui, pour revenir à notre propos, est de nature à maintenir l'essai dans un fâcheux état de marginalisation. Nous nous laissons entraîner, sous la pression de l'institution littéraire, dans des classifications simplistes. Ainsi, quelle est encore l'immuable idée reçue au sujet de la littérature? Celle qui enferme la littérature dans la catégorie dite *Fiction* par les Anglo-Saxons: poésie, roman, nouvelle, conte, théâtre — en somme, ce qui évoque d'emblée la subjectivité, l'affectivité, la pure invention. Pourtant, il subsiste ainsi un énorme résidu de textes, disons brutalement un déchet: la *non-Fiction* (des Anglais, toujours), masse inclassable selon la hiérarchie consacrée, souvent rangée sommairement, en français cette fois, dans la catégorie *essai* (où Montaigne se retrouve pêle-mêle à côté des recettes de Tante Machin, du *Mallarmé* de Jean-Pierre Richard, d'un traité de médecine familiale...). En loyaux serviteurs de l'Institution, certains ont inventé une belle étiquette cartésienne: essai scientifique/essai littéraire — histoire de récupérer tant mal que bien cette espèce de trouble-fête qu'est l'essai.

Ce faisant, toutefois, on aura peut-être raté une occasion unique de provoquer une salutaire mise en question du concept de littérature. En effet, l'essai — tout uniment *l'essai*, sans plus, sans la fioriture «littéraire» — fait s'écrouler, par le seul fait de son existence, le château de cartes de nos catégories, de nos distinctions, de nos couples antithétiques, c'est-à-dire d'une pensée nominaliste qui a fini par acquérir le prestige d'un savoir institué. Prise en charge du réel humain par une individualité, l'essai n'a rien à voir avec la catégorie *Fiction* des anglophones, se trouvant par le fait même exclu de la littérature conventionnelle. Les *Essais* de Montaigne radiés de la littérature, est-ce concevable? Changeons donc de point de vue et observons tout cela par la lorgnette du couple subjectivité/objectivité, qui sert à départager Littérature et Science. Pure subjectivité, les *Essais* de Montaigne? Certes, les humeurs d'un sujet «ondoyant et divers» donnent à l'œuvre son ton irremplaçable, mais, sous des apparences primesautières, ces textes graves n'en visent pas moins à cerner une expérience très objective: l'incessante réflexion sur l'art de vivre de mourir que poursuit Montaigne, à tout propos, en s'inspirant d'un riche intertexte culturel et livresque, n'a pas non plus grand-chose à voir avec l'étiquette *Fiction*.

Prenons un autre cas, plus frappant encore, qui cette fois met totalement en échec nos couples antithétiques. Il s'agit d'un essai de Bachelard, *La psychanalyse du feu*, qui se joue allégrement des idées reçues de l'Institution. Ici je m'en voudrais de ne pas signaler tout ce que je dois au travail (resté inédit, à ma connaissance) d'une de mes étudiantes, Marie-Odile Liu[1]. Ces trente-deux pages lumineuses sont de loin ce que j'ai lu de plus pénétrant sur Bachelard. Et c'est à Marie-Odile Liu que je dois aussi d'avoir commencé à me poser des questions sur certains lieux communs de la pensée instituée. Texte «objectif», *La psychanalyse du feu*? Qui en douterait avec un sous-titre comme *Pour une psychanalyse de la connaissance objective*? On retrouvera donc ici à l'œuvre le savant professeur, l'épistémologue rigoureux, pourchassant sans répit les rêveries sur le feu qui dressent autant d'obstacles à la connaissance objective de l'élément *feu*. Pourtant, réduit à ce schéma si simple, le livre de Bachelard s'en trouve carrément défiguré: à vrai dire, les pages les plus intéressantes, les plus séduisantes, sinon les plus nombreuses du texte, sont consacrées au contraire à la louange des images du feu, chargées de souvenirs et d'affects personnels! Où est passée la fameuse «objectivité»? Ce serait vraiment trop facile de taxer Bachelard d'incohérence. Et pourtant, je ne puis m'empêcher de penser à tel livre sur Bachelard, dont le titre même — *Bachelard ou le concept contre l'image* — constitue vraiment *le* contresens majeur qu'on peut commettre en parlant de Bachelard, celui qui manifeste d'emblée qu'on n'a vraiment rien compris à la pensée de ce dernier. En effet, si Bachelard, tout au long d'une carrière d'une rare pluridisciplinarité, poussé autant du côté des lettres que du côté des sciences, a réussi à être pleinement homme du concept et homme de l'image, il n'a sûrement jamais, selon une vision dualiste des choses, dressé l'une contre l'autre ces deux instances. C'est avec le même enthousiasme contagieux que le Penseur et le Rêveur, chez Bachelard, ont poursuivi leurs recherches à cette table de travail qu'il avait baptisée, dans *La flamme d'une chandelle*, «[sa] table d'existence»; deux activités alternées, qu'il a soigneusement distinguées l'une de l'autre, sans jamais pour autant les opposer l'une à l'autre, comme serait tentée de le faire une exégèse manichéenne. Or ce qui fait justement l'intérêt singulier de ce livre charnière qu'est *La psychanalyse du feu*, c'est que les deux instances s'y rencontrent: savoir objectif/énergie subjective; processus intellectuels/mouvements affectifs. Sauf que, insistons, la pensée de Bachelard ne verse jamais dans le dualisme antithétique auquel nous a habitués la pensée unidimensionnelle. Il s'agit plutôt, chez Bachelard, d'une pensée qui se dialectise constamment entre ses pôles affectif et intellectuel, par le recours à la «sublimation dialectique», pour reprendre ses propres termes. La libido se sublime dans l'art, comme le voulait Freud, mais elle est aussi la source de tous les travaux de l'*homo faber*. Voici un bel exemple de «sublimation dialectique», proposé par Bachelard:

> Quand on contemple une hache de silex taillé, il est impossible de résister à cette idée que chaque facette bien placée a été obtenue par une *réduction* de la force, par une force inhibée, contenue, administrée, bref par une force *psychanalysée*[2].

Même dans le domaine de la pensée scientifique, un sain «refoulement» de l'essentielle énergie subjective s'impose:

> Pas de pensée scientifique sans refoulement. Le refoulement est à l'origine de la pensée attentive, réfléchie, abstraite. Toute pensée cohérente est construite sur un système d'inhibitions solides et claires[3].

Cette ascèse, savants et chercheurs, dans le domaine scientifique, religieux et moines, dans le domaine spirituel, sont entraînés à la vivre quotidiennement.

Appliquons maintenant directement à notre propos cette pratique bachelardienne de la «sublimation dialectique». Bachelard ne refuse ni la rêverie poétique sur le feu ni la réflexion hautement intellectualisée sur la nature du feu; ni l'une ni l'autre ne sont entachées de négativité. Il tient toutefois à les distinguer, à ne pas laisser l'une brouiller l'opération de l'autre. Lorsque le Penseur est au travail, la sublimation dialectique consiste à canaliser les réserves de l'Imagination, c'est-à-dire à sainement «refouler» les forces de l'énergie subjective; à les utiliser, oui, mais en les contenant, en les administrant, de manière que la raison du savant puisse s'exercer dans les conditions requises d'ascèse positive. En revanche, lorsque c'est le Rêveur (ou le Poète) qui prend la relève, alors les digues de l'Imagination peuvent bien sauter, aucun excès n'est à proscrire au royaume surréaliste de la rêverie. On le voit: nul dualisme, ici: blanc *versus* noir, bien *versus* mal, etc. Mais une pensée qui ne cesse de se dialectiser, selon la visée poursuivie, tantôt celle du savant rigoureux, tantôt celle du rêveur d'images et de mots.

Texte-synthèse, texte explicitement rassembleur de ces instances qu'on a accoutumé d'opposer l'une à l'autre: subjectivité/objectivité; mouvements affectifs/processus intellectuels; imagination/raison; littérature/science: *La psychanalyse du feu* offre un exemple frappant de la force de frappe de l'*essai* face aux vieux canons de l'institution littéraire. Qu'on s'avise donc de l'édulcorer en essai *littéraire*! Mais il s'agit — au premier chef — d'un essai *scientifique*! L'essai, texte moderne, dissout cette opposition artificielle entre littérature et discours objectif; il met ainsi en question la conception traditionnelle de la littérature. Bref, *La psychanalyse du feu* est tout uniment un *essai* — ne touchons pas au vocable créé par Montaigne, et si admiré, on l'a vu, par Lukács et Adorno — où, comme l'écrit Marie-Odile Liu au sujet des *Essais* de Montaigne, «la littérature est morte avant d'être née[4]».

Tels sont le caractère contestataire, l'étonnante modernité de l'essai, vie et mort de la littérature.

EN MANIÈRE D'ÉPILOGUE

Petit essai autobiographique

Quels sont vos projets de retraite? demande-t-on parfois. Avant tout, je voudrais faire de longues promenades avec mon chien. J'aime me promener avec mon chien, un magnifique Labrador, «le grand chien jaune», comme dit mon fils Stéphane. Qui promène qui? la question reste entière. Gypsie porte fièrement le nom que lui a donné l'éleveur: avec elle, c'est la vie de bohème. Souvent elle m'entraîne dans la forêt de la Gatineau, suivant librement son nez et sa fantaisie. Il y a tel endroit que je connais bien, une cathédrale d'arbres géants où on est comme au milieu du monde, où on n'entend plus qu'une rumeur lointaine:

Cette paisible rumeur-là
Vient de la ville.

J'aime penser et rêver là, m'accordant au rythme de la nature, à l'abri de toute contention intellectuelle, comme tous ces arbres qui m'entourent, respirant et croissant le plus naturellement du monde. Ce lieu est littéralement mon *utopie*, si l'on me permet de tirer le mot par une de ses racines, un lieu où l'on est bien…

Des utopies, ou espaces de bien-être, j'en ai d'autres aussi. L'une d'elles est l'université. Mais, cette fois, je ne pourrai pas compter sur Gypsie pour m'y mener, mais sur l'autobus 41, presque aussi fantaisiste que mon chien. Au lieu d'emprunter carrément le boulevard Taché, la voie du sens commun, le voici qui s'engage dans d'invraisemblables détours par le vieux Val

Tétreau, puis par les Jardins McKenzie King, pour suivre enfin pendant quelques minutes un itinéraire rectiligne. Mais rien n'y fait, le voilà qui oblique de nouveau vers le vieux Hull, longeant rue Laurier le musée des Civilisations pour — est-ce que je rêve? — ralentir quelque peu devant la vitrine de la boutique *Erotica,* avant de s'engouffrer sur le pont interprovincial, au son d'un concerto très avant-gardiste pour pneus et ferraille... Du côté d'Ottawa, c'est, du tac au tac, la riposte canadienne: *l'*autre musée, d'abord, puis, rue Murray, une théorie de jolies péripatéticiennes qui vous sourient au passage avec, en arrière-plan, l'aspect plus austère, comme il se doit, de l'avenue King Edward. Enfin, un virage musclé à droite, suivi d'un autre un peu plus loin, et, après avoir salué mon aimable chauffeur errant, je descends, secoué, un peu ahuri... Mais je n'ai pas perdu mon temps. C'est grâce à la dérive du 41 que j'ai pu faire comprendre à mes étudiants la nature particulière du discours, ou mieux, du parcours de l'essai, aussi singulier souvent que celui de cet autobus, ainsi que la circulation, dans l'essai toujours, de ces dynamiques «idées érotisées» évoquées par le regretté André Belleau.

Le temps d'une petite promenade de santé jusqu'à la rue Laurier, et je débouche sur le campus universitaire. Utopie, ai-je dit. Je suis d'abord assailli par une violente odeur de friture, mais bientôt je me retrouverai calfeutré dans ma salle de cours du pavillon Simard, où, sous l'éclairage énervant des néons et derrière les belles grandes fenêtres scellées par le progrès, je retrouverai, comme dans la Gatineau, le fil de ma rêverie verlainienne.

> Le ciel est, par-dessus le toit,
> Si bleu, si calme.

Il y a beaucoup de remue-méninges fébrile dans une salle de cours. Ce qu'on enseigne mérite-t-il toujours d'être appris? Mais il y a, à l'occasion, de grands moments de sensibilité, qui font oublier tout le reste, comme des *sur-prises* de conscience où un étudiant soudain, grâce à la littérature, reçoit de plein fouet le choc de l'existence:

> Mon dieu, mon dieu, la vie est là
> Simple et tranquille.

Je ne peux imaginer de plus beau métier que celui de professeur d'université. On a grandi dans l'amour des livres, on a éprouvé un insatiable appétit de connaître, et voici qu'on découvre un espace unique de liberté intellectuelle au sein d'une société tellement utilitaire... Donner libre cours à son désir de savoir et à son goût de communiquer. Pouvoir présenter et discuter les grandes œuvres de la littérature (et d'autres portant sur la littérature et sur le monde de la culture) sans avoir à se soucier du profit immédiat qu'on pourrait en tirer. Quelle liberté de pensée! N'est-ce pas une utopie, en effet?

Tout idéalisme mis à part, bien sûr... Espace de bien-être, aire de haut savoir et de sagesse, mon utopie universitaire n'est pas pour autant le siège de la perfection. C'est tout bêtement normal et humain. Comme professeur et chercheur, il y a une espèce de pressentiment ou d'intuition qui me poursuit, et dont je vais essayer de vous faire part le moins maladroitement possible, peut-être justement pour l'exorciser une bonne fois. Réussirai-je à me faire comprendre? Je me demande, depuis nombre d'années déjà, si les départements de littérature, le nôtre comme tous les autres que je connais, ne sont pas en train, mine de rien, de s'aligner sur les département de sciences. Par analogie avec ce que l'on nomme, en se référant aux pelouses impeccables de nos quartiers résidentiels, le syndrome du tapis vert, j'appellerai cela, si vous voulez bien, le syndrome de la scientificité. Aux yeux des professionnels des sciences exactes, la littérature, à commencer par le mot lui-même, est connotée plutôt négativement: c'est le domaine de la subjectivité, des impressions, des états d'âme, du flou... Or tout se passe, me semble-t-il, comme si, réagissant à cette évaluation forcément partiale, nous avions développé une sorte de mauvaise conscience à l'égard de la littérature, et, corrélativement, le désir de la hisser à la hauteur des sciences. Ce mouvement ne date pas d'hier, mais j'ai l'impression que, en raison de la multiplication de nos «travaux savants», ce désir est en train de devenir réalité. Quand j'étais étudiant, on pratiquait à l'université — sauf exception: je pense à des professeurs qui m'ont profondément influencé comme Louis Morice, Pierre Angers, Ernest Gagnon —, on pratiquait, dis-je, ce que Péguy a appelé «la méthode de la grande ceinture». On étudiait minutieusement les alentours du texte littéraire histoire, biographie, influences, bibliographie, etc. Arrrivés au texte, on s'inclinait respectueusement devant l'*ineffable*, dont effectivement on n'avait pas grand-chose à dire. Mais aujourd'hui, l'ineffable ne nous fait plus peur. Nous prenons le texte à bras-le-corps, secondés par une batterie de méthodes et de méthodologies, et, la puissance de nos antennes désormais décuplée par les ressources immenses de l'informatique, nous sommes de plus en plus habilités à le décortiquer, ce texte, à le disséquer aussi méticuleusement que le ferait un scientifique dans son laboratoire. Nous vaquons ainsi à des «travaux savants» de plus en plus pointus. Et le jour viendra peut-être où, dévorée par la science, la littérature sera complètement démystifiée. Il n'y aura plus de mystère, et, rivalisant enfin d'égal à égal avec nos collègues scientifiques, nous serons devenus, pour reprendre encore un vocable de Belleau, d'éminents «littératurologues».

Or il me semble qu'il y a là un profond malentendu et qu'on est en train d'oublier, de plus en plus, ce qui fait la spécificité d'un département de littérature, ce qui pourrait être aussi sa fierté, si on voulait bien s'en aviser. L'étude de la littérature s'inspire, bien sûr, d'un savoir, tout particulièrement de celui des sciences humaines, si riche, mais on a tendance, me semble-t-il, à oublier que la littérature est, avant tout, une forme d'art. Démontrer scientifiquement, à grand renfort de recherches intertextuelles, en débusquant l'hypotexte sous l'hypertexte, démontrer, donc, que toute écriture est réécriture ne me permet pas pour autant d'occulter l'essentiel, soit la fonction esthétique assumée par un écrivain. Un roman ou un poème, c'est, à un certain niveau, un répertoire de tropes, mais c'est avant tout une œuvre d'art, *a thing of beauty*, dirait Keats, qu'il s'agisse d'esthétique traditionnelle ou que soient en cause des formes moins convenues, plus modernes, de l'esthétique. Ce qui est en voie de se perdre, dans la foulée de nos rigoureuses approches scientifiques, c'est le sens de l'étonnement, de l'admiration devant les grandes œuvres de la littérature. Le sens de la beauté, ou, si l'on veut être exhaustif, le sens de l'esthétique, sous toutes ses formes possibles. Certes, les «travaux savants» nous permettent des ajustements, mais l'ajustement terminé, nous ne sommes pas encore au diapason de la littérature, pas plus que les ajustements du télescope ne sauraient remplacer la contemplation des astres. On rétorquera que l'admiration, ça va de soi, et qu'il faut plutôt s'adonner à des travaux sérieux, à l'instar de nos collègues scientifiques. Je répondrai que l'admiration de l'œuvre d'art commande une attitude face à la littérature, qui a ses répercussions dans la recherche et dans l'enseignement. J'ai eu l'occasion de relire dernièrement la substantielle «Introduction» de la thèse de Jean-Pierre Richard sur *L'univers imaginaire de Mallarmé*. Il s'agit d'une thèse volumineuse et rigoureuse de quelque six cents pages de texte serré — mais voici un critique qui manifestement aime et admire l'œuvre qu'il étudie et qui nous convie à une sorte de dégustation festive de la littérature, au point que la thèse devient elle-même une œuvre de pleine écriture, une œuvre d'écrivain. Il faut bien avouer que nombre d'études actuelles sur la littérature, toutes bardées de scientificité qu'elles soient, sont écrites dans une langue de bois... où le courant ne passe guère. Du côté de l'enseignement aussi, je veux bien que nous soyons des professeurs savants — analystes rigoureux du texte ou profonds théoriciens de la littérarité —, mais je souhaiterais également (surtout, peut-être) que nous réussissions à éveiller nos étudiants à l'admiration pour les belles-lettres, comme on disait, également qu'à ce que Roland Barthes, éprouvant la sensualité du «corpus» ou «corps textuel», finissait par appeler «le plaisir du texte». Si je peux me permettre de détourner au profit de la littérature le propos d'un maître spirituel que j'ai quelque peu pratiqué (Barthes aussi, à sa manière), je dirais que «ce n'est pas l'abondance du savoir qui rassasie, mais de goûter les choses intérieurement».

La responsabilité des départements de lettres me semble importante à cet égard. On s'aperçoit vite que, dans l'optique des médias, la littérature n'est qu'un des produits de l'industrie culturelle, elle-même subordonnée à l'industrie du loisir. Quand on a écouté les confidences d'un écrivain sur les banalités de son train-train quotidien, on peut bien se dispenser de lire ses œuvres! Alors, qui donc, sinon les membres des départements de lettres et leurs étudiants, lira les grandes œuvres de la littérature dans le registre où elles ont été écrites, c'est-à-dire non plus seulement comme un simple divertissement, parmi d'autres, ou comme un document à analyser dans un laboratoire textuel, mais avant tout comme une œuvre d'art dont l'étonnante beauté interroge le mystère de notre existence? Doué d'une sensibilité particulière aux mots et aux choses, l'écrivain approfondit inlassablement à travers eux ses intuitions métaphysiques: la littérature est aussi sagesse.

J'ai hésité avant de dénoncer ce syndrome de la scientificité. Puis je me suis dit: tant pis si je me trompe; peut-être, après tout, suis-je mûr pour la retraite... Ou plutôt, à bien y penser, à considérer le fond des choses: tant mieux si je me trompe!

L'autre jour, en réfléchissant à cette soirée qu'on a si gentiment organisée en notre honneur, je me suis avisé d'une coïncidence intéressante. Mon collègue Eugène Roberto a consacré une bonne partie de ses recherches à d'importants travaux sur Claudel, et moi j'ai fait ma thèse de doctorat sur Péguy. Quand j'étais étudiant au collège des jésuites de Sudbury, Claudel et Péguy étaient considérés comme des phares de la littérature française. Claudel surtout, car nous digérions mal les fameuses répétitions de Péguy. Nous avions même surnommé un de nos professeurs «Claudel», et nous le regardions avec une certaine admiration, car il devait comprendre tout ce qu'il lisait, lui! Deux décennies plus tard, je faisais ma thèse sur Péguy, sur son univers imaginaire, comme c'était de mise dans les années soixante, à l'époque de ce qu'on appelait alors la «nouvelle critique». C'est une approche que je trouve encore tout à fait valable, sauf que j'aimerais maintenant reprendre tout cela sur nouveaux frais, et c'est sur Péguy essayiste, sûrement un des plus grands essayistes français, que je ferais maintenant porter ma recherche. J'aurais le goût de tout recommencer, encore deux ou trois années de recherche au centre Péguy, à Orléans, en France, à étudier les *Cahiers de la Quinzaine*... Tout recommencer? Quand, dans ma salle de cours, surtout pendant la période épuisante d'une fin de trimestre, je contemple tous ces yeux en soleil couchant devant moi, je me dis que l'enseignement est un art difficile. Articuler une parole qui atteigne vraiment l'autre... Chaque cours devrait être une rencontre... Les étudiants de Bachelard disaient que chacun de ses cours était un «festival», imaginez! Et voici qu'au moment où j'ai l'impression de commencer enfin à entrevoir comment il faudrait s'y prendre, on me rappelle, du reste fort aimablement, que j'ai atteint le seuil de l'âge fétiche... Péguy avait bien raison: «Quand on a dit que le temps passe, on a tout dit.»

On comprendra qu'après ce que j'ai dit sur l'existence privilégiée du professeur-chercheur, je tienne à exprimer ma reconnaissance à l'Université d'Ottawa, qui, il y a seize ans, m'a offert un poste, grâce à l'amicale intervention de René Dionne, alors directeur du Département. C'est le recteur Marcel Hamelin, doyen de la Faculté des arts à l'époque, qui m'a accueilli; j'aurai par la suite l'honneur et le plaisir de siéger avec lui au Comité du personnel enseignant de la Faculté, et aussi avec Carlos Bazán, le doyen actuel, et Nigel Dennis, doyen intérimaire. Au Département, quoi qu'on dise parfois sur l'isolement des littéraires — mais que ferions-nous, dans ce métier, sans notre amie la solitude? —, j'ai quand même pu noter plusieurs manifestations de solidarité, d'authentique collégialité. Je n'ai pas oublié les chaleureux encouragements que j'ai reçus il y a cinq ans, à l'occasion d'un grave problème de santé. Si j'ai pu terminer en beauté ma carrière officielle, par un demi-congé sabbatique s'il vous plaît, c'est à la sollicitude de Robert Major, directeur du Département, que je le dois — j'en suis bien conscient. Et j'ai trouvé fort stimulants tous ces travaux d'équipe qui se multiplient en fait au Département depuis quelque temps: ceux, bien sûr, de ces obscurs comités, trop souvent méconnus, qui abattent pourtant une besogne considérable; mais je pense aussi — pour m'en tenir à l'actualité — à l'énergique impulsion intellectuelle qui émane du Comité d'animation départementale, inspiré par Christian Vandendorpe, et qui a déjà donné d'importants résultats: un colloque international, des mercredis textuels, un projet de banque de données en poétique, etc. Pour sa part, Danielle Forget, avec autant d'astuce que de discrétion, nous aura enseigné l'art de parler familièrement des figures, à midi, au Baratin, tout en grignotant un sandwich. En face de mon bureau, au quatrième, je devine toute une effervescence: c'est Jules Tessier qui s'active, avec son équipe, à la préparation du concours de français. Et je n'ai rien dit des projets satellites, déjà lancés depuis nombre d'années: le vaste Corpus d'éditions critiques qui n'aurait jamais existé sans l'influence séminale de René Dionne, le travail acharné des Jean-Louis Major et Roméo Arbour, la collaboration de plusieurs membres du Département; ainsi que le Centre de recherche en civilisation canadienne-française, animé par Paul Wyczynski, Réjean Robidoux, Yolande Grisé, entre autres.

Descendons au deuxième étage, dans ce couloir des casiers, devenu, faute de mieux, notre salon des professeurs: c'est un lieu de rencontres amicales et même assez souvent de très sérieuses discussions professionnelles. De l'autre côté du guichet, au secrétariat, et en dépit du va-et-vient perpétuel de professeurs et d'étudiants le plus souvent pressés, s'affairent Marjolaine, Jocelyne, Line et Suzie, comme des fées souriantes, accueillantes et — avouons-le — si patientes!

Rentré chez moi, accueilli par les gambades de Gypsie, c'est mon autre famille que je retrouve: Alberte, Joëlle et Stéphane — à qui je serai toujours reconnaissant d'avoir accepté et même protégé mon existence un peu monacale, si peu mondaine en tout cas, de professeur-chercheur. Combien de fois, grâce à sa longue expérience de l'enseignement du français, Alberte m'aura-t-elle aidé à surmonter les difficultés de la langue française et gratifié aussi, à l'occasion, de fort judicieux conseils pédagogiques!

Je n'ai qu'un seul regret, en terminant: tant d'autres, sans doute, mériteraient que je leur exprime ma gratitude. À toutes, à tous, merci.

Hull, le 8 avril 1992

Indications bibliographiques

Je n'ai retenu ici qu'un certain nombre d'ouvrages et d'articles portant sur les *aspects formels*, et non sur le corpus, de l'essai. De plus, la liste n'est évidemment pas exhaustive: à part quelques entrées, retenues par certains spécialistes de l'essai, et qui, à ce titre, m'ont paru dignes de mention, la présente bibliographie vise surtout à présenter, le plus fidèlement possible, les écrits qui m'ont été personnellement utiles.

ADORNO, Theodor, «L'essai comme forme», dans *Notes sur la littérature*, traduit de l'allemand (Francfort/Main, Suhrkamp Verlag, 1958, 1961, 1965, 1974) par Sibylle Muller, Paris, Flammarion, 1984, p. 5-29.

ANDRÈS, Bernard, «Essai de typologie du discours pamphlétaire québécois», *Voix et images*, vol. I, nº 3, 1976, p. 417-431.

ANGENOT, Marc (dir.), «Le pamphlet», numéro spécial de *Études littéraires*, vol. XI, nº 2, août 1978, p. 255-390.

———, *La parole pamphlétaire. Typologie des discours modernes*, Paris, Payot, coll. Langages et sociétés, 1982.

BARTHES, Roland, *Roland Barthes par Roland Barthes*, Paris, Seuil, coll. Écrivains de toujours, 1975.

BELLEAU, André, *Y a-t-il un intellectuel dans la salle?*, essais, Montréal, Les Éditions Primeur, 1984.

BELLEAU, André, *Surprendre les voix*, essais, Montréal, Boréal, 1986.

BELLE-ISLE LÉTOURNEAU, Francine, «L'essai littéraire: un inconnu à plusieurs visages», *Études littéraires*, vol. V, nº 1, avril 1972, p. 47-57.

BENSMAÏA, Réda, *Barthes à l'essai. Introduction au texte réfléchissant*, Tübingen, Gunter Narr Verlag, coll. Études littéraires françaises, 1986.

BERGER, Bruno, *Der Essay, Form und Geschichte*, Berne and Munich, Franke, 1964.

BLEZNICK, Donald, *El ensayo espagnol del siglo* XVI *al* XX, Mexico City, Ediciones de Andrea, 1964.

BONENFANT, Joseph, «La pensée inachevée de l'essai», *Études littéraires*, vol. V, nº 1, avril 1972, p. 15-21.

———, «Le discours de l'essai dans la *Note conjointe*», dans *Péguy mis à jour*, Québec, Les Presses de l'Université Laval, 1976, p. 175-194.

———, «Divergences de l'essai québécois», dans René BOUCHARD (dir.), *Culture populaire et littératures au Québec*, Saratoga (Calif.), Anma Librei & Co., Stanford French and Italian Studies, vol. XIX, 1980, p. 243-256.

BROUILLETTE, Claude, «L'essai: une frivolité littéraire?», *Études littéraires*, vol. V, nº 1, avril 1972, p. 37-46.

BURKE, Kenneth, *The Philosophy of Literary Form: Studies in Symbolic Action*, Berkeley, Los Angeles and London, University of California Press, 1941, 1973.

CHADBOURNE, Richard M., «A Puzzling Literary Genre: Comparative Views of the Essay», *Comparative Literature Studies*, vol. XX, nº 2, été 1983, p. 133-153.

CHAMPIGNY, Robert, *Pour une esthétique de l'essai*, Paris, Minard, Lettres modernes, coll. Situations, nº 15, 1967.

FIEDLER, Leslie, *The Art of the Essay*, New York, Thomas Y. Crowell Company, 1969.

FRYE, Northrop, *Anatomy of Criticism, Four Essays*, Rpt. Princeton, Princeton University Press, 1957, 1967; *Anatomie de la critique*, traduit de l'anglais par Guy Durand, Paris, Gallimard, NRF, 1969.

HAAS, Gerhard, *Studien zur Form des Essays und zu seinen Vorformen im Roman*, Tübingen, Max Niemayer Verlag, 1966.

LANGER, Suzanne, *Feeling and Form: A Theory of Art Developed from Philosophy in a New Key*, New York, Charles Scribner's Sons, 1953.

LUKÁCS, Georges, «Nature et forme de l'essai», traduit par Danielle Bohler et Frédéric Hartweg, dans *Études littéraires*, vol. V, nº 1, avril 1972, p. 91-114.

———, *L'âme et les formes*, traduit de l'allemand par Guy Haarscher, notes introductives et postface par Guy Haarscher, Paris, Gallimard, NRF, Bibliothèque de Philosophie, 1974.

MAILHOT, Laurent, «Aux frontières (à l'horizon) de l'essai québécois», *La Nouvelle Barre du Jour*, nº 63, février 1978, p. 69-86.

———, «Essais (littéraires) au XIXe siècle», dans René DIONNE, *Le Québécois et sa littérature*, Sherbrooke, Éditions Naaman, Paris, Agence de coopération culturelle et technique, 1984, p. 264-274.

———, avec la collaboration de Benoît Melançon, *Essais québécois 1837-1983. Anthologie littéraire*, Montréal, Hurtubise HMH, Cahiers du Québec: textes et documents, 1984.

MAJOR, Jean-Louis, «Essai et contre-essai (journal d'une lecture inachevée)», sur un livre de Placide Gaboury, *L'homme inchangé*, *Livres et auteurs québécois*, Montréal, Éd. Jumonville, 1972, p. 316-326.

MARICHAL, Juan, *La Voluntad de estilo, teoría et historia d'en ensayismo hispanico*, Barcelone, Editorial Seix Barral, S. A., 1957.

OUELLETTE, Fernand, «Divagations sur l'essai», *Études littéraires*, vol. V, no 1, avril 1972, p. 9-13.

PAQUETTE, Jean-Marcel, «Forme et fonction de l'essai dans la littérature espagnole», *Études littéraires*, vol. V, nº 1, avril 1972, p. 75-88.

POUILLOUX, Jean-Yves, *Lire les «essais» de Montaigne*, Paris, François Maspero, 1969.

RICARD, François, «La littérature québécoise contemporaine, 1960-1977, IV: L'essai», *Études françaises*, vol. XIII, nos 3-4, octobre 1977, p. 365-381.

ROUTH, H. V., «The Origins of the Essay compared in French and English Literatures», *The Modern Language Review*, vol. XV, 1920, p. 28-40 et 143-151.

ROY, Fernand, «Un tombeau littéraire pour l'essai?», *Études littéraires*, vol. V, nº 1, avril 1972, p. 23-36.

SCHOLES, Robert et Carl H. KLAUS, *Elements of the Essay*, New York, London, Toronto, Oxford University Press, 1969.

STAROBINSKI, Jean, «Peut-on définir l'*essai*?», dans *Jean Starobinski*, Cahiers pour un temps, Centre Georges Pompidou, 1985, p. 185-196.

TELLE, E. V., «À propos du mot «essai» chez Montaigne», *Bibliothèque d'humanisme et Renaissance, travaux et documents*, XXX, Paris, Droz, 1968, p. 225-247.

TERRASSE, Jean, *Rhétorique de l'essai littéraire*, Montréal, Les Presses de l'Université du Québec, 1977.

WHITMORE, Charles E., «The Field of the Essay», *Publications of The Modern Languages Association*, vol. XXXVI, nº 1, 1921, p. 551-552.

WYCZYNSKI, Paul, François GALLAYS et Sylvain SIMARD (dir.), *L'essai et la prose d'idées au Québec*, naissance et évolution d'un discours d'ici, recherche et érudition, forces de la pensée et de l'imaginaire, bibliographie, Montréal, Fides, coll. Archives des lettres canadiennes, t. VI, 1985.

Notes

INTRODUCTION

1. Richard M. Chadbourne, «A Puzzling Literary Genre: Comparative Views of the Essay», *Comparative Literature Studies,* vol. XX, nº 2, été 1983, p. 133-153.
2. Vol. V, nº 1, avril 1972, p. 75-88.
3. R. M. Chadbourne, *loc. cit.,* p. 147.
4. Voir au chapitre III mon «Projet de typologie».
5. On trouvera, dans la deuxième partie du présent ouvrage, chapitre VI, un essai critique sur cette «étude magistrale» de Marc Angenot.

CHAPITRE I

1. Si j'ai recours aux capitales, c'est précisément pour distinguer le SUJET énonciateur, c'est-à-dire le JE de l'écriture (et ses avatars: NOUS, IL, ON...), du *moi-je* de l'auteur ou de la réalité hors texte.
2. André Belleau, *Surprendre les voix,* Montréal, Boréal, 1986, p. 107.
3. On comprend ainsi la crainte de Mallarmé face à la page blanche, laquelle dépossède, justement, l'auteur de lui-même. Ginette Michaud psychanalyse, pour ainsi dire, cette «crainte» en évoquant «la formule célèbre de Benveniste décrivant la manière dont le sujet (son unique statut est à ses yeux linguistique, rappelons-le) s'approprie toute la langue en utilisant certains *shifters,* le plus important étant le "je". Le sujet qui croit ainsi "posséder" la langue ne se rend pas compte qu'il est en fait alors défait de toute identité, soumis tel le sujet de l'inconscient, à la loi du langage et du symbolique: croyant "posséder", c'est lui qui est possédé, traversé par une instance qu'il ne contrôle pas et qui va désormais parler à travers ce qu'il croit dire en son nom propre» (Ginette Michaud,

«Réflexions sur le sujet-nation», *Études françaises,* vol. XXIII, nº 3, hiver 1988, p. 124).

4. Pour chacun de ces termes le dictionnaire *Robert* propose des définitions dont la seule formulation suggère déjà des différences majeures entre les ouvrages en question et l'*essai* dont nous nous occupons ici. Thèse: «ouvrage présenté pour l'obtention du doctorat», et que le candidat doit soutenir devant un jury. Étude: «ouvrage littéraire étudiant un sujet». Monographie: «étude complète et détaillée qui se propose d'épuiser un sujet précis relativement restreint». Traité: «ouvrage didactique, où est exposé d'une manière systématique un sujet ou un ensemble de sujets concernant une matière».
5. Même en 1980, un des spécialistes les plus avertis de cette forme d'écriture entonne, à son tour, en guise d'introduction à un article, le refrain obligé: «Devant la multitude d'ouvrages québécois qu'on peut qualifier d'essais, on hésite à croire qu'il s'agit d'un genre littéraire bien défini.» [Joseph Bonenfant, «Divergences de l'essai québécois», dans René Bouchard (dir.), *Culture populaire et littérature au Québec,* Saratoga (Calif.), Anma Libri & Co., coll. Stanford French and Italian Studies, vol. XIX, 1980, p. 243.]
6. L'essayiste aussi a recours au NOUS, mais ce pronom ne joue plus alors le rôle d'artifice magistral ou de solennelle énonciation dans lesquels se drapent les auteurs d'études et de thèses.
7. Pierre Vadeboncœur, *Les deux royaumes,* Montréal, l'Hexagone, 1978, p. 217.
8. Émile Benveniste, *Problèmes de linguistique générale,* Paris, Gallimard, coll. Tel, 1966, I, p. 241-242.
9. Roland Barthes, «Réponses», *Tel Quel,* nº 47, automne 1971, p. 98. On pressent, dans cette appréciation du franc-tireur de la théorie, l'utopie qui gouvernait sa propre démarche, sa pratique si personnelle d'une «science du sujet».
10. Émile Benveniste, *op. cit.,* p. 78.
11. André Belleau, «Le conflit des codes dans l'institution littéraire québécoise», *Liberté,* nº 134, mars-avril 1981, p. 15.
12. Marc Angenot, *Glossaire de la critique littéraire contemporaine,* Montréal, Hurtubise HMH, 1972, p. 34.
13. C'est l'opinion émise par André Belleau dans «Approches et situation de l'essai québécois», *Voix et images,* vol. V, nº 3, printemps 1980, p. 537-543.
14. Pierre Vadeboncœur, «Comment j'ai lu Rousseau», dans Pierre Vadeboncœur *et al.*, *Un homme libre: Pierre Vadeboncœur,* Montréal, Leméac, coll. Indépendances, 1974, p. 120. La même action contrariante du discours fait l'objet du livre de Madeleine Ouellette-Michalska, *L'échappée des discours de l'œil,* Montréal, Les Éditions Nouvelle-Optique, 1981, 330 p.
15. Voici deux autres définitions de l'enthymème qui insistent sur la structure incomplète du raisonnement. «Syllogisme dont une prémisse est

sous-entendue: vg. “L’homme a des droits, donc il a des devoirs”.» (A. Cuvillier, *Nouveau vocabulaire philosophique,* Paris, Armand Colin, 1970.) «Forme abrégée du syllogisme dans laquelle on sous-entend l’une des deux prémisses ou la conclusion. “Je pense, donc je suis”, célèbre enthymème de Descartes.» (Dictionnaire *Robert.)* C’est la *Rhétorique de l’essai littéraire,* de Jean Terrasse, qui m’a initié à la notion aristotélicienne d’*enthymème* de même qu’à l’application à l’essai de la distinction aristotélicienne entre preuves *intrinsèques* et preuves *extrinsèques.*

16. Jean Le Moyne, *Convergences,* Montréal, HMH, 1961, p. 7.
17. André Fossion et Jean-Paul Laurent, *Pour comprendre les lectures nouvelles. Linguistique et pratique textuelle,* Paris-Gembloux, Duculot, 1978, p. 52. Sur la distinction entre énoncé *constatif* et énoncé *performatif,* voir Oswald Ducrot et Tzvetan Todorov, *Dictionnaire encyclopédique des sciences du langage,* Paris, Seuil, 1972, p. 427-428.
18. Bernard Dupriez, *Gradus. Les procédés littéraires,* Paris, Union générale d’éditions, coll. 10/18, n° 1370, 1980, p. 183. Dupriez donne plusieurs exemples d’énoncés performatifs: l’annonce (p. 49), le gros mot (p. 226), le langage liturgique (p. 362) [par exemple, les paroles de la consécration, le *oui* du sacrement de mariage]. Austin, dans *Quand dire c’est faire,* définit ainsi l’énonciation performative: «Celle qui nous permet de faire quelque chose par la parole elle-même.» En linguistique, formuler un tel énoncé c’est effectuer l’action. Exemple éloquent, ces paroles d’un chef d’État: «Je déclare la guerre.»
19. *Ibid.*
20. *Roland Barthes par Roland Barthes,* Paris, Seuil, coll. Écrivains de toujours, 1975, p. 138.
21. *Ibid.,* p. 111.
22. *Ibid.,* p. 94.
23. François Ricard, «L’essai», *Études françaises,* vol. XIII, n°s 3-4, octobre 1977, p. 367.
24. Cette expression heureuse et opératoire est de Jacques Vier. Voir «La prose d’idées au XIXe siècle», dans *Histoire des Littératures,* Paris, Gallimard, Bibliothèque de la Pléiade, 1963, t. III, p. 1135-1247.
25. On pourrait peut-être lui adjoindre, dans une certaine mesure, le diariste et l’épistolier.
26. C’est ce que je me suis permis de faire, par exemple, dans un de mes essais critiques de la deuxième partie, consacré à Vadeboncœur et intitulé «Il y a le corps aussi!»
27. Expression de Schlegel, citée par Georges Lukács, «Nature et forme de l’essai», *Études littéraires,* vol. V, n° 1, avril 1972, p. 114.
28. André Belleau, «Approches et situation de l’essai québécois», *Voix et images,* vol. V, n° 3, printemps 1980, p. 539.
29. Ainsi, elle m’a permis de situer le récit *Un amour libre,* de Pierre Vadeboncœur, non pas comme un accident, ou un bloc erratique, dans la pratique littéraire de cet essayiste, mais comme la pleine manifestation

d'une instance *narrative* déjà active dans l'écriture de l'essai. Voir, dans le chapitre IV du présent ouvrage, le texte intitulé «Pierre Vadeboncœur: l'énonciation dans l'écriture de l'essai».

30. Jean Marcel, «Forme et fonction de l'essai dans la littérature espagnole», *Études littéraires,* vol. V, nº 1, avril 1972, p. 81. On objectera à bon droit que le questionnement intense auquel l'essayiste soumet le vécu se présente comme un véritable «événement» de la vie psychique, certes tout intérieur mais non moins réel et souvent plus important que tant d'événements visibles: cet «événement» du monde intime aspire aussi à l'expression et y parvient justement dans l'essai.
31. *Roland Barthes par Roland Barthes, op. cit.*, p. 124.
32. Philippe Lejeune, *L'autobiographie en France,* Paris, Armand Collin, 1971, p. 33.
33. André Belleau, «Approches et situation de l'essai québécois», *loc. cit.,* p. 540.
34. Georges Lukács, *loc. cit.,* p. 91-114.
35. Par exemple, «concept», «idée», «intellectualité», «conceptualité» qui n'ont pas du tout (au contraire) dans ce contexte le sens *abstrait* des *concepts* ou *notions* du discours intellectuel.
36. Georges Lukács, *loc. cit.,* p. 92. Dorénavant les références à cet article seront données entre parenthèses dans le texte.
37. Les guillemets apposés au mot «rapports» sont peut-être destinés à distinguer les liens et correspondances de pensée qui s'établissent entre les énoncés des études et autres écrits didactiques de ces véritables rapports entre les choses, d'une part, et l'au-delà de leur signification, de l'autre: ce sont de tels «rapports», où se manifestent les «valeurs», que cherche justement à discerner l'essayiste (voir *ibid.,* p. 96).
38. Nous reviendrons sur cette notion de «contexte énonciatif» dans le chapitre II, «Modèles de l'essai», où il est longuement question de Lukács, entre autres.
39. Les propos de Benveniste sur la condition *linguistique* de l'énonciation me paraissent de nature à étayer la réflexion sur l'essence même de l'acte critique: pourquoi ce dernier ne pourrait-il fonder un langage ajusté au texte littéraire, métalangage, si l'on veut, mais qui serait celui d'un «allocutaire» intelligent, s'adonnant à ce qu'on a déjà appelé la «critique d'identification»? On sait qu'en vertu d'un rigide postulat scientiste, le critique s'est vu parfois refuser la permission de s'assumer comme «allocutaire» à part entière. La distance critique a sa nécessité mais elle ne se prend qu'à partir d'une coïncidence: faute de respecter cette dialectique, le discours critique me paraît survoler de très haut le texte, devenu pur prétexte à des formalisations abstraites: pour tout dire, il ne s'agit plus de critique mais de théorie littéraire. Voici quelques extraits des propos de Benveniste: «Mais immédiatement, dès que [l'énonciateur] se déclare locuteur et assume la langue, il implante *l'autre* en face de lui, quel que soit le degré de présence qu'il attribue à cet autre. Toute énonciation est, explicite ou implicite, une allocution, elle postule un allocu-

taire.» (Émile Benveniste, «L'appareil formel de l'énonciation», *Langages,* n° 17, mars 1970, p. 14.) Ou encore, cette évocation, encore plus dynamique, de la «figure» de l'allocutaire ou «partenaire» nécessaire d'un «dialogue»: «Ce qui en général caractérise l'énonciation est l'*accentuation de la relation discursive au partenaire,* que celui-ci soit réel ou imaginé, individuel ou collectif. Cette caractéristique pose par nécessité ce qu'on peut appeler le *cadre figuratif* de l'énonciation. Comme forme de discours, l'énonciation pose deux "figures" également nécessaires, l'une source, l'autre but de l'énonciation. C'est la structure du *dialogue.* Deux figures en position de partenaires sont alternativement protagonistes de l'énonciation. Ce cadre est donné nécessairement avec la définition de l'énonciation.» (*Ibid.,* p. 16.) Sur cette nécessité d'une critique qui soit *pleine écriture,* Adorno, quant à lui, n'y va pas par quatre chemins dans son attaque contre le positivisme: «[...] comme si on pouvait parler non esthétiquement d'un objet esthétique sans tomber dans l'incompétence du béotien et perdre de vue *a priori* la chose elle-même.» (T. Adorno, «L'essai comme forme», dans *Notes sur la littérature,* Paris, Flammarion, 1984, p. 8.) Il va trop loin, à mon avis, car la théorie et la sémiotique sont indispensables aux études littéraires. Mais il faut les distinguer, justement, de l'*essai critique* dont il s'agit ici.

40 Il s'agit des deux articles suivants: «Pierre Vadeboncœur. La promotion littéraire du dualisme», dans *L'essai et la prose d'idées au Québec,* Montréal, Fides, coll. Archives des lettres canadiennes, 1985, t. VI, p. 761-781; et «Pierre Vadeboncœur: l'énonciation dans l'écriture de l'essai», *Voix et images,* vol. VII, n° 3, 1982, p. 531-552. On les retrouvera dans le présent ouvrage.

41 On trouvera d'autres exemples de *thèmes idéels* dans mon article «Essayistes d'une cité (plus inquiète que) libre», *Voix et images,* vol. V, n° 3, printemps 1980, p. 525-535. Cet article, remanié, figure également dans le présent volume.

42 Sur ce sujet, voir dans le chapitre IV le texte intitulé «Pierre Vadeboncœur: la promotion littéraire du dualisme», auquel je me suis référé dans la note 40.

43. Gilbert Durand, *Les structures anthropologiques de l'imaginaire,* Paris, PUF, 1963, p. 16.

44. *Ibid.,* p. 17.

45. Judith Schlanger, «Langage intellectuel, langage métaphorique», *Littérature,* n° 29, février 1978, p. 21-37.

46. Voir plus loin: «Pierre Vadeboncœur: l'énonciation dans l'écriture de l'essai.»

47. Jules Fournier, *Mon encrier,* Montréal, Fides, coll. du Nénuphar, 1965, p. 317-347.

48. *Ibid.,* p. 332.

49. *Ibid.,* p. 321-322.

50. *Ibid.,* p. 332.

51. *Ibid.,* p. 333.

CHAPITRE II

1. Georges Lukács, *L'âme et les formes,* traduit de l'allemand par Guy Haarscher, notes introductives et postface par Guy Haarscher, Paris, NRF, Gallimard, coll. Bibliothèque de Philosophie, 1974, 357 p.
2. Georges Lukács, «Nature et forme de l'essai», *Études littéraires*, vol. V, nº 1, avril 1972, p. 91-114.
3. En revanche, je me suis demandé si la traduction même des essais ne gagnerait pas à être révisée. L'expression en est parfois laborieuse, et je me suis souvent référé, pour y voir plus clair, au texte de la «Lettre à Léo Popper» présenté dans la revue *Études littéraires*, et, plus souvent encore, pour l'ensemble des essais, à la traduction anglaise faite par Anna Bostock (*Soul and Form,* Londres, Merlin Press, 1974). La comparaison de ces diverses traductions révèle parfois des différences importantes d'interprétation.
4. Georges Lukács, *La théorie du roman,* traduit de l'allemand par Jean Clairevoye, Éditions Gonthier, Bibliothèque Médiations, 1963, 200 p.; «Avant-propos» de Lukács, 1962, p. 5-18.
5. André Belleau, «Petite essayistique», dans *Surprendre les voix,* Montréal, Boréal, 1986, p. 85-89.
6. Charles Péguy, *L'argent, œuvres en prose, 1909-1914,* Paris, Gallimard, Bibliothèque de la Pléiade, 1961, p. 1104. *L'argent* a été publié le 16 février 1913, dans le sixième Cahier de la quatorzième série des *Cahiers de la Quinzaine,* donc deux ans seulement après la parution de *L'âme et les formes.*
7. Georges Lukács, *L'âme et les formes, op. cit.*, p. 32-33, *passim.*
8. Georges Lukács, «Nature et forme de l'essai», *loc. cit.*, p. 103. J'ai préféré ici la traduction de Bohler et Hartweg.
9. André Belleau, *Y a-t-il un intellectuel dans la salle?,* Montréal, Les Éditions Primeur, 1984. Voir l'essai intitulé «Relire le jeune Lukács», p. 112-118.
10. Voir le premier paragraphe de *L'âme et les formes, op. cit.,* p. 12, et les deux derniers de la page 33.
11. Voir Gaston Bachelard, «Rêveries sur la rêverie. Le rêveur de mots», dans *La poétique de la rêverie,* Paris, PUF, 1960, p. 25-47. Et aussi deux chapitres de *L'air et les songes*: «La déclamation muette» (p. 271-280) et «L'image littéraire» (p. 281-288).
12. C'est-à-dire portant sur la théorie des genres littéraires.
13. *La psychanalyse du feu* (Paris, Gallimard, 1938), *L'eau et les rêves* (Paris, José Corti, 1943), *L'air et les songes* (Paris, José Corti, 1943), *La terre et les rêveries du repos* (Paris, José Corti, 1948), *La terre et les rêveries de la volonté* (Paris, José Corti, 1948).
14. Gaston Bachelard, *La poétique de l'espace,* 3e éd., Paris, PUF, 1961, p. 3.
15. Voir l'aveu de *La poétique de la rêverie, op. cit.,* p. 47.
16. *La poétique de l'espace, op. cit.,* p. 3.

17. *La poétique de l'espace, La poétique de la rêverie, La flamme d'une chandelle.* Ce n'est que dans *La poétique de l'espace,* comme je l'ai dit plus haut, qu'il annone cette inflexion majeure de sa méthode d'approche de l'imagination, mais on pourrait facilement montrer, à mon avis, que, dans les livres sur les éléments, Bachelard avait déjà régulièrement pratiqué avant la lettre cette approche «phénoménologique» qu'il ne définit que dans les *Poétiques.*
18. *La poétique de l'espace, op. cit.,* p. 12.
19. André Lalande, *Vocabulaire technique et critique de la philosophie,* Paris, PUF, 1968, p. 768-769.
20. *Ibid.*
21. Gaston Bachelard, *La terre et les rêveries de la volonté, op. cit.,* p. 117.
22. *Ibid.,* p. 115.
23. Je cite encore une fois — elle me paraît plus claire ici — la traduction de la revue *Études littéraires, op. cit.,* p. 92.
24. Georges Lukács, *L'âme et les formes, op. cit.,* p. 23. Dorénavant, les références à cet ouvrage seront données entre parenthèses dans le texte.
25. Ce n'est pas toujours le cas: je pense, par exemple, aux œuvres de Poe, étudiées dans *L'eau et les rêves*; à celles de Bosco, dans *La poétique de l'espace*; les textes de Bachelard pourraient servir d'amorce à une critique thématique dans le style de celle de Jean-Pierre Richard. C'est d'ailleurs un fait que Bachelard a été perçu comme l'inspirateur de cette «nouvelle critique» des années cinquante et soixante qui compte d'éminents écrivains comme Georges Poulet, Maurice Blanchot, Jean Starobinski, Jean Rousset, Roland Barthes (première manière), Jean-Pierre Richard, et d'autres. On lira, sur ce point, l'article de Jean-Pierre Richard, «Quelques aspects nouveaux de la critique littéraire en France», dans *Le Français dans le monde,* mars 1963.
26. On lira, dans *Le droit de rêver* (Paris, PUF, 1970) des textes sur Monet, Chagall, le sculpteur Henri de Waroquier, les graveurs Louis Marcoussis et Albert Flocon, etc.
27. Gaston Bachelard, «Les rêveries vers l'enfance», dans *La poétique de la rêverie, op. cit.,* p. 84.
28. Gaston Bachelard, «Rêverie et cosmos», dans *ibid.,* p. 148.
29. Gaston Bachelard, «La maison natale et la maison onirique», dans *La terre et les rêveries du repos, op. cit.,* p. 107.
30. Roland Barthes, *Leçon.* Leçon inaugurale de la chaire de sémiologie littéraire du Collège de France, Paris, Seuil, 1978, p. 7.
31. Georges Lukács, «Nature et forme de l'essai», *loc. cit.,* p. 93, *passim.*
32. *Ibid.,* p. 92-93.
33. Jean Baudrillard, *Le système des objets,* Paris, Gallimard, 1968, p. 77.
34. André Belleau, *Surprendre les voix, op. cit.,* p. 87.
35. Georges Lukács, *Soul and Form, loc. cit.,* p. 11; c'est moi qui souligne.
36. Un passage de Richard M. Chadbourne souligne la relation «existentielle» de l'essayiste avec le sujet traité, autrement dit l'influence capitale du

contexte d'énonciation. J'ai ajouté, entre parenthèses, les références aux textes cités, particulièrement intéressants. «*The essay* [...] *is marked by the peculiar relation of its author to his reader. It is the form in which the author usually speaks in his own name and takes the reader into a dialogue of confidence, but not necessarily in autobiographical fashion, and often in such a way as to "project a character which exists in some implied relation to his true self"* (Scholes and Klaus *Elements of the Essay,* New York, London, Toronto, Oxford University Press, 1969, p. 64). [...] *The* essay*, finally, is a unique vehicle of "thought", of the pondering of experience. Its author stands in a distinctive relation to his subject-matter, which our international consensus suggests might best be described as "existential". Alfred Kazin pinpoints this aspect especially well when he describes James Baldwin's essay "Notes of a Native son", as being, not a piece of thought on "the Negro problem", but "a report of what it means to be James Baldwin"* (Alfred Kazin *The Open Form: Essays for Our time,* New York, Harcourt, Brace and World, 1961, p. IX). *What really counts in the true essay, he adds, is not the subject but "the subject as arrived at by the writer, as it has grown in his thought, as it has been done justice to by himself alone"* (*ibid.*, p. XI)." Voir Richard M. Chadbourne, «A Puzzling Literary Genre: Comparative Views on the Essay», *Comparative Literature Studies,* vol. XX, nº 2, été 1983, p. 150.

37. Gaston Bachelard, *La psychanalyse du feu,* Paris, Gallimard, coll. Idées, 1949, p. 181.
38. Gaston Bachelard, *La poétique de l'espace, op. cit.*, p. 16.
39. Theodor Adorno, «L'essai comme forme», dans *Notes sur la littérature,* traduit de l'allemand (Francfort/Main, Suhrkamp Verlag, 1958, 1961, 1965, 1974) par Sibylle Muller, Paris, Flammarion, 1984, p. 5-29.
40. Soyons plus précis. D'après *La métaphysique* d'Aristote et le commentaire qu'en a donné Thomas d'Aquin, il faudrait affirmer ce qui suit. Notre intelligence, ayant appréhendé l'«être» et le «non-être», et en présence de cette division formelle qui les sépare, produit aussitôt le principe de contradiction: «l'être n'est pas le non-être» ou «il est impossible que la même chose soit et ne soit pas sous le même rapport». De cette constatation d'un être divisé formellement de ce qui n'est pas lui-même suit naturellement celle de son indivision interne ou de son unité qui pourrait s'énoncer: «l'être est un» ou «l'être est lui-même» ou encore «l'être est l'être». On aura reconnu la formule même du principe d'identité et compris, du même coup, qu'il est postérieur au principe de contradiction, bref — si l'on veut s'exprimer rigoureusement — qu'il n'est pas le premier principe, et cela pour une raison aussi profonde que celle de notre appréhension graduelle et humaine des propriétés transcendantales de l'être. Ce cheminement vers l'affirmation de l'unité de l'être en passant par son opposé, le non-être, et leur division formelle, tient à notre manière imparfaite de connaître: nous comprenons les réalités simples par les composées. Ces précisions me reportent à l'époque — lointaine

déjà (1952) — où j'avais rédigé un mémoire de licence en philosophie sur *Le premier principe et l'intelligibilité de l'être.*

41. «Adorno», *Encyclopaedia Universalis,* Thesaurus-Index, p. 41.
42. Paul-Laurent Assoun, *L'école de Francfort,* Paris, PUF, coll. Que sais-je, n° 2354, 1987, p. 119.
43. A. Lalande, *Vocabulaire technique et critique de la philosophie,* cité par Armand Cuvillier, *Nouveau vocabulaire philosophique,* 16e éd., Paris, Librairie Armand Colin, 1956, p. 91.
44. «École de Francfort», *Encyclopaedia Universalis,* t. VIII, p. 99.
45. Theodor Adorno, «L'essai comme forme», *loc. cit.,* p. 7. Les prochaines références entre parenthèses dans le texte renvoient à cet arcticle.
46. Charles E. Whitmore. «The Field of the Essay», Publications of the Modern Languages Association, XXXVI, n° 1, 1921, p. 557.
47. Georges Lukács, «Platonisme, poésie et formes: Rudolf Kassner», dans *L'âme et les formes, op. cit.*, p. 35-49.
48. Georges Lukács, «Métaphysique de la tragédie: Paul Ernst», dans *ibid.,* p. 259.
49. Georges Lukács, «Une lettre à Léo Popper. À propos de l'essence et de la forme de l'essai», dans *ibid.,* p. 30.
50. Roland Barthes, *Essais critiques,* Paris, Seuil, coll. Tel Quel, 1964, p. 148-149.
51. *Ibid.,* p. 153.
52. André Belleau, «Petite essayistique», *loc. cit.,* p. 87.
53. Pierre Vadeboncœur, *Les deux royaumes,* Montréal, l'Hexagone, 1978, 243 p.
54. «Les deux royaumes de Pierre Vadeboncœur», dans *Liberté,* n° 126, novembre-décembre 1979, p. 5-66.
55. *Ibid.,* p. 65.
56. Theodor Adorno, *Minima Moralia. Réflexions sur la vie mutilée,* traduit de l'allemand (1951) par Éliane Kaufholz et Jean-René Ladmiral, Paris, Payot, 1980, 231 p.
57. Georges Lukács, «Nature et forme de l'essai», *loc. cit.,* p. 103. Pour ce bref passage de la «Lettre à Léo Popper», je me réfère à la traduction de Bohler et Hartweg.
58. Gaffiot, *Dictionnaire illustré latin-français,* Hachette, 1934.
59. Guill. Freund, *Grand dictionnaire de la langue latine,* 1866.
60. Jean Starobinski, «Peut-on définir l'essai?», dans *Jean Starobinski,* Cahiers pour un temps, Centre Georges Pompidou, 1985, p. 185.
61. André Belleau, *Surprendre les voix, op. cit.,* p. 88.
62. Jean Starobinski, *op. cit.*, p. 185.
63. Paul Robert, *Dictionnaire alphabétique et analogique de la langue française,* t. II, 1972, p. 640-641.
64. *Ibid.*
65. Jean Starobinski, *op. cit.,* p. 186.

66. Diderot, «Sur la diversité de nos jugements», dans *Œuvres complètes,* Club Français du Livre, t. XIII, 1972, p. 874. Cité par Jean Starobinski, *op. cit.,* p. 196.
67. Voir Jean Starobinski, *op. cit.,* p. 186.
68. *Ibid.,* p. 187.
69. Montaigne, *Essais,* III, 13, Paris, PUF, 1965, p. 1079. Le chiffre romain indique le numéro du livre, le chiffre arabe le numéro du chapitre. Dorénavant, les références aux *Essais* seront indiquées entre parenthèses dans le texte.
70. E. V. Telle, «À propos du mot "essai" chez Montaigne», *Bibliothèque d'humanisme et Renaissance; travaux et documents,* XXX, Paris, Droz, 1968, p. 225-247; passage cité: p 240. Je me suis fréquemment inspiré, dans les pages qui suivent, des résultats de cette analyse fouillée qui m'a fourni aussi plusieurs citations pertinentes de Montaigne.
71. *Ibid.,* p. 231-232.
72. Jean Starobinski, *op. cit.*, p. 188.
73. E. V. Telle, *op. cit.,* p. 235.
74. Georges Lukács, «Nature et forme de l'essai», *loc. cit.,* p. 113. C'est moi qui souligne.
75. Rabelais, *Œuvres complètes,* édition établie, annotée et préfacée par Guy Demerson, Paris, Seuil, 1973, p. 248.
76. E. V. Telle, *op. cit.*, p. 237.
77. *Ibid.,* p. 240.

CHAPITRE III

1. Béatrice Didier, *Le journal intime,* Paris, PUF, coll. Sup, section Littératures modernes, n° 12, 1976, p. 188.
2. Charles E. Whitmore, «The Field of the Essay», *Publications of the Modern Languages Association,* vol. XXXVI, n° 1, 1921, p. 557.
3. Voir au chapitre IV, dans le texte «Pierre Vadeboncœur: l'énonciation dans l'écriture de l'essai», l'analyse détaillée que je fais de ces marques.
4. Pierre Vadeboncœur, «La dignité absolue», dans *Les deux royaumes,* Montréal, l'Hexagone, 1978, p. 9-58; *Lettres et colères,* Montréal, Éditions Parti pris, 1969, 196 p.
5. Pierre Vadeboncœur, «La dignité absolue», *loc. cit.,* p. 51.
6. Joseph Bonenfant, «Divergences de l'essai québécois», dans René Bouchard (dir.), *Culture populaire et littératures au Québec,* Saratoga (Calif.), Anma Libri & Co., Stanford French and Italian Studies, volume XIX, 1980, p. 255-256.
7. Jean Éthier-Blais, *Dictionnaire de moi-même,* Montréal, Les Éditions La Presse, 1976, 200 p.; Fernand Ouellette, *Journal dénoué,* Montréal, Les Presses de l'Université de Montréal, 1974, 246 p.

8. André Brochu, *La visée critique. Essais autobiographiques et littéraires,* Montréal, Boréal, coll. Papiers collés, 1988, 249 p.
9. Jacques Godbout, *Le murmure marchand, 1976-1984,* Montréal, Boréal, 1986, 153 p.
10. André Belleau, *Surprendre les voix,* Montréal, Boréal, 1986, 239 p.
11. Joseph Bonenfant, *loc. cit.,* p. 256.
12. Montaigne, *Essais,* III, 2, *op. cit.*
13. L'*essayistique,* selon l'acception allemande de ce terme dont l'extension est très large, s'intéresse à tous les discours d'idées à caractère persuasif: l'essai, mais aussi le pamphlet, l'éditorial, le manifeste, la satire, l'homélie, la lettre ouverte, etc.
14. Marc Angenot, *La parole pamphlétaire. Typologie des discours modernes,* Paris, Payot, coll. Langages et sociétés, 425 p. Voir en particulier le «tableau d'inclusions génériques» de la p. 37. Sur l'ensemble de l'ouvrage remarquable de Marc Angenot, on pourra lire, dans le chapitre VI du présent volume, le texte intitulé «Une étude magistrale sur l'essayistique».
15. Le discours *doxologique* est celui qui se conforme à l'opinion (la *doxa),* prise soit au sens ordinaire, banal du terme, soit au sens de courant idéologique déterminé.
16. Le discours *agonique* recouvre ce que la tradition désigne par «littérature de combat».
17. Voir sur la *littérarité* foncière de l'essai le chapitre premier consacré à la synthèse théorique, ainsi que la «Conclusion» de cet ouvrage.
18. Jean Le Moyne, *Convergences,* Montréal, HMH, 1961, p. 195.
19. Pierre Vadeboncœur, «La ligne du risque», numéro spécial de *Situations,* Montréal, 4e année, no 1, 1962, 58 p.; texte repris dans le recueil d'essais intitulé *La ligne du risque,* Montréal, HMH, coll. Constantes, no 4, 1963, p. 165-218; réédité en 1977.
20. Maurice Blain, *Approximations. Essais,* Montréal, HMH, coll. Constantes, no 11, p. 237.
21. Pierre Vadeboncœur, *Chaque jour, l'indépendance...,* Montréal, Leméac, coll. Indépendances, 1978, p. 9-10.
22. Pierre Vadeboncœur, *To be or not to be. That is the question!,* Montréal, l'Hexagone, 1980, p. 11-14, *passim.*
23. La comparaison n'est valable que sous ce rapport car la différence reste profonde entre l'essai et ces deux formes de l'essayistique.

CHAPITRE IV

1. Henry de Montherlant, *Service inutile*, Paris, Gallimard, coll. Idées 1963 (1935), p. 13.
2. *Ibid.,* p. 16.
3. *Ibid.,* p. 22.

4. Jean-Marcel Paquette, «Gloses et notules», *Liberté,* n° 126, novembre-décembre 1979, p. 19-23.
5. Sur ces limites de notre pensée, «la pensée unidimensionnelle dont nous sommes tous plus ou moins directement issus», qui expliquent, dans une certaine mesure, la pauvreté de l'argumentation chez nos essayistes, on pourra lire le témoignage d'André Brochu et de Gilles Marcotte dans *La littérature et le reste (livre de lettres),* Montréal, Les Quinze, éditeur, 1980, p. 57-58, 73, 81, 150-151, etc.
6. Pierre Vadeboncœur, «La joie», dans *La ligne du risque,* Montréal, HMH, coll. Constantes, n°4, 1963, p. 14; d'abord publié dans *La Nouvelle Relève,* vol. IV, n° 2, juin 1945, p. 107-115.
7. Jean Le Moyne, *Convergences,* Montréal, HMH, 1961, p. 99.
8. André Brochu et Gilles Marcotte, *op. cit.,* p. 160.
9. Pierre Vadeboncœur, *Les deux royaumes,* p. 118-124. Remarque: pour éviter que les notes n'alourdissent la lecture, je donnerai le plus souvent possible les références aux écrits de Pierre Vadeboncœur entre parenthèses dans le texte. En ce qui concerne les notes, elles ont été reduites à l'essentiel. Le lecteur trouvera une description bibliographique des écrits de Pierre Vadeboncœur plus complète à la fin du chapitre.
10. André Malraux, *Les voix du silence,* Paris, Gallimard, NRF, Les galeries de la Pléiade, 1951, p. 574. Malraux encore: «Représenter une servitude n'est pas la subir mais la maîtriser.»
11. Anne Hébert, «Poésie, solitude rompue», dans *Poèmes,* Paris, Seuil, 1960, p. 71.
12. Denis de Rougemont, *L'amour et l'Occident,* Paris, Plon, 1939; coll. 10/18, 1962.
13. Pierre Vadeboncœur, «Postface», *Liberté,* n° 126, novembre-décembre 1979, p. 65.
14. Les limites de cet essai critique ne me permettent pas de traiter de la question complémentaire de l'*énonciation,* évidemment indissociable d'une analyse globale du discours de l'essai chez Vadeboncœur. On se rapportera à mon autre essai critique, «Pierre Vadeboncœur: l'énonciation dans l'écriture de l'essai».
15. Pierre Vadeboncœur, «Postface», *loc. cit.,* p. 60.
16. Cité par Robert-Guy Scully, «Pierre Vadeboncœur, ou la génération "calme"», dans *Le Devoir,* 22 janvier 1972. On trouvera d'intéressants renseignements biographiques dans un *Document* de Radio-Canada, «Pierre Vadeboncœur se raconte», ainsi que dans une étude d'André Major, «Un socialiste de condition bourgeoise», dans *Un homme libre: Pierre Vadeboncœur,* p. 9-18.
17. L'invention de la forme de l'essai intime chez Vadeboncœur est justement le sujet traité dans cet autre article, mentionné plus haut, sur l'*énonciation.*
18. Charles Péguy, *Encore de la grippe. Œuvres en prose, 1898-1908,* Paris, Gallimard, Bibliothèque de la Pléiade, 1959, p. 147-149.

19. Pierre Vadeboncœur, *Indépendances,* p. 36.
20. Pierre Vadeboncœur, *L'autorité du peuple,* p. 11.
21. Un autre texte — «Réflexions sur la foi», dans *La ligne du risque, op. cit.*, p. 31-48 —, où s'affrontent aussi deux systèmes sémantiques, offre un bon exemple de cet exercice stylistique qui consiste à faire s'entreparler, s'entrechoquer, et, plus précisément, *se contredire* les mots.
22. Pierre Vadeboncœur, «Musique», dans *Un homme libre: Pierre Vadeboncœur,* p. 99-112.
23. On lira, par exemple, dans *Cité libre,* «Le sort fait à la révolution», vol. I, n° 3, mai 1951, p. 17-20; «L'irréalisme de notre culture», vol. I, n° 4, décembre 1951, p. 20-26; «Pour une dynamique de notre culture», vol. II, n° 5, juin-juillet 1952, p. 12-19 (repris dans *La ligne du risque,* p. 18-30); «Critique de notre psychologie de l'action», vol. III, n° 8, novembre 1953, p. 11-28; «Réflexions sur la foi», n° 12, mai 1955, p. 15-26 (repris dans *La ligne du risque,* p. 31-48); «Voilà l'ennemi!», n° 19, janvier 1958, p. 29-37.
24. Pierre Vadeboncœur, «Réflexions sur la foi», *loc. cit.,* p. 24; *La ligne du risque,* p. 45.
25. L'expression est de Maurice Blain, dans «Pour une dynamique de notre culture», II, *Cité libre,* vol. II, n° 5, juin-juillet 1952, p. 25.
26. «Critique de notre psychologie de l'action», *loc. cit.,* p. 23.
27. Un exemple, entre autres: l'article intitulé «L'irréalisme de notre culture», *loc. cit.*
28. «Critique de notre psychologie de l'action», *loc. cit.,* p. 23.
29. «Voilà l'ennemi!», *loc. cit.,* p. 35.
30. «Critique de notre psychologie de l'action», *loc. cit.,* p. 28.
31. Gérard Pelletier, «Dissidence», *Cité libre,* vol. III, n° 8, novembre 1953, p. 29-33.
32. Pierre Vadeboncœur, «La ligne du risque», numéro spécial de *Situations,* Montréal, 4e année, n° 1, 1962, 58 p. Rappelons que cet essai a été repris, avec plusieurs textes antérieurs, dans un recueil intitulé aussi *La ligne du risque.*
33. Maurice Blain, *Approximations,* Montréal, HMH, 1967, p. 237.
34. Voir l'étude de Joseph Bonenfant, *L'imagination du mouvement dans l'œuvre de Péguy,* Montréal, Centre éducatif et culturel, 1969, 353 p.
35. Pierre Vadeboncœur, *To be or not to be. That is the question!,* p. 11. Et tout cet *avant-propos,* p. 11-14.
36. Cité par Robert-Guy Scully, «Prix Duvernay 1971. Pierre Vadeboncœur, ou la génération "calme"», *Le Devoir,* 22 janvier 1972.
37. Victor-Lévy Beaulieu, «Le prix David. Autopsie d'un événement manqué», *Le Devoir,* samedi 18 décembre 1976.
38. *Un amour libre* est la seule œuvre de Vadeboncœur à se présenter formellement comme un récit. Voir, dans mon autre essai critique, «Pierre Vadeboncœur. L'énonciation dans l'écriture de l'essai», une étude sur les rapports entre l'essai et la narrativité.

39. En effet, une longue note (*Indépendances, op. cit.,* p. 112-113) précise que les 113 premières pages de cet ouvrage, paru en 1972, étaient déjà écrites, pour l'essentiel, avant octobre 1970.
40. Borduas, *Refus global,* Montréal, Éditions Parti pris, 1977, p. 40.
41. «*Les deux royaumes* de Pierre Vadeboncœur», *Liberté,* nº 126, novembre-décembre 1979, p. 5-66.
42. *Ibid.,* p. 20.
43. *Les deux royaumes,* p. 42. Les références à cet ouvrage seront notées *D. R.* dans le texte.
44. *Ibid.,* p. 95. Les citations qui suivent sont extraites respectivement des pages: 95; 152; 152; 156; 21; 190; 221; 223; 225; 224; 231; 239; 38; 222; 49; 74; 53; 74; 69; 81; 74; 38; 16; 214; 79.
45. L'auteur reprend à son compte la dichotomie de l'univers romanesque de *L'amélanchier* (Jacques Ferron).
46. Pierre Vadeboncœur, «Postface», *loc. cit.,* p. 60.
47. *Ibid.,* p. 66.
48. Pierre Vadeboncœur, *To be or not to be. That is the question!,* p. 14.
49. André Belleau, «Approches et situation de l'essai québécois», *Voix et images,* vol. V., nº 3, printemps 1980, p. 540.
50. Pierre Vadeboncœur, «Postface», *loc. cit.,* p. 55.
51. *Ibid.*
52. *Ibid.,* p. 60.
53. Voir le texte précédent, d'abord paru dans le tome sur *L'essai et la prose d'idées au Québec* de la collection Archives des lettres canadiennes (voir les «indications bibliographiques à la fin du présent ouvrage).
54. Il en va peut-être ainsi — à ce seul niveau s'entend: celui d'un *contenu* fondamental — de toute œuvre littéraire ou artistique. Claudel affirmait: «Tout artiste vient au monde pour dire une seule chose, une seule petite chose...» C'est en ce sens, purement étymologique, que j'emploie le terme de *monotonie.* C'est au niveau des *formes* et de l'*énonciation* que la *créativité* s'en donne à cœur joie.
55. Écriture difficile, dis-je: au Québec, en tout cas, les essayistes à part entière sont rares, il me semble. Pierre Vadeboncœur est le seul nom qui me vienne spontanément à l'esprit.
56. Ailleurs, en effet, par exemple dans *Indépendances* ou dans *Un génocide en douce,* l'agressivité se donne libre carrière à l'égard du «délire linéaire de la raison raisonnante» (*Un génocide en douce, op. cit.,* p. 60).
57. Pierre Vadeboncœur, «Postface», *loc. cit.,* p. 60.
58. Selon la poétique claudélienne, explicitée dans le *Traité de la co-naissance au monde et de soi-même,* connaître, c'est comprendre, c'est-à-dire prendre et faire avec soi, en soi, l'objet de la connaissance, et ainsi littéralement *co-naître* à cet objet, coïncider avec son être, communier concrètement avec lui. Cette activité, qui engage la psyché tout entière, va évidemment à contre-courant de la conception aristotélicienne de la connaissance: cette dernière atteint son sommet au troisième degré

d'abstraction, dans la saisie de l'*ens ut sic,* objet formel de la métaphysique.

59. L'analyse de l'écriture de l'essai nous oblige, en effet, à distinguer divers registres dans ce type d'écriture littéraire, suivant le degré et le mode de présence du sujet dans son «discours». Voir, dans la première partie de ce livre, le chapitre «Projet de typologie».
60. Pierre Vadeboncœur, «Postface», *loc. cit.*, p. 65.
61. On pourra se référer aux analyses déjà faites sur les *énoncés* (voir le texte précédent), où j'ai souligné la présence centrale de certaines aires sémantiques qui ne sont qu'un jeu de paradigmes ou de variations métaphoriques sur un thème donné. Autre exemple frappant: on pourrait étudier l'apport capital, dans «La candeur de l'histoire» (*L'autorité du peuple,* p. 93-111), du champ lexical foisonnant du *spectacle* (ou *théâtre)* qui masque la sordide quotidienneté de la *petite* histoire, théâtre qui réussit à donner le change à la candide Histoire officielle. Ce champ lexical n'est pas là que pour servir l'argumentation, donc surbordonné à une idée abstraite; il a évidemment partie liée avec la substance vive de ce texte, il s'identifie au message essentiel des énoncés.
62. «Une radiographie du bourgeois», dans *L'autorité du peuple,* p. 39.
63. Le «conteur» ne fait ici que réciter sa fable (p. 73-74). Plus loin, p. 156, l'essayiste proposera un bref commentaire de cette histoire de roi-devin.
64. Pierre Vadeboncœur, *Lettres et colères,* p. 193-194.
65. *Ibid.,* p. 189-191.
66. Autre exemple de séquence narrative, dans «La candeur de l'histoire»: «J'habitais il y a plusieurs années dans un quartier infâme [...]. Un matin d'été [...].» (*L'autorité du peuple,* p. 104.)
67. Pierre Vadeboncœur, «Comment j'ai lu Rousseau», dans *Un homme libre: Pierre Vadeboncœur,* p. 119-133.
68. *Ibid.,* p. 125.
69. Exemple de dialogisme (intime), évidemment rare dans un texte qui relate une aventure tout intérieure.
70. Pierre Vadeboncœur, «Comment j'ai lu Rousseau», *loc. cit.,* p. 122-123.
71. Fiction: «Création de l'imagination en littérature», d'après le *Petit Robert.* Voir, sur ce sujet, le premier chapitre de cet ouvrage, «L'essai. Synthèse théorique».
72. La fascination de la Théorie est telle, à notre époque, qu'il importe de résister à la tentation du texte-prétexte et de poser au départ, comme premier principe de la critique, la primauté du texte. Ou encore, la primauté de la littérature sur la littérarité.
73. Les registres polémique et introspectif, sûrement. Seul le registre cognitif est presque absent, chez Vadeboncœur, si on excepte un texte comme «La joie».
74. Actualisation importante en tout cas au Québec où les essayistes ne courent pas les rues.

75. Lettre de Pierre Vadeboncœur à l'auteur, le 12 novembre 1977. Le «petit livre» en question: *Un homme libre: Pierre Vadeboncœur*; et le «prochain livre»: *Les deux royaumes.*
76. Exemples glanés respectivement aux pages: 30; 21; 19; 33; 98; 96.
77. La modestie de ce «*On* acquiert *un peu* [...]» n'enlève aucune force au témoignage du *je,* au contraire!
78. Jacques Godbout, dans *Le réformiste,* a étendu cette constatation à l'ensemble des écrivains du Québec des années soixante et soixante-dix, conscrits pour le «chantage du pays».
79. *Les deux royaumes*, p. 52. Les autres citations de ce paragraphe proviennent respectivement des pages: 40; 35; 52; 33; 39; 40; 43; 80; 52; 33; 179; 172.
80. Pierre Vadeboncœur, *Trois essais sur l'insignifiance*, p. 12. Les prochaines références entre parenthèses dans le texte renvoient à cet ouvrage.
81. James M. Cain, *Three Novels*, «Cain x 3», *The Postman Always Rings Twice, Mildred Pierce, Double Indemnity,* avec une nouvelle introduction de Tom Wolfe, New York, Alfred A. Knopf, 1969.
82. *Ibid.,* p. 25.
83. *Ibid.,* p. 74.
84. *Ibid.,* p. 95.
85. *Ibid.,* p. 96.
86. *Ibid.,* p. 101.
87. Pierre Vadeboncœur, *Les deux royaumes, op cit.* Voir surtout «Éclairages», «Modernité», «L'œil saint», «Ce que je leur dirais», où l'on retrouve la noble passion du sens dont j'ai parlé, moins le schématisme de l'opposition Europe/USA.
88. Judy Chicago, *The Dinner Party. A Symbol of Our Heritage,* New York, Anchor Books, Anchor Press/Doubleday Garden City, 1979, 256 p.; *Embroidering Our Heritage. The Dinner Party Needlework,* 1980, 288 p.
89. André Brochu et Gilles Marcotte, *La littérature et le reste (livre de lettres), op. cit.*, p. 161.
90. Naïm Kattan, *Le désir et le pouvoir,* Montréal, Éditions Hurtubise HMH, coll. Constantes, nº 42, 1983, 210 p.
91. André Brochu et Gilles Marcotte, *op. cit.,* p. 81.
92. Pierre Vadeboncœur, *L'absence. Essai à la deuxième personne,* p. 92.
93. Pierre Vadeboncœur, *Les deux royaumes,* p. 59. Les prochaines références entre parenthèses dans le texte renvoient à cet ouvrage.
94. Pierre Vadeboncœur, *L'absence. Essai à la deuxième personne,* p. 33-34. Les prochaines références entre parenthèses dans le texte renvoient à cet ouvrage.
95. Ernest Gagnon, *L'homme d'ici,* HMH, coll. Constantes, nº 3, 1963 (1952), p. 45-48, *passim.*
96. Pierre Vadeboncœur, *Essai sur une pensée heureuse*, p. 12. Les prochaines références entre parenthèses dans le texte renvoient à cet ouvrage.
97. Pierre Vadeboncœur, *Dix-sept tableaux d'enfant*, p. 11. Les prochaines références entre parenthèses dans le texte renvoient à cet ouvrage.

98. Pierre Vadeboncœur, «Mon livre est essentiellement un livre sur l'art», *Québec français,* nº 84, hiver 1992, p. 75-76.
99. *Ibid.*, p. 76.
100. Pierre Vadeboncœur, *Le bonheur excessif,* p. 97.
101. La lecture opportune, au moment où je m'interrogeais sur cette question, de la thèse de doctorat de Jacques Paquin, *La poésie de Jacques Brault: une poétique du paradoxe.* Département des Lettres françaises, Université d'Ottawa, 1993, 410 p.) — et, en particulier, du chapitre intitulé «Altérité et altération» — est venue corroborer mes propres analyses et suggérer, à l'occasion, des pistes de recherche.
102. *Ibid.*
103. D'autre part — si on veut bien me passer une brève incursion du côté de la sociocritique, aventureuse peut-être —, chez Vadeboncœur, le *Nous* de la rencontre amoureuse serait-il à l'image du *Nous* impossible de la collectivité? Qu'on se rappelle la femme-pays, aujourd'hui répudiée, de la glorieuse poésie des années soixante. Certes, chez ce prophète impatient d'une Terre promise qui n'en finit plus de se dérober, le *Nous* aura dû céder le pas à un *Vous* lointain, inaccessible, fictif...

CHAPITRE V

1. André Belleau, *Y a-t-il un intellectuel dans la salle? Essais,* Montréal, Les Éditions Primeur, 1984, p. 86. Dorénavant, les pages des références à cet ouvrage seront données entre parenthèses dans le texte.
2. Georges Bataille (*L'expérience intérieure,* Paris, Gallimard, 1954), cité par Paul Chamberland, *Le recommencement du monde,* Montréal, Le Préambule, 1983, p. 17.
3. Pour une juste compréhension du mot *culture,* au sens anthropologique et contemporain du terme, donc pris dans toute son extension de vouloir-vivre collectif, on pourra se reporter à l'important essai d'Hubert Aquin, «La fatigue culturelle du Canada français», d'abord publié dans *Liberté,* vol. IV, nº 23, mai 1962, p. 299-325, et repris dans *Blocs erratiques,* Les Éditions Quinze, 1977, p. 69-103. Les fréquentes citations de la présente note proviennent du texte d'Aquin. *Cité libre,* Robert Bourassa (avec sa «souveraineté culturelle») et les fédéralistes entendent le mot *culture* dans son sens restreint, «cantonnée au strict domaine des arts et des sciences humaines», réduite à «son élément de connaissance et d'expression artistique». On refuse la culture québécoise «dans sa globalité». Ce qui importe avant tout, c'est de «conjurer [...] l'expression d'un vouloir-vivre culturel global» (qui inclurait le domaine politique). Au fond, on ne reconnaît pas l'existence réelle de la culture québécoise; «on n'en accepte qu'un fragment limité qui peut s'insérer dans un ensemble politique auquel on attribue une sorte de priorité d'existence». On poursuit ainsi une politique de

déréalisation du Canada français; ce dernier est maintenu dans une situation minoritaire, laquelle engendre cette «fatigue culturelle» qui nous caractérise. Ce qui n'empêche pas «l'imprévisible vouloir-vivre» de surgir «épisodiquement, avec une puissance inégale, en chacun de nous».

4. *Cité libre,* vol. I, nº 1, juin 1950, p. 37.
5. *Ibid.,* p. 38.
6. *Cité libre,* vol. I, nº 3, mai 1951, p. 42-45, *passim.*
7. *Cité libre,* vol. II, nº 5, juin-juillet 1952, p. 1.
8. *Cité libre,* vol. I, nº 1, juin 1950, p. 8.
9. «Sur les gaietés de l'opposition», *Cité libre,* nº 24, janvier-février 1960, p. 7.
10. *Cité libre,* vol. I, nº 2, février 1951, p. 2-9.
11. *Cité libre,* nº 20, mai 1958, p. 20.
12. Gérard Pelletier, «*Cité libre* confesse ses intentions. Réflexions pour un lecteur perplexe», *Cité libre,* vol. I, nº 2, février 1951, p. 3.
13. *Ibid.,* p. 5.
14. *Ibid.*
15. *Cité libre*, nº 21, juillet 1958, p. 1-7.
16. *Ibid.,* p. 3.
17. *Ibid.,* p. 4.
18. *Ibid.*
19. *Ibid.,* p. 5.
20. *Ibid.,* p. 6.
21. *Ibid.*
22. Pierre Elliott Trudeau, «Politique fonctionnelle», *Cité libre,* vol. I, nº 1, juin 1950, p. 20-24.
23. Jean Le Moyne, «Jeunesse de l'homme», *Cité libre,* vol. I, nº 2, février 1951, p. 12.
24. Pierre Elliott Trudeau, *loc. cit.*, p. 21; «*De libro, tributo... et quibusdam aliis*», *Cité libre*, nº 10, octobre 1954. Dans «Politique fonctionnelle», la phrase est citée comme suit: «La province de Québec n'a pas d'opinions, elle n'a que des sentiments.»
25. «Exorciser»: voir Pierre Elliott Trudeau, «La nouvelle trahison des clercs», *Cité libre,* nº 46, avril 1962, p. 5, note 8; «notre diable d'engeance nationaliste»: aussi «*De libro, tributo... et quibusdam aliis*», *Cité libre,* nº 10, octobre 1954, p. 16, note 12.
26. Pierre Elliott Trudeau, «La nouvelle trahison des clercs», *loc. cit.*, p. 5, note 8.
27. *Ibid.,* p. 5.
28. Pierre Elliott Trudeau, «Réflexions sur la politique au Canada français», *Cité libre,* nº 6, décembre 1952, p. 54.
29. *Ibid.,* p. 55.
30. *Ibid.*
31. Pierre Elliott Trudeau, «*De libro, tributo... et quibusdam aliis*», *loc. cit.,* p. 7.
32. Pierre Elliott Trudeau, «Politique fonctionnelle», *loc. cit.,* p. 24.
33. Pierre Vadeboncœur, «Critique de notre psychologie de l'action», *Cité libre,* vol. III, nº 8, novembre 1953, p. 17.

34. *Ibid.*
35. Pierre Vadeboncœur, «Le sort fait à la révolution», *Cité libre,* vol. I, nº 3, mai 1951, p. 17-20.
36. *Ibid.,* p. 17.
37. Pierre Vadeboncœur, «Critique de notre psychologie de l'action», *loc. cit.,* p. 18.
38. Pierre Vadeboncœur, «Le sort fait à la révolution», *loc. cit.,* p. 18.
39. *Ibid.,* p. 17.
40. Pierre Vadeboncœur, «Critique de notre psychologie de l'action», *loc. cit.,* p. 23.
41. Pierre Vadeboncœur, «Pour une dynamique de notre culture», *Cité libre,* vol. II, nº 5, juin-juillet 1952, p. 25.
42. Gérard Pelletier, «Dissidence», *Cité libre,* vol. III, nº 8, novembre 1953, p. 29-33.
43. Pierre Vadeboncœur, «“La réforme” et la marche à la liberté», *Cité libre,* nº 12, mai 1955, p. 41.
44. Pierre Vadeboncœur, «Le sort fait à la révolution», *loc. cit.,* p. 17.
45. Pierre Vadeboncœur, «Voilà l'ennemi!», *Cité libre,* nº 19, janvier 1958, p. 33.
46. *Ibid.,* p. 35.
47. Fernand Dumont, «De quelques obstacles à la prise de conscience chez les Canadiens français», *Cité libre,* nº 19, janvier 1958, p. 23.
48. *Ibid.,* p. 25.
49. Jean Le Moyne, «Saint-Denys Garneau, témoin de son temps», *Convergences,* Montréal, HMH, 1961, p. 222.
50. *Les insolences du Frère Untel,* Montréal, Les Éditions de l'Homme, 1960, p. 72.
51. *Ibid.,* p. 35.
52. *Ibid.,* p. 67.
53. Jean-Paul Desbiens, *Sous le soleil de la pitié,* Montréal, Les Éditions du Jour, 1965, p. 64-66. L'auteur rapporte aussi la lettre de remerciement du Frère Untel (p. 65-66).
54. Jeanne Lapointe, «Quelques apports positifs de notre littérature d'imagination», *Cité libre,* octobre 1954, p. 17-36.
55. Félix-Antoine Savard, «Dissidence», *Cité libre*, octobre 1954, p. 37-39.
56. André Belleau, *Surprendre les voix,* Montréal, Boréal, 1986, p. 21-25.
57. André Belleau, «La 150e réunion», Liberté, Spécial quinzième anniversaire, nos 95-96, 1974, p. 5-43, *passim.*
58. André Belleau, «Avant le référendum de 1980: l'esthétique du “oui”», dans *Surprendre les voix, op. cit.* p. 100.
59. André Belleau, *Y a-t-il un intellectuel dans la salle?, op. cit.*
60. Pierre Elliott Trudeau, «La nouvelle trahison des clercs», *loc. cit.*
61. Pierre Elliott Trudeau, «*De libro, tributo... et quibusdam aliis», loc. cit.,* p. 16, note 12.

CHAPITRE VI

1. Jean-Louis Major, *Entre l'écriture et la parole. Carnets,* préface de Laurent Mailhot, Montréal, Hurtubise HMH, coll. Constantes, 1984, 372 p. Les références à cet ouvrage seront indiquées entre parenthèses dans le texte.
2. Francine Noël, *Maryse,* Montréal, VLB éditeur, 1983, 432 p.
3. Pierre Vadeboncœur, «Postface», *Liberté,* nº 126, novembre-décembre 1979, p. 65.
4. Jean-Louis Major, *Le jeu en étoile. Études et essais,* Ottawa, Éditions de l'Université d'Ottawa, Cahiers du CRCCF, nº 17, 1978, 191 p.
5. Cité par Jacques Brault, *Chemin faisant. Essais,* Montréal, Les Éditions La Presse, 1975, p. 80.
6. Marc Angenot, *Glossaire de la critique littéraire contemporaine,* Montréal, Hurtubise HMH, 1972, 118 p.
7. Marc Angenot, *La parole pamphlétaire. Typologie des discours modernes,* Paris, Payot, 1982, 425 p. Les prochaines références entre parenthèses dans le texte renvoient à cet ouvrage.
8. Philippe Haeck, *La table d'écriture. Poéthique et modernité. Essais,* Montréal, VLB éditeur, 1984, 392 p. Les prochaines références entre parenthèses dans le texte renvoient à cet ouvrage.
9. Philippe Haeck, «Naissance de la poésie moderne au Québec», *Études françaises,* vol. IX, nº 2, mai 1973, p. 95-113.
10. Yvon Rivard, «Qui a tué Saint-Denys Garneau?», *Liberté,* nº 139, janvier-février, 1982, p. 73-85.
11. Philippe Haeck, «Naissance de la poésie moderne au Québec» , *loc. cit.,* p. 96; cité dans *La table d'écriture, op. cit.,* p. 253.
12. Pierre Nepveu, «Le projet mallarméen de Nicole Brossard», *Le Devoir,* 4 août 1984.
13. Philippe Haeck, *Polyphonie. Roman d'apprentissage, poèmes,* Montréal, VLB éditeur, 1979, p. 139.
14. *Ibid.,* p. 274.
15. Philippe Haeck, *Naissances. De l'écriture québécoise,* Montréal, VLB éditeur, 1979, p. 17.
16. *Ibid.*
17. Jacques Brault, *op. cit.,* p. 58.
18. François Ricard, *La littérature contre elle-même,* essais, avec une préface de Milan Kundera, Montréal, Boréal, coll. Papiers collés, 1985, 196 p. Les prochaines références entre parenthèses dans le texte renvoient à cet ouvrage.
19. Guy Scarpetta, *L'impureté,* Paris, Grasset, coll. Figures, 1985, 388 p.
20. Jacques Godbout, *Le murmure marchand. 1976-1984,* Montréal, Boréal, coll. Papiers collés, 1984, 158 p. Les prochaines références entre parenthèses dans le texte renvoient à cet ouvrage.
21. Jacques Robin, *Culture et technologie: fusion ou collision?,* Montréal, Éditions Bergeron, Cahiers de l'Union des écrivains québécois, nº 2, 1984, p. 18.

22. André Belleau, «Indépendance du discours et discours de l'indépendance», *Liberté,* nº 153, juin 1984, p. 14-26.
23. Philippe Haeck, *La table d'écriture. Poéthique et modernité. Essais, op. cit.*
24. Paul Chamberland, *Mise à distance de toute technologie,* Montréal, Éditions Bergeron, Cahiers de l'Union des écrivains québécois, nº 1, 1984, 20 p.
25. Jean-Louis Major, *Entre l'écriture et la parole, Carnets, op. cit.*
26. Doris-Louise Haineault et Jean-Yves Roy, *L'inconscient qu'on affiche. Un essai psychanalytique sur la fascination publicitaire,* Paris, Éditions Aubier Montaigne, coll. La psychanalyse prise au mot, 1984, 238 p. Les prochaines références entre parenthèses dans le texte renvoient à cet ouvrage.
27. Jacques Godbout, *op. cit.,*
28. François Charron, *La passion d'autonomie. Littérature et nationalisme, Les Herbes rouges,* nºs 99-100, janvier 1982, 69 p. Les prochaines références entre parenthèses dans le texte renvoient à cet ouvrage.
29. Lionel Groulx, «Une action intellectuelle», *L'Action française,* vol. I, nº 2, février 1917, p. 33-43.
30. Michèle Lalonde, «Les écrivains et la révolution», dans *Défense et illustration de la langue québécoise,* Éditions Seghers/Laffont, coll. Change, 1979, p. 161-169.
31. Paul-Émile Borduas, *Refus global,* dans *Textes,* Éditions Parti pris, 1974, p. 9-20.
32. Jean-Marie Benoist, *La révolution structurale,* Paris, Grasset et Fasquelle, 1975; 2e éd., augmentée d'une postface, Paris, Denoël/Gonthier, Bibliothèque Médiations, 1980, 345 p.
33. Jean Theau, *Certitudes et questions de la raison philosophique,* Éditions de l'Université d'Ottawa, coll. Philosophica, vol. XXIX, 1985, 540 p. Les prochaines références entre parenthèses dans le texte renvoient à cet ouvrage.
34. Jean Theau, *Le crépuscule de l'homme,* Montréal, Les Éditions Bellarmin, 1986, 161 p.
35. «Le Québec au dernier rang. Comparaison avec des élèves de 6e en France, en Belgique et en Suisse», *La Presse,* 22 mars 1966, cahier B, p. 4-5.
36. Charles Péguy, «Note conjointe sur M. Descartes et la philosophie cartésienne», dans *Note conjointe,* Paris, Gallimard, 1935, p. 59.
37. Voir Jean Theau, *Le crépuscule de L'homme*, *op. cit.*, p. 62-63, 106. Dorénavant, les références à cet ouvrage seront données dans le texte et distinguées des références à *Certitudes et questions..., op. cit.*
38. Laurent Mailhot, avec la collaboration de Benoît Melançon, *Essais québécois 1837-1983. Anthologie littéraire,* Montréal, Hurtubise HMH, Cahiers du Québec, coll. Textes et documents littéraires, 1984, 658 p. Les prochaines références entre parenthèses dans le texte renvoient à cet ouvrage.

39. Laurent Mailhot, «Essais (littéraires) au XIXe siècle», dans René Dionne (dir.), *Le Québécois et sa littérature,* Sherbrooke, Éditions Naaman, Paris, Agence de coopération culturelle et technique, 1984, p. 264-276. Les trois citations qui suivent: p. 265, 270, 274.
40. Joseph Pestiau, *L'espoir incertain. Essai sur le pouvoir,* Montréal, Hurtubise HMH, coll. Sciences de l'homme et humanisme, n° 10, 1983, p. 18-19.
41. *Ibid.,* p. 250.
42. Je me permets de renvoyer à un autre essai du présent ouvrage, «Jean-Louis Major et l'exigence d'écriture», qui comporte une réflexion plus élaborée sur la nature de l'*essai critique.*
43. Jean-Pierre Richard, «Quelques aspects nouveaux de la critique littéraire en France», *Le Français dans le monde,* mars 1963.
44. André Belleau, *Y a-t-il un intellectuel dans la salle?, op. cit.,* p. 112-119.
45. «La critique aussi est un discours de fiction»: tel est l'incipit significatif d'un article de Joseph Bonenfant sur «Gilles Marcotte ou la pensée critique de l'inachèvement», *Voix et images,* vol. VI, n° 1, automne 1980, p. 51-61.
46. C'est fait: voir la «Conclusion» du présent ouvrage.

CONCLUSION

1. Marie-Odile Liu, «Projet et écriture dans *La psychanalyse du feu* de Gaston Bachelard», Université d'Ottawa, hiver 1980, 32 p.
2. Gaston Bachelard, *La psychanalyse du feu. Pour une psychanalyse de la connaissance objective,* Paris, Gallimard, coll. Idées, 1949, p. 57.
3. *Ibid.,* p. 164.
4. Marie-Odile Liu, *op. cit.,* p. 31.

Table

DEUXIÈME PARTIE
Essais spéculaires

COLLECTION ESSAIS LITTÉRAIRES

Beaudet, Marie-Andrée	*Langue et littérature au Québec 1895-1914*
Bélanger, Marcel	*Libre cours*
Bonenfant, Joseph	*Passions du poétique*
Brochu, André	*Le singulier pluriel*
Cambron, Micheline	*Une société, un récit. Discours culturel au Québec (1967-1976)*
Cloutier, Guy	*Entrée en matière(s)*
Garand, Dominique	*La griffe du polémique. Le conflit entre les régionalistes et les exotiques*
Lemire, Maurice	*Formation de l'imaginaire littéraire au Québec 1764-1867*
Mailhot, Laurent	*Ouvrir le livre*
Marcel, Jean	*Pensées, passions et proses*
Marcotte, Gilles	*Littérature et circonstances*
Milot, Pierre	*La camera obscura du postmodernisme*
Ouellet, Pierre	*Chutes. La littérature et ses fins*
Parizeau, Lucien	*Périples autour d'un langage. L'œuvre poétique d'Alain Grandbois*
Richard, Robert	*Le corps logique de la fiction. Le code romanesque chez Hubert Aquin*
Turgeon, Pierre	*Fréquentations*
van Schendel, Michel	*Rebonds critiques I*
van Schendel, Michel	*Rebonds critiques II*

Cet ouvrage composé en Times corps 11
a été achevé d'imprimer
le dix mars mil neuf cent quatre-vingt-quatorze
sur les presses de l'Imprimerie Gagné
à Louiseville
pour le compte des
Éditions de l'Hexagone.

Imprimé au Québec (Canada)